Ende Gelände
55.000 Kilometer von Alaska nach Feuerland

Mathias Heerwagen

Für Isabelle.

Vorwort

Im Frühjahr 2012 buche ich vom Büro aus mein Ticket nach Alaska, packe Seitenkoffer, Gepäckrolle und Tankrucksack und breche auf zur Reise meines Lebens. Mit einem von Yamaha Deutschland gestellten Motorrad folge ich neun Monate lang einer der Traumstraßen der Welt – der Panamericana. Vom nördlichsten befahrbaren Punkt in Nordamerika – einem Ölfeld in Alaska – bis zur südlichsten Stadt der Welt: Ushuaia. Ich bereise 15 Länder, verstehe manchmal nur Bahnhof und bin überrascht, wie hilfsbereit die Einheimischen sind, wenn ich mit Händen, Füßen und ein paar Wörtern Spanisch erkläre, was ich suche oder wohin ich möchte. Ich lerne die unterschiedlichsten Menschen und Kulturen kennen und erlebe 55.000 Kilometer Abenteuer. Gletscher in Kanada, Wüsten in den USA, Dschungel in Mittelamerika und die Anden in Südamerika – die landschaftliche Vielfalt der Tour ist kaum zu überbieten.

Dieses Reisetagebuch soll Lust machen, das Ticket nach Alaska zu buchen, Motorradstiefel und Gepäckrolle zu schnüren und sich einen Traum zu erfüllen. Detailreich und mit einer Prise Humor beschreibe ich die täglichen Abenteuer, Risiken, Freundschaften und schlicht das Unterwegssein mit all den taktischen Überlegungen, Reifenpannen und Sackgassen, mit denen sich ein Motorradabenteurer beschäftigen muss. Ich schreibe das Buch tagebuchartig, spreche den Leser direkt an und versuche, ihn so lebendig wie möglich an meiner Reise teilhaben zu lassen.

Auf Landkartenausschnitte, auf denen man meine Route verfolgen kann, habe ich aus zwei Gründen verzichtet. Der Hauptgrund ist, dass es so gut wie keine detaillierten Karten gibt, die man kommerziell verwenden darf, ohne dafür Unsummen zahlen zu müssen. Kartenausschnitte von OpenStreetMaps sind an manchen Stellen der Tour recht lückenhaft und obendrein grafisch kaum geeignet, um auf einem eBook oder im Buch dargestellt zu werden. Zum anderen bilden Ausschnitte immer nur einen kleinen Teil der gesamten Tour ab. Dank Google Maps oder Google Earth ist es viel leichter, mit einem Mausklick direkt die Stadt oder die Gegend aufzurufen, die ich beschreibe. Städte, Straßen, Berge, Flüsse, Höhenprofile – mit Google Maps kann man ein- und auszoomen und sich blitzschnell einen guten Überblick verschaffen.

Während die Bilder im eBook farbig sind, gibt es in der Print-Version Schwarz-Weiß-Bilder zu sehen. Als „Selbstverleger“ ohne großen Verlag im Hintergrund ist es leider nicht möglich, zu diesem Preis kostendeckend in Farbe zu drucken. Aber keine Sorge: unter www.panamericana2012.wordpress.com sind unter „Fotos“ alle Bilder der Tour zu sehen, jeweils nach Ländern geordnet.

Abfahrt

Kurz vor 10 Uhr. Ich wache im Hostel auf, greife zum Laptop, um den Status der Fracht zu checken und kann es kaum glauben: Die Kiste soll seit zwei Stunden hier in Anchorage sein! Schnell anziehen, Taxi rufen, raus zum Flughafen – zu FedEx. Ich melde mich bei Lisa, die für mich zuständig ist. Sie kassiert zehn Dollar, eine Unterschrift und bringt mich dann zur Kiste, in der das Bike steckt. Erstaunlich, sie sieht genauso aus, wie ich es sie abgegeben habe – keine Schäden, alles Bestens. Lisa schwingt sich auf einen Stapler, nimmt die Box auf die Gabeln und fährt aus der Halle, im Regen trotte ich neben ihr her. Ein paar hundert Meter weiter verlassen wir das FedEx-Gelände und ich wundere mich schon. Wir gelangen auf den Mitarbeiter-Parkplatz. Als sie Anstalten macht, die Kiste abzustellen, frage ich, ob ich das Motorrad hier draußen im strömenden Regen zusammenbauen muss. Ihr könnt euch die Antwort denken. In weniger als 45 Minuten habe ich die Kiste auseinander gebaut und Scheibe, Spiegel, Lenker und Seitenverkleidungen montiert. Aber wie kriege ich bloß das Vorderrad rein?

In Deutschland hatte ich damit gerechnet, in der Halle ein paar starke Männer zu finden, die kurz die Front anheben würden. Aber hier draußen auf dem leeren Parkplatz? Es nützt nichts, ich muss nochmal rein, Lisa mit dem Stapler holen. In einer abenteuerlichen Aktion, von der es zum Glück keine Fotos gibt, heben wir mit Hilfe eines einzelnen dünnen Spanngurtes die Front hoch, ich baue schnell das Rad ein und irgendwie hieven wir das Motorrad bei der Gelegenheit auch gleich aus dem Gestell. Lisa schaut skeptisch, macht aber, was ich möchte.

Zum Glück nimmt sie gleich das Metallgestell, die Pappe und die Folie mit. Vielleicht auch deshalb, weil ich etwas getrickst und ihr das Transportgestell angepriesen habe: die Kiste sei gut 200 Dollar wert und sie könne sie ruhig haben. Dass ich in Deutschland nur 20 Euro dafür bezahlt habe, muss sie ja nicht wissen und die Notlüge sei mir verziehen. Ich hatte nämlich schon Angst, dass ich mich selbst um die Entsorgung kümmern muss. Da steht das Bike nun. Endlich.

Ich klemme die Batterie an, drehe den Zündschlüssel, drücke den Starterknopf und plötzlich verschwinden all die Sorgen der letzten Tage. Vergessen der Ärger über die Zollämter in Stuttgart und Düsseldorf, die das Motorrad mit den vorhandenen Dokumenten nicht abfertigen wollten, was schließlich das Zollamt in Neuss erledigt hat. Vergessen der Ärger über FedEx, die das Motorrad einfach tagelang in Frankfurt haben stehenlassen. Alles egal. Schnell zur Tankstelle, zurück zum Hostel, das ganze Zeug aufladen und weg hier. Raus aus Anchorage, wo ich sieben Tage lang festgesessen habe. Die Temperaturanzeige im Cockpit meldet zwölf Grad Celsius, es regnet noch immer – und dennoch hat Motorradfahren bislang nie mehr Spaß gemacht als in diesem Moment. Ich verlasse Anchorage Richtung Norden, will es noch bis zum Denali Nationalpark schaffen. Rund 360 Kilometer sind es bis dort. Die Temperatur sinkt stetig, als ich ankomme, sind es noch acht Grad, stellenweise hat es aufgehört zu regnen.

Am Eingang des Nationalparks bezahle ich für den Campingplatz und werde eindringlich gewarnt, keine Lebensmittel draußen oder im Zelt zu lagern. Die Metallkoffer am Motorrad wären okay, die seien sicher. Ich schlage den Bären allerdings ein Schnippchen und esse einfach alles selber auf. Ha! So gibt es am Abend also Pringles, einen Snickers, eine Dose Thunfisch (obwohl ich mir sicher bin, dass die Viecher den nicht gerochen hätten) und zwei Bananen – ich ernähre mich durchaus abwechslungsreich. Die vielen Spanngurte, mit denen das Bike in der Kiste verzurrt war, nehmen einiges an Platz weg. Zwei Gurte zurre ich um den Gepäckträger, drei verschenke ich an ein älteres Ehepaar mit Wohnmobil und Anhänger, sie haben dafür bestimmt Verwendung. Ziemlich fertig falle ich ins Bett beziehungsweise den Schlafsack.

Dienstag 12. Juni

Ich fahre in den Nationalpark, dessen Stichstraße nur die ersten 15 Meilen für private Fahrzeuge freigegeben ist. Das Wetter ist etwas besser, der Himmel aber meist bedeckt, hin und wieder regnet es. Lücken in den Wolken geben den Blick frei auf Berge, die stellenweise noch mit Schnee bedeckt sind. In sanften Bögen windet sich die Straße durch den Park, rechts und links ragen Nadelbäume in den Himmel, alles in sattem Grün. Nur: wirkliche Besonderheiten gibt es nicht. Zumindest nicht hier am Anfang des Parks. Wer weiter hinein will, muss einen der Shuttle-Busse nehmen, die an verschiedenen Stellen halten. Die Chancen, einen Blick auf den Mount McKinley, den mit 6194 Metern höchsten Berg Nordamerikas, zu erhaschen, tendieren bei dem Wetter gen Null. Also lasse ich es sein, drehe um und fahre weiter nach Norden. Mittlerweile sind es acht Grad Celsius, immer wieder regnet es.

Mittwoch 13. Juni

In der Milepost, einem sehr detaillierten Alaska-Reiseführer, lese ich etwas von den Chena Hot Springs: einem Felsenpool, der von heißen Quellen gespeist wird. Das wär's jetzt. Schnell mal hundert Kilometer nach Osten, weg von der Route? Klar, die Aussicht auf warmes

Wasser nach stundenlanger Fahrt im kalten Regen ist verlockend. Auf dem Weg dorthin sehe ich zweimal Biber, die jedoch äußerst kamerascheu sind. Der Elch im Wasser hingegen bleibt ruhig stehen, schaut kurz zu mir rüber und grast dann unter Wasser weiter. An den Quellen lasse ich mein Gepäck auf dem Motorrad, nehme nur ein Handtuch mit rein. Während im kleinen Hallenbad Kinder schreien, ist der heiße Felsenpool nur für Erwachsene gedacht. An manchen Stellen ist es tatsächlich sehr heiß, für Kinder wäre es zu gefährlich, schließlich wurden in den USA schon Restaurants wegen eines zu heißen Kaffees verklagt. Im Schnitt 55 Grad warmes Wasser löst meine verspannten Muskeln, nach 15 Minuten bin ich völlig schlapp. Abwechselnd lese ich drinnen im Reiseführer und gehe wieder raus ins Wasser, nach gut zwei Stunden ist meine Haut weich, ich bin tiefenentspannt und wieder glatt – nach gut zehn Tagen habe ich mich mal wieder rasiert. Ich fahre noch eine Stunde, suche mir einen schönen Campingplatz (für zehn Dollar) und schlage mein Lager auf. Es ist noch hell, und weil in meinen Koffern kaum Platz ist, packe ich einmal alles aus und verstaue das Werkzeug aus der Motorrad-Transportkiste sowie zwei weitere Spanngurte unter der Sitzbank und hinter der rechten Seitenverkleidung. Das bringt locker zwei Liter Platz mehr im Koffer.

Mythos Dalton-Highway

Donnerstag 14. Juni

Ich bin schon früh unterwegs, will Strecke machen und so ein bisschen der langen Zeit in Anchorage aufholen. Zumal es hier oben nicht mehr viel zu sehen gibt außer ein paar Tankstellen und Parkplätzen. Ich fahre bis Fairbanks und halte an einem Infopunkt neben der Trans-Alaska-Pipeline. Diese Pipeline zieht sich 1287 Kilometer durch ganz Alaska – von Deadhorse/Prudhoe Bay im Norden bis zum Ölhafen Valdez im Süden. Als die Pipeline erstmals in Betrieb genommen wurde, setzte sich an den kalten Wänden Wachs ab – und das musste raus. Die sogenannten „Pigs", meterlange Reinigungsgeräte mit dem Durchmesser der Pipeline, wurden in Pumpstationen in die Pipeline eingesetzt, trieben mit dem Öl hindurch und holten bei ihrer Fahrt das Wachs von den Wänden. Heute ist das nicht mehr nötig: Die Leitung ist jetzt warm und es setzt sich kein Wachs mehr ab. Die Trans-Alaska-Pipeline verläuft meist in Sichtweite der Straße Richtung Norden und wird mehr oder weniger gut bewacht. Hin und wieder kommen mir Security-Fahrzeuge entgegen, die aufpassen, dass sich niemand an der wichtigen Versorgungsader zu schaffen macht.

Mehr als 200 Kilometer liegen seit dem letzten Tanken hinter mir, als ich einen Fehler mache. Mir ist noch so, als wenn ich im Reiseführer gelesen hätte, es gäbe eine Tankstelle in Livengood, 70 Meilen weiter nördlich; kein Problem mit dem 22,6-Liter-Tank der Super Ténéré. Also fahre ich weiter und wundere mich noch über das „Next Service 118 Miles"-Schild… Was soll ich sagen – kein Sprit in Livengood. Ich nehme Tempo raus, fahre mit 90 Sachen weiter, mit 80 als die Reserve blinkt. Ich weiß ungefähr, wie viel die 1200er verbraucht, es müsste noch reichen.

Langsam zuckle ich weiter und erreiche die Tankstelle – ihr habt schon gedacht, ich schaffe es nicht!

Nach knapp 410 Kilometern gehen wenig mehr als 20 Liter in den Tank, da wäre sogar noch ein Stück mehr drin gewesen. Nicht schlecht. Das war also die Generalprobe für das anstehende Stück hoch nach Deadhorse/Prudhoe Bay.

Der berüchtigte Dalton Highway beginnt, 666 Kilometer lang (ein Zeichen des Teufels?) bis ganz nach oben, bis zum nördlichsten öffentlich befahrbaren Punkt Nordamerikas. Asphalt wechselt sich ab mit guten Schotterstücken, rechts und links nichts weiter als Wald, Hügel und noch mehr Wald. Meile um Meile spule ich ab, nach einiger Zeit passiere ich den Polarkreis und halte für das obligatorische Foto an. Wie aus dem Nichts erscheinen hunderte Mücken und stürzen sich auf jede unbedeckte Hautstelle. Ich mache ein paar Fotos ohne Helm, setze ihn dann aber schnell wieder auf. Sollen die Viecher doch jemand anderen stechen.

Etwa eine Stunde weiter nördlich verschwinden langsam die Bäume, die Tundra beginnt. Es ist nicht die Kälte, die hier keine Bäume wachsen lässt. In den Wintermonaten gibt es einfach zu wenig Licht für die Photosynthese. Ich erreiche Coldfoot, die letzte Tankstelle für die nächsten fast 390 Kilometer.

In Coldfoot gibt es lediglich die Tanke, die in erster Linie Raststätte für die Trucker ist, die Material auf das Ölfeld nach Prudhoe Bay bringen. Vor einem extrem überteuerten Hotel (220 Dollar pro Nacht in winzigem Zimmer) stehen ein paar Gelände-Motorräder, tss – ich fahre natürlich weiter, und der angeblich schwierigste Streckenabschnitt in Nordamerika beginnt. Auf den folgenden fast 400 Kilometern gibt es keine Tankstelle, keine Werkstatt, kein Handynetz, keine Campingplätze. Nichts gibt es hier, und eine Broschüre, die ich mir schon in Anchorage mitgenommen habe, beschreibt, was alles passieren kann und was man tun und lassen sollte. Na dann mal los.

Auf einem kurzen Abschnitt zeigt das Navi 358 Grad Nord an, pendelt leicht hin und her. Asphalt gibt es schon lange keinen mehr, von Kugeln durchsiebte Schilder zeigen hin und wieder die verbleibenden Meilen an. Es ist spät, doch das ist hier oben egal: Die Sonne geht nicht unter. Und so langsam werde ich müde. Ich überquere den Atigun Pass, mit etwas über 1.400 Metern ist er nicht besonders hoch und die Temperatur fällt nur auf frische zehn Grad. Ganz flach steht die Sonne nun am Horizont, das goldene Licht wirft lange Schatten von mir auf dem Motorrad, im Osten stehen dunkle Wolken aus denen es anscheinend regnet. Ich halte an, überwältigt vom Anblick, und fotografiere fast eine Stunde lang – das Licht ist der Wahnsinn! Meine Uhr zeigt fünf vor zwölf nachts, in der Ferne bildet sich ein Regenbogen, gut, den fotografiere ich auch noch. Ich fahre noch eine Stunde, suche mir dann neben der Piste einen schönen Platz zum Campen. Das ist nicht einfach, denn die Straße ist aufgeschüttet, die Böschung geht teilweise mehrere Meter weit steil nach unten. Konzentration ist gefragt, lange Blicke nachts rechts oder links verbieten sich.

Das Wrack eines Geländewagens, der sich offensichtlich überschlagen hat und 20 Meter neben der Piste liegt, mahnt zur Vorsicht, sogar ein Turnschuh liegt noch daneben. Die Tundra rechts und links sieht zwar trocken aus, in Wahrheit ist sie aber völlig durchnässt. Bis vor kurzem lag hier noch Schnee, vereinzelt sind noch einige Stellen weiß. Ich finde schließlich doch einen idealen Platz, sprühe mich als erstes mit „Anti-Brumm“ ein und stelle das Zelt auf.

Das Licht ist immer noch (oder schon wieder?) phantastisch, ich gehe nochmal mit der Kamera los und mache weitere Bilder. Zwei Uhr nachts, das goldene Licht scheint durch das Zelt, ich muss endlich schlafen. Fast 800 Kilometer bin ich heute gefahren, eigentlich zu viel, aber es gab so viel zu sehen, auch wenn es eigentlich nichts zu sehen gab.

Der Dalton Highway gilt als eine der letzten großen Herausforderungen für Motorradfahrer in Nordamerika. Man solle sich gut vorbereiten, ausreichend Wasser und Lebensmittel mitnehmen, Autofahrern wird zudem empfohlen, mindestens zwei Reserveräder dabei zu haben. Die Piste sei oft in schlechtem Zustand, die Trucker würden keine Rücksicht nehmen und im Notfall kaum anhalten. Ist es also wirklich so eine große Sache, den Dalton zu fahren? Diesen Mythos muss ich leider zerstören. Zwar ist der Highway tatsächlich nur eine Schotterpiste. Instandhaltungstrupps bringen sie aber ständig auf Vordermann und halten sie in relativ gutem Zustand.

Mehrere Male muss ich an Baustellen stoppen und auf das „Pilot Car“ warten, das einen um die schweren Baumaschinen herum lotst. Wenn die Piste nicht ordentlich befahrbar ist, kommen keine Versorgungsgüter zum Ölfeld – und das kann sich niemand leisten. Also schottern, planieren und verdichten die Arbeiter was das Zeug hält. Meist fahre ich zwischen 80 und 100 Km/h, manchmal sogar schneller, wenn die Piste richtig gut ist. Wirklich schwierig wird es nie, auch wenn ich auf einigen noch nicht verdichteten Schotterfeldern ins Schlingern komme. Einige entgegenkommende Trucks bremsen sichtbar ab, um mich nicht völlig einzustauben und mir keine Steine entgegen zu schleudern. Andere machen das nicht und bescheren mir Sichtweiten unter zehn Meter, wenn sie mit 100 Sachen vorbeibrettern.

An besonders staubigen Stellen sind Tankwagen unterwegs, die Calcium-Chlorid versprühen, um damit den Staub zu binden. Das Zeug klebt wie Sau und macht die Pisten so, wie ein frühes Bon Jovi-Album hieß: „slippery when wet“. Das Wetter spielt mit, bis auf ein paar Tropfen bleibt es trocken. Und auch warm. Hatte ich noch vor drei Wochen von Deutschland aus die Temperaturen in Deadhorse gecheckt, waren es immer um die fünf Grad. Jetzt sind es 20 und das Innenfutter der Jacke bleibt im Koffer.

Ich erreiche Deadhorse und es ist so, wie der Name sagt. Naja, eigentlich ist hier viel los, aber eben nur was die Ölindustrie angeht. Überall Trucks, Versorgungsfahrzeuge, jede Menge Tanks in allen Größen und Formen, dazwischen Lkw-Werkstätten und Wohnblocks für die Arbeiter. Alles hat hier eine Farbe: staubgrau. Gut zwei Drittel der Fahrzeuge haben einen Kettenantrieb – mit Rädern dürfte man hier im Winter aufgeschmissen sein. Vor einen Wohnblock stehen Stahlgerüste, von denen Stromleitungen mit Steckern herabhängen, für die elektrischen Heizungen der Pick-ups. Es sieht aus, als würden Pferde vor dem Saloon warten. Ich folge dem Tankstellenschild und kann zunächst nichts finden. Ich frage einen Arbeiter. „Doch, doch, das ist schon richtig, da vorne in der kleinen Holzhütte stehen drei Säulen und ein Kassenautomat, die Schläuche baumeln draußen.“ Mit 5,36 Dollar pro Gallone ist der Sprit nur einen Dollar teurer als in Anchorage oder Fairbanks. Das finde ich durchaus fair, dafür dass alles hier hoch gekarrt werden muss. Denn hier ist es wie in Iran: Wo es Öl gibt, gibt es nicht automatisch auch Benzin.

Ich fahre eine Runde herum, finde das Prudhoe Bay-Hotel mit zwei Motorrädern vor der Tür. Ein BMW-GS-Gespann und eine GS-Dakar, dessen Fahrer ich schon in Fairbanks im McDonald‘s getroffen habe. „You made it!“ gratuliert mir der junge blondierte Kanadier, auch die Gespann-Fahrer schütteln die Hand. Die drei haben hier oben übernachtet und am Morgen eine geführte Tour zum Ozean gemacht, der acht Meilen weiter nördlich anfängt.

Niemand kommt mit seinem Privatfahrzeug von Deadhorse aus alleine weiter und die Tour ist eigentlich Pflicht, wenn man schon mal hier oben ist. Leider muss sie 24 Stunden zuvor mit Reisepass angemeldet werden. Die Security checkt dann, ob Gefahr besteht, dass einer der Besucher irgendwas auf dem Ölfeld in die Luft sprengen könnte.

Ich will die Tour machen, die 50 Dollar sind es mir wert, doch ich habe natürlich nicht 24 Stunden vorher reservieren können. Mit meinem Pass in der Hand fahre ich zum Deadhorse-Camp, um zu sehen, ob sie eine Ausnahme machen können – in zwei Stunden startet die nächste Tour, dann erst wieder morgen Früh. Alles Bitten und Betteln nützt nichts, die zwei Bürokraten lassen nicht mit sich handeln, keine Tour für mich. „Morgen vielleicht?“, fragen sie. Nein danke, keine Nacht hier oben. Schade, aber es ist trotzdem okay, denn ich mache noch ein Foto vor einem See in Deadhorse, der mit Eisschollen bedeckt ist – das ist quasi mein arktischer Ozean. Er markiert den nördlichsten Punkt der Reise, von nun an geht's nur noch nach Süden.

In einem winzigen Laden zahle ich für zwei Dosen Cola nur zwei Dollar und wundere mich, warum es hier in dieser abgelegenen Gegend so billig ist. Wahrscheinlich, damit die rauen Ölarbeiter nicht rebellieren und den Laden auseinandernehmen. Im Zeitschriftenregal reiht sich Playboy neben Hustler neben Penthouse – was Mann hier oben halt so braucht. Nach etwa einer Stunde mache ich mich auf den Rückweg und sehe hinter Deadhorse einen Radfahrer. Wahnsinn! Ich halte vor ihm, warte bis er angekommen ist und schenke ihm einen meiner Energieriegel. Er wird ihn dringender brauchen als ich. Bis nach Anchorage will er es in zwei Wochen schaffen, hat fünf Reserveschläuche dabei und fährt am Tag je nach Zustand der Piste bis zu 120 Kilometer. Beeindruckend. Wir sehen, dass wir beide mit Reifen von Continental unterwegs sind – dann kann ja nichts mehr schief gehen.

Meile um Meile geht's zurück. Ich erreiche Coldfoot und habe damit den angeblichen schwierigsten Straßenabschnitt bezwungen. Tanken, etwas zu trinken kaufen, weiterfahren. Rund 650 Kilometer stehen jetzt auf dem Tageszähler und ich suche mir einen kostenlosen Campingplatz. Innerhalb von Minuten stehe ich in einer Moskito-Wolke, aber das Spray hilft – ich werde kaum gestochen. Am nächsten Morgen will ich das Zelt abbauen, kann aber die Mücken nicht aus dem Zelt bekommen, die jetzt drinnen sind. Egal, ich klappe es zu, samt den bestimmt hundert Mücken drin.

Samstag, 16. Juni

Ich erreiche Fairbanks und sehe an einer Straßenkreuzung zwei Mädels, die „Car-Wash"-Schilder in die Höhe halten. Sie sammeln für ihre Jugend-Basketballmannschaft. Nach dem Deadhorse-Trip hätte es die Yamaha dringend nötig, das Kennzeichen ist überhaupt nicht mehr zu lesen, überall klebt Schlamm und Dreck.

Trotzdem fahre ich erst einmal weiter zum Hostel. Leider ist es ausgebucht, also wieder zurück. Heute ist Samstag, das Wetter ist gut und noch ein paar andere Leute sind auf die Idee gekommen, für Geld Autos zu waschen. Ich habe also die Wahl, einen Ehren-Flug für Weltkriegs-Veteranen zu unterstützen oder die Mädels von der High School. Die Wahl fällt leicht, sorry Vets, ihr müsst leider am Boden bleiben. Auf dem Schul-Parkplatz entpuppen sich die Mädels als viel zu jung, es gibt also kein Oben-ohne-, oder Wet-T-Shirt-Car-, ähh Bike-Wash... „Wir hatten aber noch kein Motorrad vorher hier." Dann ist es jetzt das erste. „Darf irgendwas nicht nass werden?" Nein. Gemeinsam mit ihrer Trainerin geben sie sich Mühe, mit Hochdruckreiniger, Schlauch und Schwamm den Schlamm vom Bike zu holen. Nun, der gröbste Dreck ist hinterher zwar ab und die zehn Dollar war der Spaß wert – wirklich sauber ist die XT aber nicht geworden. Immerhin kärchern sie mir gleich noch die ebenfalls völlig dreckige Hose und die Stiefel ab.

Ich lasse mich vom Navi zu Billie's Hostel leiten. Billie ist ungefähr 60, hat graue Haare und dicke Möpse – also, Hunde. Das Passwort für den Internet-Zugang ist der Name von Mops 1: Franky. Und während ich hier so sitze und schreibe, hockt Mops 2 neben mir, schaut mich mit seinen Glubschaugen an, rollt die Zunge und versucht laut schnaufend Luft durch seine klein gezüchtete Nase zu bekommen. Durch das offene Küchenfenster dringt der Duft von frischem Gras – gedrehtem, nicht gemähtem.

Für sieben Dollar wasche und trockne ich meine Wäsche, setze mich anschließend in den Gemeinschaftsraum und schreibe den Blog der vergangenen zwei Tage nach. Irgendwie muss sich der Schlauch meiner Trinkblase im Rucksack ein wenig geöffnet haben, jedenfalls sind meine Turnschuhe leicht feucht und schlimmer noch: das Lesegerät für die Speicherkarten. Zu allem Überfluss hat sich noch ein Keks aufgelöst und ist eine innige Verbindung mit den Anschlüssen des USB-Kabels eingegangen. Mit einer Nadel (Danke Mädels für das Näh-Set!) pule ich minutenlang Schoko- und Keksstücke aus den Steckern. Ganz toll. Leider funktioniert das Lesegerät momentan nicht, vielleicht, wenn es wieder trocken ist.

Dust to Dawson

Montag, 18. Juni

Kurz nach 11 Uhr verlasse ich Fairbanks und breche auf Richtung Osten, nach Kanada. Perfektes Wetter: 21 Grad und Sonnenschein, so macht das Spaß. Irgendwann fällt mir auf, dass ich schon viele Minuten lang exakt geradeaus fahre. Leider habe ich am Anfang nicht auf den Kilometerzähler geschaut, aber dieser Abschnitt zwischen Fairbanks und Tok muss die längste gerade Strecke in Nordamerika sein. Nicht einmal im australischen Outback habe ich so etwas gesehen. Hätte ich einen Tempomat, könnte ich bestimmt 30 Minuten lang freihändig geradeaus fahren. Plötzlich sehe ich vor mir etwas Großes über die Straße schweben und im Baum landen. Ich komme näher und erkenne den Weißkopfseeadler, kann schnell ein paar Fotos machen, bevor er sich wieder in die Luft schwingt.

Nicht ganz 400 Kilometer sind es bis Tok, einem Örtchen an einer großen Kreuzung mitten im Nirgendwo. Am Horizont brauen sich dunkle Wolken zusammen, ich suche mir schnell einen Campingplatz, baue mein Zelt auf und schon wenige Minuten später fängt es an zu schütten. Wieder mal alles richtig gemacht. Ärgerlich: Ich zahle 27 Dollar für den Platz und habe nur eine Stunde kostenloses Internet – da habe ich mich gerade mal bei Spiegel Online durchgeklickt. Ich sitze auf der Veranda und sehe jede Menge Motorräder vorbeifahren. Eins kenne ich doch: Der Kanadier, den ich bereits in Fairbanks im McDonald's und dann wieder oben in Deadhorse getroffen habe!

Ich sehe ihn zu einem Restaurant gleich nebenan abbiegen, warte bis der Regen aufgehört hat, gehe rüber und setze mich zu ihm. Wir unterhalten uns über eine Stunde und er gibt mir die Adresse seiner Eltern, die 30 Minuten südlich von Calgary eine Ranch besitzen. Ich solle mich ruhig mal melden, die Eltern würden sich freuen und ordentlich für mich kochen. Perfekt, ich muss sowieso nach Calgary, weil die Yamaha dann zur 10.000-Kilometer-Durchsicht muss und mit Sicherheit einen neuen Hinterreifen braucht.

Drei Kilometer vor der kanadischen Grenze halte ich an und esse drei Bananen auf. Man darf kein frisches Obst nach Kanada bringen und nach allem, was ich über den kanadischen Zoll gehört habe, will ich es auch nicht probieren. Die kleine Grenzstation liegt auf über 1000 Meter Höhe in den Bergen und ist schon von weitem zu sehen. Ich fahre heran, der Grenzer kommt, ich zücke meine Papiere – da fallen mir ein paar gefaltete Zehn-Dollar-Scheine aus meiner Dokumentenmappe direkt vor die Füße des Zöllners. Das sollte jetzt kein Bestechungsversuch sein... Er checkt meinen Pass und die Fahrzeugpapiere, gibt mir alles zurück und beim Verpacken des ganzen Geraffels fällt das Geld erneut runter. So langsam wird's peinlich. Waffen? Nein. Alkohol oder Zigaretten? Nein. Mehr als 10.000 Dollar in bar? Haha, guter Witz. Und, wonach fragt er nicht? Richtig, nach Obst. Alles in Ordnung, ich bin in Kanada.

75 Kilometer später (In Kanada gibt's wieder Kilometer und Liter, keine Meilen und Gallonen wie in Alaska/den USA) erreiche ich Dawson und fahre zum Campingplatz, der mitten in der Stadt liegt. In einer Ecke haben sich bereits etwa 15 Biker zusammengefunden. Ich frage, ob sie noch ein Platz für mein Zelt bei sich haben – klar. Wir kommen schnell ins Gespräch und am Abend gehe ich mit drei Kanadiern – zwei Cops, ein Prüfer für Schweißnähte, alle ungefähr mein Alter – in die Kneipe.

Es ist „Loonie Tuesday“, es gibt „Highballs“ für zwei Dollar. Heißt: Whisky, Rum und Vodka als Mixgetränk für nur zwei Dollar. Gefährlich. Irgendwann sind wir zu sechst, jeder von uns schmeißt zwei Runden. Gut, bei dem Preis ist nicht viel Alkohol in den ohnehin schon kleinen Gläsern. Netter Zufall: Erst vor kurzem habe ich ein Buch von Charles Bukowski gelesen (Alles von ihm ist wirklich gut, nur so als Tipp), in dem er ständig Vodka-Seven-up trinkt. Scheint hier beliebt zu sein, denn Vodka-Lemon kennt die Dame an der Bar nicht, gibt mir aber besagten Seven-up-Mix. Anders als Bukowski schmeckt mir die Mischung nicht besonders. Egal. Es gibt Live-Musik, wir spielen ein paar Runden Billard und trinken was das Zeug hält. Die Kellnerin bringt später die Drinks im Drei-Minuten-Takt (nicht übertrieben) und irgendwann können wir die Gläser gar nicht mehr so schnell leeren, wie sie kommen. Genug.

Wir bleiben nicht lange, fast alle haben eine weite Anfahrt hinter sich. Jon, einer der Jungs, zeigt mir einen „Street Meat“-Stand. Dort wird nicht etwa das Fleisch von Tieren verkauft, die überfahren und dann von der Straße gekratzt wurden. Es ist einfach eine Imbiss-Bude, die nachts noch Hot-Dogs und andere Sachen verkauft. Ich probiere den Elch-Hotdog und überlege hinterher eine Stunde, ob ich kotzen soll oder nicht. Mann, ist mir schlecht! Irgendwie bleibt es drin. Bison soll viel besser schmecken, ich werde es probieren. Ein anderes Mal.

Gegen neun Uhr treibt uns die Hitze aus den Zelten. Wer ahnt denn schon, dass es im Yukon Territory so heiß ist? Wir schleppen uns zum Frühstück in ein Café, hängen ein bisschen herum und ich mache ein paar Fotos der Bikes, die bisher angekommen sind. Die „Dust to Dawson“-Rallye ist keine Rallye im eigentlichen Sinn, sondern ein großes Reisemotorrad-Treffen, zu dem vor allem Biker aus Alaska, den Lower-48 und Kanada kommen. Dieses Jahr ist das zwanzigste Jubiläum und mehr als 250 Fahrer haben sich angemeldet. Utah, Colorado, Montana, Washington – auf den Kennzeichen erkenne ich fast alle US-Bundesstaaten. Natürlich sind viele Kanadier hier, einige sogar aus Ontario, von der Ostküste. Ein Spanier hat es ebenfalls hierher geschafft und neben mir noch ein weiterer Deutscher, der schon zwei Jahre auf Tour ist und aus Südamerika hochgefahren kam.

Wir gehen beim Griechen essen und jeder der 30 Dollar war es wert – ich habe lange nicht mehr so gut gegessen. Dawson City ist weltberühmt für seinen Sourtoe-Cocktail im Downtown-Hotel. Ein echter mumifizierter Zeh wird in ein Glas mit Schnaps gelegt. Wenn beim Austrinken die Lippen den Zeh berühren, ist man Mitglied im Sourtoe-Club. Woher der Zeh kommt? Wenn ich die Story richtig verstanden habe, hat ein Trapper namens Louie Liken in den 1920er-Jahren im Winter Alkohol in die USA schmuggeln wollen. Er brach mit dem Fuß ins Eis ein, der Fuß wurde nass und durch die Kälte erfror sein großer Zeh. Weil er Wundbrand fürchtete, entschieden sich er und sein Kumpel, den Zeh zu amputieren. Nach einer ordentlichen Betäubung mit ihrem geschmuggelten Schnaps schnappte sich der Kumpel die Säge und mit einem Hieb war der Zeh ab. Sie konservierten ihn in Alkohol und nahmen ihn mit zurück. Jahre später wurde er wiedergefunden und der Spaß mit dem Drink begann.

Wir bestellen Whisky und gehen zu dem Tisch, an dem schon einige Kandidaten warten. Alle wollen Mitglieder werden im Sourtoe-Club. Auf einem Häufchen Salz liegt also der mumifizierte Zeh, daneben ein paar Tücher, mit denen das Leichenstück nach jedem Drink kurz abgetrocknet wird. Leider ist es nicht mehr der Originale von Louie Liken. Im Laufe der Jahre wurden einige Zehen verschluckt und geklaut. Ersatz kam entweder aus dem Krankenhaus oder von privaten Spendern, die einen Unfall hatten. Der aktuelle Zeh stammt von jemandem, der mit Sandalen Rasen gemäht hat. Jedenfalls hängt an der Bar ein Schild mit dem Hinweis, dass derjenige, der den Zeh verschluckt, 250 Dollar zahlen muss.

Ich lasse den anderen den Vortritt und fotografiere. Jeder darf den Zeh in die Hand nehmen, aber bevor getrunken wird, sagt „Captain Dick", der Betreuer des Trinkspiels, einen Spruch auf, den er so routiniert runter rattert, als hätte er ihn schon viele tausend Male aufgesagt. Und das hat er auch. Ich bin an der Reihe, trage meinen Namen in eine Liste und sehe, dass ich Nummer 44533 im Sourtoe-Club bin. Dick sagt seinen Spruch, Matt macht Fotos während ich den Whisky ansetze und der mumifizierte Zeh meine Lippen berührt. Kein großes Ding. Ich weiß nur nicht, was mich mehr abschreckt: Der Zeh, oder zu wissen, dass bereits tausende andere Menschen ihn an den Lippen hatten. Egal, der Whisky tötet bestimmt alles ab. Wir greifen unsere Zertifikate, bringen sie zurück zu den Zelten und gehen wieder in die Stadt.

Wobei Stadt übertrieben ist; schnell ein paar Worte zu Dawson. Es gibt eine asphaltierte Hauptstraße, der Rest der typisch schachbrettartig angelegten Straßen sind Schotterpisten. Viele Häuser scheinen noch aus Zeiten zu stammen, in denen Goldgräber die Stadt überschwemmten. Das hat durchaus seinen Charme, besonders, weil es nicht künstlich aufgehübscht ist. Von manchen Häusern blättert die Farbe ab, schiefe Hütten werden stehen gelassen, die Gehwege aus Holzplanken enden oft im Nichts – man geht im Staub weiter. Der Eisenwarenladen wirkt wie aus dem 19. Jahrhundert, freilich mit nun anderen Waren. Dawson ist klein, hat nur etwas mehr als 1.200 Einwohner, von denen jeder jeden kennt. Auffallend viele junge Frauen haben hier mindestens zwei Jobs. Wer morgens das Frühstück an den Tisch serviert, steht abends auch am Tisch – im Casino. Die Kellnerin vom Griechen serviert auch in einem anderen Laden, fast jeden oder jede sehen wir mindestens dreimal. Und da wir Kerle sind und einige Frauen nicht gerade unattraktiv, fällt uns sowas halt auf.

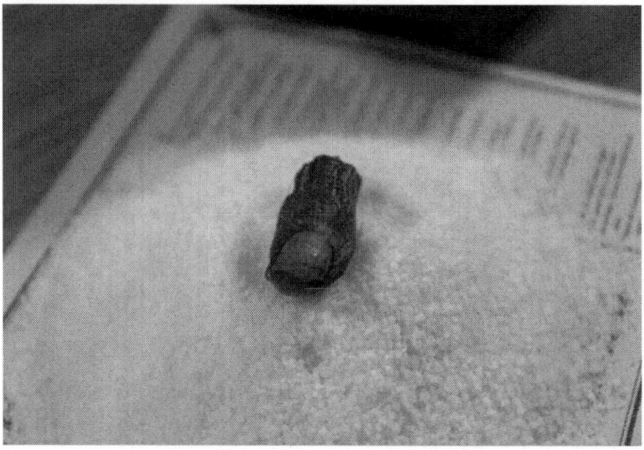

Ansonsten dasselbe wie gestern: Kneipe, Musik, Billard, Spaß. Erstaunlich viele Biker interessieren sich für mein Motorrad, die World-Crosser-Edition der Super Ténéré. Sie schleichen um das Motorrad, sehen sich interessante Details an und vergleichen sie mit den amerikanischen Ténérés. Denn, so versichern sie mir, der World Crosser dürfte der erste in ganz Nordamerika sein – das Modell wird hier noch gar nicht verkauft. Immer wieder muss ich erzählen: woher, wohin, wie lange schon. So weit? Alleine? Ach! Have fun! Aber es macht Spaß, alle sind nett, wirklich interessiert und viele der Biker sind schon selbst Abschnitte der Panamericana gefahren oder sogar die komplette Strecke.

Gegen Abend beginnen die Spiele auf dem „Strip", der gesperrten Hauptstraße, die links und rechts von Motorrädern gesäumt ist. Zunächst die Klassiker: Slalom, so langsam wie möglich, die Abstände der Pylonen werden von Runde zu Runde kleiner. Einige Bikes kippen um, kaputt geht fast nie etwas, keine Schadenfreude bei den Zuschauern. Die nächste Disziplin: Fünf Tennisbälle müssen aus langsamer Fahrt in immer kleiner werdende Gefäße geworfen beziehungsweise darin abgelegt werden, der Ball darf nicht herausspringen. Verdammt schwierige Sache! Die wenigen, die es schaffen, werden lautstark gefeiert. Ihr wollt wissen, ob ich auch mitmache? Lieber nicht. Wer weiß, vielleicht lege ich die Yamaha auf die Seite. Ich fotografiere lieber.

Das nächste Spiel: Schnapp dir das Würstchen! Die Crew befestigt eine Angel an einer Leiter, an der Schnur über der Straße baumelt ein Wiener Würstchen. Der Auftrag: abbeißen! Jon und ich wollen uns gerade fertig machen, als wir hören, dass nur Frauen auf dem Soziussitz erlaubt sind. Schade eigentlich. Was soll ich sagen, es ist deutlich schwerer, als es sich anhört und beschert mir ein paar sehr lustige Fotos. Beim nächsten Spiel gehen einige Bikes zu Boden oder können noch gerade so von den Helfern aufgefangen werden. Die Crew sprüht ein Kreuz auf die Mitte der Straße und es gilt, möglichst nah am Kreuz zu stoppen. Einfach, oder? Nicht mit einem Sack über dem Helm! Im Blindflug tasten sich die Fahrer langsam ans Kreuz heran, das Publikum schreit laut Stopp! – natürlich auch mal weit vor dem Kreuz. Gemein, aber lustig.

Es ist weit nach Mitternacht – natürlich ist es immer noch hell – als endlich die lang ersehnten Sticker verteilt werden. „Dust to Dawson 2012“, leicht gebogen, ideal für den Kotflügel oder den Helm. Jeder ist stolz, dabei gewesen zu sein, viele haben die Stelle am Motorrad schon abgewischt und kleben den Sticker sofort auf. Die Veranstaltung löst sich auf, die Jungs und ich trinken noch gemeinsam ein Bier und gegen zwei Uhr ist für mich Feierabend.

Samstag, 23. Juni

Wir frühstücken und brechen gegen zehn Uhr auf, nach Osten, nach Whitehorse. Etwas mehr als 520 Kilometer liegen vor uns, das Navi meldet, dass ich in 180 Kilometern rechts abbiegen muss, dann geht's die restliche Strecke immer geradeaus.

Die Sonne steht hoch am Himmel fast genau vor uns, es sind angenehme 24 Grad, von einer Baustelle steigt der Geruch von frischem Asphalt auf, das iPhone spielt meine Lieblingslieder – und wie so oft denke ich, dass es die beste Entscheidung war, einfach den Flug zu buchen und die Tour zu machen.

Nach vier Tagen in Dawson macht es Spaß, wieder unterwegs zu sein. Die zwei Jungs wollen ebenfalls nach Whitehorse, wir fahren zusammen, ich hinterher. Falls irgendwer mal auf der Strecke unterwegs ist: Die Zimtkuchen in der Braeburn-Lodge sind der Wahnsinn. In Whitehorse suchen wir den Starbucks, um nach Tagen in der Einöde mal wieder kostenlos schnelles Internet zu haben. Leider ist irgendwas kaputt – kein Internet.

Wir trinken Eiskaffee und erzählen noch lange, dann fahren die beiden Jungs weiter. Ich will zwei Tage hier bleiben, ein paar Fotos bearbeiten (was lange dauert, da mein Netbook ziemlich langsam ist). Das Hostel ist ausgebucht, also ziehe ich auf einen schönen Campingplatz, nur ein paar Kilometer außerhalb der Stadt. Essen, schreiben, duschen, schlafen.

Heute bin ich 550 Kilometer auf einer wenig spektakulären Strecke gefahren, deshalb schreibe ich mal ein bisschen was zum Alltag und der Ausrüstung. Wobei, doch, eine wichtige Sache gab's heute schon noch. Ich habe endlich meinen ersten Schwarzbären gesehen! Tot.

Am Straßenrad. Zuerst kann ich nicht sehen, dass er tot ist und fahre langsam zurück. Muss noch frisch sein, so schlecht sieht er nämlich nicht aus. Und gar nicht mal groß. Vielleicht so wie zwei Bernhardiner. Weiter geht's. Kurze Zeit später sehe ich dann in einiger Entfernung am Straßenrand einen lebendigen Bären. Ich halte, aber bis ich die Kamera herausgeholt habe – der Laptop liegt drauf – ist er schon wieder im Laufschritt im Wald verschwunden. Matt und Carl aus Dawson haben mir aber versichert, dass ganz British Columbia mit Bären voll ist und sie allein auf dem Hinweg nach Dawson bestimmt 30 Stück gesehen hätten.

Zurück zum Alltag. Eine meiner „Lieblingsbeschäftigungen" ist das allmorgendliche Koffer-Tetris. Was passt wo und wie hinein, damit mindestens noch ein weiteres Ausrüstungsteil auch noch schön in den Koffer passt. Normalerweise hat bald jedes Teil seinen Stammplatz und ist schnell verstaut. Allerdings müssen auch die Lebensmittel irgendwie mit, und die Dosen und Nudelpackungen, Bananen und Schokoriegel kommen und gehen jeden Tag aufs Neue.

Etwas Platz habe ich gestern gewonnen, als ich eines meiner durchgelesenen Bücher auf dem Campingplatz gelassen habe. Außerdem habe ich meine Trekking-Sandalen jetzt mit einem Karabiner außen an einen Koffer geklickt. Die dürfen ruhig nass und dreckig werden. Mein ganzes Geraffel habe ich mittlerweile in einer knappen halben Stunde verstaut. Also das Zelt abgebaut, alles eingepackt und aufgeschnallt. Mit dem Plan, immer früh aufzustehen, klappt es allerdings nicht so gut. Schließlich ist es hier selbst spät am Abend noch hell, einschlafen ist da nicht einfach. Also fahre ich später los und bin länger unterwegs. Ausgeglichen.

Nicht-Biker können den folgenden Abschnitt überspringen. Heute habe ich zum ersten Mal „Rok-Straps" ausprobiert, um damit meine Gepäckrolle festzuschnallen. SW-Motech hatte mir welche zur Verfügung gestellt (vielen Dank nochmal dafür) und ich hatte sie bislang nur im Koffer. Auf dem Treffen in Dawson haben allerdings so viele davon geschwärmt, dass ich sie probiert habe. Statt meiner herkömmlichen vier Gummi-Spanngurte brauche ich nun nur noch zwei elastische Rok-Straps. Die Dinger halten wirklich sehr gut, sind leicht zu befestigen und lassen sich schnell öffnen und schließen. Absolut empfehlenswert.

Ein paar Worte zum Helm. Das Sonnenvisier des Schuberth S2 ist bestimmt 70 Prozent der Zeit unten und deutlich besser, als eine Sonnenbrille. Bei der kommt das Licht noch oben und unten durch, und da ich sowieso relativ lichtempfindlich bin, ist das Visier eine tolle Lösung. Nettes Feature also, falls jemand mit dem Gedanken spielt, einen neuen Helm zu kaufen.

Das Navi ist die ganze Zeit an. Derzeit weniger, um mir den Weg zu weisen, dafür gibt es hier zu wenige Straßen, welche auch noch viele hundert Kilometer in eine Richtung führen. Es ist aber gut zu wissen, wie lange es noch bis zum Ziel ist, wann die nächste Tankstelle kommt und wo der nächste Campingplatz liegt. Diese Zusatzfunktionen nutze ich fast täglich, außerdem zeigt das Navi immer die absolut gefahrenen Kilometer an seit dem Start in Anchorage. Mittlerweile sind es 4394 (eigentlich 200 mehr, weil ich es etwas nach der Abfahrt genullt habe). Wie gesagt, im Moment brauche ich es weniger für die Navigation. Aber die Zeit wird kommen, spätestens wenn ich einer Woche in Calgary bin.

Ansonsten funktioniert alles, alles ist noch heil und (wo ich das gerade schreibe, zieht schon wieder ein verdächtiger Gras-Geruch zu mir herüber – die Nachbarn sind aber Rentner im Wohnmobil! Vielleicht irre ich mich auch) es macht jeden Morgen aufs Neue Spaß, loszufahren. Das Einzige, was mich etwas nervt ist mein Kocher – nur einmal möchte ich abends kochen, ohne dreckige Finger zu bekommen. Er rußt ziemlich stark, vermutlich liegt es am schlechten Benzin hier überall. Durch den Ruß setzt sich zudem die Düse recht schnell zu – kochen unmöglich. Vielleicht steige ich doch wieder auf Gas um.

XT660Z rettet XT1200Z

Dienstag, 26. Juni

Diese Überschrift hatte ich im Kopf, als ich überlegte, wie Wing mich abschleppen könnte. Das kam so: Gegen 9.30 Uhr bin ich losgefahren und habe wie immer an der nächsten Tanke aufgefüllt. Gute Straßen, wenig Verkehr und kaum Aussicht auf Cops haben es mich etwas zügiger angehen lassen. Mit rund 120 Sachen (also gar nicht so schnell) ging es recht lange weiter, bis zum Schild, das die nächste Tankstelle in 160 Kilometern ankündigte. Grob überschlagen, noch drei Striche auf der Anzeige – passt. Der Teufel ist ein Eichhörnchen und der dritte Strich verschwindet bald nachdem ich die Tanke passiert habe. Ich lasse es langsamer angehen, wird schon klappen. Kurz danach bin ich mir doch nicht mehr sicher. Ich fahre deutlich langsamer, als plötzlich im Spiegel eine Yamaha XT660Z auftaucht! Quasi der kleine Bruder meiner XT1200Z, und auch die kleine XT gibt's hier nicht zu kaufen. Ich halte an und Wing, ein 33 Jahre alter Belgier mit chinesischen Wurzeln und langem Zopf, bestaunt mein Motorrad. Er hat zwar keinen Reservekanister dabei, wir fahren aber zusammen weiter. Er sagt: „Im Notfall kann ich vorfahren und mit einem Kanister wiederkommen." Ich sage: „Jaja, genauso machen wir das." Ich denke: „Im Notfall werde ich meine zwei langen Spanngurte zusammenknoten, bei mir um die untere Gabelbrücke und bei dir um den Gepäckträger schlingen und mich von dir abschleppen lassen!"

Wir zuckeln also weiter, meine Reserve blinkt seit 40 Kilometern. 50. 60. 70 hatte ich schon mal. 80, verdammt, jetzt wird's aber ganz knapp. Mit weniger als einem Liter Sprit im Tank rolle ich kurz darauf an die Zapfsäule, bereits bei Erreichen des Ortseingangsschildes heben

Wing und ich jubelnd den Arm – geschafft! Wie den ganzen Tag regnet es noch immer bei kühlen zehn Grad, keiner von uns hat Bock zu zelten. Also teilen wir uns ein Hotel-Zimmer (100 Mäuse, ohne Frühstück), waschen bei der Gelegenheit mal wieder Wäsche und nutzen das langsamste Internet Nordamerikas. That's it, die Überschrift lasse ich trotzdem stehen.

Die Lottozahlen des Tages:

550 ungefähr gefahrene Kilometer
400 Kilometer mit einer Tankfüllung
94 Kilometer auf Reserve
24 Dollar fürs Abendessen
21,8 Liter Sprit in Stewart getankt
5 Dollar für zwei Dosen Bier
3 Elche
2 Bären
1 Gletscher

Raubtier-Alarm

Donnerstag, 28. Juni

Nach dem was ich heute gesehen habe, machen mir die – vermeintlich – plumpen, kleinen Schwarzbären keine Angst mehr. Von Prince George nach Jasper sind es nicht ganz 400 Kilometer, also bequem zu schaffen. Ich lasse mir morgens Zeit und fahre mit Wing zu einem Yamaha-Händler. Sein Motorrad braucht einen Service und ein neues Kettenkit. Wir geben sein Bike ab, fahren zu McDonald's und nutzen Gratis-WLAN – welches ich immer mit einem furchtbaren Frühstück bezahlen muss.

Keine Ahnung, ob das bei uns auch so traurig aussieht, aber ich bin immer enttäuscht, wenn ich meinen Frühstücks-Bagel mit Ei und einem „Hashbrow" bekomme. Dann denke ich jedes Mal an die Frühstücksszene in „Falling Down – Ein ganz normaler Tag" mit Michael Douglas. Egal, wir sitzen warm und trocken, haben ein Klo in der Nähe, Strom und Internet.

Gegen 11 Uhr verabschiede ich mich von Wing und fahre Richtung Osten, zum Jasper Nationalpark. Rund 100 Kilometer vor dem Nationalpark, gar nicht so fern der Zivilisation, springt etwa 50 Meter vor mir ein – tja, wenn ich das nur wüsste – vor das Motorrad. Mein erster Gedanke: ein Puma. Im Zoo würde ich sagen, das ist ein Löwen-Weibchen – und ich glaube, da komme ich der Sache schon recht nahe. Während ich das schreibe habe ich keinen Internet-Zugang und kann das daher nicht prüfen, aber ich bin mir sicher, dass es ein Berglöwe/Puma war. Im Ernst, das Tier war richtig groß! Ich komme in Jasper an und gehe wie meistens zur Touristen-Information, sehe mich um, hole ein paar Karten und lese: Neben allerlei anderem Getier gibt es auch Pumas in der Gegend! Ich vermute, dass man sehr selten einen sieht. Glück gehabt!

Auf dem mit knapp 27 Dollar recht teuren Campingplatz baue ich mein Zelt auf, ziehe mich um und fahre nach Jasper rein, es ist nur drei Kilometer entfernt. Die Hauptstraße besteht eigentlich nur aus Souvenirshops und Restaurants, schlimm. Trotzdem hat der Ort irgendwie Charme: Die Häuser im französischen Chalet-Stil – unten Stein, oben Holz. Mit bunten Blumen bepflanzte Hängeampeln baumeln vor vielen Häusern, die Grünanlagen wirken gepflegt, überall stehen Bänke – sieht schon nett aus hier. Natürlich kaufe ich Sticker für die Koffer, etwas zu essen und ein Sixpack Bier.

Um auf dem Campingplatz zu den Duschen und Toiletten zu kommen, muss ich etwa 300 Meter über eine Wiese gehen, die von Wald umgeben ist. Bereits als ich das erste Mal hingehe, stehen ein paar Hirsche auf der Wiese, gar nicht so weit entfernt. Beim zweiten Mal sind es insgesamt bestimmt 20 Tiere, davon etwa die Hälfte Kälber. Sie lassen sich gar nicht stören, grasen in unmittelbarer Nähe von mir weiter. Ich fotografiere, gehe zurück zu meinem Platz, mache mir was zu essen und lese in meinem Buch, als plötzlich etwa vier bis fünf Meter entfernt von mir ein Hirsch durchs Gebüsch kommt. Die Herde geht ganz ruhig von Platz zu Platz und spaziert zwischen den Zelten und Wohnmobilen hindurch. Nicht schlecht!

Später am Abend wird mir dann doch ein wenig mulmig. Mein Kamera-Akku ist fast leer und ich lade ihn an einer Steckdose ihm Sanitärgebäude auf, lese daneben mein Buch. Als ich nach einer Stunde rauskomme, ist es richtig dunkel – ich habe keine Lampe dabei und muss zurück über die Wiese mit nun bestimmt 30 Hirschen. Ich kann kaum etwas sehen, die Augen gewöhnen sich nur langsam an die Dunkelheit. Ein paar Meter neben mir kann ich die Umrisse eines großen Hirschs ausmachen und mache einen Bogen um ihn. Er schnaubt ein bisschen, macht einen Schritt auf mich zu, bleibt dann aber stehen. Ich gehe ruhig weiter, nur keine falsche Bewegung. Ich stolpere auf die Lichtung, in der mein Zelt steht, verpacke mein Zeug und lege mich schlafen.

Freitag, 29. Juni

Schon gegen 8 Uhr packe ich zusammen, bin kurz nach halb neun unterwegs Richtung Banff. Die Straße führt durch den Jasper-Nationalpark. Der sogenannte Icefield-Parkway schlängelt sich zwischen hohen Bergen hindurch, die größtenteils noch mit Schnee bedeckt sind.

Bis auf über 2.000 Meter windet sich die Straße hinauf, kalt ist es dennoch nicht. Zwischen elf und 14 Grad, damit kann ich leben. Wald, Wiesen, steile Felsformationen, dazwischen immer wieder kleine Seen und jede Menge Wasserfälle – sehr schön und sehr empfehlenswert. Nach rechts und links zweigen oft Wanderwege ab, die die Seen umrunden oder einfach etwas durch die Berge führen. Ich glaube, man kann locker zwei Wochen Urlaub alleine hier in diesem Nationalpark machen. Doch ich muss nach Calgary, das Motorrad braucht die Durchsicht und normalerweise sind die Werkstätten bis zu drei Wochen im Voraus ausgebucht – für mich allerdings nicht, dazu mehr in den nächsten Tagen. Fest steht: Ich muss am Samstag in Calgary sein.

Leider spielt heute das Wetter nicht mit. Es ist zwar relativ warm, aber ständig bedeckt, nur ganz selten ist ein kleines Stück blauer Himmel zu sehen, oft verdecken die Wolken die Gipfel. Fotos? Lohnt sich kaum. Die paar Bilder, die ich mache sind grau in grau, dazu das dunkle Motorrad – keine Chance. Am Columbia-Icefield, einem Gletscher, halte ich an und wandere ein paar hundert Meter vom Parkplatz bis zum Aussichtspunkt kurz vor der Gletscherzunge. Kurz überlege ich, ob ich den Helm aufsetze, denn oben weht ein eisiger Wind, gemischt mit Regentropfen bei nun bestimmt nur noch drei Grad. Ich knipse schnell ein paar Bilder, gebe meine Kamera einer Frau, damit sie ein Foto von mir macht, ziehe meine Motorradhandschuhe an und mache mich auf den Rückweg zum Parkplatz.

Während der Gletscher bei Sonnenschein vielleicht blau leuchtet und durch die umgebenden Berge ein tolles Fotomotiv abgibt, war es heute eher enttäuschend. Ein andermal, denn ich kann mir gut vorstellen, hier noch einmal herzukommen. Zwischendurch halte ich immer wieder an und mache ein paar Bilder, ansonsten fahre ich zügig weiter nach Banff. Zwischendurch muss ich tanken und zahle 1,71 Dollar pro Liter – bisher der teuerste Sprit in Kanada. Mein erster Weg führt mich zu McDonald's, Mails checken.

An dieser Stelle wird es Zeit, Carey vorzustellen. In Dawson habe ich nicht nur Carl, Matt und Jon kennengelernt, sondern auch Carey, einen etwa 45-jährigen Technischen Redakteur und ehemaligen Motorrad-Rennfahrer aus Calgary. Da er jede Menge Besitzer von Motorrad-Werkstätten kennt, hat er für mich seine Beziehungen spielen lassen und einen Termin für die nötige Durchsicht organisiert. Wie gesagt, normalerweise gibt's Termine in drei Wochen. Während ich in Calgary bin, darf ich bei ihm und seiner Familie im Haus wohnen, super netter Kerl. Ich checke meine Mails, Carey hat nochmal geantwortet, und fahre dann zum Campingplatz. Hier muss ich bestimmt 30 Minuten in der Schlange stehen, weil es so voll ist – Freitagnachmittag.

Wie gestern schon geben mir die Park-Ranger einen Platz in der Nähe der Food-locker, also den Stahlbehältern, in die man über Nacht seine Lebensmittel packen soll, damit die Bären da nicht rankommen. Die Dame am Eingang warnt mich: „Erst heute Morgen wurde auf dem Platz ein Schwarzbär gesichtet!". Ich glaube ihr sofort. Und wenig später kann ich es mit eigenen Augen sehen. Etwa 70 Meter von meinem Zelt entfernt sehe ich plötzlich etwas Schwarzes im Baum. Es kann nur ein Bär sein, also schnappe ich meine Kamera, gehe durch etwas höheres Gras und Unterholz auf den nächsten Fußweg, als plötzlich schon ein Ranger mit der Pumpgun in der Hand hinter mir steht. Ich solle kurz warten, er muss schauen, was da los ist.

Ich bleibe stehen, der Ranger geht zum Baum und fängt an Richtung Bär zu brüllen. Völlig unbeeindruckt bleibt Meister Petz natürlich sitzen. Nach ein paar Minuten kommt der Bär runter, der Ranger brüllt wieder, aber der Pelzträger läuft nicht weg. Der Ranger schießt eine Rakete mit Knalleffekt in den Himmel – die Aktion schlägt fehl: Statt wegzurennen sprintet der Bär in drei Sekunden von null auf zehn Meter Höhe den Baum wieder hinauf. Beeindruckend! Und ich kriege für meine 27,50

Dollar richtig was geboten! Die Pfeifpatrone bringt auch nicht viel, aber irgendwann kommt der Bär runter und trollt sich. Während ich das schreibe, probieren zwei Frauen in etwa 15 Meter Entfernung, ihr Zelt aufzubauen. Seit, ja, gut einer Stunde. Es ist ein kleines Zelt.

Boxenstopp in Calgary

Samstag, 30. Juni

Carey aus Calgary hat mir die Adresse seines Wochenendhauses gegeben, es liegt nur etwa eine Stunde von Banff entfernt. Nach kurzem Suchen finde ich es, Carey zeigt mir das Haus, stellt mich seiner Familie vor und zeigt mir mein Zimmer für die Nacht, oder zwei. Er hat seinem befreundeten Mechaniker versprochen, dass wir zwischen 10.30 Uhr und 12 Uhr bei ihm sind – also quatschen wir nicht lange, sondern fahren los. Ich folge ihm, 30 Minuten später sind wir in Calgary und halten vor einer unscheinbaren Garage. Kenny, der Mechaniker, hat jahrelang bei Ducati und Harley gearbeitet, findet es aber besser, sein eigener Chef zu sein. In seiner gut ausgestatten Garage beziehungsweise Werkstatt stehen einige Bikes, an denen er gerade arbeitet. Wir schieben sie raus, meine Yamaha rein und fangen an.

Wie beim Boxenstopp arbeiten wir vorne und hinten gleichzeitig: Während Kenny das Öl ablässt, baue ich das Hinterrad aus, gleichzeitig geht Carey mit einer Dose Sprühöl um das Bike und schmiert die Stellen nach Wartungsplan. Nach dem Trip auf dem staubigen Dalton-Highway kontrolliere ich den Luftfilter, obwohl es eigentlich nicht nötig ist. Sieht noch gut aus, beim nächsten Service ist er dann aber fällig. Wir laden das Hinterrad in Careys Pick-up (7,4 Liter Diesel-V8) und fahren zum Ducati-Händler, bei dem Kenny damals gearbeitet hat – er ist noch immer gerne gesehen und hat quasi freien Zugang zur Werkstatt.

Kenny zieht meinen völlig abgefahrenen Reifen ab, einen gebrauchten von Carey auf. Es ist auch ein TKC80 und Carey ist damit auf dem Rückweg von Inuvik/Dawson nur 3.500 Kilometer gefahren. Da er in Calgary keine Geländereifen braucht, gibt er mir seinen – ausgezeichnet!

Wir treffen uns mit einem 85-jährigen Kumpel von Carey zum verspäteten Mittagessen, dann geht's zurück zum Wochenendhaus. Die kleine Siedlung besteht aus etwa 30 Häusern – einige davon sehen sehr teuer aus – und liegt direkt an einem See. Carey wohnt in zweiter Reihe, sagt, dass die Häuser und Grundstücke vor ihm zwischen anderthalb und zwei Millionen Dollar kosten. Wir drehen eine Runde am Wasser entlang, grüßen jeden und ich bin erstaunt, dass die wenigsten hier Vollzeit wohnen. Es sind wirklich nur Wochenendhäuser.

Ein Bekannter baut gerade ein Sonnendeck an Careys Terrasse, wir trinken ein Bier, unterhalten uns ein wenig und werfen später den Grill an. Ich verputze das wohl bisher größte Steak, das ich jemals hatte und wir schauen uns später die Aufzeichnung des MotoGP-Rennens in Assen an. Seine drei Töchter haben mittlerweile im Garten ein Lagerfeuer gemacht, rösten Marshmallows. Carey zeigt mir etwas: Man nehme einen Keks, lege darauf zwischen zwei und vier Stücke Schokolade, den leicht gebräunten Marshmallow und obendrauf wieder einen Keks. Kalorien ohne Ende und der pure Zucker, aber es schmeckt wirklich ausgezeichnet. Ob wir noch ein Bad im beheizten Outdoor-Whirlpool nehmen wollen? Heute nicht mehr, vielleicht morgen. Manchmal ist das Leben eines Motorrad-Reisenden aber auch wirklich hart!

Etwa drei Stunden südlich von Calgary, kurz vor der US-Amerikanischen Grenze liegt der kleine Nationalpark „Waterton Park“. Carey sagte mir, dass es sich wirklich lohnt, außerdem hat er mir eine schöne Nebenstrecke dorthin gezeigt. Die Landstraße führt durch typisches Farmland – überall weiden Rinder, hin und wieder führt die Straße durch große Rapsfelder, am Ende staubiger Feldwege stehen die Häuser der Farmer. 23 Grad, Sonnenschein, nur ganz selten sind kleine Wolken am Himmel. Herrlich.

Kurz vor dem Waterton Park weist ein Schild zu einem Bison-Freigehege. Ich folge dem Weg und stehe plötzlich vor einem Texas-Gate (quer in den Boden eingelassene Metallrohre mit jeweils etwas Abstand dazwischen – Rinder/Bisons gehen da nicht rüber) und einem Warnschild. Unter anderem dürfen auch Motorräder nicht ins Gehege, aus nachvollziehbaren Gründen. Ich fahre trotzdem rein – im Zweifelsfall ist die Yamaha zwar nicht stärker als ein Bison, beschleunigt aber garantiert schneller... Ein paar Kilometer weit zieht sich das schmale löchrige Asphaltband durch das eingezäunte weitläufige Gelände. Hinter einem Hügel kann ich links neben mir die Bison-Herde sehen, vielleicht 100 Meter entfernt, also relativ weit weg. Wenig spektakulär.

Ich verlasse das Gehege und fahre nach Waterton Park. Bergpanorama mit teilweise noch schneebedeckten Gipfeln, dazu ein Bergsee, grüne hügelige Wiesen, toll. Auf dem Campingplatz leben nicht nur Urlauber, sondern auch jede Menge Streifenhörnchen – allerdings ohne Streifen, sondern mit Punkten. Ich kenne aber den korrekten Namen nicht, sorry. Jedenfalls haben die Tiere den kompletten Platz unterhöhlt, ständig taucht irgendwo ein Kopf mitten aus dem Rasen auf. Zudem sind die kleinen Racker relativ zutraulich, bestimmt lässt der eine oder andere Camper mal was zu essen fallen.

Wie in Jasper sind auch hier viele Hirsche unterwegs, streifen durch die Vorgärten der Stadt und ruhen sich gerne mal vor einer Veranda aus, ein paar Meter neben dem Gehweg. Mit dem Telefon in der Hand laufe ich langsam durch die Straßen, da ist wieder eins! Irgendein

WLAN-Netz ist immer offen. Bevor ich Calgary verlassen habe, habe ich Dave eine Nachricht geschickt. Ihr erinnert euch bestimmt noch an den Kanadier, den ich bereits in Fairbanks im McDonald's, dann oben in Deadhorse und schließlich nochmal in Tok getroffen habe? Das ist Dave.

Jedenfalls habe ich seine Mail drei Stunden zu spät bekommen, aber er hätte heute Karten für ein richtig tolles Queen-Cover-Konzert für mich gehabt – Mist! Dazu muss ich sagen, dass Dave Tontechniker ist und leicht an Karten kommt. Er hatte auch angeboten, noch ein Bier mit ihm zu trinken und dass ich ein paar Tage bei ihm oder seinen Eltern übernachten kann. Was also tun? In Calgary beginnt am 6. Juni das „Calgary Stampede", das größte Rodeo der Welt, mit den besten Reitern und dem höchsten Preisgeld (zwei Millionen Dollar, wenn ich mich recht erinnere).

Und: Es ist das einhundertste Jubiläum. Klarer Fall, ich muss zurück. Selbst wenn ich irgendwann nochmal nach Calgary kommen sollte, dann wahrscheinlich nicht zur Zeit des Stampede. Gut, ich fahre morgen also wieder nach Calgary – was sind hier schon 300 Kilometer?

Dienstag, 3. Juli

In kräftigem Regen baue ich morgens mein Zelt ab, das erste Mal überhaupt, dass ich es nass einpacken muss. Der Teufel ist... naja, das hatte ich erst vor kurzem, auf jeden Fall hört es ziemlich genau dann zu regnen auf, als ich alles fertig gepackt habe. Immerhin. Ich fahre die gleiche Strecke zurück nach Calgary, quartiere mich für eine Nacht im Hostel ein und schreibe Dave, wo ich bin. Gegen 23 Uhr kommt er zum Hostel und holt mich ab, wir fahren zu seinem Apartment. Er auf seiner BMW F 650 GS Dakar zügig vorneweg, ich hinterher durch die bunte Nacht in Calgary – geil. Im Apartment sehen wir uns Fotos unserer Tour an, wir unterhalten uns, seine Freundin macht überbackene Nachos, so lässt es sich wirklich aushalten in einer fremden Stadt. Die beiden müssen morgen arbeiten, trotzdem sitzen wir bis halb zwei zusammen. Morgen werde ich mit meinem Gepäck zu ihnen kommen und zwei Tage dort bleiben.

Mittwoch, 4. Juli

11 Uhr muss das Zimmer im Hostel geräumt sein, mein Gepäck kann ich aber noch den ganzen Tag stehenlassen, außerdem im Gemeinschaftsraum das WLAN nutzen. Später suche ich in einem riesigen Einkaufszentrum nach Halterungen für meine GoPro-Kamera, finde aber keine. In einem Elektronikladen will mir ein Inder ein Kartenlesegerät für 30 Dollar verkaufen – das muss billiger gehen. Schließlich finde ich eins im Walmart; die haben aber auch wirklich alles. In den USA sogar Waffen.

Downtown-Calgary ist nicht besonders groß, ich spaziere ein bisschen durch die Stadt und muss sagen, dass es mir wirklich gut gefällt. Schon als ich mit Carey hier durchgefahren bin, ist mir aufgefallen, wie sauber und gepflegt alles ist. Dagegen ist Berlin, sorry, ein Drecksloch. Überall ist der Rasen kurz, die Grünanlagen sehen tipptopp aus, die Straßen sind sauber, nur ganz selten sehe ich Graffiti. Und das, was ich mit Carey gesehen habe, war noch nicht mal das Stadt-Zentrum! Dort sieht es ähnlich aus. Wirklich schön und für einen kurzen Städtetrip absolut zu empfehlen – falls jemand mal in der Nähe ist.

Schon seit einigen Tagen stören mich meine langen Haare, besonders wenn ich stundenlang den Helm auf hatte, stehen sie in alle Richtungen ab oder kleben irgendwie am Kopf fest. Bislang hatte ich keine Gelegenheit zum Friseur zu gehen, aber gestern zeigte mir

Dave einen ganz in der Nähe. Ziemlich großer, moderner Laden, einige Leute warteten, etwa zehn Friseurinnen waren bei der Arbeit. Als mich die Dame am „Empfang“ fragte, ob es egal sei, zu wem ich komme, hätte ich vielleicht sagen sollen, dass ich jemanden haben will, der weiß was er tut und es nicht erst zum dritten Mal macht!
Ich sage der kleinen Chinesin, wie ich es gerne hätte und sage auch, dass sie für die Seiten ruhig die Maschine nehmen kann. Nein, nein, mit der Schere geht das besser!
Na gut, wie sie meint. Selbst ohne Brille kann ich sehen, wie sich meine Miene im Spiegel von Minute zu Minute verfinstert.

Irgendwie planlos und wahllos schneidet sie drauflos, legt dabei schön meine Geheimratsecken frei, schneidet es oben fast genauso lang wie an den Seiten – obwohl ich es ihr sogar gezeigt habe, wie lang ich es oben haben will! Kurzum: Eine einzige Katastrophe!

Wieder zurück bei Dave sehe ich mir die Sache nochmal aus der Nähe an und kann es nicht fassen. Über beziehungsweise hinter den Ohren stehen noch Haare, hinten das gleiche – das ist wirklich der schlechteste Haarschnitt, den ich in 30 Jahren bekommen habe.

Außerdem noch der teuerste; für das Geld hätte ich locker Sprit für 600 Kilometer tanken können. Selbst wenn ich mir im Walmart eine Haarschneidemaschine und eine Flasche Schnaps gekauft und mir die Haare dann betrunken selber geschnitten hätte, würde es wahrscheinlich besser aussehen.

Update: Sara, die Freundin von Dave, hat mir am Nachmittag mir der Haarschneidemaschine die Seiten und den Hinterkopf nochmal ordentlich geschoren. Jetzt sieht es schon viel besser aus! Hätte ich es mal gleich von ihr machen lassen.

Samstagabend gehen wir mit ehemaligen Arbeitskollegen von Sara essen, um danach irgendwo zu feiern. Geplant war eigentlich zu „Marty's Party" zu gehen, einer riesigen Haus-Party. Wenn die Geschichte stimmt, hat der ehemalige Besitzer immer diese Party geschmissen, und als er das Haus verkauft hat, stand wohl im Vertrag, dass der Nachfolger sich verpflichtet, jedes Jahr die Party auszurichten. Schon von außen sah es so aus, wie man es normalerweise aus amerikanischen Teenie-Filmen kennt. Überall Leute, bunte Lichterketten, leicht bekleidete Mädels auf Boxentürmen, Marihuana-Duft in der Luft, jeder hat irgendwas zu trinken in der Hand – also richtig geil. Allein: wir sind zu spät. 20 Minuten nachdem wir ankommen, geht die Musik aus. Verdammt! Aber verständlich, denn das Haus liegt mitten in einem Wohngebiet. Also weiter, aber vorher noch zum Liquor Store, Nachschub holen. Ich gönne mir eine Flasche Riesling, die allerdings den Weg zur nächsten Party kaum überlebt. Im Club stehen vielleicht zehn Leute auf der Tanzfläche, dazu ohrenbetäubender Lärm – von Musik kann ich nicht sprechen, weil es einfach nur ein lautes Geräusch ist. Schnell raus da! Später hören wir nochmal rein, es ist deutlich voller, die Musik ist besser, und auch hier tanzen wieder Mädels oben ohne auf den Boxen. Wir bleiben, bis auch dort die Musik ausgeht – so richtig lange scheinen die hier überall nicht zu machen! Kurz vorher haben wir Lizzy getroffen, eine Norwegerin und Bekannte von Sara, die schon jahrelang hier wohnt. Wir sollen doch mit zu ihr kommen! Geht klar. Ihre Freundin, dir wir lautstark aufwecken, ist erst nicht begeistert, setzt sich dann aber doch zu uns. Ich unterhalte mich mit Lee, einer Arbeitskollegin von Sara, und gegen 4 Uhr schaffen wir es dann doch noch nach Hause. Dave ist heute Abend Fahrer, er ist hundemüde und will eigentlich schon seit Stunden ins Bett, weil er morgen beziehungsweise heute früh die Tontechnik für ein Konzert in Banff aufbauen muss.

Am Sonntag soll man sich ausruhen, daher mache ich es kurz. Am Nachmittag fahre ich mit dem Motorrad die 130 Kilometer nach Banff und komme völlig durchgeschwitzt dort an, es sind gut 30 Grad unterwegs. Die Security will mich verständlicherweise erst nicht durchlassen, ich rufe Dave an und er bringt mich aufs Gelände. Eingerahmt in einem tollen Bergpanorama steht die Bühne mitten in einer Art Tal, trotzdem etwas oberhalb der Ortschaft Banff. Dave mischt den Ton für die Vorband – nicht unbedingt mein Fall – und hat danach zwei Stunden „frei", denn das Hauptkonzert mischt heute Abend jemand anderes. Die Country-Band „Blue Rodeo" ist in Kanada und den USA ziemlich berühmt, und ich muss sagen, die Jungs haben es echt drauf. Eine CD würde ich mir nicht gerade kaufen, gut war es trotzdem. Während ich vor Mitternacht schon wieder in Calgary bin, muss Dave noch alles mit abbauen und ist erst gegen 3 Uhr wieder zurück.

Eigentlich wollte ich gegen 11 Uhr mit Sara und Dave frühstücken, aber irgendwie schaffen wir es alle nicht rechtzeitig aus dem Bett; Dave war erst nach 3 Uhr morgens aus Banff zurück. Gegen 14 Uhr sind wir wach, trinken unseren Kaffee mit Baileys und ich kann es kaum erwarten, endlich was zwischen die Zähne zu kriegen. Wir fahren zu einem kleinen Diner in die Innenstadt und ich lade die beiden ein. Mit Käse, Schinken und Ei gefüllter Toast, dazu Obst – großartig.

Bereits am Morgen habe ich meine Sachen gepackt und aufs Motorrad geschnallt, ich bin also abfahrbereit – wenn auch ziemlich spät. Beide wollen mich überreden, doch noch eine oder zwei Nächte zu bleiben; am Mittwoch ist in Calgary ein riesiges Konzert, bei dem Dave im wahrsten Sinne des Wortes den Ton angibt. Es klingt verlockend und ich bin hin und her gerissen. Ich fühle mich sehr wohl bei den beiden, Calgary ist eine tolle Stadt, aber ich muss, nein, ich möchte weiter. Außerdem hat Dave in den letzten vier Tagen keine acht Stunden geschlafen, weil er ständig arbeiten oder mit uns in die Stadt/Kneipe gehen muss.

Sehr selten – auch in Deutschland – habe ich zwei Leute getroffen, die mir derart sympathisch waren, wie Sara und Dave. Ihre völlig unkomplizierte, offene Art, ihre Ansichten, Meinungen und Einstellungen haben mich wirklich beeindruckt. Normalerweise stellt man (ich) in Gesprächen relativ schnell irgendwelche Marotten am Gegenüber fest, die einem vielleicht nicht ganz so passen oder bei denen man anderer Meinung ist – was völlig okay ist. Das war hier in den fünf Tagen niemals der Fall.

Es sind die kleinen Dinge, die ich toll finde und leider nicht überall selbstverständlich sind: Beide schauen nicht viel fern, dafür Reportagen und DVD-Sammlungen von National Geographic, sie leben gesund, trennen den Müll, Sara fährt ein kleines Auto und auch Motorrad, Dave liebt seine BMW, beide reisen gern, Sara liebt alle Tiere die es gibt (wirklich alle, vielleicht auch gut, wenn man als Tierarzthelferin arbeitet) – schade, dass ich Dave nicht schon vorher kannte. Wir hätten gerne ab Fairbanks zusammen hoch und wieder runter nach Calgary fahren können.

Als ich morgens in der Tiefgarage mein Zeug zusammen gepackt habe, habe ich eine Weste mit „BMW-Motorrad“-Aufdruck auf dem Rücken in den Tankrucksack von Dave gelegt. Von Anfang an fahre ich sie mit mir rum und hatte sie noch nicht einmal an – und dabei wäre es wahrscheinlich auch geblieben. Dave ist absoluter BMW-Fan und ich bin mir sicher, dass er sich freuen wird (Wehe nicht, mein Freund!). Als ich aufbreche, begleitet er mich, er muss noch mal zur Arbeit. „Du darfst aber noch nicht in deinen Tankrucksack gucken! Ich hab da was für dich reingepackt…“ Kurze Zeit später an der Ampel: „Es ist gerade wie Weihnachten, ich bin total gespannt, was drin ist!“

Draußen sind es 30 Grad, die Sonne brennt, wir stehen im Stau – Durchschlängeln mit den Koffern? Lieber nicht. 200 Meter vor der Ausfahrt reicht es uns dann doch und wir nehmen die Abkürzung über den Grünstreifen rechts neben der Fahrbahn. Vielleicht haben mich die fünf Wochen auf Tour weich gekocht, vielleicht habe ich mich aber wirklich fast wie zu Hause gefühlt. Denn als wir nebeneinander an der Ampel stehen, uns die Hände schütteln, ich gleich rechts und Dave links abbiegen muss, habe ich einen Kloß im Hals und bin froh, dass mein Sonnenvisier unten ist. Sonst hätte Dave meine roten Augen gesehen.

Während der folgenden zwei Stunden bleiben die Kopfhörer im Tankrucksack; ich fahre mit Ohrenstöpseln, lasse die vergangenen Tage Revue passieren und stelle fest: „Ich hatte eine richtig tolle Zeit in Calgary…“

Ständig zucken Blitze horizontal und vertikal direkt vor

und über mir durch die rabenschwarze Wolkendecke, in gefühlt nur 500 Meter Höhe, in echt wahrscheinlich deutlich höher. Instinktiv, aber völlig sinnlos, spiele ich Schildkröte und ziehe den Hals ein, soweit ich kann – nur schön klein machen. Keine Ahnung, wie viele Motorradfahrer jährlich vom Blitz getroffen werden, aber hier in dieser Situation – unterwegs auf 260 Kilogramm Metall, rundherum nur flache Hügel, über mir die Hölle – habe ich echt ein wenig Angst, von einem Blitz den Schädel gespalten zu bekommen. Die Tatsache, dass ihr den Text lesen könnt, beweist das Gegenteil.

Halblinks von mir ist das Licht, da will ich hin. Und zwar schnell. Mit einer Geschwindigkeit, die mich in einer Kontrolle sicher zwei Wochen Reisebudget und 30 Tage das Motorrad kosten würde, entfliehe ich dem Gewitter. Die Temperatur fällt rasant, innerhalb von vielleicht zehn Kilometern von 29 auf 19 Grad. Komischerweise regnet es kaum. Glück gehabt. Vor mir wird es heller, aber wäre ich in den USA würde ich erwarten, dass sich in den nächsten Minuten aus der dichten, dunklen Wolkendecke rechts neben mir der Saugrüssel eines Tornados bildet.

Zehn Kilometer weiter ist das Schlimmste überstanden, die Sonne scheint an manchen Stellen flach über die Wiesen, erzeugt einen Regenbogen. Auf den Feldern liegt frisches Heu, ich liebe diesen Duft, der über den langsam trocknenden Asphalt weht. Im nächsten Wal-Mart besorge ich ein paar Lebensmittel, fahre noch einige Kilometer und schlage mein Zelt auf einem kleinen Campingplatz auf. Die Rezeption ist schon zu, ich suche mir trotzdem ein Plätzchen. Bis zur amerikanischen Grenze ist es nicht mehr weit.

Dienstag, 10. Juli

Ich packe alles zusammen und bin so schnell fertig wie selten zuvor. Klar, schließlich will ich nicht noch die Nacht bezahlen – die Rezeption war ja gestern schon zu. Schnell weg, es sei mir verziehen. Schon gegen 10 Uhr erreiche ich die kleine Grenzstation Chief Mountain, zwei Zöllnerinnen prüfen meine Papiere und schauen im Computer nach, ob mit meinem Kennzeichen beziehungsweise mir alles in Ordnung ist. Nach dem üblichen woher-wohin, wollen sie noch locker ein bisschen über die Reise erzählen. Die eine möchte wissen, was der Transport gekostet hat, die andere, durch welche Länder ich noch fahren werde – beide finden die Tour ziemlich beeindruckend. Vielleicht möchte sie nur freundlich sein, vielleicht habe ich es auch nötig (bestimmt sehe ich noch voll verpennt aus, jedenfalls fühlen sich meine Augen so an) auf jeden Fall sagt mir die eine Beamtin noch, dass ich die Toiletten und Waschräume auf der anderen Straßenseite benutzen darf, wenn ich möchte. Aha, danke.

Zum ersten Mal nutze ich heute meinen Nationalparkpass, den ich schon in Anchorage gekauft habe. Mit diesem Pass kann man alle Nationalparks in den USA betreten. Normalerweise kostet der Eintritt in den Glacier National Park selbst für Motorradfahrer happige 24 Dollar. Die Going-to-the-sun-road gilt als eine der schönsten Strecken in Montana. Leider bin ich zur Mittagszeit hier, die Sonne steht hoch am Himmel, kein schönes Licht. Die Strecke ist trotzdem sehr beeindruckend. Zwischen Nadelwäldern hindurch schlängelt sich die Straße immer weiter den Berg hinauf. Vorbei an einem See, rechts und links hohe Berge, teilweise mit letzten Schneeresten bedeckt, Wasserfälle stürzen aus großer Höhe ins Tal und speisen einen Gebirgsbach. Links der Straße geht's teilweise steil nach unten, flache Steinblöcke ersetzen die Leitplanken – das reicht vielleicht für ein Auto, aber nicht für ein Motorrad. Also schön aufmerksam weiterfahren. Auf 2025 Meter Höhe ist der Pass erreicht, Menschenmassen am Besucherzentrum, gar nicht mein Ding. Ich esse ein paar Bananen, beantworte wieder Fragen zum Motorrad und fahre zurück ins Tal – einen Campingplatz suchen.

Später sitze ich am See, lese „Fernsüchtig“ von Klaus Denart, als wieder jemand nach dem Bike fragt, das ich hinter mir geparkt habe. Wir unterhalten uns kurz und keine drei Sätze später werde ich erneut vor Mexiko gewarnt. Und das muss ich mir von einem sagen lassen, der wahrscheinlich noch nicht einmal einen Reisepass besitzt – wie übrigens 80 Prozent (2007) aller US-Amerikaner…

Keine Frage, in vielen Stellen Mexikos sollten sich Touristen besser nicht aufhalten, schon gar nicht nach Einbruch der Dunkelheit. Ich kann mich allerdings gerade nicht erinnern, dass ich in den Nachrichten mal etwas über kürzlich ermordete Touris gehört oder gelesen habe. Sind es nicht immer nur Mitglieder von Drogenbanden, Polizisten oder Journalisten (die darüber berichten), die getötet werden? Zur falschen Zeit am falschen Ort kann man auch in jeder deutschen Stadt sein. Ich bin keineswegs leichtsinnig und möchte natürlich in einem Stück und bestenfalls mit meinen spärlichen Habseligkeiten wieder zurück kommen. Vielleicht sollte ich mir einen guten Spruch oder eine gute Frage ausdenken, die ich dem nächsten Ami stellen kann, der mich vor Mexiko warnt.

Hitze, Bier, zu kurzes Bein

Montana ist Landschaftlich genau so, wie ich es mir immer vorgestellt habe, beziehungsweise so ich es aus Büchern und Reiseführern kenne. Jeder von euch schließt jetzt mal die Augen und denkt fünf Sekunden an den Wilden Westen, so wie ihn ihr euch landschaftlich vorstellt (oder so, wie ihr in aus dem Fernsehen kennt). Montana dürfte den meisten Bildern recht nahe kommen. Wenige Nadelbäume auf verdorrten Wiesen, es sieht aus, wie auf einer Modelleisenbahn!

Sanft geschwungene Hügel, Weideland, schwarze Rinder, wenige Pferde auf riesigen Koppeln, dazwischen immer wieder die Häuser der Farmer. Toll! Vereinzelt stehen Fliegenfischer in den Gebirgsbächen, hinter jeder neuen Bergkuppe sieht die Landschaft anders und doch gleich aus. Ich fahre bergauf, weiter bergauf, auf dem Scheitel breitet sich vor mir eine Ebene aus. Verdorrt, braun, lebensfeindlich, faszinierend. Am Horizont steht die dichte Rauchwolke eines Waldbrandes. Damit hat Montana oft zu kämpfen. Trockenes Weideland, häufige Gewitter – Waldbrände sind hier im Sommer an der Tagesordnung.

Im Schnitt bewege ich mich auf 1.700 Meter Höhe, drunter geht es selten, einmal sind es mehr als 2.000 Meter. Die Rocky Mountains, und ich mitten drin. Kurven gibt es hier trotzdem keine, höchstens leicht geschwungene Geraden – die Reifen fahren sich so eckig ab wie selten zuvor.

Es ist heiß heute. Sehr heiß. Eine Anzeigetafel in einem Ort zeigt 96 Grad Fahrenheit, das müssten um die 36 Grad Celsius sein, glaube ich. Die Anzeige im Cockpit meldet zwischen 33 und 35 Grad. Es ist eine trockene Hitze und das macht es einigermaßen erträglich – in Asien wäre ich schon längst nicht mehr mit kompletter Motorrad-Montur unterwegs.

Die Jacke bleibt immer offen, während der Fahrt rutsche ich auf dem Sitz etwas nach links aus dem Windschatten der Scheibe und spanne die Jacke wie ein Segel, lenke so Fahrtwind um den Rücken. Das funktioniert relativ gut, doch sobald ich irgendwo anhalte, wird es schnell unerträglich. Auch für die Yamaha. An Ampeln, Baustellen oder sonstigen Verzögerungen springt immer schnell der Lüftermotor an, kühlt von etwa 105 Grad wieder runter. Oft kommen mir Motorradfahrer entgegen mit kurzen Hosen, T-Shirts, und natürlich ohne Helm – in Montana ist das erlaubt. Auch ich wäre lieber so unterwegs, aber meine Haut ist mir immer noch lieber. Und da die Amis anscheinend tatsächlich nicht immer so aufmerksam fahren, behalte ich die Kombi an.

In meinem in Dawson gewonnenen Motorradreiseführer (das hatte ich ja noch gar nicht erzählt!) für Montana finde ich die Anzeige einer deutschen Brauerei ganz in der Nähe. Jürgen Knöller, Braumeister und Besitzer, fährt auch Motorrad – BMW – und hat die Bayern Brewery schon 1987 hier in Missoula eröffnet. Als ich ankomme ist der Chef gerade schwer beschäftigt, also trinke ich ein gutes Bier am Tresen und unterhalte mich mit Udo. Er stammt aus Bamberg, wohnt schon seit vielen Jahren in Montana und arbeitet hier als Lokführer. Für Güterzüge, denn im Autoland Amerika gibt es so gut wie keine Personenzüge. Wir unterhalten uns kurz über die nicht vorhandene Helmpflicht und Udo erzählt folgendes: Irgendwann wurde einmal darüber diskutiert, die Helmpflicht einzuführen. Daraufhin haben sich hunderte Biker zusammengefunden, um dagegen zu protestieren. Einer der Biker ist während der Protestfahrt unglücklich umgefallen – natürlich auf den Kopf – und war tot. Wenn es nicht so tragisch wäre... naja, lassen wir das.

Es dauert keine zwei Minuten, da hat er mich weiteren fünf Leuten vorgestellt, die ebenfalls an der Bar sitzen. Die Bayern Brewery ist relativ groß, modern und gemütlich eingerichtet, es gibt einen Biergarten und jeden Freitag Bratwurst und Sauerkraut. Der zweite Braumeister, Thorsten, gibt mir noch ein Bier aus und ich kann noch kurz mit dem Chef sprechen, bevor er schon wieder weg muss. Ich höre, dass ein deutscher Brauer aus der Nähe von Magdeburg hier arbeitet! Da habe ich studiert – die Welt ist klein. Morgen Vormittag werde ich nochmal kurz herkommen und mich mal mit ihm unterhalten. Ich irre fast eine halbe Stunde umher, um einen Campingplatz zu finden. Auf dem RV-Park (recreation vehicle – Wohnmobil) darf man eigentlich nicht zelten und die Besitzerin will mich schon wieder wegschicken. Aber mit dem Hinweis, dass ich nur ein kleines Stück Rasen für mein Zelt brauche und dem passenden Dackelblick lässt sie sich überreden – wenn auch widerwillig. Endlich eine Dusche! Ich drehe noch eine Runde durch die Stadt, kaufe mir ein Sandwich und ein Bier und fahre zurück.

Donnerstag, 12. Juli

In der Brauerei wird zu dieser Jahreszeit rund um die Uhr gebraut, gegen elf Uhr bin ich nochmal da und treffe gleich auf Philipp. Er kommt zwar nicht direkt aus Magdeburg, sondern aus Kalbe, aber das liegt in der Nähe. Der 25-jährige hat in Dortmund Brauer gelernt und auf einer Messe in Nürnberg Jürgen und Thorsten von der Bayern Brewery kennengelernt. Nun ist er seit März hier, braut gutes deutsches Bier für die Amis und darf noch bis nächsten März bleiben. Dann muss er wieder zurück nach Deutschland, die Aufenthaltsgenehmigung gilt nur für ein Jahr. Wir unterhalten uns ein wenig, ich mache ein paar Fotos von der Brauerei und der neuesten Errungenschaft aus Deutschland – einer Flaschen-Reinigungsmaschine. Zwei Techniker aus Deutschland bauen sie gerade auf. Besitzer Jürgen findet auch noch ein paar Minuten Zeit, bevor er wieder weiter muss. Im Alter von 25 Jahren ist er nach Montana gekommen und hat zunächst in der Brauerei gearbeitet. Kurze Zeit später hat er sie übernommen und immer weiter vergrößert und modernisiert. Zwölf Sorten Bier brauen er und seine Mitarbeiter, der Hopfen dafür kommt natürlich aus Deutschland. Die Halle ist voll mit Tanks, ob er noch anbauen will? „Zuviel Aufwand, außerdem bin ich jetzt 50 und möchte keinen Kredit mehr dafür aufnehmen." Aber ansonsten scheint die Brauerei gut zu laufen? „Es gibt über 800 Micro-Breweries in den USA, allein 20 in Montana. Die Konkurrenz ist groß und man braucht nicht denken, dass sich deutsches Bier wie von allein verkauft." Trotzdem brummt der Laden, bis nach Seattle und im weiten Umkreis wird sein Bier in Restaurants und Kneipen verkauft.

Weiter geht's. Dass ich hin und wieder gefragt werde, ob das Kennzeichen (NE...) für Netherlands steht, kann ich ja noch verstehen. Aber als mich heute an einer Tankstelle ein älterer Amerikaner fragte, ob ich aus Nebraska komme, wusste ich erst mal nicht, was ich sagen sollte. Die Kennzeichen der Bundesstaaten unterscheiden sich natürlich schon etwas, aber ... Nebraska?

An der Zapfsäule packt mich kurz das schlechte Gewissen. Nach 313 Kilometern habe ich für nur 13 Dollar vollgetankt, nach aktuellem Kurs also für 10,65 Euro. 100 Kilometer für etwas mehr als 3 Euro Spritkosten. Und dafür werden anderswo Kriege ums Öl angezettelt. Andererseits fühlt man sich doch in Deutschland vom Staat regelrecht abgezockt, wenn man pro Liter (was zahlt ihr im Moment?) blechen muss. Ich bin mir sicher, die Amis würden Spritpreise wie in Deutschland nicht so klaglos wie wir hinnehmen. Schwieriges Thema.

Ich kühle mich zwei Stunden im McDonald's ab und schreibe den Blog. Weit will ich es heute nicht mehr schaffen. Auf der Interstate oder dem Highway fahren? Nur wenn es unbedingt sein muss. Ansonsten versuche ich wann immer es geht, kleine Nebenstrecken zu fahren. Am besten nicht asphaltierte. Auf der Karte sehe ich, dass eine unbefestigte Straße zu dem Ort führt, zu dem ich möchte. Quasi eine Abkürzung. Das Navi zeigt nichts an, also halte ich vor einer Kneipe und frage drinnen nach dem Weg. Ein fast zahnloser, nach Bier riechender Typ erklärt mir lallend, wo ich lang muss – er kommt sogar mit raus und zeigt es mir. Aber er warnt mich. Mehrfach. Schlimme Piste! Very rough! Jaja, kenne ich schon. Am Anfang war die Piste tatsächlich ein richtiges Waschbrett, also kleine Wellen, dicht hintereinander, die Mensch und Maschine ordentlich durchschütteln.

Nach ein paar Kilometern wird's besser und ich drehe auf. Etwas zumindest. 80 km/h sind drin, manchmal etwas mehr. Hin und wieder springe ich über ein Texas-Gate, es macht richtig Spaß hier zu fahren, zwischen den verdorrten Hügel, auf der Schotterpiste, weit und breit niemand zu sehen. Nach einer Weile überlege ich, wie wohl die Aussicht von so einem Hügel ist. Und das wird mein Verhängnis. Zumindest etwas. Ich halte auf der Piste, schaue kurz nach links den Hügel hoch und biege ab. Was eben noch so glatt aussah, entpuppt sich nun als Mischung aus gröberen Steinen, als ich dachte.

Relativ steil geht es hinauf, das Hinterrad springt immer wieder, die Traktionskontrolle regelt – und wird mir zum Verhängnis. Ich kann förmlich zusehen, wie ich trotz viel Gas immer weiter an Geschwindigkeit verliere, der Hügel ist steil, die Elektronik regelt jeglichen Schlupf weg. Langsamer, immer langsamer werde ich, denke mir noch: „Mist, hättest du mal die Traktionskontrolle abgeschaltet!“, da stehe ich schon, leicht geneigt und mein rechtes Bein ist etwa 20 Zentimeter zu kurz. Im Stand kippe ich langsam nach rechts, kann das Bike nicht mehr ganz halten und lege es talabwärts sacht ab. AAARRGH! Nach fast 10.000 Kilometern on tour also das erste Mal Bodenkontakt. Ganz toll. Gepäckrolle ab, linken Koffer ab, Motorrad hochheben. Meine Fresse, ist das schwer! Auch noch halb bergauf, das kann ja was werden. Jacke aus, durchatmen, am Lenker anfassen, bis drei zählen und mit aller Kraft hochwuchten. Fast! Aber nicht ganz. Nochmal Luft holen. Die Sonne brennt, ich schwitze, aber es muss hoch, irgendwie. Noch einmal, und mit allerletzter Kraft wuchte ich die XT auf den Seitenständer. Pause. Fotos machen. Schäden? Keine, bis auf das einer meiner Kanada-Sticker und der Ortlieb-Aufkleber verkratzt ist. Vom liegenden Bike gibt's keine Bilder, sondern was besseres: Ich habe den Umfaller auf Video – die GoPro lief mit. Ich packe mein Zeug auf, deaktiviere die Traktionskontrolle und fahre wieder runter zur Schotterpiste.

Aber das Schlimmste kommt noch. 200 Meter weiter die Piste runter sehe ich, dass ein schöner Feldweg den Hügel hinauf führt. Neiiiiin!!

Donnerstag, 12. Juli, nachts

Ich drücke den linken oberen Knopf meiner Uhr und schwaches grünes Licht erhellt das Display. 3.43 Uhr, und: Freitag, der 13.! Ich bin nicht abergläubisch, aber es wäre Ironie des Schicksals, wenn es mein letzter wird. Das erste Mal unterwegs fühle ich mich unwohl, um nicht zu sagen, dass ich echt Angst habe. Denn um mich herum tobt ein schweres Gewitter, und Zelt und Motorrad stehen relativ exponiert oberhalb des Sees, rundherum nichts als flache Hügel. Gegen das Gewitter hier war das letzte, durch das ich vor ein paar Tagen gefahren bin, gar nichts. Extrem helle Blitze (gibt's auch dunkle?) in dichter Reihenfolge, Donner, Starkregen. Angespannt liege ich im Zelt, spüre meinen Herzschlag im Hals. Kann ich irgendwas tun? Nein. Es aussitzen. Soll ich in den Regen gehen und mich irgendwo flach hinhocken? Gute Idee, aber wohin? Ist das Zeltgestänge aus Kohlefaser, überlege ich kurz? Quatsch, bestimmt nicht; oder besser: hoffentlich nicht. Trotzdem habe ich Angst, dass der Blitz einschlägt.

Es ist ein komisches Gefühl, der Natur völlig schutzlos ausgeliefert zu sein. Andererseits ist es sehr beeindruckend, die geballte Kraft der Elemente mitzuerleben. Zu Hause regen wir uns auf, wenn bei einem Gewitter der Fernseher für wenige Minuten dunkel bleibt. Hier draußen wäre ich jetzt schon froh, wenn ich den nächsten Sonnenaufgang erlebe – und das ist nicht übertrieben. Es nützt zwar nichts, aber ich ziehe den Kopf tief in den Schlafsack, trotzdem ist es bei jedem Blitz so hell, dass ich scheinbar hindurch sehen kann. Minuten später greife ich zur GoPro und will sie draußen hinstellen; Blitze in dichter Folge lassen mich schnellstens wieder in den Schlafsack kriechen.

Ich zähle die Sekunden zwischen Blitz und Donner, versuche, jeweils den richtigen zuzuordnen. Drei Sekunden. Ein Kilometer. Verdammt nah dran, und so hört es sich auch an, als der Blitz irgendwo in der Nähe einschlägt. Ich zucke zusammen. Dann fünf Sekunden, etwas später neun – das Gewitter zieht weg! Das schlimmste ist überstanden.

Zwanzig Minuten später: sternenklarer Himmel über mir, in der Ferne zucken noch immer die Blitze, grollt es dumpf. Ich kann nur schlecht wieder einschlafen. Auf weitere Erlebnisse wie dieses verzichte ich gerne. Ich möchte ein Paket mit überflüssigem Zeug nach Hause schicken und betrete das kleine Postamt in der Nähe des Yellowstone Nationalparks. Ich stehe vor zwei Schaltern. Hinter dem linken Schalter liegt ein Puzzle, darüber gebeugt die Postfrau. Weit hat sie es noch nicht geschafft, vielleicht ein Viertel ist fertig. So beschäftigt sie sich also den ganzen Tag.

Ziemlich früh bin ich am Parkeingang und freue mich, dass ich mit meinem Jahrespass reinkomme. Mir war nämlich so, als wenn der Yellowstone Nationalpark ausgeschlossen war. Die Straße windet sich durch den Park, rechts daneben fließt ein breiter aber flacher Fluss, Morgennebel schwebt über dem Wasser. Ein paar Angler stehen an ihrem Auto, machen sich fertig, um ein paar fette Forellen zu fangen. Angeln ist erlaubt, obwohl es ein Nationalpark ist – bestimmt gibt's Fangbeschränkungen. Hunderte Meter entfernt kann ich schon hohe Dampfwolken erkennen, die ersten Zeichen für die vulkanischen Aktivitäten im Park.

Vor 2,1 Millionen Jahren war das heutige Gebiet ein Supervulkan, und noch immer steigen vielerorts im Park Gase und Dämpfe an die Erdoberfläche. Bei den Ojo Hot Springs biege ich ab, und weil es so früh ist, steht auf dem Parkplatz nur ein einziges Auto. 500 Meter sind es zu Fuß bis zur heißen Quelle, und ich bin erstaunt, dass sie lediglich von wenigen Holzbalken am Boden „eingezäunt" ist.

Hier ist Vorsicht geboten, lieber nicht zu ran gehen, denn die Oberflächen hier können teilweise sehr dünn sein und einbrechen. Dampf steigt auf, und dank nahezu Windstille hält er sich recht lange in der Luft, wird von der Morgensonne durchleuchtet. Toll. Das Wasser der Quelle fließt in einen kleinen Bach, ich tauche die Hand ein – ganz schön warm! Ich fahre weiter, sehe ein Bison, leider etwas weit weg. Ziemlich nah dran sind die nächsten Quellen, beziehungsweise diesmal ein echter Geysir, etwas daneben ein Schlammgeysir. Holzplanken führen um die schönsten Plätze herum, man kommt relativ nah heran. Staunen, Fotos machen, weiter. Anfangs bin ich noch überwältigt wegen der schönen Natur, durch die die sogenannte Loop Road – eine achtförmige Ringstraße durch den Nationalpark – hindurchführt. Zwar kommt keine Langeweile zwischen den Sehenswürdigkeiten auf, aber nach ewigen Kilometern durch Wald und Wiesen dürfte es auch mal ein Wildtier sein.

Ich nähere mich dem wohl berühmtesten Geysir der Welt: dem Old Faithful. Ein teures, trockenes Sandwich ist mein Frühstück, denn bis zum nächsten Ausbruch habe ich gut 30 Minuten Zeit. Und damit habe ich Glück, manchmal dauert es von einem Ausbruch zum nächsten bis zu anderthalb Stunden. Der Alte ist zwar noch treu, nimmt's aber mit der Zeit nicht mehr ganz so genau. Und mit der Höhe auch nicht. Um den Geysir sind kreisförmig und in recht großem Abstand Sitzbänke aufgestellt, kurz vor dem Höhepunkt sind fast alle besetzt. Es geht los, und was soll ich sagen, etwas höher und spektakulärer habe ich mir das schon vorgestellt. Das sollen 30 Meter sein?

Kurz darauf halte ich bei einem anderen, kleineren Geysir, der fast interessanter als der Old Faithful ist. Ständig sprudelt heißes Wasser an die Oberfläche, schießt manchmal meterhoch in die Luft. Das Wasser kocht nur selten, sondern kommt immer mit Gasen an die Oberfläche und sprudelt deshalb. Der Boden um die Quelle ist von Mineralen rötlich verfärbt, der innere Rand des Geysirs selbst leuchtet blau. Inzwischen nieselt es. Immer wieder zweigen Wege von der Loop Road zu Sehenswürdigkeiten ab, ich halte oft an und gehe die paar hundert Meter. Neben einem Schlammloch lungert ein Bison faul herum und lässt sich ordentlich eindampfen. Etwas weiter weg liegt ein anderer direkt neben dem Holzweg, auf dem ich mich hier befinde – was für ein

Wortspiel. Auch hier ist nichts eingezäunt, wenn er wollte, könnte der Bison auch den Weg nehmen. Ich habe gelesen, dass die Viecher im Winter gerne auf den von Schnee geräumten Straßen laufen, um Energie zu sparen. Im Winter ist allerdings sowieso nur eine Straße im Park offen.

Wieder mal stehen die Autos am Straßenrand Schlange, aufgeregte Touris laufen über die Straße, ohne nach rechts und links zu gucken. Diesmal sind es besonders viele und sogar ein Ranger ist dabei. Es muss etwas interessantes sein. Ich parke, geselle mich zur Masse und schaue die Böschung hinab in den Fluss. Schwer zu schätzen wie weit es weg ist, aber auf der anderen Seite des Ufers liegt halb im Wasser der frische Kadaver eines Hirschs oder Elchs.

Viel fehlt nicht, der Bär hatte anscheinend keinen Bärenhunger, hat lediglich den Bauch aufgeschlitzt und ein bisschen was weggeknabbert – soweit ich das von oben sehen kann. In den letzten 20 Jahren wurden im Yellowstone Nationalpark lediglich zwei Menschen von Bären getötet. Und das, obwohl allein im letzten Jahr mehr als drei Millionen Besucher hier waren! Ich mache mir keine Sorgen und finde es etwas albern, wenn ein Typ auf dem Campingplatz mit seiner Dose Anti-Bären-Spray aufs Klo geht (Die Dosen sehen aus wie kleine Feuerlöscher fürs Auto, gefüllt sind sie mit Pfefferspray).

Ziemlich beeindruckend sind die Mammoth Hot Springs. Heißes Wasser fließt über terrassenförmige Abstufungen, hat im Laufe der vielen Jahre richtige Becken entstehen lassen. Auch hier leuchtet es rot im Wasser, die Terrassen selbst sind weiß – es sieht aus wie Salz, könnte aber auch Kalk sein. Ich fahre zurück zum Campingplatz, will morgen noch einmal in den Park – es kostet mich ja nichts. Schon in der Brauerei in Missoula haben mir mehrere Leute gesagt, ich solle unbedingt den Beartooth-Pass fahren, weil er so schön ist. Und tatsächlich, auch mein Montana-Motorradreiseführer führt die Strecke als absolut sehenswert. Die American Motorcycle Association kürte den Pass sogar zu einer der schönsten (oder sogar zur schönsten?) Strecke in den USA. Überredet, das sehe ich mir an. Er liegt zwar nicht auf dem Weg, ist jedoch nicht so weit weg. Ich fahre Richtung Nordost-Ausgang, und sehe auf der Strecke eine ganze Bisonherde. Und ein tolles Schauspiel, leider viel zu weit weg. Ein paar Wölfe versuchen anscheinend, ein Bisonkalb von der Herde zu trennen. Das höre ich von den vielen Leuten mit Ferngläsern, die um mich herum stehen. Ein Kamerateam ist auch da, dazu einige Profi-Fotografen mit 500- oder 600-Millimeter-Superteleobjektiven im Wert eines Kleinwagens. Ich kann mit bloßem Auge mit Mühe und Not die Wölfe erkennen.

Ich halte an einem wunderschönen Creek, esse ein paar Cracker mit Spam (Büchsenfleisch) und fotografiere die kleinen Nager, die erstaunlich zutraulich sind. Nach gut zwei Stunden erreiche ich den Beartooth-Pass. Nach einigen Erdrutschen wurde die Strecke vor zwei Jahren komplett erneuert: bester Asphalt, breite Strecke, so muss das sein. Zum Glück wurden die Kurven nicht geändert. Eine Kehre folgt der nächsten, es ist Montagfrüh, nur ganz wenige Wohnmobile sind unterwegs. Ein kurzer Dreh am Gasgriff und ich lasse sie hinter mir. Weit oben sieht es aus wie auf einem Alpen-Wanderweg. Gras, Steine, Schneereste und Schmelzwasserseen, kleine Wege dazwischen – und natürlich die Straße, die mitten durch führt. Das Navi meldet 2.700 Meter Höhe, dann 2.900, 3.200 Meter – mächtig hoch, aber dennoch nicht kalt. Etwas frisch vielleicht, aber angenehm. Dann, auf 3341 Meter Höhe erreiche ich den Pass. Ein grandioser Ausblick ins Tal, die Straße schlängelt sich wieder hinab. Schade, kurzes

Vergnügen. Aber ich fahre den Pass ja morgen nochmal.

Heute ist Red Lodge meine Endstation. Der Platzwart des Campingplatzes will mir wohl eine Freude machen und gibt mir eine Stelle direkt neben einem reißenden Bach. Dort ist zwar angenehm kühl, aber unheimlich laut. Mein Zelt steht etwa drei Meter neben dem Wasser. Lesen kann ich nur mit Ohrenstöpseln, schlafen geht dann irgendwie auch ohne.

Frühstück auf dem Salzsee

Noch einmal geht's über den Pass und ich knacke die 10.000-Kilometer-Marke. Seit dem Start in Anchorage vor etwa sechs Wochen bin ich also ziemlich weit gefahren. Zum dritten Mal fahre ich nun in den Yellowstone (die Straße vom Pass führt direkt in den Park) und damit hat sich mein Nationalpark-Jahresausweis schon bezahlt gemacht. Normalerweise kostet jeder Eintritt 20 Dollar für Motorradfahrer. Auf meinem Weg gen Süden passiere ich wieder die Stelle mit der Bisonherde und ein großes Tier geht gerade gemächlich über die Straße, als ich vorbeifahren will. Es hält still für das Foto und spaziert dann auf die Wiese zu seinen Artgenossen. Ob das Kalb von gestern überlebt hat oder die Wölfe satt sind?

Südlich des Yellowstone Nationalparks schließt sich der Grand Teton Nationalpark an. Er ist viel kleiner und hat bei weitem nicht so viel zu bieten wie der große Bruder. Ich möchte trotzdem eine Nacht bleiben, aber leider sind alle Campingplätze voll. Mist! Ich fahre weiter und bin schon wieder aus dem Park heraus, als ich recht spät noch einen kleinen Campingplatz finde. Zehn Dollar die Nacht, saubere Toiletten, keine Duschen.

„Etwa zwei Stunden brauchst du bis dahin", sagt der Mitarbeiter des Campingplatzes, als ich ihn frage, wie lange ich zum Bonneville Salzsee brauche. Ich habe eher zufällig auf der Karte gesehen, dass er gar nicht so weit von Salt Lake City beziehungsweise Provo entfernt liegt. Schon 6.30 Uhr sitze ich auf dem Motorrad, heute geht es schnell, denn ich muss nichts abbauen – ich bleibe noch eine weitere Nacht hier. Um diese Zeit ist es noch angenehm kühl, ich will möglichst vor der Mittagshitze wieder vom Salzsee verschwunden sein. Schon eine Stunde später zeigt das Thermometer 25 Grad, dann 28.

Die Straßen sind leer, genauso wie die Landschaft rundherum. Verdorrt, kaum Grün, lediglich hin und wieder flache Büsche. Utah unterscheidet sich deutlich von Montana oder Wyoming – es ist flacher, weniger grün und bewachsen, und deutlich wärmer.

Ich fahre zügig, erreiche dennoch erst nach anderthalb Stunden den Highway Richtung Westen. Jetzt geht's nochmal 160 Kilometer geradeaus. In zwei Stunden schafft man die gesamte Strecke niemals. Bei Tempo 130 ist der Fahrtwind erträglich, die Jacke bleibt offen. Nach einer Weile tauchen unmittelbar rechts und links neben der Fahrbahn die ersten Salzbecken auf. Hin und wieder enden tiefe Reifenspuren nach etwa zehn Metern im Schlamm. Da ist wohl jemand eingeschlafen oder hat sonst irgendwie nicht aufgepasst. Der Schlamm ist feucht, in manchen Becken steht flaches Wasser – hier fährt man besser nicht rein. Dann endlich ein Schild: Links abbiegen zum Bonneville Speedway. Ein paar Kilometer führt eine schmale Straße schnurgeradeaus und endet plötzlich mit einem Wendehammer. Dahinter: Eine weiße, ebene Fläche – der Salzsee. Es ist halb zehn morgens und außer mir steht nur noch ein Auto da, ein älteres Ehepaar macht Fotos. „Sieht verlockend aus, oder?", ruft der Alte zu mir rüber. Allerdings! Ich hatte gedacht, hier ist alles voll mit Renn-Freaks, heißen Öfen und dergleichen – leider Fehlanzeige. Vielleicht an den Wochenenden.

Gleich am Anfang der Piste stehen ein paar Pfützen auf dem Salz, besonders vertrauenserweckend sieht das nicht aus. Ich gehe zu Fuß vor, doch, das passt schon. Zunächst fahre ich etwa einen Kilometer weit raus, halte an und mache Fotos. Die Sonne steht steil am Himmel, brennt erbarmungslos herab – das Sonnenvisier vom Helm reicht nicht mehr, ich setze zusätzlich meine Sonnenbrille auf. So geht's. Das Stativ aufbauen, Fernauslöser ranbasteln, und dann fahre ich immer im Kreis um das Stativ herum. Nah dran, etwas weiter weg, drauf zu fahren, davon weg fahren, von rechts nach links und umgekehrt. Das Bewegungsprofil auf dem Navi spricht Bände. Eigentlich ist schon fast Mittagszeit, ich hatte kein Frühstück und muss dringend was essen. Mitten auf dem geschichtsträchtigen Bonneville Speedway – ein tolles Gefühl!

Schon 1896 erkannte W.D. Rishel das Potential des Salzsees für Rennen und bereits 1914 fuhr Teddy Tetzlaff mit seinem „Blitzen Benz“ 141 Meilen pro Stunde – Wahnsinn in einer Zeit, als fast jedermann noch mit Pferdewagen unterwegs war. In den 60er-Jahren kamen die ersten Raketenfahrzeuge und fuhren hier schneller als 500 beziehungsweise 600 Meilen pro Stunde! Die etwa 30 Meter breite und zehn Meilen lange Strecke wird im Frühsommer einmal präpariert und steht dann jedem offen. Rennen finden den ganzen Sommer über statt und enden im Herbst, wenn Regen die Strecke weich und unbefahrbar macht. Ein Schild warnt sogar jetzt vor dem weichen Untergrund, und tatsächlich steht an manchen Stellen noch (oder schon wieder) etwas Wasser. Gut, jetzt wo ich schon mal hier bin. Ich ziehe trotz der Hitze meine Jacke an, klicke die GoPro an den Helm und fahre einmal ein paar Kilometer die Strecke ab. Weiter hinten ist es relativ eben, hier kann man richtig Gas geben. Das Problem: Zweimal wird die Strecke von weichen Querrinnen durchzogen, mit Vollgas durch? Unmöglich.

Nur zum Spaß drehe ich kurz auf; wie schnell die XT rennt, habe ich schon in Deutschland ausprobiert. Außerdem sind die Koffer dran und die Offroad-Reifen verbieten hohe Geschwindigkeiten von sich aus. Das Gefühl für das Tempo geht tatsächlich verloren, wenn ein paar hundert Meter rechts und links neben dir absolut gar nichts ist, und erst irgendwo am Horizont ein Gebirge das Ende der Strecke markiert. Ich weiß nur nicht mehr genau, welchen Kurs ich halte – wo genau es hier geradeaus geht. Im Fernsehen habe ich mal gesehen, dass bei richtigen Rennen die Piste mit schwarzer Farbe rechts und links markiert beziehungsweise begrenzt wird. Das macht die Sache deutlich einfacher.

Ich fahre ein paar Mal auf und ab, klemme die Kamera ans Heck, halte sie in der Hand, montiere sie neben die Scheibe. Als ich sie an den Motorschutz klemme und nach ein paar hundert Metern wieder abnehme, ist das Gehäuse mit nassem Salz überzogen.

Wie übrigens das ganze Motorrad. Schwinge, Motor, Gabel, Auspuff – alles was nicht mindestens 70 Zentimeter hoch liegt, ist komplett eingesalzen. Das muss schnellstens wieder runter, und zwar gründlich! Mittlerweile ist es verdammt heiß hier, Zeit, zurück zu fahren. In einem kleinen Ort fahre ich zur Waschanlage, nehme die Koffer ab und brauche bestimmt zehn Minuten mit dem Hochdruckreiniger, um das Salz ordentlich abzuspülen. Stiefel, Hose und Koffer gleich mit.

Nationalparks

Eigentlich möchte ich heute gar nichts schreiben, aber es lohnt sich dennoch, über den Arches Nationalpark ein paar Worte zu verlieren. Zunächst muss ich Larry McGlone danken, dass er mir auf dem einzigen und eigentlich schon vollen Campingplatz doch noch einen Platz gegeben hat. Ich komme an, sehe das Schild „Full“, fahre aber trotzdem zum Platzwart. Larry schaut erst ein wenig grimmig, ist aber eigentlich ganz nett und natürlich auch am Motorrad interessiert. Er fährt auch eine Yamaha und damit habe ich bereits gute Karten. Nach den üblichen Fragen unterhalten wir uns noch ein wenig und ich merke schon: Wenn er wollte, könnte er mir noch einen Platz geben. Und tatsächlich. Nach bestimmt zehn Minuten und mit dem Versprechen, dass ich den Platz räume, wenn irgendein „Notfall“ eintritt, gibt er mir den letzten freien Platz. Normalerweise bleibt der immer leer, eben für Notfälle – wie auch immer die aussehen mögen. Vielleicht so wie ich.

Ich sonne mich ein wenig auf den Felsen und fahre gegen Abend zum Delicate Arch, dem bekanntesten Felsbogen des Nationalparks. Larry sagte, dort ist der Sonnenuntergang am schönsten und ich solle mindestens anderthalb Stunden zu Fuß einplanen. Und die Taschenlampe für den Rückweg nicht vergessen! Da hätte ich wirklich nicht dran gedacht.

Auf dem Parkplatz spricht mich ein Deutscher an; nach den üblichen Fragen verabreden wir uns für später auf dem Campingplatz – er ist mit seiner Familie dort. Ich gehe zügig den Berg hinauf, habe noch gut anderthalb Stunden bis zum Sonnenuntergang. Der Weg ist nicht schwer und zumindest am Anfang nicht besonders spektakulär. Nach 30 Minuten stehe ich vor einem

Felsbogen, dutzende Touris lungern drum herum, alle machen Fotos. Bin ich schon da? Oder geht's noch weiter? Ich sehe mich um, nein, das muss hier schon richtig sein. Toll, an den Zeitangaben sieht man mal wieder, dass die Amis deutlich langsamer sind. Auch ich mache Fotos und warte nun auf den Sonnenuntergang, der den Delicate Arch ganz besonders schön anstrahlen soll. Daraus wird leider nichts, denn schon am Nachmittag haben sich in der Ferne dichte Wolken zusammengebraut, die nun den Himmel beinahe komplett verhängen. Der Bogen bleibt dunkel, ich steige wieder ab. Sturm kommt auf und zurück auf dem Campingplatz liegt mein Zelt auf der Seite – trotz dem ganzen recht schweren Zeug darin. Leider hat sich dabei irgendwie eine Zeltstange verbogen. Ich versuche, sie zurück zu biegen, schaffe es aber nicht. Da müssen gewaltige Kräfte gewirkt haben. Der Himmel ist nun schwarz, am Horizont zucken regelmäßig Blitze und ich versuche, mit Stativ und Langzeitbelichtung einen zu fotografieren. Erwischt! Sieht gar nicht mal schlecht aus.

Später besuche ich die Deutschen an ihrem Wohnmobil. Sie geben mir ein Bier aus und wir unterhalten uns gut. Ein Bier und zwei Stunden später verabschiede ich mich. Danke für das kalte Bier! Ich verlasse den Campingplatz und sehe noch aus dem Augenwinkel, wie Platzwart Larry aus seinem Stuhl aufspringt und winkt. Er gibt mir seine Visitenkarte, möchte die Blog-Adresse haben und noch etwas über das Motorrad wissen. Geht klar. Ich fahre zum örtlichen Schwimmbad, packe draußen umständlich ein paar Sachen aus den Koffern in den Rucksack, nur um zu erfahren, dass das Bad erst in einer Stunde aufmacht! Nix mit einem erfrischenden Bad am Morgen.

Ich fahre weiter, wie meistens ohne richtiges Ziel für heute. Mittlerweile ist es unglaublich heiß, keine Wolke am Himmel spendet etwas Schatten. Ich breche eine meiner wenigen Regeln und fahre ohne Jacke. Anders geht es nicht. Blandig, Bluff, Mexican Hat, Kayenta – kleine Orte, selten mehr als eine Tankstelle. Die Landschaft ist verdorrt, steinig, staubig, heiß. Alles sieht ähnlich aus. Rechts und links tauchen hin und wieder lange aber flache Felsformationen auf. Wie kann man hier nur wohnen? Tankstopp. 91 Oktan fürs Motorrad, Eistee für mich. Ich sehe auf die Karte – bis Page sind es noch etwa 200 Kilometer. Mist, noch so weit. Und das in der Hitze. Auf dem Weg dorthin liegt lediglich ein weiterer kleiner Ort in der Wüste. In Page lockt allerdings der Antelope Canyon und Lake Powell – Baden im See! Gut, das schaffe ich heute noch. Kurz vor sieben erreiche ich Page und habe auch hier Glück: Ich bekomme einen der letzten acht Plätze auf dem riesigen Gelände. Stimmt, es ist ja Freitag und alle aus der näheren Umgebung wollen ihr Wochenende hier verbringen. Wegen der Hitze scheint es hier jeden Abend Gewitter zu geben. Dunkle Wolken treiben mich an, schnell das Zelt aufzubauen. Essen, duschen, schlafen.

Schon kurz nach sieben Uhr früh bin ich an der Rezeption, weil ich noch eine Nacht verlängern will, wenn noch Platz ist. Geht klar. Heute ist der Antelope Canyon dran. Wahrscheinlich kennt ihn jeder von euch von irgendwelchen Bildern so wie diesem hier. Sechs Dollar Eintritt zum „Park" – 50 Meter weiter ein Parkplatz und ein Häuschen, bei dem man seine Tour buchen muss. Muss ich denn eine Tour buchen? Ja, leider. 25 Dollar kostet der Spaß, aber ich sehe, dass das ganze Geschäft in Händen der Navajos ist, und das macht die Sache angenehmer.

Nach allem was man ihnen genommen hat, ist es vielleicht eine Art Entschädigung. Und bei der Anzahl von Touristen, die hier täglich im Eiltempo durchgeschleust werden, ist der Antelope Canyon eine wahre Goldgrube.

Zusammen mit etwa zwölf anderen Touris fahre ich auf der Ladefläche eines Pickups Richtung Canyon. Drei Meilen geht es durch tiefen weichen Sand und ich bin nun doch froh, dass ich nicht selber mit dem Motorrad reinfahren durfte. Laurie, eine dicke, nette Navajo-Indianerin führt uns in den Canyon.

400 Meter weit reicht der mehr oder weniger schmale Spalt durch den Fels. Das besondere: Wasser hat im Laufe der Zeit den Canyon ausgewaschen und den Fels regelrecht glatt geschmirgelt. Von oben fällt je nach Tageszeit das Sonnenlicht so in den Spalt, das bestimmte Teile rot leuchten oder gar ein Lichtstrahl durch die Gewölbe auf dem Boden fällt. Schon beeindruckend, aber mittags soll das Licht noch besser sein. Dann kostet die Tour aber 40 Dollar und die Touristen treten sich im Spalt die Füße platt. Extrem langsam schieben wir uns von einem Ende zum anderen. Eine Gruppe vor uns, eine hinter uns, an manchen Stellen können kaum zwei Leute aneinander vorbeigehen, weil es so schmal ist. Viele verzweifeln an ihren Kompaktkameras, weil das wenige Licht meist nicht für ordentliche Bilder ausreicht und sie kaum etwas einstellen können. Mit Blitz sieht alles furchtbar aus, weil das Licht von den engen Wänden zurückgeworfen wird. Laurie zeigt mit ihrem Laserpointer immer wieder auf bestimmte Felsformationen, die wie irgendetwas aussehen sollen. „Hier ist der Bär. Da der Adler.

Wenn ihr das hier fotografiert und dann auf dem Kopf haltet, sieht es aus wie das Monument Valley. Da drüben ist George Washington – Augen, Kinn, könnt ihr es sehen?“, Laurie ist in ihrem Element und ich weiß manchmal nicht, ob sie uns nicht irgendeinen Blödsinn zeigt und sich dabei freut. Nein, mit etwas Fantasie kann man schon etwas erkennen. In den 1930er-Jahren gab es tatsächlich noch Antilopen hier – daher der Name

Antelope Canyon. Laurie erzählt, dass heute noch hin und wieder Rinder im Canyon Schatten suchen. Und dass es ungefähr dreimal im Jahr so stark in der Umgebung regnet, dass der Canyon meterhoch Wasser führt.

Ein Baumstamm in bestimmt fünf bis sieben Metern Höhe wurde dort im Jahr 2006 angespült und hat sich im Fels verkeilt. Die Fluten sind auch einer der Gründe, warum man den Canyon nicht auf eigene Faust erkunden darf. Wir befinden uns im Upper Antelope Canyon; es gibt jedoch noch den Lower Antelope Canyon, in dem vor einigen Jahren elf Touristen in einer schnell steigenden Flut ertrunken sind.

Die Tour ist zu Ende, der Tag noch jung. Auf dem Weg zurück halte ich am Glen Canyon (nicht Grand Canyon) Damm, um mir das Besucherzentrum anzusehen – außerdem gibt es dort eine Klimaanlage. Sie zeigen, wie der Damm gebaut wurde, wie viel Energie die Turbinen erzeugen und was es sonst noch über den Damm zu wissen gibt. Eine geführte Tour zur Dammkrone, hinein ins Innere und zur Turbinenhalle kostet nur fünf Dollar. Gekauft! Allerding muss ich fast eine Stunde bis zur nächsten Tour warten.

Man darf Wasser, Kameras und Handys mitnehmen, jedoch keine Rucksäcke, Feuerzeuge, Taschenmesser und sonstige Dinge, mit denen man etwas anstellen könnte. Jeder muss durch einen Scanner wie auf dem Flughafen. Punkt eins auf dem „Merkblatt", das wir bekommen: Wörter wie Bombe, Sabotage, Anschlag etc. werden von der Security nicht toleriert! Was auch immer das heißt.

Mit dem Fahrstuhl geht's vom Besucherzentrum nach unten zur Dammkrone. Ein 2007 außer Dienst gestelltes Turbinenrad verdeutlicht die Dimensionen der Technik – über fünf Meter im Durchmesser, mehr als 40 Tonnen schwer, 150 Umdrehungen pro Minute, fast 43 Jahre lang hat dieses Rad Strom erzeugt. Jetzt arbeitet an seiner Stelle ein neues Rad aus Edelstahl, das fünf Prozent mehr Strom mit der gleichen Menge Wasser erzeugt. Insgesamt acht Turbinen erzeugen Strom für fast sechs Millionen

Menschen in den sieben Anrainerstaaten des Colorado-Rivers. Mir fällt auf, dass die Mauer der Dammkrone verdammt niedrig ist. Sie reicht mir nicht mal bis zur Hüfte – und auf beiden Seiten geht's steil bergab. Auf der Seeseite vermutlich 20 bis 30 Meter, auf der Flussseite 165 Meter. Wieder geht's mit einem Fahrstuhl runter, diesmal in den Fuß des Dammes. 30 Meter dicker Beton trennt uns nun vom Lake Powell – ein komisches Gefühl. An den dicksten Stellen ist der Damm wohl fast 100 Meter dick. Unten etwas Besonderes: frisch gemähtes grünes Gras! Bestimmt spielen die Security-Typen abends hier immer eine Runde Fußball.

Die fünf Dollar waren wirklich gut angelegt, ich hätte sogar mehr gezahlt. Zurück auf dem Campingplatz schnappe ich mir Handtuch und Buch und gehe runter zum See. Abkühlen kann ich mich kaum, das Wasser ist mächtig warm. Speedboote mit gewaltigen Motoren röhren über den See, dazu Jet-Skis, Hausboote, Angelkähne – hier ist der Teufel los. Schon am Damm habe ich jede Menge Französisch gehört, hier am See das gleiche. Jeder Dritte scheint Franzose oder Frankokanadier zu sein. Ich bleibe lange, lese, relaxe.

Als ich zum Zelt gehe, weht mir plötzlich ein Ein-Dollar-Schein vor die Füße. Ein paar Meter entfernt liegt noch ein Fünfer. Ausgezeichnet! Mehr finde ich leider nicht. Gegen Abend das gleiche wie in den vergangenen Tagen: Gewitter. Kräftiger Wind wirbelt einige Zelte durch die Luft, ich öffne an meinem Zelt alle vier Eingänge und biete dem Wind so kaum Angriffsfläche – es bleibt stehen. In der Ferne zucken wieder gewaltige Blitze. Ich mache ein paar Fotos, setze mich auf eine Bank und sehe mir das Schauspiel an. Gegen Abend merke ich, dass feiner Sand im Zelt ist – vom Durchzug vorhin. Naja, da kümmere ich morgen drum.

Nach den Hitzeschlachten der vergangenen Tage stehe ich bereits um 6 Uhr auf und sitze kurz nach halb sieben auf dem Motorrad. Ach ja, so geht's! Fast muss ich meine dünnen Handschuhe anziehen. Bis zum Grand Canyon sind es nicht einmal 200 Kilometer, kurz nach neun Uhr bin ich da. 25 Dollar kostet normalerweise der Eintritt – ich zücke meinen Jahres-Pass.

Tja, der Grand Canyon ist wirklich verdammt schwer zu beschreiben. Mich fasziniert weniger die Farbe, die blassen Rottöne gibt es überall in Utah und Arizona. Auch die Felsformationen an sich sind nicht besonders spektakulär – es ist halt ein Canyon mit vielen verschiedenen Tälern, Erhebungen, Einschnitten und Plateaus. Was mich aber wirklich wahnsinnig beeindruckt, ist die Dimension des Ganzen.

Man kann es sich nicht vorstellen und auf Fotos kommt die Größe des Canyons gar nicht rüber. Man steht oben an der Kante, vor sich nichts als Leere, weit unten das Tal und viele hundert oder gar tausend Meter weiter drüben die Nordseite des Grand Canyon. Winzig im Tal zu erkennen: Der Colorado-River, der hier seit Millionen von Jahren fließt. Man vermutet, dass der Colorado nach der letzten Eiszeit vor etwa 12.000 Jahren etwa zehn Mal so viel Wasser geführt hat wie heute. Bis zu 1,6 Kilometer tief ist der Canyon an manchen Stellen, von Wasser und Erosion ausgefressen. Unvorstellbar. Man fühlt sich klein und unbedeutend – und ist es auch. Ohne jetzt philosophisch werden zu wollen, aber ist es nicht ein toller Gedanke, dass das alles hier schon vor zwei Milliarden (!) Jahren da war (beziehungsweise angefangen hat, sich zu formen), und immer noch da sein wird, wenn die Menschheit schon längst ausgestorben ist?

Kühlbox am Motorrad

Montag, 23. Juli

Der Tag hat so schön angefangen. Kühle 15 Grad am Morgen, nur langsam wird es wärmer, selbst die 27 Grad etwas später fühlen sich auf dem Motorrad noch recht angenehm an. Aber dann. Die Temperatur steigt auf 32, 33, 34 Grad – zum Glück habe ich es nicht mehr so weit. Bei 38 Grad habe ich einen neuen Rekord erreicht, zumindest was das Fahren angeht. Die Jacke wie ein Segel halten, um Luft um den Rücken herum zu leiten, bringt schon lange nichts mehr. Es ist kaum auszuhalten. Endlich mein Tagesziel, sofort zum McDonald's! Eiswürfel, Cola-Fanta-Mix, ein Burger, Internet – so eine Fastfood-Bude hat schon was. Mehr als zwei Stunden sitze ich am Rechner, update den Blog, schreibe ein paar Mails, lese auf Spiegel Online. Das übliche halt.

Gegen 14.30 Uhr trete ich vor die Tür und laufe sprichwörtlich gegen eine Wand aus heißer Luft. Wahnsinn! Nicht mal mehr zehn Kilometer, das schaffe ich jetzt auch noch. 45 Grad zeigt das Bordthermometer, das meistens ziemlich genau geht. Während der Fahrt fällt es nicht unter 43 Grad. In den vergangenen Jahren war ich schon in einigen heißen Gegenden unterwegs, aber ich kann mich nicht erinnern, dass es irgendwo einmal so unglaublich warm war. Nehmt euch doch heute Abend oder morgen Früh nach dem Duschen einen Fön und haltet ihn am ausgestreckten Arm direkt in euer Gesicht. Je nachdem ob ihr eine lahme Krücke als Fön habt, oder einen mit mehr Leistung als eine Simson S51, reicht vielleicht Stufe eins oder zwei. Auf jeden Fall habt ihr nun einen guten Eindruck, wie es sich auf dem Motorrad angefühlt hat.

Außerdem war heute einer der ganz wenigen Tage, an denen ich mir wünschte, lieber im Auto mit Klimaanlage unterwegs zu sein. Direkt am See liegt der Campingplatz, es gibt kaum Schatten. Ich hocke auf einer Bank unter einem Baum und schwitze vor mich hin. Fast verbrenne ich meinen Fuß, als ich ihn unter einen Wasserhahn halte. Die Mütze, die ich nach dem Baden ins Wasser tauche, ist nach 30 Minuten wieder trocken. Mir fällt Rüdiger Nehberg ein, dessen Buch „Überleben ums Verrecken“ ich gerade lese. Er hat irgendwann vor langer Zeit die Danakil-Wüste zu Fuß durchquert. Und da war es bestimmt noch heißer als hier. Völlig verrückt! „I just don't know what to do with my myself“ heißt ein Song der White Stripes und so geht es mir jetzt auch gerade. Lesen? Keine Lust in der Hitze. Baden? Schon dreimal im pisswarmen Wasser gewesen. Schnell mal nach Kalifornien schwimmen? (am anderen Ufer ist schon Kalifornien und der See ist nicht so breit). Nein, bei den ganzen Booten die hier umher rasen lieber nicht. Also sitze ich unter dem Baum auf einem flachen Stein (die fest montierte Bank steht nun in der Sonne), das feuchte Handtuch über Kopf und Nacken und starre vor mich hin. Feile meine Nägel. Schaue auf die Uhr. Dann habe ich eine Idee.

Ich leere meinen linken Koffer und fahre Richtung Walmart. Auf dem Weg dorthin sehe ich an einer Tanke die Laufschrift „Cold Beer“. In die Eisen! Ich kaufe ein Sixpack, zwei Dosen Eistee und einen Sack Eiswürfel. Wenn es irgendwann irgendwo in den Staaten mal überhaupt nichts mehr geben sollte – Eis gibt's überall. Ich reiße den Beutel auf, schütte die Hälfte in den Seitenkoffer, stelle das Bier hinein und schütte den Rest drüber. Mist, es reicht nicht. Hätte ich mal besser den großen Sack Eis gekauft. Egal, das Bier ist zur Hälfte bedeckt.

Zurück am See sehe ich, dass das Coors Light einen „2 stage cold activator“ hat – auf dem Etikett sind die Rocky Mountains abgebildet, darunter zwei Streifen: Cold und Super Cold. Je nachdem wie kalt das Bier ist, sind die Streifen blau oder eben auch nicht. „When the Mountains turn blue it's as cold as the rockies" steht auf dem Etikett. Nach zehn Sekunden in der brütenden Hitze ist der erste Strich verschwunden. Kurz danach der zweite. "When the Mountains turn white within twenty seconds it's hot as hell" sollte vielleicht noch drauf stehen. Die Biere verdunsten förmlich in der Kehle, bei immer noch 38 Grad und auf nüchternen Magen stellt sich schon nach dem dritten eine schöne Lockerheit – um nicht zu sagen Gleichgültigkeit – ein. Über dem See geht die Sonne unter. Endlich! Ich zische das Sixpack und lausche Tracy Chapman.

Beverly Hills, Ralf Möller und ein russischer Anwalt

Mittwoch, 25. Juli

Los Angeles ist noch fast 200 Kilometer entfernt, aber die Ausläufer der riesigen Stadt befinden sich schon südlich von mir. Der San Bernardino Forest nordöstlich von L.A. ist ein wahres Paradies für Motorradfahrer. Fast noch besser als der Beartooth-Pass in Montana. Eine Kurve folgt der nächsten, die Straße schraubt sich bis über 2000 Meter Höhe, windet sich wieder bergab – immer wieder. Wenig Verkehr, tolle Aussichten und die Strecke durch den Wald machen diesen State Park wirklich zum Erlebnis. Nun sind es noch 100 Kilometer, der angrenzende Angeles Forest ist sogar noch besser. Zwar nicht landschaftlich, aber der Asphalt befindet sich in perfektem Zustand. Wenn nur die Reifen nicht so eckig wären! Das Navi leitet mich nach Pasadena und ich habe das Glück, dass die Straße aus dem Wald relativ nah dort heran führt. Einmal die Stadtgrenze hinter mir gelassen, habe ich mich noch niemals so gefreut, ein Navi am Bike zu haben. Zehn- und zwölfspurige Highways führen Richtung City. Allein, und nur mit einer Karte bewaffnet, hätte man hier keine Chance.

Ein kleines Problem: Meine gesuchte Adresse gibt's zweimal, einmal in westlicher Richtung und einmal im Osten. Und ich weiß (vorerst) nicht, wie ich ins Navi 2270 EAST Colorado Blvd. eingeben kann. Also lande ich fälschlicherweise im Westen, zum Glück ist die richtige Adresse nicht so weit entfernt. Die Yamaha braucht die nächste Durchsicht, diesmal die 20.000er. In Calgary habe ich noch zu Carey gesagt, die Durchsicht wird dann wohl in Mexico City fällig. Ich bin in den Staaten aber so viel gefahren, dass es nun schon so weit ist.

Ich bekomme einen Termin für morgen, und fahre erst mal ans Meer – Santa Monica! Es gibt leider keine Campingplätze in unmittelbarer Nähe, schade, gerne hätte ich am Meer übernachtet. Aber ein Hostel liegt nur zwei Straßen von der Strandpromenade am Venice Beach entfernt. Mit 58 Dollar für ein Vierbettzimmer gerade noch akzeptabel. Blog schreiben, ausruhen, lesen, schlafen.

Donnerstag, 26. Juli

Eine dreiviertel Stunde brauche ich durch die Rush Hour nach Pasadena, um das Bike abzuliefern. Ob ich denn einen Motorroller oder ein anderes Motorrad haben könnte, für die Zeit die ich warten muss? Nein, sowas gibt's hier nicht, tut uns leid. Mist, nichts mit schön am Strand liegen. Immerhin fährt mich der Chef zu einem großen Einkaufszentrum, in dem ich die Zeit totschlage.

320 Dollar zahle ich für die Durchsicht, ein fairer Preis. Das Motorrad fährt sich deutlich angenehmer, ruhiger. Jetzt komme ich endlich zum Strand, und nur wenige Hostels dürften so günstig liegen, wie jenes in Santa Monica. Nur eine Straße trennt mich vom unglaublich breiten Strand, auf dem die Rettungsschwimmer patrouillieren – genau wie in Baywatch! Nur dass Malibu etwas weiter nördlich liegt.

Die Strände hier sind nichts für Motorradfahrer, die schon länger unterwegs sind. Ich sage nur: BREITE GÜRTEL... Darunter zwei mit Schnürsenkeln zusammengehaltene Briefmarken. Die meisten Frauen können es aber tatsächlich tragen, hier wird deutlich mehr auf die Figur geachtet als anderswo in den Staaten. Auf der Promenade joggen zwei verbrannte Lederhandtaschen, deren beste Zeiten schon ein paar Jahrzehnte zurückliegen. Immerhin machen sie überhaupt noch Sport. Ich sonne mich, lese mein Buch zu Ende und kurz nach fünf Uhr kommt Hanna zum Strand – ich habe sie gestern Abend im Hostel kennengelernt. Eigentlich arbeitet sie für ein Jahr in Kanada, macht hier aber gerade Urlaub. Zurück im Hostel treffen wir uns mit zwei Franzosen „ungefähr in deinem Alter", wie Hanna sagt. Sie sind 36 und fast 50 – danke, sehr nett. Am Santa Monica-Pier findet ein Konzert statt, hunderte Menschen haben es sich mit Decken, Kühlboxen und in allen möglichen Gefäßen verstecktem Alkohol am Strand gemütlich gemacht.

Die Bühne steht auf dem Pier, oben ist eine Leinwand angebracht, damit alle am Strand etwas sehen können. Stimmung und Musik sind gut, aber es ist noch deutlich kühler als am Nachmittag. Wir gehen schnell zum Hostel zurück, holen warme Klamotten, noch eine Flasche Wein und sind kurz vor zehn Uhr zurück am Strand. Unglaublich: Punkt zehn ist hier Feierabend, die Band hört auf zu spielen und keine fünf Minuten später gehen Polizisten durch die Reihen und fordern alle auf zu gehen. Etwas später leuchten Streifenwagen mit Fernlicht in die Menschenmenge – man kommt sich regelrecht kriminell vor. Komisches Verhalten. Wir setzen uns auf eine Treppe, trinken den Wein (umgefüllt in eine Plastikflasche...), bleiben aber nicht mehr lange.

Freitag, 27. Juli

Ihr glaubt nicht, wie kompliziert es ist, in Los Angeles einen Motorradhelm zu mieten. Ich möchte mir heute Hollywood, Beverly Hills und die anderen tollen Gegenden anschauen, Hanna will mit. Natürlich nur mit Helm. Wir suchen die Adresse einer Motorradvermietung und zum Glück liegt sie nur ein paar Kilometer entfernt. Ich kann für 210 Dollar am Tag eine Harley mieten – nein danke, ich hab da was Besseres. „Ich brauche aber nur den Helm, kann ich den nicht auch einzeln mieten?“ „Geht nicht, wir können die nicht einzeln vermieten. Das haben wir in den letzten 18 Jahren nicht gemacht.“ „Es ist nur für einen Tag. Könnt ihr mal ne Ausnahme machen?“„Nein, sorry, es ist eine rechtliche Sache: Wenn du mit dem gebrauchten Helm einen Unfall hast und uns dann auf mehrere Millionen verklagst, sind wir am Arsch.“ „Aber wenn ich ein Motorrad oder Roller miete, ist der Helm dabei und dann ist das in Ordnung?“ „Genau, du mietest das Paket, unterschreibst den Vertrag und wir sind abgesichert.“ Weitere Diskussion zwecklos, aber ich kann ihn schon verstehen. Ich probiere es auf der anderen Straßenseite beim Honda-Händler. Gleiche Geschichte: „Geht nicht. Haftungsgründe...“ Auf dem Weg zurück halte ich noch bei einer kleineren Bude und frage dort. Endlich klappt es, ich habe einen zweiten Helm.

Zusammen mit Hanna fahre ich Richtung Hollywood, und schon gegen elf Uhr sind die Straßen voll. Die Route 66 endet am Santa Monica-Pier, der Santa Monica-Boulevard ist Teil der historischen Strecke durch die Vereinigten Staaten. Erster Stopp vor dem Beverly Hills-Zeichen, die üblichen Touri-Fotos. Wir biegen ab in eine Seitenstraße und mir fällt die Szene aus Beverly Hills Cop ein, in der Axel Foley mit seiner Schrottkarre das erste Mal nach Beverly Hills kommt und durch eine palmengesäumte Allee fährt. Durch eine dieser Alleen fahren wir gerade! Wenig Verkehr, die Straßen sind sauber, die Häuser wahrscheinlich teuer – aber noch kein Luxus. Über den Sunset Boulevard geht's Richtung Hollywood Boulevard. Stau. Es ist warm, geht nur langsam voran, viel zu sehen gibt es hier noch nicht.

Ein Motorrad, besser noch ein Roller, ist in L.A. eigentlich das perfekte Transportmittel. Nicht nur, dass man sich durchschlängeln könnte (ohne Koffer), viel wichtiger: man hat immer einen Parkplatz! Zwischen zehn und 15 Dollar kostet normalerweise ein Parkplatz – ich finde immer eine Lücke. Tickets?

Ich glaube nicht, dass sie es nach Deutschland schicken, und von öffentlichen Parkplätzen wird angeblich nicht abgeschleppt. Da wir keine Tour gebucht haben, kann ich nicht sagen, wie lang der Walk of Fame ist oder wie viele Sterne in den Boden eingelassen sind. So beeindruckend ist er auch nicht. Wir parken ein paar Hundert Meter vom „Zentrum“ entfernt und viele der Namen auf den Sternen hier hinten kenne ich gar nicht.

Immer mehr Menschen drängen sich auf den schmalen Gehwegen, suchen ihren Star auf dem Stern, lassen sich mit Darstellern im Superhelden-Kostüm fotografieren. Ich zähle jetzt hier keine Promis auf – wahrscheinlich sind die meisten hier verewigt. Es ist unglaublich touristisch und nicht wirklich schön, aber man muss mal dagewesen sein.

Ich möchte ein Foto mit der Yamaha vor dem Hollywood-Schriftzug, also hoch in die Hügel. Das Navi führt uns auf kleinen, steilen Straßen immer weiter nach oben. Die Wege sind schlecht, die Kurven eng und nicht einsehbar – hier fahren garantiert keine Touri-Busse hoch. Luxusvillen? Zumindest sehen sie von außen nicht so aus. Auch die Autos sind eher bescheiden, in einer offenen Garage sieht es ziemlich rumpelig aus. Oben ein kleiner Wendehammer, mit einem Zug kommt niemand rum. Fotos von Hanna, von mir, vom Bike.

Um fünf muss der Helm zurück sein und bei dem Verkehr hier dauert es ewig bis wir dort sind. Wir fahren langsam über einen verstopften zwölfspurigen Freeway zurück Richtung Santa Monica. Kurze Pause in Venice-Beach, ich springe ins Meer – ziemlich frisch! Am frühen Abend spielen wir noch lange Beachvolleyball mit zwei Jungs aus dem Hostel und ein paar Leuten, die schon am Netz waren.

Ach ja, ihr wollt sicher wissen, was es mit dem russischen Anwalt auf sich hat. Bereits in Anchorage im Hostel habe ich Evgeny kennengelernt. Er ist Rechtsanwalt, lebt seit 14 Jahren in den USA und ist als Anwalt in Russland und den USA zugelassen, macht aber auch „in Immobilien". Ich fragte ihn in Alaska, ob ich nicht mein Motorrad bei ihm unterstellen kann, wenn ich ab Mitte August mit meiner Freundin für drei Wochen mit dem Wohnmobil unterwegs bin. Kein Problem, ich könne sogar auf seiner Couch pennen! Vor ein paar Tagen habe ich ihm eine Mail geschrieben und wollte wissen, ob das Angebot noch steht und ob ich nicht schon vorher mal vorbeikommen kann. „Klar, kein Problem! Wir sind da." Ich muss grinsen, als ich seine Adresse sehe: in Beverly Hills, 90212. Fast wie in der furchtbaren Fernsehserie aus den Neunzigern.

Gegen Abend fahre ich zu ihm, kaufe unterwegs noch eine Flasche Wein und werde schon begrüßt, als ich vor dem Haus auf der Straße parke – er winkt durchs Fenster. Seine Frau und er haben gerade Besuch, Sergey – ein Geschäftspartner – ist mit seiner Familie zum Abendessen da. Ich dusche, setze mich zu ihnen, bekomme gutes Essen und wir unterhalten uns über meine Tour. Wirklich nette Leute. Ich schlafe im Wohnzimmer, Evgeny sagt, ich kann bleiben, so lange ich möchte.

Ich bin euch noch die Geschichte mit Ralf Möller schuldig. Er ist einer der ganz wenigen deutschen Stars, die es in Hollywood geschafft haben, wenn auch nicht in die A-Liga. Und er fährt Motorrad. In der Zeitschrift MOTORRAD gibt es die Rubrik „Was fährt eigentlich...?", in der Promis 20 Fragen zu ihrer Motorrad-Karriere beantworten. Das würde doch passen! Kurze Mail ans Management, beziehungsweise seinen Kontakt mit der Frage, ob wir uns nicht mal in L.A. für ein kurzes Interview treffen können.

Schon am nächsten Tag schreibt mir Ralf Möller persönlich eine SMS – geht klar, wann ich denn hier sei. Ich bin schon da. Es geht ein bisschen hin und her, leider konnte ich ihn zweimal nicht erreichen. Der Grund: Er ist mit Arnold Schwarzenegger unterwegs und ich soll ihn Dienstag nochmal anrufen. Mach ich doch glatt!

Samstag, 28. Juli

Ein Tag am Meer. Evgeny, seine Frau und kleine Tochter sowie Sergey mit Familie wollen an den Strand. Ich fahre mit Motorrad hinterher, weil ich später noch zu einem anderen Strand möchte – Beachvolleyball spielen. Die kleinen Töchter versuchen zu angeln, allerdings mehr aus Spaß. Auf dem Pier stehen jedoch auch „richtige“ Angler, die hin und wieder etwa handlange Fische fangen. Und sie gegen die Pelikane verteidigen müssen. Die großen Vögel gehen die Pier auf und ab und hoffen, dass einem Angler ein Fisch aus der Hand rutscht. Hin und wieder passiert das sogar. Wenn es länger nichts gibt, werden die Viecher aufdringlich und klauen schon mal den Tintenfisch-Köder aus der Box. Recht zutraulich sind sie und lassen sich manchmal streicheln.

Ein anderes Highlight sind die Robben, die sich unter dem Pier verstecken und ab und zu zwischen den Angelsehnen auftauchen. Nach etwa zwei Stunden verabschiede ich mich von den anderen und fahre zum Venice Beach – ich will mir den berühmten Muscle-Beach anschauen. Dort trainieren Bodybuilder am Strand, schon Arnold Schwarzenegger hat hier damals Gewichte gestemmt. Es ist Samstagnachmittag und die schmale Promenade platzt aus allen Nähten. Menschenmassen schieben sich voran. Der Muscle-Beach ist definitiv was für Frauen, die „mal gucken“ wollen. Unmittelbar auf beziehungsweise neben der Promenade stehen hinter einem flachen Gitterzaun alle möglichen Fitnessgeräte, an denen sich muskelbepackte Männer verausgaben. Einige stolzieren so eitel auf und ab, dass es schon wirklich peinlich ist. Trainieren darf hier jeder, eine Tageskarte kostet zehn Dollar.

Ich fahre weiter die Straße parallel zum Strand hinauf, ohne richtiges Ziel. Stopp am Manhattan Beach – ein bisschen spazieren gehen. Hier ist deutlich weniger los, obwohl es schöner ist als in Venice. Moderne, schmale und hohe Strandhäuser stehen unmittelbar an der Promenade. Die dürften RICHTIG teuer sein. Am Strand stehen etwa 50 Volleyball-Felder, aber viel ist noch nicht los, erst gegen Abend wird es hier voller, wenn die Sonne flacher steht. Ich fahre nach Santa Monica, liege ein bisschen am Strand und frage später drei Jungs, die am Netz warten, ob sie Lust auf ein Spiel haben. Haben sie, aber die zwei Asiaten sind ziemlich schlecht. Nicht, dass ich wirklich gut spielen könnte, aber es gibt eben deutlich schlechtere. Nach einer Weile haben die Asiaten keine Lust mehr, ich spiele mit einem Franzosen gegen drei Schwarze, die auch ans Netz wollen. Die beiden Männer sehen aus, als wären sie täglich am Muscle-Beach, sind nett, lustig und spielen recht gut.

Ich lasse mir Zeit, Evgeny, Sergey und Familie sind zum Wochenendhaus in die Nähe des San Bernardino Forest gefahren. Vor Montag sind sie nicht zurück, aber ich darf alleine im Appartement in Beverly Hills bleiben. Ich muss wahnsinnig vertrauenserweckend aussehen! Abends fahre ich zurück und Evgeny öffnet mir die Tür von seinem Handy aus – tolle Technik. Beim durchzappen sehe ich, dass hier „Alarm für Cobra 11“ auf Spanisch läuft – und zwar richtig schlecht synchronisiert. Aber darauf kommt es ja bei dem Blödsinn sowieso nicht an.

Montag, 30. Juli

Ausschlafen, nach Santa Monica an den Strand fahren, lesen, Beach-Volleyball spielen – so sieht ein toller Urlaubstag aus. Am Netz lerne ich Dan kennen, einen etwa 35-jährigen plastischen Chirurgen aus West

Hollywood. Mit seinem sehr markanten Gesicht sieht er aus, als würde er in einer TV-Serie den Arzt spielen – vielleicht macht er das irgendwann auch noch. Er ist ein netter Typ und wir spielen einige Partien zusammen, mal mehr, mal weniger gut. Er gibt mir noch den Tipp, morgen an den Manhattan Beach zu fahren. Dort findet ein großes Beach-Volleyball-Turnier statt, viele tausend Menschen schauen zu und anschließend gibt's noch eine riesige Party. Das werde ich mir wohl nicht entgehen lassen. Als ich den Strand verlasse und auf die Promenade von Santa Monica gehe, schüttelt ein Obdachloser einen Plastikbecher mit etwas Kleingeld drin und singt zur Melodie von Jingle Bells: „Jingle bells, jingle bells – please help me get drunk…" Immerhin hat er seinen Humor nicht verloren. Auf dem Weg zurück fährt vor mir ein Auto mit dem Spruch „God is awesome" auf dem Kennzeichenhalter, gleich daneben ein Aufkleber der US-Marines…

Während in den anderen Bundesstaaten durch die ich gefahren bin hauptsächlich große Pickup-Trucks dominierten, sieht es in Los Angeles anders aus. Hier sind entweder „normale" Autos unterwegs, also Mittelklassewagen, oder richtig teure Schlitten. Am besten aus Europa: Mercedes E500, E550 Cabrios, S550, die gesamte AMG-Palette, Audi R8, Aston Martin, BMW 760Li, alle möglichen Range Rover, Porsche Turbo, Bentley etc. – alles was gut, teuer und europäisch ist, wird hier offenbar gerne gefahren. Besonders auffällig: oft sitzen wirklich gut aussende Frauen am Steuer. Keine Ahnung, ob es Stars sind, die ich nicht kenne, oder die reichen Frauen noch reicherer Männer – oder umgekehrt.

Gerne würde ich auch was über Motorräder hier schreiben. Das Problem: Es sind kaum welche unterwegs. Hin und wieder ein paar Sportler und Cruiser (Harley), eine große Vielfalt gibt es nicht. Der Yamaha-Händler in

Pasadena sagte zu mir, dass sich die R6 ziemlich gut verkauft. Aber auch er ist von der Krise gebeutelt und merkt, dass bei der Mittelschicht das Geld nicht mehr so locker sitzt.

Mittwoch, 1. August

Nach einer Woche in Los Angeles wird es Zeit weiter zu fahren. Ich lese gerade wieder ein Buch von Charles Bukowski und habe irgendwo gelesen, dass sein Grab hier in L.A. ist. Jetzt, wo ich schon mal hier bin, wo die meisten seiner Geschichten spielen, und durch die Straßen fahre, die in seinen Büchern vorkommen, mache ich einen Abstecher zum Friedhof. Einer der besten amerikanischen Schriftsteller hat einen ebenso kleinen und unscheinbaren Grabstein, wie alle anderen um ihn herum – ich brauche recht lange, um ihn zu finden.

Bevor ich auf den Pacific Coast Highway Richtung San Francisco fahre, drehe ich noch eine Runde über den berühmten Mulholland Drive und fahre danach nach Bel Air. Gestern bin ich mit Evgenys Hund in Beverly Hills Gassi gegangen und habe manchmal schon über die Häuser gestaunt, obwohl die Grundstücke klein sind und die Nachbarn nur wenige Meter entfernt. Trotzdem ist dort selbst für kleine Häuser deutlich mehr als eine Million Dollar fällig, ich habe das mal schnell recherchiert. Was ich dann aber in Bel Air gesehen habe – mein lieber Mann. Am Eingang zur Bel Air-Siedlung steht ein großes Tor, gleich daneben ein Flachbau in dem sich die Security befindet. Abends wird hier vermutlich alles dicht gemacht, tagsüber steht das Tor offen, ich fahre einfach mal rein. Akkurat geschnittene Bäume und Sträucher, perfekt gemähter Rasen, bunte Blumen – überall knien Mexikaner in den Beeten, die sich um die Grünanlagen kümmern.

Ich schätze, dass kaum eine Villa hier weniger als einen achtstelligen Betrag gekostet hat. Riesige, schlossähnliche Anwesen mit Tennisplätzen, meterhohe Hoftore, ebenso hohe Zäune, mehrere Videokameras an jeder Ecke, sogar in manchen Bäumen und Hecken entdecke ich Kameras. Auf einer relativ flachen Mauer stehen in regelmäßigen Abständen kleine schwarze Kästen – vermutlich Lichtschranken, rüberklettern nicht empfohlen. Ich drehe ein paar Runden und fahre dann Richtung Pacific Coast Highway. Dabei fällt mir auf, dass es etwa 15 Kilometer vom Meer entfernt im Landesinneren locker zehn Grad Celsius wärmer ist als an der Küste. Ich schwitze bei 36 Grad, jedoch kühlt es sich sehr schnell wieder auf angenehme 25 Grad ab, sobald sich die Straße wieder dem Meer nähert.

Am frühen Abend beginne ich nach einem Campingplatz zu suchen. Und ich hätte nie gedacht, dass es in Kalifornien an der Küste so schwierig ist, einen Platz zu finden. Der erste: sieht voll aus, der Platzwart ist nicht zu sehen – weiter. Der zweite: direkt am Meer, nur: Zelte sind nicht erlaubt. Der dritte: schon am Eingang steht ein Schild, dass der Platz voll ist – die Rezeption ist zu. So langsam habe ich die Nase voll, zumal ich schon deutlich über eine Stunde herumfahre und suche. Beim nächsten Platz ist noch was frei, allerdings soll er 45 Dollar die Nacht kosten (für ein Zelt!) und liegt dabei noch nicht mal direkt am Wasser. Für 20 Dollar mehr bekomme ich ja ein Hotelzimmer, ich fahre weiter. Mittlerweile ist es dunkel und meine Laune verschlechtert sich mit jedem Kilometer. Einfach am Strand schlafen, wie ich es eigentlich vorhatte, scheitert daran, dass man gar nicht dort ans Meer kommt, wo man eventuell wild campen beziehungsweise schlafen könnte. Vom Highway gehen einfach keine kleinen Straßen Richtung Küste ab. Ein letzter Versuch, der nächste Campingplatz ist 30 Kilometer entfernt, es ist schon lange dunkel. Als ich an der Abzweigung zum Platz ankomme, versperren zwei Polizisten den Weg. Gleich nebenan befindet sich die Vandenberg Air Force-Base und heute Nacht startet hier eine Atlas-5-Rakete, die 13 Satelliten ins All bringen soll. Alle Bereiche im Startfenster werden daher geräumt, der Campingplatz ist nicht zu erreichen. Ganz toll! Jetzt reicht's! Ich fahre in den nächsten Ort und halte am erstbesten, nicht teuersten, Motel und checke für die Nacht ein. 66 Dollar.

Im Fernsehen läuft David Letterman und wenn ich aus drei Metern Entfernung meine Brille absetze, könnte da auch Harald Schmidt stehen. Die Figur, die Gesten, die Frisur, das Studio – die Harald Schmidt-Show war wirklich eine Eins-zu-eins-Kopie. Inklusive der Band: der Bandleader sieht sogar ein bisschen aus wie Helmut Zerlett. Update 2. August: Gestern Nacht um 00.40 Uhr bin ich nochmal kurz raus, um den Raketenstart zu beobachten. Leider hob da gar nichts ab. Im Internet habe ich gerade gelesen, dass sich der Start wegen technischer Probleme um 48 Stunden verschiebt. Die Camper auf dem geräumten Platz werden sich freuen...

Donnerstag, 2. August

Außer, dass mich heute Morgen um kurz nach sieben Uhr Ralf Möller aus dem Bett geklingelt hat, ist nicht wirklich etwas tolles passiert. Er ist später von seinem Ausflug zurück gekommen als gedacht, leider bin ich nun schon unterwegs Richtung San Francisco. Wir verabreden uns für den 11. oder 12. August, dann bin ich wieder in Los Angeles und dann sollte es mit dem Treffen klappen. Ich frühstücke im McDonald's und fahre dann weiter den Pacific Coast Highway Richtung San Francisco. Die Straße windet sich am Meer entlang, der Pazifik ist fast immer in Sichtweite. Oft fahre ich durch Nebelfelder, die vom Meer her Richtung Land ziehen. Der Nebel zieht mit einigen Metern pro Sekunde die Steilküste hoch, dicht über die

Straße hinweg und noch weiter die Berge hinauf. Das sieht schon toll aus, aber nach einer Weile ist mein Visier völlig „vernebelt“, es lässt sich mit dem Handschuh nicht einfach abwischen und verschmiert ziemlich stark. Vielleicht liegt es am Meerwasser, ich weiß es nicht. Fast alle Campingplätze an denen ich vorbeikomme, sind voll. Klar, es ist Hochsaison und es gibt es nicht viele Plätze am Meer. Bei einem relativ großen Platz hängt zwar auch wieder ein „Full“-Schild, ich probiere es trotzdem. Und tatsächlich, es ist noch was frei. Ich kann leider nicht mit Karte zahlen und kratze aus allen Taschen die letzten Kröten in bar zusammen, happige 35 Dollar kostet die Nacht. Da heute sonst nicht viel passiert ist, schreibe ich mal wieder über ein paar Dinge des Alltags.

Ballast

Seit langem ärgere ich mich über zu wenig Platz in den Koffern, ständig muss ich stopfen, die Einkäufe passen schlecht rein. Ganz am Anfang habe ich einmal geschrieben, dass es gut ist, kleine Koffer zu haben, damit man nicht zu viel mitnimmt. Und das stimmt. Deshalb bin ich zur Post gefahren und habe einen dicken Pullover, ein T-Shirt, ein Paar dicke Socken, meinen ollen Benzinkocher, das kaputte Lesegerät, einen Reiseführer, Karten, einige Heringe für das Zelt und die Saugnapfhalterung für die GoPro nach Hause geschickt. All das brauche ich nicht und es nimmt viel Platz weg.

Zuhause kann ich drei Monate lang jeden Tag ein anderes Hemd anziehen. Unterwegs sind vier T-Shirts schon eins zu viel. Gleiches gilt für den Pullover – ein Fleece-Pulli reicht völlig aus. Die Koffer sind also für so eine Tour keineswegs zu klein. Man hat nur zu viel Gepäck dabei. Ehrlich gesagt bin ich jetzt schon gespannt, was ich noch alles an Bord habe, wenn ich in Ushuaia ankomme. Wahrscheinlich habe ich mich dann vom meisten Ballast befreit. Vielleicht auch im Kopf – was nicht da ist, kann nicht verloren gehen oder geklaut werden. Oft habe ich gelesen, dass man sich unterwegs umso besser fühlt, je weniger man hat. Und ich kenne mindestens eine Person in Deutschland, die das ganz genauso sieht. Laufe ich deshalb herum wie ein Obdachloser? Nein. Ich wasche meine Klamotten alle paar Tage auf einem Campingplatz, inklusive trocknen für gerade mal drei Dollar. Schrumpfen die Klamotten im Trockner eigentlich immer weiter? Dann habe ich nämlich nur noch bauchfreie Shirts, wenn ich in Südamerika ankomme.

Den in Dawson gewonnenen Reiseführer für Montana brauchte ich auch nicht mehr und habe ihn jemandem in West Virginia geschickt. Hugh war auch beim Motorradtreffen in Dawson und wollte ihn mir schon dort abkaufen – ich habe ihm den Reiseführer geschenkt. Ein anderes durchgelesenes Buch habe ich einer deutschen Familie geschenkt, die ich im Arches Nationalpark kennengelernt habe.

Kochen

Jetzt reicht's. Nachdem ich Dank meines tollen MSR Whisperlite Kochers wieder mal schwarze Hände und eine lauwarme Nudelsuppe hatte, koche ich ab sofort mit Gas. 40 Dollar kostet der winzige Kocher, er ist gerade mal so groß wie eine Zigarettenschachtel. Zum ersten Mal auf der Reise gibt's morgens einen Kaffee – wie schön schnell und sauber das mit Gas geht! Der Typ im Outdoor-Laden bestätigt mir allerdings, was ich mir schon gedacht habe: Es soll am schlechten Sprit liegen, dass der Benzinkocher ständig rußte und die Düse immer verstopft war. Mit Reinbenzin würde das nicht passieren, sagt er, aber wo soll ich südlich der Staaten Reinbenzin herbekommen? Die Gaskartuschen sollten eigentlich problemlos überall erhältlich sein.

Geld

Die ersten vier Wochen habe ich meine Ausgaben relativ genau dokumentiert, um zunächst einen Überblick zu haben. Alaska und Kanada dürften während der Reise die beiden teuersten Gegenden gewesen sein, und trotzdem bin ich überrascht, wie wenig ich ausgegeben habe. Ich habe immer gut gegessen, mir das geleistet, was ich wollte, den „guten" Sprit getankt, habe in Dawson jede Menge Geld versoffen und dennoch nur rund 1600 Euro ausgegeben. In den Lower 48 geht es nun noch günstiger weiter. Zwischen zehn und 15 Dollar kostet mich eine Tankfüllung, ich fahre aber eigentlich selten mehr als einen Tank am Tag leer. Dazu kommen zwischen zehn und 25 Dollar für den Campingplatz, und vielleicht nochmal maximal 20 Dollar für Lebensmittel. Eher weniger. Macht unterm Strich 40 Euro am Tag. Ausreißer nach oben und unten gibt's immer wieder mal, aber ungefähr kommt das hin. Ich schreibe längst nicht mehr mit, was ich wo ausgebe. Und ich achte auch nicht darauf. Was es kostet, das kostet es halt. Trotzdem ärgert es mich natürlich, wenn ich für einen Campingplatz 45 Dollar zahlen soll, oder fast das doppelte für ein Hotelzimmer. Das sind aber eher Ausnahmen.

Reifen

Ein kleines Problem gibt es momentan mit den Reifen. Nachdem der erste Hinterreifen nach 6500 Kilometern völlig fertig war und ich daraufhin den gebrauchten von Carey in Calgary bekommen habe, sind nun weitere knapp 4000 Kilometer auf diesem Hinterreifen dazu gekommen – der hatte jedoch schon 3500 Kilometer drauf. Ich war in einem großen Motorradshop in Salt Lake City – leider hatten sie keinen passenden Reifen da. Und bestellen würde „ein paar Tage" dauern. Sie schickten mich zum BMW-Händler, aber auch dort konnten sie mir nichts zeigen, was ich haben wollte. Vom gewünschten Heidenau K60 Scout haben beide Händler noch nie etwas gehört, bestellen können sie ihn auch nicht. Da aber in Kanada viele Biker über die Laufleistung geschwärmt haben, würde ich gerne diese Reifen haben.

In den Staaten brauche ich keinen Offroad-Reifen, wenn ich allerdings in einigen Wochen die Baja California in Mexiko fahre, kann ich wahrscheinlich nichts mit einem Straßenprofil anfangen. Und einen guten Kompromiss konnten mir beide Händler nicht anbieten. Ich fahre erst einmal weiter und werde unterwegs hin und wieder schauen, ob ich irgendwo etwas Passendes finde. Lange geht das allerdings nicht mehr – vielleicht noch 1000 Kilometer, dann ist der Hinterreifen wirklich am Ende.

Update: Nachdem ich das geschrieben habe, sind weitere 2000 Kilometer hinzugekommen, und es werden noch mehr. Die Verschleißmarkierung? Reden wir nicht darüber. Aber Rettung naht: Heidenau in Deutschland hat mir ein gutes Angebot für einen Satz K60 Scout gemacht, und selbst mit 40 Euro für ein zusätzliches Gepäckstück rechnet es sich noch, den Reifen von meinem Besuch aus Deutschland mitbringen zu lassen. Zwei Wochen bis dahin werden die Contis noch halten müssen. Ich hoffe allerdings immer, dass ich nicht von der Polizei angehalten werde.

Alle zwei, drei Tage gehe ich abends um das Motorrad, kontrolliere den Ölstand und schaue nach, ob ich irgendwelche Schäden oder übermäßigen Verschleiß sehen kann. Schon seit einiger Zeit sind die hinteren Bremsbeläge arg dünn, heute kann ich auf der rechten Seite kaum noch den Belag erkennen. Gut, dass ich morgen in San Francisco bin – ich brauche dringend neue Beläge.

Gastfreundschaft in San Francisco

Freitag, 3. August

Ich erreiche den Großraum San Francisco und fahre nach Palo Alto. Wenn ich schon mal hier bin, möchte ich auch das Facebook-Hauptquartier sehen und ein Foto mit der XT davor auf Facebook posten. Leider ist die Zentrale letztes Jahr umgezogen, bei Google steht auf den ersten Seiten noch die alte Adresse. Zum Glück ist die neue nicht weit entfernt. Ich fahre auf das riesige Gelände und suche einen Haupteingang, kann aber keinen finden. Auch keine Schilder, die Gebäude sind lediglich nummeriert. Ich sehe einen Security-Typen vor einem Eingang stehen, gehe hin und frage ihn ein bisschen was. Einen Haupteingang gibt's tatsächlich nicht, das einzige Schild mit Facebook-Daumen steht draußen an der Straße und geführte Touren oder etwas Ähnliches gibt's auch nicht – der laufende Betrieb darf nicht gestört werden. Als ich ihn spaßeshalber frage, ob Mark Zuckerberg denn gerade da sei, grinst er nur. „Er entscheidet immer spontan, von wo er gerade arbeitet." Also kein Foto mit Mark vor dem Motorrad.

Campingplätze sind hier in der Umgebung Mangelware, also checke ich für eine Nacht im Motel 6 ein. 80 Dollar kostet der Spaß, eigentlich viel zu viel. Über Facebook habe ich mich mit Carmen und Micha verabredet. Ich habe die beiden schon in Deutschland kennen gelernt und auch sie fahren die Panamericana mit dem Motorrad. Nach zwei Monaten auf der Straße schaffen wir es nun, uns zum ersten Mal zu treffen. Die beiden besuchen hier im Silicon Valley Arbeitskollegen bei IBM. Wir treffen uns in einem Brauhaus, essen gut und erzählen lange. Leider bekommt Ben, der Arbeitskollege, ein Ticket fürs Falschparken – obwohl er nur einen halben Meter neben mir steht, aber schon neben dem Schild.

Ärgerlich. Zurück im Hotel maile ich im ADV-Rider-Forum jemanden an, der in der entsprechenden Rubrik eingetragen hat, dass er in der Nähe wohnt und jederzeit ein Plätzchen für durchreisende Biker frei hat. Er antwortet schnell, leider ist er jedoch nach Colorado umgezogen. Aber er gibt mir den guten Tipp, es mal im Forum southbayriders.com zu versuchen, dort wird mir bestimmt geholfen. Ich melde mich dort an und frage im Forum, ob jemand etwas Platz für mein Zelt oder vielleicht sogar eine Couch frei hat. Die Resonanz ist beeindruckend! Innerhalb kurzer Zeit habe ich ein paar private Mitteilungen und Einträge auf der Webseite. Mit einem Mitglied texte ich kurz, leider passt es zeitlich nicht so ganz. Dann rufe ich Dorothy an, sie hat sich als zweites gemeldet. Kein Problem, ich kann morgen gerne vorbeikommen, sie gibt mir ihre Adresse. Toll, wie unkompliziert manche Leute sind! Motorradfahrer unter sich.

Samstag, 4. August

Ich fahre zu Carmen, Micha und Ben, dem Arbeitskollegen der beiden. Carmens BMW F 650 GS überhitzt in letzter Zeit recht schnell und wir versuchen herauszufinden, woran es liegt. Die Sicherungen vom Lüftermotor sind okay, der Temperaturgeber scheint auch in Ordnung zu sein. Letztlich stellen wir fest, dass der Lüftermotor selbst defekt ist und nur sporadisch läuft – was eher selten ist. Und selbst das nur mit halber Kraft. Wir können das gut vergleichen, da Micha und Ben ebenfalls eine 650er GS fahren. Knapp 240 Dollar kostet ein neuer Motor, Carmen bestellt einen beim örtlichen BMW-Händler.

Am Nachmittag wollen wir noch eine Runde mit den Bikes drehen, Ben kennt eine schöne Strecke zum Meer. Carmen fährt bei mir mit. Enge, kurvige Straßen mit wenig

Gegenverkehr schlängeln sich durch dichte Wälder. So kleine Straßen kennen halt nur Leute, die hier schon länger wohnen. An der Küste dann die Enttäuschung: dichter Nebel vermiest uns die Sicht, zudem ist es relativ kühl – 16 Grad. Wir fahren nach Santa Cruz im Süden, sehen ein paar Surfern zu und fahren dann wieder zurück nach San Jose. Ich habe es etwas eilig, weil ich eigentlich schon seit einer Stunde bei Dorothy sein wollte. Zurück bei Ben packe ich schnell meine Sachen zusammen und fahre zu Dorothy. Sie wohnt in Alameda, etwa eine Stunde von San Jose entfernt und gleich gegenüber von San Francisco. Sie und Brent, ihr Ex-Mann, teilen sich ein wirklich schönes Haus und ich habe mein eigenes Gästezimmer für die Nacht. Wir unterhalten uns, ich zeige Fotos der bisherigen Tour und bekomme gutes Essen. Brent ist verrückt nach Motorrädern, er ist früher Rennen gefahren, fährt immer noch gerne schnell und restauriert in seiner Freizeit alte Motorräder. Morgen will er mir seine Werkstatt und ein paar seiner Bikes zeigen.

Sonntag, 5. August

Carmen, Micha, Ben und ich treffen uns in San Francisco auf dem Twin Peaks, einem hohen Aussichtspunkt mitten in der Stadt. Wie so oft hängt dichter Nebel über San Francisco, wir können vielleicht 20 Meter weit sehen. Wir fahren zu einem Abschnitt der Lombard-Street der wohl weltbekannt ist. Auf vielleicht 100 Meter Länge schraubt sich die mit roten Steinen gepflasterte Straße in acht Kurven sehr steil und eng nach unten. Zu Fuß wären wir allerdings deutlich schneller, weil die Autos vor uns unglaublich langsam fahren und ständig für Fotostopps halten. Anschließend fährt Ben mit uns etwas durch die Stadt, wir gehen durch China-Town, suchen einen Sushi-Laden und essen dort zu Mittag. Das Wetter ist mittlerweile deutlich besser, die Sonne scheint und wir fahren noch einmal zum Twin Peaks. Wir werden mit einer tollen Aussicht belohnt und ich möchte ein paar Fotos mit der XT mit der Skyline von San Francisco im Hintergrund. Leider ist es gar nicht so einfach, in meiner gewünschten Kurve gute Bilder hin zu kriegen.

Die Abendsonne wirft schönes rotes Licht, wir fahren über die Golden-Gate-Bridge zum Aussichtspunkt auf das Wahrzeichen San Franciscos. Wirklich nett hier oben! Wir machen Fotos und fahren dann in einem Bogen wieder zurück. In Alameda ist Brent gerade nicht da, kommt aber kurze Zeit später wieder. Wir fahren zu seiner Garage und ich bin wirklich beeindruckt. Gemeinsam mit Freunden hat er sich eine große Halle zu einer Motorradwerkstatt ausgebaut. Inklusive Hebebühne und Reifenmontiermaschine. Auf einer Montagebühne steht der Rahmen eines Motorrades von 1936, Brent besitzt es schon seit 30 Jahren und in nächster Zeit soll es fertig restauriert werden. Fünf BSA Motorräder warten ebenfalls auf ihre Restauration – das kann ein paar Jahre dauern. In einer Ecke steht eine Ducati, die bei einem Renn-Unfall völlig zerstört wurde. Die Schwinge hat sich zusammengefaltet wie ein Stück Alufolie – unglaublich, was da für Kräfte wirken. Leider habe ich kein Foto mit Brent und Dorothy, aber das hole ich eventuell nach, wenn ich demnächst mit dem Wohnmobil nochmal in San Francisco bin.

Montag, 6. August

11 Uhr treffe ich mich mit Carmen und Micha bei ihnen vor dem Hotel, wir gehen anschließend zu einem Supermarkt der Gratis W-Lan bietet – die beiden machen eine Videokonferenz mit Freunden in Deutschland. Ich möchte im Supermarkt ein Bier kaufen und erlebe an der Kasse folgendes: „Kann ich Ihren Ausweis sehen?“ „Klar doch“, sage ich und reiche ihr meinen Personalausweis. „Uhh, ich bin mir nicht sicher, ob der bei uns gültig ist...“ Ich versuche sie zu überzeugen: „Ich bin seit zwei Monaten hier und habe bislang in jedem Laden alles bekommen. Das ist ein offizielles Dokument, hier steht mein Alter.“ „Trotzdem. Haben Sie Ihren Reisepass dabei?“ „Reisepass?? Nein, der ist im Rucksack im Hotelzimmer. Aber hier ist noch mein Führerschein“, sage ich und zeige ihn ihr. So langsam wird sie etwas grantig, ich noch verständnisloser. „Ich kann das nicht machen, da müsste ich den Manager fragen“, sagt die Kassiererin. „Dann rufen Sie ihn bitte.“ Wir warten beide sichtlich genervt. Der Manager kommt angerollt, er wiegt bestimmt 200 Kilogramm. Er hält natürlich zu seiner Kassiererin, sagt, dass das Gesetz einen amerikanischen Ausweis oder ein deutschen Reisepass verlangt. Ich sage, dass hier noch niemals jemand meinen Reisepass hat sehen wollen und dass ich in Los Angeles eine Flasche Wodka gekauft habe, ohne überhaupt etwa zu zeigen. Weitere Diskussion zwecklos. Langer Text, kurzes Resultat: Es gibt kein Bier. Hinterher erzählen mir Carmen und Micha (der übrigens auch kein Bier bekommen hat!) dass sie gestern genau hier eine Flasche Wein gekauft haben, ohne dass sie etwas zeigen mussten. Völlig geistlos. Ich gehe in den Liquor Store um die Ecke und kaufe zwei Bier – natürlich ohne Ausweis. Zurück am

Hotel setzen wir uns vor das Zimmer auf den Bordstein, kopieren Fotos auf die Rechner, erzählen und hängen einfach ab. Stundenlang. Micha und ich trinken das Bier, Carmen Wein – so kann man auch mal einen halben Tag verbringen!

Am Nachmittag fahre ich nach Tracy, Donn aus dem Southbayriders-Forum hat mich zu sich eingeladen. Ich rechne mit einer Stunde Fahrzeit, brauche aber fast zwei für das kurze Stück. Stau auf der kompletten Strecke, dazu Temperaturen von deutlich über 30 Grad machen die Fahrt nicht gerade zum Vergnügen. Donn zeigt mir das Poolhaus, in dem ich die Nacht schlafen kann, anschließend bekomme ich wirklich gutes Essen und kann noch meine Wäsche waschen. Als Motorrad-Reisender freut man sich über solche Gastfreundlichkeit umso mehr. Ich zeige ihm Bilder der bisherigen Tour und wir unterhalten und noch ein wenig.

Dienstag, 7. August

Schon kurz nach halb acht bin ich wach, Donn wollte eventuell auf mich warten, bevor er zur Arbeit fährt. Er ist noch da und zeigt mir auf Youtube ein paar Videos seiner Offroad-Touren. Und Donn hat es echt drauf! Vor ein paar Tagen ist mir ein Stück Aluminium vom Zeltgestänge aufgeplatzt, ich säge die zwei Zentimeter ab, packe mein Zeug und verabschiede mich. Vielleicht komme ich ja auf der anstehenden Wohnmobiltour mit meiner Freundin nochmal vorbei.

Der Yosemite Nationalpark liegt östlich, etwa zwei Stunden entfernt. Landschaftlich hat die Strecke dorthin nicht sonderlich viel zu bieten, außerdem ist es deutlich wärmer als an der Küste. Im Nationalpark gibt es nur wenige Straßen. Wer sich für den nördlich gelegenen Tioga-Pass entscheidet, kommt nicht wieder auf einer anderen, südlicheren Straße zurück in den Park. Das ist schlecht, aber ich bin ja bald nochmal hier, und kann mir dann den Rest ansehen. Die Tioga-Passstraße schlängelt sich durch den Park bis hinauf auf fast 3000 Meter. Rechts und links neben der Straße: Nadelbäume, Felsen, Seen und Wanderwege. Tiere sehe ich kaum, zwei Hirsche stehen auf einer Wiese. Ich sehe, wie ein Eichhörnchen ein anderes, überfahrenes Eichhörnchen von der Straße zieht...

Ich passiere den Mono-Lake ganz im Osten Kaliforniens, drehe dann ab Richtung Süden und beginne den Rückweg nach Los Angeles. Für die Tour zurück plane ich etwa drei Tage. Wie befürchtet ist der Highway unglaublich langweilig. Rechts und links Zäune, weit dahinter eine flache Bergkette, die sich fast den gesamten Weg neben der Straße hinzieht. Leider ist es wieder ziemlich heiß: zwischen 33 und 36 Grad zeigt das Bordthermometer. Hatte ich schon erwähnt, dass ich die Wüste nicht mag? Am frühen Abend suche ich mir einen Campingplatz an einem See. Mit 25 Dollar pro Nacht liegt er im Rahmen, als ich dann aber auf die Toilette will, ist das Haus abgeschlossen, davor stehen zwei Dixie-Klos. In dem Haus wären natürlich auch die Duschen. Es ist echt eine Frechheit. 50 Meter neben mir haben etwa 50 französische Schüler ihr Zeltlager aufgeschlagen, einige von ihnen füllen Wasserflaschen am Hahn und waschen sich damit.

Ich verbringe drei Tage in Evgenys Sommerhaus in den Bergen im San Bernardino Forest, etwa zwei Stunden von Los Angeles entfernt. Er hat mir den Code für das elektronische Schloss gegeben und ich darf hier eine Weile bleiben. Viel mache ich nicht, ich update den Blog, lese und sehe fern.

Strapse, Bier und Jello-shots

Samstag, 11. August

Beim letzten Besuch in Los Angeles vor knapp zwei Wochen habe ich ja den plastischen Chirurgen Dan kennen gelernt. Er hat mich zu seinem Geburtstag eingeladen – und der ist heute. Knapp 150 Kilometer sind es von Evgenys Sommerhaus in den Bergen zurück nach L.A. Schon kurz nach halb neun morgens bin ich da, checke im Hostel in Venice Beach ein, parke ein paar Blocks weiter, wo es nichts kostet und suche einen Liquor Store. Die Parts ist BYOB – bring deinen Alkohol selber mit. Ein Sixpack sollte reichen. Denke ich.

Dan feiert am Strand und hat ein Volleyball-Feld gesponsert. Heute findet hier ein Volleyball-Turnier statt, bei dem Frauen in Unterwäsche spielen – natürlich für einen guten Zweck. Die Einnahmen werden zur Instandhaltung der Volleyball-Felder in Santa Monica genutzt. Viel ist noch nicht los, erst nach und nach trudeln Dans Freunde ein. In seiner Facebook-Einladung stand, wir sollen kreativ sein, was die Gefäße für unseren Alkohol angeht. Öffentlich Alkohol trinken ist in den USA verboten, also füllt jeder sein Bier oder Schnaps in Tassen, Plastikbecher, Camping-Flaschen aus Metall, Gatorade-Flaschen oder in Kaffebecher mit Deckel – unser Favorit für heute. Die Polizei patrouilliert am Strand und weiß natürlich, dass nicht zehn Leute in der prallen Mittagshitze Kaffee trinken. Aber solange niemand das Bier sieht, ist es okay. Die Volleyball-Felder füllen sich, und während bei den Männern kaum jemand zuschaut, sind die Plätze der Frauen relativ dicht umlagert. Klar, knappe Höschen, Strapse und hochgeschnallte Brüste locken Zuschauer an.

Die meisten spielen ziemlich gut, das Zuschauen lohnt sich auch deswegen. Wenn ein Ass gespielt wird, gibt es verschiedene „Strafen" – entweder müssen die Gegner eine Dose Bier auf Ex trinken, sich zehnmal schnell um die eigene Achse drehen und dann eine Angabe spielen oder sich auf dem Boden liegend und umklammert von einer Hälfte des Feldes zum anderen wälzen – sehr beliebt bei uns Männern!

Immer mehr Freunde von Dan kommen an, eine kleine Dose Bier passt genau in einen Kaffeebecher – und ich leere die verdammt schnell. Hin und wieder kommt jemand mit Jello-shots, Alkohol in Gelee-Form. Schmeckt eigentlich nicht, macht aber lustig. Die Zeit vergeht, wir trinken, haben Spaß, irgendwann geht die Hasch-Pfeife rum, während hinter uns wieder die Polizei über den Strand fährt. Entweder das Zeug war nicht gut oder ich bin dagegen immun, jedenfalls merke ich kaum etwas.

Es ist weniger Silikon unterwegs als ich dachte, aber es sind ja ein paar Mediziner hier (Dan ist plastischer Chirurg) und sie belehren mich eines Besseren. Bei manchen ist es wirklich gut gemacht und man sieht es kaum – bei anderen könnte fast noch das Preisschild der OP am Nippel hängen. Ich hatte schon einmal geschrieben, dass die Leute hier in Kalifornien mehr auf ihre Figur achten als anderswo in den USA. Auch heute sind sehr viele wahnsinnig attraktive Frauen unterwegs. Vor ein paar Wochen hat Dan beim Volleyball spielen Joe kennengelernt. Ich finde, er sieht aus wie Will Ferell und nach einiger Zeit ist er voll wie 1000 Russen. Er sucht ewig seinen Schlüssel, sein Telefon fällt ständig in den Sand, er torkelt umher – ist aber verdammt lustig drauf. Nach ungefähr zehn Stunden und ebenso vielen Bieren ist das Turnier zu Ende. Wir packen zusammen und gehen in eine Bar, nicht weit entfernt. Lange bleibe ich nicht mehr, reicht für heute.

Wie mich Ralf Möller zum Frühstück einlud

Ich höre ihn schon von weitem. Lautes Knattern durchbricht die Stille vor dem Cafe, eine Harley in blassem Gelb rollt vorbei – drauf sitzt Ralf Möller. Wir haben uns in Venice im Cafe Rose verabredet, ich warte seit zehn Minuten.

Mit 1,96 Meter ist Möller zehn Zentimeter größer als ich, seine Oberarme haben einen größeren Umfang als meine Waden, sein Händedruck ist natürlich kräftig. Braun gebrannt, Drei-Tage-Bart, die Haare vom Helm zerzaust – sieht ganz normal aus und gar nicht Hollywood-Like. Er trägt Nike Turnschuhe, einen blauen Pullover von Tiesto, natürlich eine Ray Ban und am rechten Arm eine Uhr so groß wie ein halbes iPhone. An vielen anderen würde sie lächerlich groß aussehen, dem Ex-Bodybuilder steht sie gut. „Das ist ein limitiertes Sondermodell von Arnold Schwarzenegger.“ Schwarzenegger und er sind gute Freunde, der Ex-Gouverneur von Kalifornien wohnt nur ein paar Häuser weiter.

Ralf fragt mich aus: woher, wohin, wie lange schon, warum, womit und überhaupt. Schon nach wenigen Minuten kann ich sagen, dass er ein unheimlich sympathischer Typ ist. Wir unterhalten uns und plötzlich deutet Ralf mit dem Finger hinter mich: „Der da hinten mit dem Hut, das ist Paul Verhoeven. Daneben sitzt seine Frau.“ Nicht schlecht, einen der bekanntesten Hollywood-Regisseure (Basic-Instinct, Showgirls, Starship Troopers etc.) beim Frühstück zu treffen. Als er kurze Zeit später vorbeikommt, hält Ralf ihn an und erzählt kurz, dass ich mit dem Motorrad von Alaska nach Feuerland fahre. Verhoeven zeigt sich beeindruckt, schüttelt mir die Hand, wünscht mir viel Glück auf der Tour und natürlich warnt auch er mich vor Mexiko.

Ralf nutzt die Gelegenheit und fragt ihn, ob er nicht schnell mit rauskommen würde, ein Foto vor dem Motorrad machen. Geht klar, leider kann der Tourist, dem wir die Kamera in die Hand drücken, kaum damit umgehen – die Bilder sehen alle gleich schlecht aus.

Wir unterhalten uns über eine Stunde, trinken Kaffee, ich esse Pancakes. Erst gestern hat er Mel Gibson im Havana-Club getroffen, völlig normal hier. Er überlegt, ob er mich am Mittwoch vielleicht mit hinnehmen sollte; ich halte das für keine gute Idee, weil ich aussehe wie ein Backpacker. „Das ist überhaupt kein Problem hier. In L.A. ist alles erlaubt." Selbst mit Trainingshosen kann man sich hier blicken lassen, sagt er später. Naja, ich weiß nicht recht. Ansonsten sind die Stars unter sich, mit Arnold fährt er hin und wieder mit Motorrad die Küste hoch. Gottschalk wohnt seit Jahren in Malibu, auch nicht weit weg.

Wir kommen zum Dienstlichen, ich stelle ihm 20 Fragen zu seiner Motorrad-„Karriere". Er hat später noch zu tun und wir sitzen schon relativ lange hier – ob wir Fotos unten am Strand machen wollen? Klar doch. Ralf zahlt für mich mit, vielen Dank! Er knattert vorne weg. Entweder sind seine Blinker kaputt oder er nutzt sie nicht. Einmal hält er immerhin die Hand raus. Wir fahren nach Santa Monica und schieben die Bikes auf die Promenade, mittlerweile ist es fast Mittag – schlechte Zeit, um Fotos zu machen. Routiniert nimmt er verschiedene Posen ein, es dauert nicht lange. Auf der Yamaha gibt er ziemlich gute Figur ab, sie passt ihm auch von der Größe her perfekt – ein Kerl wie ein Baum auf einem ebenso robusten und großen Bike. „Das ist natürlich schon was ganz anderes als meine Harley. Mit der Maschine kommst du wirklich überall durch." Das will ich doch hoffen. Sie scheint ihm zu gefallen, er fragt spaßeshalber, ob Yamaha noch einen Markenbotschafter in den USA braucht. Für

Audi ist er es, fährt A8L, ab nächsten Jahr dann S8 wie er nicht ohne Stolz erzählt. Ich sehe mir seine Harley genauer an. „Originalzustand“ trifft es wohl am besten. In dem Sinne, dass seit Jahren nichts daran gemacht wurde. Das hat aber Charme, die rissigen Ledertaschen mit den brüchigen Lederriemen als Verschluss sind noch die ersten aus 1989 – Klasse! Die salzige Luft an der Küste setzt dem Bike schwer zu. Gabel, Sturzbügel und andere verchromte Teile sind mit Flugrost überzogen. In nächster Zeit soll aber etwas Zeit und Geld ins Motorrad gesteckt werden.

Am Dienstag brauche ich wieder einen zweiten Helm, und Ralf hat einen in seiner rechten Satteltasche... Ob ich mir den für ein, zwei Tage ausleihen kann? Kein Problem! Ich soll ihn Mittwoch anrufen, dann machen wir aus, wo ich ihm den Helm zurückgeben kann. Wir verabschieden uns, er fährt zum nächsten Termin, ich zurück zum Hostel. Abends im Hostel sammeln sich ein paar feierwillige Gäste in der Lounge, es fließt Bier und Schnaps. Irgendwer kommt auf die Idee, sich Bettlaken umzuhängen und als Römer oder was auch immer verkleidet in eine Kneipe zu gehen. Mein Laken bleibt auf dem Bett, ich gehe trotzdem mit. Die Musik in dem Laden ist so schlecht, dass ich nicht lange bleibe und mit einer Deutschen zurück zum Hostel gehe, die auch keine Lust mehr hat.

Wir setzen uns an die Promenade, erzählen ein bisschen und als sie ins Hostel geht, setze ich mich zu etwa sieben Jungs, die auf dem Boden sitzen und Gitarre spielen. Doch wie ich es schon vor zwei Wochen in Santa Monica erlebt habe, kommt auch hier pünktlich um 22 Uhr die Polizei und fordert uns auf, den Platz zu räumen. Wir ziehen 50 Meter weiter, lassen uns in einem leeren Hauseingang nieder – direkt neben dem Hostel.

Die Jungs spielen richtig gut Gitarre, einer hat eine unglaubliche Stimme, alle sind sehr nett. Wir sitzen auf dem Boden, erzählen, hin und wieder halten ein paar Leute an, hören ein Weilchen zu, manche setzen sich kurz zu uns. Viele scheinen sich nicht zu trauen, denn wie wir da so im halbdunklen Hauseingang auf dem Boden rumlungern, sehen wir bestimmt nicht sehr seriös aus. Gegen Mitternacht sind wir das auch nicht mehr: Eine Hasch-Pfeife geht rum und an mir nicht vorbei. Mein iPhone liegt in der Mitte, ich suche gute Gitarrensongs und Ling (ich habe seinen richtigen Namen vergessen...) spielt mit, füllt die Pausen aus und kann sich wahnsinnig schnell jedem Song anpassen. Jaja, irgendwann lerne ich das auch noch.

Ich glaube, keiner der Jungs hat ein festes Zuhause. Dennoch sehen sie nicht abgerissen aus, tragen relativ saubere Shirts und Hosen. Sie verdienen sich etwas als Straßenmusiker dazu, Ling hat schon in einigen Ländern gelebt und gespielt. Das Bier ist schon lange leer, die Liquor Stores sind zu, aber ganz in der Nähe steht ein Snack-Wagen der noch was verkauft. Ich spendiere sechs Dosen Pepsi – mehr kann ich nicht tragen – und stelle sie in die Mitte. Kommt gut an. Ich weiß nicht mehr genau wie spät es ist, als wir uns verabschieden, ich schätze gegen drei Uhr.

Tacos, Pesos und drei Australier in Mexiko

Freitag, 31. August

Fünf Kilometer vor der Grenze nach Mexiko werde ich doch etwas nervös. Stimmt alles mit den Papieren? Muss ich hier schon Spanisch sprechen? Was erwartet mich direkt hinter der Grenze? Ich reise am kleinen Grenzstädtchen Tecate nach Mexiko ein. Dieser Grenzübergang ist deutlich kleiner und ruhiger als der berüchtigte in Tijuana, etwa eine halbe Stunde westlich von hier. Ich hatte keine Lust auf 20 Fahrspuren Richtung Mexiko, außerdem ist es Freitagmittag und wahrscheinlich sind viele Mexikaner, die in den USA arbeiten, auf dem Weg ins Wochenende und wollen nach Hause.

In Tecate ist nicht viel los. In der Schlange stehen vielleicht 15 Fahrzeuge, also warte ich. Bis ein mexikanischer Offizieller kommt und sagt, dass ich in der Schlange für Gewerbefahrzeuge stehe und die anderen PKW vor mir auch falsch stehen. Ich könne die Spur daneben nehmen und gleich vorfahren. Ich rolle auf die Schranke zu, die Ampel wird grün, die Schranke geht hoch und schon bin ich in Mexiko. Das war ja einfach. Aber ich brauche eine Touristenkarte für die Einreise und eine Bescheinigung, dass ich das Motorrad wieder aus den USA ausgeführt habe. Also stelle ich die Yamaha vor einem Geschäft ab und gehe zu Fuß die 50 Meter zurück zum amerikanischen Zoll. Ich erkläre dem Beamten, dass ich einen Nachweis benötige, dass ich das Motorrad wieder ausgeführt habe – einen Stempel oder irgendetwas anderes. Er versteht nicht ganz, warum ich das brauche, schickt mich aber zum Kollegen, der für Fahrzeuge zuständig ist. „Kein Problem“, sagt der Beamte, „aber ich muss die Fahrgestellnummer sehen und mit den Papieren vergleichen. Wo ist das Motorrad?“ Mist, das hatte ich vergessen, das Bike steht schon in Mexiko. „Dann drehen Sie eine Runde ums Gebäude, kommen nochmal in die USA und halten bei mir an“, sagt der Beamte. Zum Glück ruft er mir noch zu, dass ich nicht in der Schlange warten muss, sondern gleich vorfahren darf. In Richtung USA stehen nämlich deutlich mehr Autos an der Schranke.

Es geht also zurück in die Staaten, ich fahre mit dem Beamten zu einer Halle, erkläre dort nochmal, wofür ich den Stempel brauche und bekomme ihn dann, ohne dass sich einer der Beamten die Fahrgestellnummer ansieht. Zurück in Mexiko hole ich mir die benötigte Touristenkarte von einem Beamten, der sich nur schwer von seinem Fernseher auf dem Schreibtisch trennen kann. Die 24 Dollar für die Karte zahle ich bei der Bank ein, die gleich neben der Einwanderungsbehörde liegt. Klingt schwierig, ist aber einfach, weil man hier noch nicht unbedingt Spanisch sprechen muss und die Mitarbeiter das jeden Tag viele Male machen und sofort wissen, was zu tun ist. Der Beamte nimmt die Quittung und fragt, wie lange ich in Mexiko bleiben will. Eigentlich nur ein paar Wochen, er schreibt mir trotzdem 180 Tage auf – soll mir recht sein.

Ich bin nun in Mexiko, der Stempel ist im Pass. Das Motorrad führe ich erst in La Paz im Süden der Baja California offiziell ein, man muss es nicht gleich an der Grenze machen. Das kommt mir sehr gelegen, denn es ist heiß und in den Motorradklamotten läuft mir mittlerweile der Schweiß nur so herunter. Endlich rauf aufs Bike und los, der Fahrtwind macht die 32 Grad einigermaßen erträglich. Mein erstes Ziel ist Ensenada an der Westküste der Baja California, nur etwa 100 Kilometer entfernt. Die Straße dorthin ist schmal, kaum befahren und in relativ gutem Zustand. Leider erinnert mich die Landschaft wieder an Arizona und Utah – Wüste. Leider deshalb, weil ich langsam genug von Wüste habe und gerne mal wieder länger als ein paar Tage Bäume, grüne Wiesen und Wälder sehen würde. Ich sehne mich nach Montana und Wyoming zurück, zumindest was die Landschaft angeht.

Im Walmart in Ensenada kaufe ich Wasser und Bananen. Ein paar Parkplatz-Reihen weiter stehen drei Motorräder. Einer der Fahrer schiebt anscheinend Wache, während seine Freunde einkaufen. Als alle da sind, fahre ich zu ihnen rüber und sehe schon das Nummernschild aus Alberta/Kanada – die Jungs (Mark, Matt und Mark – als zweiter Matt passe ich hervorragend rein) sind also auch auf einer größeren Tour. Wir unterhalten uns und da die drei ungefähr wissen, wo ein gutes Hostel liegt, fahre ich mit ihnen gemeinsam weiter. Knapp 70 Kilometer sind es bis dorthin, doch in der Nähe haben wir Schwierigkeiten, das Hostel zu finden.

Matt und Mark sprechen etwas Spanisch und fragen ein paar Mal nach dem Weg. Die Straße führt weg von der großen Mex-1, die sich der Länge nach durch die gesamte Baja California zieht. Zehn Kilometer von der Hauptstraße entfernt, wird aus Asphalt Schotter, die Umgebung sieht ganz und gar nicht so aus, als wenn hier ein Hostel stünde. Wir fragen ein paar Amerikaner, die vor ihrer Wochenend-Hütte Bier trinken. Sie erklären uns den Weg und ein paar Minuten später stehen wir tatsächlich vor dem Hostel, das direkt am Meer liegt, etwas oberhalb auf einer Steilküste. Es gibt kaum andere Gäste und so haben wir vier ein großes Zimmer mit Küche für uns allein.

Rick, der Besitzer, gibt uns den Tipp, dass man am Strand Muscheln fürs Abendessen suchen kann. Mark und Mark schnallen ihre Stirnlampen um und brauchen eine Weile, kommen dann aber mit einem Dutzend großer Muscheln zurück. Einige von ihnen sind schon offen, wir sortieren sie lieber aus. Reis und frisches Muschelfleisch –

das erste Abendessen in Mexiko kann sich sehen lassen. Wir unterhalten uns, trinken Bier und fallen irgendwann erschöpft in die Betten.

Mein Hinterreifen ist immer noch der von Carey aus Calgary, und mittlerweile völlig abgefahren, zumindest in der Mitte. Die neuen Heidenau K60 Scout müssen rauf, Rick vom Hostel erklärt mir den Weg zu einem Reifen-Mechaniker in der Nähe, der sehr gut und günstig sein soll. Ich finde ihn, bin aber zunächst skeptisch, denn sein Laden sieht aus, wie ich mir Werkstätten in Afrika vorstelle. Überall liegen alte Reifen verstreut herum, eine uralte Reifenmontiermaschine steht vor der Hütte auf dem festen Sandboden, ein Kompressor verliert zischend Luft, in einem halbierten LKW-Reifen schwappt Seifenlauge. Aber er wird schon wissen, was er tut. Ich erkläre, was ich will (was nicht schwer ist, wenn man zwei Reifen auf dem Gepäckträger hat) und baue das Hinterrad aus. Er nimmt nicht etwa die Maschine, um den Reifen abzuziehen, sondern herkömmliche Montiereisen und die Seifenlauge. Julio ist geschickt, weiß was er tut und innerhalb weniger Minuten kriegen wir zusammen den alten Schlappen von der Felge und den neuen genauso schnell wieder rauf. Gleiches Spiel vorne.

Es ist der zweite Tag in Mexiko, ich weiß noch nicht wirklich, wie viele Pesos ein Dollar sind. So ungefähr weiß ich es, und auf dem Rückweg zum Hostel kommen mir die verlangten 50 Pesos doch verdammt wenig vor. Nur vier Dollar für das Wechseln von zwei Reifen? Hostel-Besitzer Rick sagt, das stimmt schon so, manche verlangen 100 Pesos, aber Julio eben nur 50. Ob ich Trinkgeld gegeben habe? Nein, weil ich noch nicht wusste, was und wie viel und überhaupt. Als wir eine halbe Stunde später voll bepackt wieder an der Reifenbude vorbei kommen, halte ich nochmal an und drücke Julio drei US-Dollar in die Hand – Rick meinte, das wäre okay. Das Gewissen beruhigt, alle sind glücklich, niemand fühlt sich abgezockt und ich kann immer noch nicht glauben, wie billig es war.

Die nächsten Kilometer sind langweilig, staubig, trocken und wieder sehr heiß, es sind deutlich über 30 Grad Celsius. Wir halten nur, um ein paar Fotos zu machen, Mittag essen wir in einer typisch mexikanischen Imbissbude. Fleisch-Tacos, dazu Cola – gut und günstig. Nach den zwanzig Dollar, die wir letzte Nacht pro Kopf für das Hostel gezahlt haben, ist uns allen nach Gratis-Camping, am besten am Strand. Irgendwann biegen wir einfach nach rechts von der Straße auf eine Schotter-/Sandpiste ab. Das Navi zeigt eine dünne graue Linie, die zum Meer führt. Wenn der Weg im Navi vermerkt ist, wird er schon nicht so schlimm sein. Denken wir.

Zunächst geht es gut voran, auf dem Feldweg haben wir kaum Probleme, auch wenn einige Anstiege schon recht steil und von Auswaschungen zerfressen sind. Immer öfter mischen sich Sandpassagen in den Boden, aber immerhin geht's langsam weiter. Plötzlich stehe ich auf einer Anhöhe, vor mir breitet sich eine große Ebene aus, der Strand ist schon zu sehen. Aber vorher müssen wir runter, und zwar verdammt steil und steinig. Ich bin vorne und sehe schon, dass es knifflig wird. Vom Weg nach rechts abweichen? Geht nicht, dort ist ein steiler Hügel. Nach links? Auch schlecht, tiefer Sand und Hügel. Tja, ich stehe leider vorn, gebe den anderen ein Zeichen, lieber erst mal weiter oben zu warten und eventuell doch einen anderen Weg nach unten zu nehmen. Am liebsten würde auch ich umdrehen, doch der Weg ist verdammt schmal. Also runter. Irgendwie.

Ich fahre los, versuche, der tiefen Auswaschung in der Mitte des Weges nach links auszuweichen, bremse vorn und hinten, das ABS regelt und ich bin sicher, dass ich ohne schon mit blockiertem Vorderrad am Boden wäre.

Ich mache ein paar gewaltige Sätze über die tiefen, sehr nahe beieinander liegenden Bodenwellen und denke: Scheiße, das geht nicht gut mit dem voll beladenen Bike.

Doch dann bin ich unten, heil und ohne Sturz, sicher auch mit jeder Menge Glück. Ich stelle die Yamaha ab, kraxle hoch zu Matt und empfehle ihm, lieber einen anderen Weg zu nehmen und prophezeie, dass er vermutlich stürzen wird. Er will es trotzdem versuchen, sieht sich den Weg genau an, macht seine Sache auch ganz gut, aber an den wirklich tiefen Bodenwellen an einer steilen Stelle erwischt es ihn und er stürzt nach links in den Dreck. Zusammen heben wir sein Bike auf und lassen es nun nach unten rollen, ich halte es mit fest. Mark stand derweil mit der Kamera unten und die ganze Sache gefilmt. Im Video kann man leider nicht gut erkennen, wie steil das war.

Die beiden Marks entscheiden sich nun doch, lieber einen anderen Weg zu nehmen. Alle schaffen es nach unten und wir stoßen mit einem kühlen Bier an, das wir zuvor in der letzten Ortschaft gekauft haben. Die restlichen Kilometer zum Meer sind kein Problem, wir bauen unsere Zelte hinter den Dünen auf, kochen am Strand und machen am Abend ein großer Lagerfeuer. Überall am Strand liegt trockenes Treibholz, innerhalb weniger Minuten sammeln wir einen ansehnlichen Berg. Hinter uns geht am Horizont der Vollmond auf.

Es geht wieder durch die Hitze bis wir endlich unser Ziel erreichen. Wir erinnern uns an den Tipp vom ersten Hostel-Besitzer, biegen links im ersten Kreisverkehr ab und kommen nach ein paar Kilometern zu einem Strand, an dem ein paar alte Wohnmobile als dauerhafte Behausung stehen, zwei große, neue Fischerboote auf Trailern und ein gemietetes Wohnmobil aus den USA mit einem Paar Mitte 40, das davor Bier trinkt. Sieht nett aus hier, der Strand ist zwar klein, aber schön und für fünf US-Dollar pro Person campen wir nur wenige Meter vom Strand entfernt. Zum Abendessen fahren wir ins Dorf, wieder gibt's Tacos. Warum auch nicht, sie schmecken überall anders und meistens wirklich gut, sind zudem billig und immer frisch.

Während der Nacht sind alle vier Eingänge am Zelt offen, ich lasse sogar die Moskitonetze auf, damit mich wenigstens ein Hauch von Luft etwas abkühlt. Mücken gibt's hier am Strand kaum. Bis Guerrero Negro sind es knapp 200 Kilometer, auf denen die Landschaft genauso aussieht wie gestern: Sand, Geröll, dazwischen viele Kakteen und flache Büsche. Nichts für verwöhnte Augen.

Wir tanken und fragen den Tankwart nach einem guten Hotel. Wir können es schon sehen, fahren rüber und entscheiden uns dann lieber für ein anderes – es sah doch nicht so gut aus. Für umgerechnet 16 US-Dollar pro Person checken wir dann in einem ordentlichen Hotel ein, und weil der Hinterhof im Schatten liegt und sonst keine Gäste da sind, pflegen wir etwas unsere Motorräder. Ich wechsele den Luftfilter der Yamaha, obwohl es laut Wartungsplan noch nicht nötig wäre. Dann kümmere ich mich um meinen Tankrucksack, denn leider ist beim letzten Tanken das dünne Band gerissen, mit dessen Hilfe der Verriegelungs-/Öffnungsmechanismus betätigt wird, um den Rucksack vom Tank zu trennen. Mit etwas Geduld und Matts Nagelfeile vom Leatherman kann ich ihn immerhin noch fürs Tanken abnehmen. Jetzt löse ich den Mechanismus, schraube die ganze Sache auseinander und sehe es mir an. Leider kann ich das dünne Band nicht ersetzen, weil keiner von uns etwas Passendes oder Ähnliches dabei hat. Irgendwie schaffe ich es, ein dickeres Band an das kurze Ende vom dünnen Band zu knoten und kann so immerhin den Mechanismus wieder betätigen. Es geht allerdings ziemlich schwer. Ich borge mir Sprühöl von Mark und sprühe die komplette Mechanik und den kleinen Kanal, durch den das Band läuft, mehr als reichlich mit Öl ein. Viel besser.

Zum Abendessen gehen wir ein Restaurant, das wirklich gut aussieht – es könnte auch in Deutschland sein. Es ist teuer, das Essen ist okay, aber schon nach wenigen Bissen von meinem gebratenen Hühnchen habe ich ein komisches Gefühl. Nicht im Bauch, das kommt erst später. Am nächsten Morgen erzählt mir Mark, dass er letzte Nacht drei Kapitel vom „Da Vinci Code" auf dem Klo gelesen hat. Ich habe nur leichte Probleme, schön ist es trotzdem nicht.

Der heutige Tag würde dem von gestern ähneln, wenn wir nicht auf einem Campingplatz am Meer gelandet wären. Soweit nicht ungewöhnlich. Jedoch ist auf dem gesamten Platz niemand zu sehen, ein Büro oder etwas Ähnliches gibt es nicht und die meisten Wohnwagen inklusive deren „Vorgärten" sehen so aus, als wenn in den letzen Tagen niemand hier gewesen ist. Wir parken am äußersten Ende des Platzes, direkt neben einem schönen, großen Wohnwagen mit großer überdachter Terrasse – ja, ihr könnt euch schon denken, was jetzt kommt. Nein, wir sind natürlich nicht in den Wohnwagen eingebrochen. Seit etwa einer Stunde ist der Himmel hinter uns ziemlich dunkel, dichte Wolken hängen tief über den nahe gelegenen Bergen – es ist nur eine Frage der Zeit, bis es anfängt kräftig zu regnen. Der gesamte Platz ist verwaist und wir haben von Anfang an die Idee, eventuell auf die Terrasse des Wohnwagens auszuweichen.

Ein Nummernschild aus Arizona und die Dekoration lassen auf Amerikaner schließen, die hier regelmäßig ihr Wochenende verbringen. Kurze Zeit später regnet es, wir packen unseren Kram und ziehen auf die etwa 20 Quadratmeter große Terrasse, immer in der Hoffnung, dass der Besitzer nicht doch noch auftaucht. Daher packen wir noch nicht viel aus, die Schlafsäcke bleiben in den wasserdichten Packsäcken auf den Bikes. Aber wir kochen, denn auf der Veranda ist eine offene Sommerküche, sogar das Wasser läuft und der Gasherd ist angeschlossen! Wir können unser Glück kaum fassen, und haben auch kein schlechtes Gewissen, das wir hier fremdes Eigentum benutzen. Wir sind vorsichtig, lassen alles sauber und das bisschen Gas, das wir verbrauchen, ist nicht der Rede wert. Es gibt Nudeln und Gemüse, anschließend lesen wir im Licht unserer Stirnlampen bis wir sicher sind: Heute kreuzt hier kein Besitzer mehr auf.

Wir rücken den Esstisch beiseite, Mark und Mark bauen ihre kleinen Zelte auf der Terrasse auf – natürlich ohne Überwurf, sondern nur das Insektennetz – Matt und ich schlafen nur auf den Matratzen, ohne Zelt. Ob das gut geht? Die Nacht ist furchtbar. Mangels leichtem Bettlaken decke ich mich zur Hälfte mit dem für hier viel zu warmen Schlafsack zu – und schwitze ohne Ende. Ich wedle ihn auf und ab, um wenigstens etwas Luft an die Haut zu lassen. Zwecklos. Ohne den Schlafsack kommen die Mücken, die schon jetzt um meinen Kopf surren. Ich blicke auf die Uhr, noch nicht mal Mitternacht. Scheiße, wie soll ich es hier stundenlang aushalten? Immer wieder nicke ich ein, werde von der Hitze wieder wach. Gegen 2 Uhr gehe ich im Mondlicht zum Motorrad, hole mein Mückenspray, sprühe mich großflächig ein und schlafe einigermaßen durch. Bis uns morgens um sieben Uhr ein militärischer Trompeten-Song weckt, wie man ihn nur aus schlechten Filmen kennt.

Ein paar hundert Meter neben uns ist eine Kaserne und die Soldaten treten wohl gerade zum Morgenappell an. Wir schälen uns aus den Laken beziehungsweise Schlafsäcken, ich koche Kaffee in der „Küche" und wir beginnen, unsere auf der ganzen Veranda verstreute Ausrüstung wieder auf den Bikes zu verstauen. Plötzlich kommt ein dicker Mann an den Wohnwagen, rot geringeltes Hemd, Schnauzbart, weiße Gummistiefel. Er hält mir einen abgegriffenen Zettelblock hin, auf dem Zahlen in Dollar und Pesos stehen, dahinter die Wörter für Tag, Woche und Monat. Er kassiert 130 Pesos für uns alle zusammen, etwa 10 US-Dollar. Perfekt. Als er weg ist, freuen wir uns alle über den Umstand, dass es ihn nicht im Geringsten gestört hat, dass wir auf der Veranda eines fremden Wohnwagens „gezeltet" haben.

Unser Tagesziel Loreto liegt nur rund 200 Kilometer entfernt, von daher habe ich kein Problem damit, dass wir wieder erst gegen 10 Uhr abfahren. Die konstant 33 Grad sind während der Fahrt einigermaßen zu ertragen, aber bereits nach zwei Minuten im Stand bricht mir beziehungsweise uns, der Schweiß aus allen Poren. Die Landschaft verändert sich zusehends. Noch vor zwei Tagen dominierten Sand, Staub, Geröll, flache Büsche und Kakteen das Bild rechts und links der schmalen Straße. Hier, wo es anscheinend öfter regnet, ist es deutlich grüner, die Büsche sind größer, wir sehen einzelne Bäume und je weiter wir nach Süden fahren auch immer mehr Palmen. Flache Gräser in hellem Grün bedecken den Boden – die Wüste lebt. Zumindest nach dem Regen.

Ich klicke die GoPro-Kamera von Matt auf meinen Gepäckträger, fahre voraus und filme die drei hinter mir. Nah ran, weit weg, überholen, in V-Formation hinter mir, durch Kurven zirkelnd – etwa zehn Minuten lang filmen wir schöne Szenen, die Mark heute Abend wieder in einem Video verarbeiten wird.

Wir passieren die Bahia Concepción und sehen alle paar Kilometer schöne Buchten mit hellem Sand, darauf alte Hütten aus Bambus. Vor der Küste liegen kleine Inseln, anscheinend unbewohnte Felsen. Auf halbem Wege halten wir an einem kleinen Supermarkt, kaufen Kekse, Joghurt, Süßigkeiten, Getränke – und Tequila. Für heute Abend. Wieder geht es in die Hitze, zum Glück brennt die Sonne heute nicht so sehr wie gestern, Wolken hängen am Himmel.

In Loreto halten wir an einem Straßen-Imbiss zum Mittagessen. Oh. Mein. Gott. Zum Glück steht neben der spanischen Beschreibung auch das englische Wort. Hirn, Augen, Lunge und Fleisch vom Rind, entweder einzeln oder durch den Wolf gedreht im Mix. Mir wird schon vom Ansehen der grauen Masse schlecht, die ein bisschen wie Dosen-Thunfisch aussieht und ich lasse den anderen den Vortritt. Sie holen sich den Hirn-Lungen-Augen-Taco-Mix, ich entscheide mich für einen großen, leckeren Nuss-Muffin von der Bäckerei gleich nebenan. Die hatten die anderen nicht gesehen und auch ich erst, als die Jungs schon bestellt hatten. Anscheinend schmecken die Tacos so, wie sie klingen, jedenfalls gehen alle direkt nach dem Essen ebenfalls in die Bäckerei und holen sich einen leckeren Nachtisch. Geschmeckt haben die Tacos diesmal nämlich nicht – na sowas aber auch!

In der Stadt suchen wir uns ein gutes, günstiges Hotel für etwa 16 Dollar pro Person. Klimaanlage und Internet – mehr brauchen wir für heute Nachmittag nicht. Während ich das schreibe, sitze ich auf der großen Terrasse im zweiten Stock, direkt neben einer größeren Nebenstraße, lausche Cafe del Mar und trinke ein Bier, das Mark im Waschbecken mit einem Beutel Eiswürfeln verdammt kalt bekommen hat. Nach einer Weile bringt Matt den Tequila, der schön weich ist, wenn auch nicht kalt wie das Bier. Direkt vor mir, etwa 60 Meter entfernt auf der anderen Straßenseite wird offenbar ein kleiner Platz für eine Feier hergerichtet. Arbeiter hängen Lampions aus, dicke Frauen stellen Dutzende weiße Plastikstühle in Reih und Glied vor einer Bühne auf. Flaggen werden über den Platz gespannt, Kinder toben auf der Bühne herum. Hoffentlich steigt hier heute schon die Party und nicht erst morgen. Zur Not bleiben wir halt noch eine Nacht. Nun ja, die Party in Loreto entpuppt sich als eine religiöse Zeremonie und auch nach 15 Minuten wissen wir nicht genau, worum es geht und verlassen den Platz. Wir gehen die staubige, gelb beleuchtete Hauptstraße entlang und sehen an einem Baum zwei junge Männer stehen, die Dosenbier trinken.

Wir fragen mit unserem gebrochenen Spanisch, wo man hier ein bisschen feiern kann und wo was los ist. Die beiden wollen uns zunächst in ein Strip-Schuppen locken, wir ziehen eine normale Bar vor – aus Sicherheitsgründen. Mit ihren paar Wörtern Englisch und unserem leidlichen Spanisch kommen wir ganz gut über die Runden, wir wissen meistens, was sie meinen und umgekehrt. Die Bar ist etwas langweilig, wir ziehen um in eine Hotelbar mit Billardtisch, der italienische Barkeeper dort kennt die Jungs. Einige Runden Billard und viele Drinks später haben wir alle genug. Die Rechnung beläuft sich auf 1.260 Pesos, grob überschlagen 120 US-Dollar. Nicht übermäßig viel, aber wir müssen trotzdem alle unsere letzten Scheine zusammenkratzen, damit wir die Zeche zahlen können, natürlich auch für die Jungs. Keiner von uns hat hier viel Geld in der Tasche – wieder aus Sicherheitsgründen. Dazu muss ich sagen, dass uns Loreto sehr sicher vorkam und wir zu viert eigentlich auch niemanden fürchten müssen. Allein würde ich hier nachts trotzdem nicht am Strand entlang gehen.

Jeder verbringt den Ruhetag auf seine Weise. Wir lesen, schreiben unsere Blogs und gehen am Nachmittag zum Strand. Loreto ist schön, aber auch etwas touristisch, die Promenade am Strand wird gerade erneuert und ist daher eine Baustelle. Investiert wird hier also, davon zeugen auch ein paar offensichtlich teurere Hotels am Strand. Am Nachmittag sehen wir, dass bei unseren Bikes zwei weitere Motorräder von Fernreisenden stehen, und gegen Abend treffen wir die beiden im Hotel. Joe und Patrick reisen von Panama in die USA, Patrick hat seine BMW F 650 GS Dakar nach Panama fliegen lassen, während Joe schon zehn Monate mit seiner Suzuki DR 650 durch Südamerika gereist ist.

Wir unterhalten uns, sie geben uns gute Tipps und schenken uns sogar gute Landkarten von Mittelamerika. Patrick macht etwas, um das wir ihn alle beneiden – er reist mit nur einem einzigen wasserdichten Packsack, der gar nicht mal so groß ist. Keine Seitenkoffer, kein Tankrucksack, noch nicht mal ein kleiner Rucksack auf dem Rücken. Tja, wer so unterwegs ist, muss viel Geld haben. Denn kein Zelt dabei und keine Ausrüstung zum Kochen heißt: Jede Nacht im Hotel absteigen. Wie langweilig, und wie gesagt, eben auch teuer. Allerdings kann er mit seinem leichten Bike das machen, was wir auch gerne machen würden, und es am nächsten Tag - trotz unserer sackschweren Bikes - auch probieren wollen: Die Baja California offroad erleben.

Am Morgen ist die Welt noch in Ordnung, wenn auch verdammt heiß, und das schon um neun Uhr. Wir satteln auf und fahren schwitzend etwa 150 Kilometer auf der unspektakulären MEX 1 immer Richtung Süden, bevor wir uns dem Punkt nähern, an dem wir nach Westen von der Straße auf eine Piste abbiegen. Guter Schotter, nicht schwierig, nur selten ein paar Sandfelder. Matt gefällt die Sache trotzdem nicht, nach ein paar Kilometer halten wir und beratschlagen uns. Wir sind uns nicht ganz einig, ich würde weiterfahren, Matt ist sich nicht sicher, die beiden Marks auch nicht so recht, obwohl sie schon gerne weiterfahren würden – das Abenteuer liegt halt nicht auf asphaltierten Hauptstraßen. Die habe ich in Deutschland auch.

Nach ein paar Minuten werfen wir eine Münze. Der erste Wurf geht schief, weil die mexikanische 10-Pesos-Münze nicht wirklich Kopf und Zahl zeigt, sondern auf beiden Seiten ein Motiv. Wir einigen uns auf eine Seite, Adler mit Schlange im Maul (oder was auch immer auf der Münze ist) heißt: weiter ins Abenteuer, die andere Seite mit ebenfalls komischen Motiven: zurück zur Langeweile. Mark wirft, und es soll zurück zur Straße gehen. Ob irgendjemand damit nicht einverstanden ist? Naja, ich würde schon gerne weiterfahren, aber die Münze hat gesprochen, also lasst uns umdrehen. Aber jetzt sind die anderen anscheinend auch heiß drauf, ein bisschen was zu erleben und innerhalb weniger Augenblicke ist entschieden: wir folgen der Piste.

Es geht gut weiter mit Schotter, nur vereinzelt liegen Sandfelder vor uns, in einigen tiefen Spuren steht Wasser – es hat letzte Woche heftig geregnet. Natürlich bleibt es nicht so. Weniger Schotter, mehr Sand, mehr Schweiß, weniger Lust weiterzufahren. Aber wir wollten es so, also durch da. Wir quälen uns voran, wenn auch recht langsam. Immer wieder strauchelt einer von uns, kann seine Maschine gerade noch so abfangen. Das bleibt nicht so. Ich weiß nicht, wer als erster in den Sand fällt und es spielt auch keine Rolle, denn früher oder später sind wir alle dran. Der Schweiß läuft mir in die Augen, den Rücken runter, in Jacke und Hose, überall hin. Der Schotter ist fast vollständig weichem Sand gewichen. Und wir haben gerade mal zehn Kilometer hinter uns!

Irgendwann stehen wir an einer „Kreuzung", rechts ein Zaun mit offenem Gatter, dahinter ein kahles Feld mit natürlich losem Sand. Rechts ein etwas besserer Weg, ein paar hundert Meter weiter können wir kleine Hütten erkennen. Also hin da und den hinkenden Bauern gefragt, wo es lang geht. Er deutet zum Zaun, ja, da geht es lang, bis zu einem steilen Berg und dann immer weiter. Aha. Wir fahren über das Feld und stehen nach einem Kilometer vor einem steilen Anstieg, vielleicht etwas mehr als hundert Meter lang. Die sandige Spur in der Mitte misst keinen Meter in der Breite, rechts und links daneben Auswaschungen vom letzten Regen.

Das obere Ende ist nicht zu sehen, also kraxle ich zu Fuß hoch. Könnte gehen. Mark 1 traut sich als erster, trifft die Spur ziemlich mittig und schafft es langsam, aber stetig nach oben. Nicht vergessen: wir alle sind schwer bepackt, die Gepäckrollen und bei Mark 2 zusätzlich ein Reifen sorgen für einen hohen Schwerpunkt. Die KLRs der Jungs sind noch einmal 90 (!) Kilogramm leichter als die XT1200Z. Matt geht's als nächster an, danach Mark 2, der links in die Rinne gerät und erst mal stecken bleibt. Ich schiebe und mit vereinten Kräften schafft auch er es nach oben. Ich bin an der Reihe, bringe die schwere Fuhre fast nach oben, als auch ich in eine der Rinnen gerate, langsamer werde und irgendwann irgendwie – eigentlich schon im Stand - das Bike langsam nach rechts ablege. Mist, fast hätte ich es geschafft.

Egal, Schäden am Bike gibt's keine, die Jungs packen mit an, und kurze Zeit später bin auch ich oben. Vor uns breitet sich eine trostlose, öde Ebene aus. Soweit das Auge reicht: nur Sand, Geröll und Kakteen. Am Horizont sehen wir einen Hügel und können die Piste sehen. Da müssen wir also hin. Hin und wieder hängen kleine weiße Plastikschilder an großen Kakteen, darauf schwarze Pfeile, die uns die Richtung weisen. Drei Meter breit, sandig, rechts und links eine kleine Böschung, dahinter Wüste – mehr sehen wir in den nächsten Stunden nicht. Wir suchen die optimale Geschwindigkeit, mehr als einmal gehen wir alle im weichen Sand zu Boden, immer langsam, ohne Verletzungen und wir können alle noch darüber lachen. Jeder hilft jedem und unsere GoPro-Kameras dürften gutes Material aufgenommen haben. Mark 1 gerät in sehr weichen Sand, hält an, gibt etwas zu viel Gas und hat sich in Null Komma nix bis zum Nummernschild eingegraben. Wir ziehen und schieben ihn wieder raus. An einigen Wasserlöchern mitten auf der Piste stehen Kühe, hin und wieder auch Esel und sogar Wildpferde. Ich nehme an, dass sie wild sind, denn ich kann mir nicht vorstellen, wie man sie hier in der scheinbar endlosen Weite jemals wieder einfangen will.

Es ist schon spät, wir haben gerade mal 20 Kilometer geschafft und sind langsam alle völlig erschöpft. Natürlich zeigt das Navi hier nichts an, außer einem dünnen hellblauen Strich – unsere gefahrene Route. Die nähert sich immerhin langsam dem Meer, und wir wünschen uns nichts sehnlicher, als vom Bike abzusteigen, die durchgeschwitzten Klamotten abzuwerfen und mit Anlauf in den Pazifik zu springen. Zehn Kilometer später machen wir genau das, nachdem wir rechts neben uns ein paar hundert Meter entfernt das Meer sehen. Der Weg dorthin ist noch einmal sandig, was sonst, aber wir schaffen es. 30 Kilometer in vier Stunden. Mit kurzen Pausen. Ausziehen, ab ins Meer, abkühlen. Wahrscheinlich haben wir rechts und links jeweils 20 Kilometer Strand für uns allein, die Wellen sind hoch, die Strömung kräftig. Ich kann mich nicht erinnern, mich während der Reise schon mal so auf ein Bad im Meer gefreut zu haben. Zelt hinter den Dünen aufbauen, kochen, schlafen – wir sind fix und fertig, aber stolz.

Der Nachteil, wenn man mit mehreren Personen reist, ist, dass mindestens einer immer auf mindestens einen anderen warten muss. Meist bin ich der, der wartet, weil ich wenig Lust habe, in der Wüste erst gegen zehn Uhr morgens los zu fahren. Wie dem auch sei, wir sind einigermaßen erholt und machen unsere Sache besser als gestern. Die Piste ist nicht mehr ganz so schlimm, bleibt aber anspruchsvoll – der Dalton Highway nach Prudhoe Bay in Alaska ist eine Autobahn dagegen.

Nach einer Weile sehen wir eine Hütte und freuen uns schon, die Kreuzung zur MEX-1 gefunden zu haben. Wir fragen vorsichtshalber trotzdem nach der Richtung. Als wir die Helme abnehmen, müssen wir ziemlich fertig aussehen, denn der Mann, der aus seiner Hütte kommt, holt einen großen Krug mit Wasser und Gläser für uns – das tut gut. Kaum haben wir das erste Glas leer, sehen wir, wie seine Frau an einem Brunnen steht und Eimer nach oben kurbelt. Egal, wird schon alles sauber sein, gefiltert durch mehrere Meter Sand. Er spricht ein bisschen Englisch, wir ein bisschen Spanisch und so unterhalten wir uns – wenn auch eingeschränkt – bestimmt eine Viertelstunde lang. Er habe einige Jahre in

Los Angeles als Kfz-Mechaniker gearbeitet, aber seine amerikanischen Chefs hatten an seiner Arbeit immer etwas auszusetzen, vielmehr daran, dass er Mexikaner ist. Irgendwann reichte es ihm, er ging zurück und ist nun Fischer. Viel zu holen ist hier allerdings nicht mehr, sagt er. Auf seinem Hof stehen ein paar Esel und Pferde, einige Hunde laufen umher. Strom? Nada. Zumindest nicht von einer Überlandleitung. Auf dem Dach liegen ein paar Solarzellen, damit haben er und seine Frau immerhin Licht. Eine Sat-Schüssel haben sie auch, aber zum Fernsehen muss der Generator laufen.

Ich spreche ihn auf sein T-Shirt an, darauf zu sehen: ein Rallye-Truck, natürlich von der „Baja mil", der berühmten Rallye Baja 1.000, die hier auf der Halbinsel ausgetragen wird. Als er uns sagt, dass die Rallye-Strecke hier an seiner Hütte vorbeiführt und wir genau darauf fahren, macht uns das schon ein bisschen stolz. Als er uns aber sagt, dass die Renn-Profis hier mit rund 160 km/h langbrettern, sehen wir ganz schön alt aus, obwohl ich nicht weiß, ob er die Auto- oder Motorradfahrer meint.

Fakt ist: wir sind noch nicht an der Kreuzung angekommen, aber der Fischer meint, es seien nur noch sieben Kilometer. Nach elf erreichen wir endlich die Haupt-Piste, so möchte ich es mal nennen. Breiter, fester, weniger sandig – wir kommen gut voran und auf einem besonders schönen Schotterstück beschleunige ich kurz auf 90, bevor ich mir denke: Ich möchte hier lieber nicht im Kaktus landen, zumal wir seit gestern früh kein Handynetz mehr haben. Also gesittet weiter. Ein paar Fotostopps später zeigt das Navi nur noch wenige Kilometer bis zur MEX-1 an. Wir heben die Fäuste, freuen uns, es geschafft zu haben, freuen uns, mal auf der Originalstrecke der Baja 1.000 gefahren zu sein, und freuen uns, endlich wieder Asphalt unter den Reifen zu haben. 80 Kilometer offroad – das meiste davon im weichen Sand – unser Bedarf ist erst einmal gedeckt.

Es geht nach Süden, nach Cabo San Lucas, einer Hochburg für amerikanische Touristen, vornehmlich Reiche. Eigentlich nichts für uns, aber wir wollen die Baja an der Südspitze umrunden, zudem soll es dort ganz nett sein. Wieder gart uns die Sonne ordentlich durch, und als wir in Cabo ankommen ist es bereits früher Abend und wir sind müde und durstig.

Offensichtlich teure Bettenburgen steuern wir erst gar nicht an, aber es ist nicht leicht, etwas für uns passendes zu finden. Nach einem Tipp fahren wir zu einem Hotel, etwa 15 Kilometer außerhalb von Cabo. Leider ist auch das zu teuer. Immerhin hat es ein offenes W-Lan-Netz und wir checken auf den Stufen der Rezeption, wo wir günstiger unterkommen können. Mark II findet ein Hostel mitten in der Stadt. Mir macht die Hitze schwer zu schaffen, ich schwitze ohne Ende und jede Minute im Stand wird zu Qual. Wieder zurück in Cabo entpuppt sich das Hostel Cabo Inn wirklich als kleine, günstige Oase mitten in der Stadt. Für umgerechnet 20 Euro pro Nase gibt's Doppelzimmer mit Klimaanlage, einen kleinen Pool auf dem Dach, eine schöne Lounge-Ecke zum rumgammeln, einen schön bepflanzten Innenhof, in den wir sogar unsere Bikes schieben dürfen, die nun vor den Eingangstüren der anderen Zimmer und direkt neben dem Gemeinschafts-Küchentisch stehen. Perfekt. Und wirklich empfehlenswert.

Wir zahlen gleich für zwei Nächte, denn die Jungs haben ein paar Dinge an ihren Bikes zu erledigen, außerdem brauchen wir nach den Strapazen der letzten zwei Tage mal wieder einen Ruhetag. Die Yamaha ist schön dreckig, und das soll möglichst auch so bleiben. Die Jungs lassen ihre Bikes waschen und als sie wieder im Hostel stehen, fragt einer der Angestellten, ob sie fast neu seien. Genau das will ich vermeiden. In ein paar Tagen geht's aufs Festland und je weniger die Yamaha dort auffällt, desto besser. Technisch fällt sie seit dem Start der Tour vor nunmehr rund 20.000 Kilometern (etwa 5.000 hatte sie bereits drauf, als es losging) überhaupt nicht auf. Sie bringt mich ohne Macken und Probleme überall hin, hat bislang nicht ein einziges Mal Ärger gemacht. Der Schlüssel, der zu Beginn der Reise immer etwas hakig ins Zündschloss und die Kofferschlösser ging, hat seine Widerspenstigkeit schon lange verloren. Vielleicht lag es damals wirklich nur am neuen Schlüssel, der noch ein paar scharfe Kanten hatte. Vor ein paar Tagen habe ich bei Kilometerstand 24.000, also 4.000 Kilometer nach der letzten Durchsicht, etwas Öl nachgefüllt. Mittlerweile stehen 26.000 Kilometer auf dem Tacho. Für die weitere Tour bin ich absolut zuversichtlich, dass ich keinerlei Probleme haben werde. Hoffentlich stimmt das.

Während Matt und die beiden Marks an ihren Bikes losvibrierte Schrauben anziehen, lehne ich mich entspannt zurück. Während sie alle 500 Kilometer ihre Ketten schmieren, mache ich nichts. Und an der Tankstelle? Da lache ich, denn wir stellen fest, dass ich nach 250 Kilometern nur exakt 1,1 Liter mehr verbrauche, als Matt mit seiner Kawasaki KLR 650, die knapp ein Drittel der Leistung und etwas mehr als den halben Hubraum der XT1200Z hat. Klar, Äpfel kann man nicht mit Birnen vergleichen, aber das zeigt zum einen, dass eine große Reiseenduro nicht zwangsläufig ein Spritschlucker sein muss.

Es zeigt aber auch, dass ich die 110 PS der Yamaha fast niemals abrufe. Das muss ich auch nicht, denn Landstraßen in Alaska, Kalifornien, Mexiko oder Chile sind nicht die A81 in Deutschland. Reisen statt Rasen, souverän mit jeder Menge Drehmoment im sechsten Gang die geschwungene Bergstraße hochziehen, den langsamen Lkw mit einen kurzen Dreh am Gasgriff hinter sich lassen – man braucht die Leistung selten, dennoch schön zu wissen, dass sie da ist. So, genug der Lobhudelei für die XT. Aber ich bin wirklich begeistert.

Montag, 10. September

Morgen verlassen wir die Baja California und wollen mit der Fähre zum Festland übersetzen. Während der Fahrt von Cabo San Lucas nach La Paz regnet es hin und wieder kräftig, wir freuen uns, dass es endlich weniger als 33 Grad Celsius sind. In den Bergen fällt das Thermometer auf angenehme 25 Grad. Wir brauchen rund drei Stunden bis nach La Paz, das Navi leitet uns zum Fährhafen, etwa 15 Kilometer außerhalb der Stadt. Wir haben uns extra beeilt und sind früh losgefahren, um heute noch den nötigen Papierkram für die Motorräder zu erledigen. Es ist 16 Uhr, leider ist das Büro schon seit einer Stunde geschlossen. Nicht schlimm, die Fähre geht morgen erst 14.30 Uhr, davor bleibt genug Zeit. Ganz in der Nähe des Fährhafens, keine 500 Meter entfernt, gibt es ein Hotel, das von außen so aussieht, als wäre es nicht in unserer Preisklasse. Wir haben keine Lust, in die Stadt zurück zu fahren, außerdem wäre es äußerst bequem, gleich morgen früh für den Papierkram ohne Gepäck vom Hotel zum Büro zu fahren. Mark fragt nach dem Preis und mit umgerechnet 20 Dollar pro Person ist es deutlich günstiger als erwartet.

Das Hotel Cantamar ist hauptsächlich Ausgangspunkt für Tauch- und Angeltouren, dementsprechend sind auch einige amerikanische Angler hier mit denen wir uns abends unterhalten. Der größte Marlin, den sie heute gefangen haben, wog 150 Kilogramm, die Filets nehmen sie mit nach Hause nach Texas. Wir trinken Bier an der Poolbar, essen auf der Terrasse über dem Meer – der letzte Abend auf der Baja ist noch einmal richtig schön.

Dienstag, 11. September

Bereits um 8.30 Uhr stehen wir am Schalter, um unsere Motorräder nun offiziell vorübergehend nach Mexiko zu importieren. Für die Baja California war das nicht nötig, also machen wir es hier. Die junge Frau hinter dem Schalter spricht etwas Englisch, sagt uns, welche Papiere sie braucht und das wir gleich nebenan ein paar Kopien davon machen sollen. Reisepass, Touristenkarte, Fahrzeugschein – mehr braucht sie nicht. Alles geht recht schnell, sie hackt die Daten in ihren Computer, kassiert 44 Dollar und bemerkt sogar, dass die Yamaha nicht auf mich zugelassen ist. Ich zücke die in Spanisch übersetzte Vollmacht, mache davon noch eine Kopie und sie ist zufrieden. Für Fahrzeuge die jünger sind als Baujahr 2007 wird eine Art Kaution in Höhe von 400 US-Dollar fällig, die per Kreditkarte hinterlegt wird. Bei älteren Fahrzeugen sind es 300 beziehungsweise 200 Dollar, je nach Baujahr. Bei der Ausreise aus Mexiko wird das Fahrzeug „ausgestempelt" und die Kaution wieder gutgeschrieben.

Bei der Gelegenheit noch ein Tipp: Vor längeren Auslandsreisen sollte das Kreditkartenlimit angehoben werden! Ich hatte das vergessen und da ich mein relativ niedriges Limit diesen Monat beinahe ausgeschöpft hatte, konnte ich die Kaution nicht mit meiner Kreditkarte von der Sparkasse hinterlegen – obwohl genug Geld auf dem Konto ist. Mit der DKB-Karte ging es zum Glück problemlos, auch ein Grund, lieber zwei Kreditkarten dabei zu haben.

Nach einer Stunde hat jeder von uns seine Dokumente und das Fährticket in der Tasche. Von La Paz aus geht es entweder nach Topolobampo oder Mazatlan. Da wir keine Lust haben, 16 Stunden auf der Fähre nach Mazatlan zu verbringen und lieber etwas länger Motorrad fahren, buchen wir die Etappe nach Topolobampo – das sind nur sechs Stunden Fahrt. Wir lesen, lungern herum und warten auf die Abfahrt. Ich bestaune die Hafen-Arbeiter, die mit ihren Rangier-Zugmaschinen die Lkw-Auflieger mit einem Affenzahn rückwärts eine steile Rampe hochrangieren und zwischen den einzelnen Aufliegern keine 30 Zentimeter Platz lassen. Wirklich beeindruckend.

Für die nächsten sechs bis acht Stunden ist die ziemlich modern aussehende „California Star" unser Schiff. Nur wenige Passagiere fahren mit, die meisten sind Lkw-Fahrer. Zu Beginn quält unsere eine der Mitarbeiterinnen mit einer etwa einstündigen, sehr lauten und nicht besonders guten Karaoke-Einlage. Ich schreibe meinen Blog bis der Laptop-Akku schlapp macht, lese danach Charles Bukowski, höre zwischendurch Musik – irgendwie vertreiben wir uns die Zeit.

In Topolobampo müssen wir warten, bis alle Lkw das Schiff verlassen haben. Das dauert fast eine Stunde, mittlerweile ist es dunkel, wir sind müde und wollen so schnell wie möglich in ein Hotel. Wir finden eins ganz in der Nähe und fallen erschöpft in die Betten.

Mittwoch, 12. September

Einer der beiden Marks macht sich heute allein auf den Weg nach Guadalajara, seine Freundin wartet dort auf ihn und er möchte ein paar Tage mit ihr verbringen. Matt, der andere Mark und ich werden eine andere Route durch die Berge nehmen und in ein paar Tagen in Guadalajara ankommen. Auf relativ guten Straßen geht es Richtung Mazatlan, das knapp 400 Kilometer südlich von uns liegt. Es ist noch immer sehr warm, aber schon deutlich angenehmer als auf der Baja. Endlich sehen wir wieder sattes Grün, die üppige Vegetation rechts und links der Straße sieht so aus, als wenn es hier häufig regnet. Hin und wieder passieren wir Militär-Kontrollen, bei denen uns die gelangweilten, sehr jungen Soldaten aber einfach immer durchwinken.

An dieser Stelle ein paar Worte zum Verkehr in Mexiko. Individualverkehr trifft es wohl am besten, im Sinne von: jeder fährt, wie er will. Geschwindigkeitsbegrenzungen werden natürlich missachtet und nicht selten um mehr als das Doppelte überschritten. Auf einem Abschnitt fahre ich in einer 50er-Zone knapp 90 – und werde von der Polizei überholt, die noch deutlich schneller unterwegs ist! Ohne Blaulicht, also wohl nicht im Einsatz. Dazu muss ich sagen, dass hier die meisten Geschwindigkeitsvorgaben völlig sinnlos sind. Viele 60-Zonen, sogar 40-Zonen gibt's oft, auch auf Landstraßen.

Wenn wir uns daran halten würden, wäre es deutlich gefährlicher für uns, da nämlich alle anderen waghalsig überholen würden. Also passen wir uns dem mexikanischen Fahrstil an. Zwar stehen in regelmäßigen Abständen große Schilder am Straßenrand, die auf die Gurtpflicht hinweisen, trotzdem schnallen sich bestimmt 90 Prozent der Mexikaner nicht an. Wie die Fahrer so die Autos. Fehlende oder abgerissene Radbolzen, keine Bremslichter, kaputte oder fehlende Rücklichter – völlig normal hier. Ich staune nicht schlecht, als ich an der Tankstelle einen Lkw mit dreiachsigem Auflieger sehe, an dem rechts aber nur zwei Räder montiert sind. Das dritte fehlt. Am frühen Abend suchen wir uns ein Hotel, das schlecht, aber trotzdem nicht günstig ist.

Donnerstag, 13. September

Matt hat gestern Abend mit ein paar Mexikanern Bier getrunken, und alle haben ihm empfohlen, von Mazatlan nach Durango zu fahren. Wir sehen uns auf dem Navi die Strecke an und wissen warum: Die Linie geht kaum ein

Stück geradeaus, überall sind Kurven und scharfe Zacken auf der Route. Perfekt. Die Strecke entpuppt sich tatsächlich als eine der schönsten, die ich bislang während der Tour gefahren bin. Von Meereshöhe in Mazatlan windet sich die Straße bis auf über 2.800 Meter in die Höhe. Bestimmt hundert Kilometer lang reiht sich eine Kurve an die andere. Die Straße ist eng und nicht ganz ungefährlich. Viele Lkw quälen sich langsam den Berg herauf, überholen ist heikel, denn eine Kurve folgt der nächsten und wir sehen kaum, was sich hinter der nächsten verbirgt.

Oft sind die Kurven so eng, dass die Trucker davor weit ausholen und die Gegenfahrbahn mitbenutzen. Mehr als einmal wird es etwas eng; als ich die GoPro-Kamera von Matt an meinem Helm habe, filme ich auch, wie mir ein Kleintransporter auf meiner Spur ziemlich zügig entgegenkommt. Klingt aber alles schlimmer als es ist. Hin und wieder halten wir an kleinen Aussichtsplätzen und genießen den Blick über die dicht bewachsenen Täler, über denen die Wolken hängen. Bei einem der Stopps sieht Matt eine Schlange im Gras verschwinden, und ich, wie ein Mexikaner aus seiner Hütte kommt, seine Pistole durchlädt und sich in die Jacke steckt.

Nicht nur die Landschaft ist wunderschön, bei etwa 20 Grad Celsius müssen wir endlich nicht mehr schwitzen und können viel entspannter fahren. Gegen Abend erreichen wir La Ciudad, ein Dorf mit zerfallenen Häusern und ein paar Hütten. Aus fast jedem Schornstein steigt Rauch auf, wir sehen viele Mexikaner mit Wurzeln oder Ästen auf dem Arm – hier wird noch komplett mit Holz geheizt und gekocht. Und das riecht man. Der Geruch und die Rauchschwaden der Holzfeuer liegen über dem ganzen Dorf, die Sonne scheint ab und zu durch die Wolken und verleiht der Szenerie etwas Gespenstisches. Wir fragen ein paar Jugendliche nach einem Hotel, können es aber nicht finden und fragen ein paar Erwachsene die an einer Mauer lehnen und rauchen. Er deutet mit dem Finger auf die andere Straßenseite und ich kann erst kaum glauben, dass das ein Hotel sei soll.

Ein heruntergekommenes Holzhaus, die weiße und blaue Farbe bröselt von den Balken, vergitterte Fenster – alles nicht sehr einladend. Matt sieht sich die Sache an, kommt zurück und sieht nicht begeistert aus. Er sagt nur „Bottom", schlechter geht's also nicht. Doch wir haben kaum eine Wahl, es wird dunkel und bis zur nächstgrößeren Stadt ist es weit. Also zahlen wir, ich sehe mein Zimmer und bin nicht begeistert, aber auch nicht wirklich schockiert. Ein altes Bett, ein kleiner Tisch, davor ein Klappstuhl, die Tapete ist an die Decke genagelt, von den Wänden bröckelt die Farbe, der Vorhang ist schmutzig und hängt an einer Wäscheleine. Naja, ist ja nur für eine Nacht.

Das Gepäck ist abgeladen, wir sind umgezogen und gehen noch etwas durchs Dorf. Auffallend viele Kinder und Jugendliche spielen draußen, ein paar der Älteren reiten auf drei Pferden umher, alle lachen und sehen glücklich aus. Wir sind natürlich nicht die ersten Weißen, die die Kinder hier sehen, aber Touristen dürften sich eher selten in dieses Bergdorf verirren. Dementsprechend werden wir angestarrt, die Kinder lachen und tuscheln, manchen winken. Alles harmlos und wir fühlen uns recht sicher.

In einem der beiden kleinen Läden kaufen wir Bier und setzen uns auf den „Balkon" unseres Gefäng..., pardon Hotels. Vier Äpfel, sechs Bananen, eine Dose Spam-Frühstücksfleisch und ein paar Waffeln – unsere letzen Reste und unser Abendessen.

Freitag, 14. September

Zehn Grad Celsius, über dem Dorf schwebt noch immer oder schon wieder Rauch, ich hole mir einen Kaffee aus einer Hütte am Straßenrand. Das ist also das „echte" Mexiko. Der Hotelbesitzer verabschiedet uns freundlich, sagt, dass das nächste Stück nicht mehr so kurvig sei und wir dementsprechend zügig vorankommen werden.

Nach einer Weile rollen wir wieder mal auf einen Militär-Posten zu, werden langsamer, und während Mark durchfährt, werden Matt und ich raus gewunken. Während wir versuchen, mit den normalen Mexikanern so viel Spanisch zu sprechen wie irgend möglich und bestmöglich mit ihnen zu kommunizieren, stellen wir uns bei den Kontrollen dumm. Patrick und Joe, die wir in Loreto kennengelernt hatten, haben uns empfohlen, einfach gar nichts zu sagen und so zu tun, als ob man überhaupt nichts versteht. Bislang fahren wir damit ziemlich gut. Wir schauen uns nur fragend an, heben die Augenbrauen, zucken mit den Schultern, schütteln den Kopf – und meist werden wir dann auch schon durch gewunken. Der etwa 19-jährige Soldat hat scheinbar gerade Langeweile, denn er deutet auf meinen rechten Seitenkoffer, ich soll ihn aufmachen. Ich nicke, steige betont langsam ab, lasse mir Zeit und gerade als ich meinen randvoll mit Drogen, Waffen, Bargeld, falschen Reisepässen und anklebbaren Schnauzbärten gefüllten Koffer öffnen will, kommt sein vielleicht 21-jähriger Kollege und winkt ab. Wir sollen einfach weiterfahren. Geht doch, als wenn Touristen hier irgendetwas Illegales bei sich tragen würden. Bock auf den mexikanischen Knast dürfte niemand haben.

In Zacatecas steuern wir als erstes einen McDonald's an, um kostenlos W-Lan zu haben und so nach einem Hostel zu suchen. Wir finden ein schönes, das direkt in der historischen Altstadt liegt. Wir haben Glück und bekommen zwei Zimmer, eines mit einer grandiosen Aussicht über die Stadt. Die Zimmer sind klein, aber gemütlich, Holzmöbel, bequeme und ordentliche Betten, das alles für nur etwas mehr als zehn Dollar. Wir setzen uns zu ein paar Leuten auf der Dachterrasse, die bereits Bier und Tequila auf dem Tisch haben.

Innerhalb einer Stunde kommen bestimmt zehn Leute dazu aus mindestens zehn Ländern. Mexikaner, Italiener, Franzosen, Australier, Deutsche, Honduraner, Holländer – vielleicht auch nur aus sieben Ländern. Die Terrasse ist in unserer Hand, wir trinken, einige spielen Gitarre, alle sprechen einen lustigen Spanisch-Englisch-Mix.

Was wir nicht wussten: morgen feiert Mexiko seine Unabhängigkeit von den Spaniern und schon seit Tagen gibt's hier in Zacatecas ein riesiges Fest (wie überall in Mexiko). Taxi fahren ist billig und für jeweils weniger als drei Dollar bringen uns wenig später vier Taxen zur Party. Eine Stimmung wie auf dem Oktoberfest beschreibt es ziemlich gut. Überall Menschen, Taco-Buden, hunderte Musiker und dutzende Mariachi-Bands – eine bunte Mischung, alle haben Spaß. In einer riesigen Halle stehen die Menschen dicht gedrängt, der Lärm der Bands ist unbeschreiblich, alle trommeln und trompeten gleichzeitig. Einige Biere später gehen wir ins „Cesars", eine Großraum-Disko, die auch in Deutschland stehen könnte, so modern sieht sie aus. Ehe wir uns versehen, stehen wir auf einer separaten Fläche, etwas oberhalb und neben der Tanzfläche. Also da, wo man normalerweise nicht hinkommt, wenn man nicht Russe ist und Champagner für hunderte Dollar spendiert.

Auf vielleicht 40 Quadratmetern stehen schicke Sessel, auf den Tischen mit Eis und Bierflaschen gefüllte Eimer. Neben uns tanzen und trinken noch ein paar mexikanische Paare auf der Terrasse und es dauert nicht lange, da sind wir umgeben von einigen wunderschönen jungen Frauen, die alle nur unser Bestes wollen. Nämlich unser Geld. Einige von uns unterhalten sich mit ihnen und es ist offensichtlich, dass Mann sie bei Bedarf kaufen könnte. Das macht sie zwar nicht unattraktiver, aber auf einen Schlag nicht mehr begehrenswert. Mir fallen ein paar junge Mexikaner mit vermutlich maßgeschneiderten Hemden auf, die hin und wieder eines der Mädels gezielt zu einem von uns schicken. Mein Ring am Finger rettet mich mehr als einmal vor allzu aufdringlichen Anmachen.

Die Stimmung ist ausgelassen, wir, die mexikanischen Mädels und ihre Chefs feiern zusammen, und keiner von uns fühlt sich irgendwie unsicher. Leider stelle ich zu spät fest, dass ich für das Bier in den Eimern nicht mal hätte bezahlen müssen! Egal. Gegen fünf Uhr morgens fahre ich mit Matt und einer Begleitung (keine käufliche) zurück zum Hotel. Später erzählt uns Mark, dass die Rechnung am Ende um die 6.000 Pesos betrug und ein junger reicher Mexikaner ohne mit der Wimper zu zucken bezahlt hat. Wahrscheinlich ein Zuhälter. 6.000 Pesos sind nicht ganz 500 US-Dollar, was zunächst für die Party die wir hatten, nicht viel klingt, aber bei einem Bierpreis von zwei Dollar doch ganz anständig ist. Zumal wir in Mexiko sind.

Zacatecas ist wirklich schön, und gerne würden wir noch bleiben, aber Matt und Mark müssen morgen in Guadalajara sein und auch ich hänge meinem selbst gesteckten Zeitplan etwas hinterher. Knapp 320 Kilometer langweilige Schnellstraßen-Kilometer liegen vor uns, leider auch viele Maut-Stationen an denen wir jeder umgerechnet 30 Dollar lassen, unverschämt viel, wie wir finden. Ich sage nicht, dass ich von Anfang an eine andere und sogar kürzere Strecke vorgeschlagen habe. Auch das gehört dazu, wenn man mit mehreren Leuten reist. Wir hängen ziemlich durch, machen viele Pausen und sind müde. In Guadalajara führt der erste Weg, na klar, zu McDonald's – Mails checken. Einer der beiden Marks ist schon seit ein paar Tagen hier und hat glücklicherweise ein Hostel für uns gebucht, das passenderweise „Tequila" heißt. Wir müssen uns also nicht noch um eine Unterkunft kümmern und vertrödeln etwa 20 Minuten bei McDonald's. Das war ein Fehler.

Schon seit langem war der Himmel stark bewölkt, und keine fünf Minuten nach Abfahrt fängt es so stark an zu regnen, wie ich es während der Tour und auch in Deutschland selten erlebt habe. Das Problem: Für die letzten Kilometer zum Hostel habe ich meine Jacke nicht zugemacht, da nützt das beste wasserdichte Zeug nichts. Matt und Mark trifft es noch schlimmer, denn die stecken in ihren Sommerklamotten aus Mesh und sind nach wenigen Minuten komplett durchgeweicht. Ein weiteres Problem: Wir fahren auf einer Art Schnellstraße durch die Stadt, zwar nicht schnell, aber wir können nirgendwo halten, ich kann meine Jacke nicht schließen. Ich habe Angst, dass mein Tankrucksack durchweicht, in dem die Kamera liegt. Mark hat kein Navi, also fährt er als zweiter zwischen Matt und mir. Leider sieht er schlecht, bei Regen und Dunkelheit noch viel weniger und schon bald ist Matt im Verkehr verschwunden.

Mark klemmt sich hinter mich, wir fahren im Starkregen durch Guadalajara, an einer Ampel gucken wir uns nur an und ich lache laut, als Mark seinen Arm nach unten bewegt und ein Schwall Wasser herausläuft. Im Hostel stellen wir unsere Stiefel zusammen, hängen die Socken hinein und legen den Stand-Ventilator aus dem Zimmer einfach oben auf die Stiefel. Duschen, umziehen, feiern. Im Hostel ist nicht gerade die Hölle los, aber auf der überdachten Veranda stellt das Personal Tische und Bänke auf und nach und nach kommen immer mehr Mexikaner, die ihren Unabhängigkeitstag feiern wollen. Der Tequila fließt in Strömen, besonders viel und gratis für diejenigen, die sich in die Mitte der Mexikaner setzen, einen riesigen roten Sombrero aufsetzen und aus vollem Halse „Viva Mexiko!“ brüllen. Was wir natürlich machen.

Sonntag, 16. September

Nach mehr als zwei Wochen, die wir zusammen unterwegs waren, verabschieden sich Matt und Mark von mir. Sie bleiben einen Monat hier in Guadalajara, lernen Spanisch in einer Schule und wohnen in Gastfamilien – der wahrscheinlich beste Weg, Spanisch zu lernen. Ich hatte vor, einen Kurs in Guatemala oder Honduras zu besuchen, mal sehen, ob daraus noch was wird.

Montag, 17. September

Aus wir wird wieder ich, ab heute geht's für mich wieder alleine weiter. Das heißt auch, dass ich wieder früher aufstehe beziehungsweise früher losfahre. Schon gegen acht Uhr bin ich unterwegs, will heute ein bisschen Strecke machen. In den letzten Tagen hatte ich immer im Hinterkopf, etwas langsam unterwegs zu sein. Was an sich ideal ist und mir auch Spaß macht, allerdings habe ich einen fixen Termin, an dem ich in Santiago de Chile sein muss – meine Freundin kommt mich besuchen. Bis dahin liegt noch ein weiter Weg, aber nur noch drei Monate vor mir.

Zunächst fahre ich auf kleinen Landstraßen Richtung Südosten, dem Meer entgegen. In kleinen Dörfern verkaufen Einheimische Produkte aus Holz. Möbel, Spielzeug, Küchenzubehör, sogar ganze Türen und

Fensterrahmen stehen am Straßenrand und warten auf Käufer. Die Frauen sehen aus, wie ich es erst für Bolivien oder generell Südamerika erwartet hatte: sehr bunte, traditionelle Röcke und Blusen, bunter Schmuck an Hals und Handgelenken, lange schwarze Haare, von harter Arbeit zermürbte Gesichter.

In unserer Vorstellung tragen die Mexikaner einen Oberlippenbart, stimmt's? So ist es auch. Fast jeder Mann, sogar die jungen, trägt Schnauzer. Und Hut, keinen Sombrero, sondern einen klassischen Cowboyhut. Dazu sind die meisten gut beleibt, in Mexiko sollen nach den USA die meisten übergewichtigen Menschen leben. Also: dicker Bauch, Schnauzer, Cowboyhut – kein Vorurteil, sondern Realität.

Die Landstraßen sind relativ gut, die Umgebung schön, nur leider komme ich recht langsam voran. Auf einem passenden Stück wechsle ich auf die Mautstraße. Zwei Spuren in jede Richtung, Tempolimit offiziell 110, kaum Verkehr. Hier komme ich gut voran, zahle dafür aber umgerechnet 20 Euro, was in Mexiko nicht wenig ist. Zur Abwechslung nehme ich wieder ein Stück Landstraße und werde bei einer Militär-Kontrolle angehalten. Ich stelle mich wieder dumm, muss aber trotzdem kurz meinen Packsack öffnen. Alles in Ordnung, weiter geht's. Nach stundenlanger Fahrt erreiche ich endlich das Meer, und fahre noch ein gutes Stück weiter. Es geht durch Acapulco und die Stadt ist mir auf Anhieb unsympathisch. Dreckig, laut, unglaublich schlechte Straßen, die zudem nur verstopft sind – hier hält mich nichts. Mag ja sein, dass es hier den berühmten langen und tollen Strand gibt, aber den finde ich woanders auch, also weiter.

Ich halte in Ixtapa, und das muss so etwas wie Nizza, Cannes oder St. Tropez für uns sein, jedenfalls stehen hier nur große teure Hotels. Bis zur nächsten Stadt ist es jedoch zu weit für heute. Ich drehe um und parke am Straßenrand, um mich mal umzusehen. Keine zehn Sekunden später hält neben mir ein Motorroller. „Suchst du ein Hotel?“, fragt der Fahrer.

Er scheint das schon zu kennen. „Ja, aber ein billiges. Was kostet es denn hier so?“, will ich von ihm wissen. 1000 Pesos sagt er. 200 sage ich. 500 sagt er und ich erhöhe mein letztes Angebot auf 250 Pesos. Er nickt. „Okay, fahr mir einfach hinterher!“ Das Hotel liegt gleich hinter der Straße, nicht weit vom Strand entfernt. Er spricht mit der jungen attraktiven Dame an der Rezeption, ich stehe daneben. 250 sind ihr zu wenig, 300 müssten es schon sein. Mir geht es nicht um die 50 Pesos, also umgerechnet nicht mal 3 Euro, sondern ums Prinzip. Denn ich weiß mittlerweile, dass es für das Geld in Mexiko immer Zimmer gibt. Sie lässt sich nicht erweichen, ich gehe schon zum Motorrad zurück, setze meinen Helm auf, da kommt aus dem Nachbareingang ein etwas besser angezogener Mann. Der Schlepper mit dem Motorroller sagt zu mir, dass sei der Boss, und nun spricht er mit ihm und etwas widerwillig gibt der Chef sein Okay. Ich kann bleiben. Das Zimmer ist auch definitiv nicht mehr wert als 250 Pesos, aber es ist akzeptabel. Ich drücke meinem Vermittler ein paar Münzen in die Hand und alle sind glücklich.

Den kurzen Rest des Tages lege ich mich an den Strand, auf die Liegen der teuren Hotels und trinke eine teure, aber schlechte Margarita am Pool eines fremden Hotels. Ich schreibe oft, dass es hier teuer und nicht so gut ist – leider ist es wirklich so. Und ich habe bestimmt keine hohen Ansprüche.

Mittwoch, 19. September

Langsam, sehr langsam geht es voran auf der MEX200, der Straße, die an der Südküste entlang führt. Leider führt sie nicht direkt am Meer entlang, sondern immer fünf bis 20 Kilometer im Landesinneren. Und dort sieht es fast überall gleich aus. Dichter grüner Wald, fast ein Dschungel, hin und wieder Palmenplantangen, Brücken über breite Flüsse, überschwemmte Wiesen.

Mein Tagesziel Puerto Angel liegt nur 250 Kilometer entfernt, trotzdem brauche ich mehr als vier Stunden. Aber es lohnt sich. Ich war noch nie im indischen Goa, aber ungefähr wie hier muss es dort auch sein. Zumindest stelle ich es mir so vor. Ein langer Strand, direkt daneben Hütten und kleine Hotels vor denen überall Hängematten baumeln. Junge Leute spazieren am Strand umher, überall wird gekifft, die Frauen – auch Einheimische – laufen oben-ohne rum. Nett hier. Im „Posada Mexiko" zeigt mir die Vermieterin eine Art Turmzimmer: rund, zweiter Stock, Palmdach, eigenes kleines Bad, alles schön eingerichtet, drei Betten. 350 Pesos sind dafür ein Schnäppchen, aber was soll ich mit drei Betten? Ich nehme ein kleineres, günstigeres Zimmer, keine 20 Meter vom Strand entfernt, in dem ich die Brandung rauschen höre.

Stundenlang sitze ich am Strand, lese, sonne mich und ruhe mich aus. Hier könnte ich es durchaus noch etwas aushalten.

Topes, Öl und Maya-Ruinen

Donnerstag, 20. September

Ohne richtiges Ziel für heute starte ich nach dem Frühstück Richtung Osten, es geht wieder am Meer entlang. Noch vor wenigen Tagen habe ich im letzten Tagebucheintrag die Yamaha so sehr gelobt, weil sie bis dato absolut problemlos alles mitmacht. Bis heute. An einer Tankstelle setze ich mich auf den Bordstein, um etwas zu trinken, und dabei sehe ich, dass der rechte Gabel-Simmerring Öl verliert. Das muss erst vor kurzem passiert sein, denn beim letzten Rundgang vor ein paar Tagen war alles in Ordnung. Eigentlich kann es nur an den hunderten oder gar tausenden „Topes" liegen, die ich hier in Mexiko bislang überqueren musste. Topes sind Temposchwellen aus Beton, die überall im ganzen Land an sinnvollen und meist sinnlosen Stellen den Verkehr ausbremsen. Eigentlich eine gute Sache, denn ansonsten würden die Mexikaner mit Tempo 100 durch die Dörfer rasen. Es gibt offizielle Topes, die weiß-gelb markiert, lang, relativ flach und harmlos sind. Oft stehen sogar Warnschilder in ausreichendem Abstand, damit man rechtzeitig bremsen kann. Und dann gibt es die Topes, bei denen es mir so vorkommt, als wenn sie ein Ladenbesitzer mitten in der Nacht vor seinem Geschäft auf die Straße gegossen hat, damit alle möglichst langsam an seinem Laden vorbeifahren, gucken und vielleicht etwas kaufen. Bis zu 20 Zentimeter hoch, nicht markiert, an nicht einsehbaren Stellen, oft mehrere hintereinander – sie rauben mir die Nerven.

Die Mexikaner fahren teilweise so langsam darüber, dass ich ein Fuß von der Raste nehmen muss, wenn ich dahinter bin. Und es gibt sie wirklich in Massen und überall; außer auf den Mautstraßen.

Ich weiß nicht, ob es wirklich an den Schwellen liegt, denn eigentlich sollte ein Motorrad wie die XT1200Z sowas wegstecken, jedenfalls wollte der Simmerring nicht mehr dichthalten.

Aber hin und wieder gibt's im Leben riesige Zufälle. In Tuxtla Gutierrez halte ich am McDonald's, um mir im Internet ein Hostel zu suchen. In einer Ecke sitzt ein Mann mit einem Yamaha-Hemd. Während ich esse, geht er vorbei, sieht meine Motorradklamotten und fragt in gutem Englisch, was ich für ein Motorrad fahre. Es stellt sich heraus, dass er Yamaha-Händler ist und sein Laden keinen Kilometer entfernt liegt. Die 30.000er-Durchsicht steht demnächst an, und wo ich ihn jetzt schon mal kenne, er einen seriösen Eindruck macht und sein Laden und die Werkstatt auch passabel aussehen, lasse ich sie gleich bei ihm machen. Leider waschen die Jungs die Maschine mehr als mir lieb ist, jetzt sieht sie gleich wieder viel neuer und teurer aus. Das Beste: Der Händler hat die Gabel-Simmerringe auf Lager! Doch das Wechseln würde Stunden dauern und es ist bereits 18 Uhr; und ich will heute noch nach San Cristobal de las Casas – auf Empfehlung des Händlers. Es soll eine schöne, ruhige Stadt sein und ich würde nur 30 Minuten brauchen.

In San C. de la C. fahre ich zum Hostel, das ich mir im McDonald's herausgesucht habe. Leider ist es voll, doch wenn es eines hier gibt, dann Hotels und Hostels. Ich bin müde und halte am erstbesten Hostel. Das „Planet Hostel" in San Cristobal de las Casas ist eher eine Absteige. Kaum Gäste, muffige dunkle Zimmer, das Bettzeug... naja, reden wir nicht drüber. Für eine Nacht ist es okay und nach zehn Uhr abends kann ich das Motorrad direkt ins Hostel fahren und parke unmittelbar neben dem Tisch der Rezeption und den Computern.

Freitag, 21. September

Gleich morgens ziehe ich ein anderes, deutlich schöneres Hostel um. Den Rest des Tages ruhe ich mich aus, wasche meine Wäsche und erstmals seit drei Monaten auch das Innenfutter des Helms. In einem kleinen Heimwerkerladen kaufe ich Klebstoff und repariere den Klettverschluss, mit dem ich das Telefon auf dem Tankrucksack befestige. Dinge des Alltags eben. Mehrmals spaziere ich durch die schöne Altstadt, gehe essen und lasse es mir gut gehen.

Samstag, 22. September

Wer in einem Zimmer mit sechs oder mehr anderen Leuten schläft, braucht keinen Wecker zu stellen. Es gibt immer jemanden, der früher raus muss als man selbst. Gegen sechs Uhr geht das Gepolter los, wenn einer fertig ist, fängt der nächste an zu kramen. Kurz nach acht Uhr bin ich unterwegs auf dem Weg nach Palenque. Die Ruinen der Maya liegen zwar nur rund 200 Kilometer entfernt, aber die Straße ist kurvig, eng und bei Nässe rutschig. Busse brauchen fünf Stunden, ich rechne mit vier. Es geht tatsächlich unglaublich langsam voran, Dorf an Dorf, Temposchwelle an Temposchwelle. Zwar regnet es nicht mehr, an vielen Stellen läuft aber immer noch Wasser über die Straße. In einer nassen Linkskurve mit schmutziger Fahrbahn merke ich, wie das Hinterrad gefühlt zwei Meter weit nach außen wegschmiert. Das war knapp, dabei war ich schon recht langsam unterwegs. Die Strecke ist eher unspektakulär: Wie immer in den letzten Tagen gibt's rechts und links nur dichten Wald zu sehen. Oft denke ich an Kanada, Montana und Wyoming mit ihren abwechslungsreichen Strecken durch wahnsinnig schöne Landschaften. Das fehlt mir im Moment etwas.

An einem Militär-Posten werden alle Autos durch- und ich natürlich raus gewunken. Was sonst. Wieder mal soll ich meinen rechten Koffer aufmachen, ich hebe meine Socken und Schuhe hoch, zeige dem jungen Soldaten mein Buch und den Kochtopf, auf dem er ein bisschen herum klopft und sich freut. Dann wollen er und sein älterer Chef, der ein paar Wörter Englisch spricht, wissen, was das Motorrad kostet. Ich lächle, lenke ab und erkläre, dass ich das Motorrad von Deutschland aus nach Alaska gebracht habe. Keine weiteren Fragen. Ich weiß nicht, wie viele Kontrollen ich in Mexiko schon hinter mir habe, aber niemals waren die Soldaten oder Polizisten unfreundlich oder wollten Geld – nie.

War ich gestern noch auf rund 2400 Meter Höhe, sind es heute nur noch 200. Und gleich wieder zehn Grad Celsius mehr. Mein T-Shirt ist komplett durchgeschwitzt als ich in Palenque ankomme. Auch hier gibt's viele Hotels, bei dreien frage ich nach dem Preis, sie sind mir jedoch zu teuer. Eines ist günstig, hat aber kein Internet, und weil ich heute meinen Blog updaten will, fahre ich weiter. Ich finde ein schönes Hotel, nehme ein großes, sauberes Doppelzimmer mit Ventilator und Fernseher (den ich nie brauche) für umgerechnet elf Euro. Gestern in San Cristobal de las Casas habe ich für das Mehrbettzimmer knapp fünf Euro bezahlt, und auch das war völlig okay.

Wo ich gerade dabei bin, ein paar Worte zum Geld. Für um die zehn Euro bekommt man hier in Mexiko fast überall relativ gute Zimmer. Daher werde ich hier auch nicht zelten, selbst wenn es umsonst wäre. Eine Tankfüllung kostet umgerechnet ebenfalls knapp zehn Euro, und wenn ich am Tag nochmal zehn Euro für Essen ausgebe, habe ich wirklich gut gelebt. Je nachdem wo ich mit wem bin, kommen vielleicht nochmal zehn Euro für Bier und Margaritas hinzu. Im Schnitt gebe ich hier also 30 Euro pro Tag aus – absolut in Ordnung. Und vermutlich wird es in Mittel- und Südamerika noch deutlich günstiger. Duschen, eine Stunde ausruhen, dann ab zu den Ruinen, wegen denen ich eigentlich hier bin. Ich fahre bis unmittelbar vor den Eingang und wie vor jeder Touristenattraktion weltweit warten auch hier Dutzende, nein Hunderte Händler auf Kundschaft. Einheimische versuchen, sich als Tourguide anzubieten, ich wimmele sie freundlich aber bestimmt ab.

Tja, die Ruinen. Vielleicht bin ich ein Kunst- und Kulturbanause, vielleicht habe ich etwas anderes erwartet. Es sind halt Ruinen, seit zweitausend Jahren verlassen, nichts außer den Steinen ist geblieben. Es fällt schwer, sich vorzustellen, wie die Maya hier einst lebten. Sie müssen lange Beine gehabt haben, denn die Stufen nach oben sind teilweise gut 40 Zentimeter hoch.

Jetzt ist auch mein zweites T-Shirt durchgeschwitzt, die hohe Luftfeuchtigkeit tut ihr übriges. Immer wieder beeindruckend finde ich den Gedanken, wie solche Bauten damals entstanden sind. Ohne Kran, ohne LKW, ohne Strom, ohne Hilti-Bohrhammer, und das ganze mitten im Dschungel. Irgendwo habe ich gelesen, vielleicht war es bei Wikipedia, dass bislang lediglich fünf Prozent der gesamten Anlage freigelegt sind. Und das ist nun noch beeindruckender, denn selbst die offenen Ruinen sind ziemlich großzügig.

Nur wenige Touristen sind heute hier, fast alle in Gruppen mit Reiseführern. Auch in der Anlage versuchen Händler runde Steinplatten mit Motiven, traditionelle Kleidung und andere Souvenirs zu verkaufen. No gracias. Ich mache ein paar Fotos, gehe etwas umher und nach nicht mal einer Stunde fahre ich zurück, nachdem ich die Händler am Ausgang überzeugt habe, dass ich heute ausnahmsweise keinen Holzbogen und Pfeile oder eine weiße Toga brauche.

Sonntag, 24. September

Fahrt von Palenque nach Campeche an den Golf von Mexiko. Außer, dass sich zwei freundliche Polizisten bei einer Kontrolle über das Passbild in meinem internationalen Führerschein lustig gemacht haben, ist nicht viel passiert. Und weil heute Sonntag ist und ich gerade keine Lust habe, etwas zu schreiben, soll es das für heute auch schon gewesen sein.

Montag, 25. September

111 Tage unterwegs! Und kein bisschen Heimweh. Mir fehlen Freundin, Freunde und Familie, eine gute Thüringer Bratwurst, gute Filme, Rollmöpse und weiße Schokolade – sonst eigentlich nichts.

Von Campeche nach Valladolid sind es knapp 300 Kilometer. Der Bundesstaat Yucatan ist flach, teilweise zeigt das Navi nur zehn Meter Höhe über dem Meeresspiegel an. Erstaunlich gute und mehrspurige

Straßen durchziehen die Halbinsel, ich passiere viele Baustellen, auf denen neue Fahrbahnen gegossen werden. Ich könnte mir vorstellen, dass es etwas mit den Hurrikans zu tun hat, die hier in Yucatan oft auf Land treffen. Vielleicht gibt es danach vom Staat immer Geld, um die Schäden zu beseitigen, vielleicht sind es aber auch Evakuierungsstrecken, keine Ahnung. Nach einiger Zeit auf der Landstraße wechsele ich auf die Mautstraße Richtung Valladolid/Cancun.

Im Tank schwappt nur noch wenig Sprit und ich will bei der nächsten Gelegenheit tanken. Allerdings kommt irgendwann ein Schild, das die nächste Tankstelle in 80 Kilometern ankündigt. Das gibt's doch nicht, so weit schaffe ich es auf keinen Fall mehr. Und einfach bei nächster Gelegenheit von der Mautstraße abfahren, ist ebenfalls nicht so einfach. Zwei Fahrspuren in jede Richtung, getrennt von einem zehn Meter breiten Dschungel. Rechts von mir, kilometerbreiter Dschungel. Man kommt einfach überhaupt nicht runter von der Bahn.

Ich werde langsamer, die Reserve blinkt schon wieder seit 50, 60, 70 Kilometern. Das hatte ich in Alaska schon einmal, damals wusste ich aber genau, wann die nächste Tanke kommt und konnte mich darauf einstellen. Irgendwann kommt ein Abzweig nach Chichen Itza, zu den wohl berühmtesten Maya-Ruinen. Ich will aber Sprit und keine Steine, fahre ab und frage einen Polizisten nach der nächsten Tankstelle. Die drei Kilometer bis dahin schaffe ich noch, viel mehr wäre nicht gegangen – ich tanke 22,8 Liter, mehr als damals in Kanada beziehungsweise Alaska.

Hatte ich schon erwähnt, dass in Mexiko im September Regenzeit ist? Das bedeutet nicht, dass es den ganzen Tag regnet, aber wenn, dann richtig. Kurz vor Valladolid sehe ich schon die schwarzen Wolken über der Stadt. Nur noch ein paar Kilometer. Etwa drei Kilometer vom Hotel entfernt fängt es wieder an zu schütten; nicht ganz so stark wie damals im Guadalajara, aber innerhalb weniger Minuten rauschen die Wassermassen durch die Straßen. Dank wasserdichter Klamotten bleibe ich trocken.

Das Hostel La Candelaria ist ordentlich, das Bettzeug frisch und sauber – was nicht überall selbstverständlich ist – und im tropischen Garten laden viele Sitzecken zum Ausruhen ein. Abends sitze ich noch lange mit ein paar jungen mexikanischen Mitarbeitern und der Israelin Talia im Garten, wir unterhalten uns lange (sie sprechen gut Englisch), sie spendieren Bier aus Literflaschen und wir haben eine gute Zeit. Am Nachbartisch sitzen zwei junge Mädels aus Deutschland, ich unterhalte mich lieber mit den Mexikanern und Talia. Irgendwann sprechen wir über US-Amerikaner und schnell zeigt sich: sie sind nicht besonders beliebt. Sie gelten als laut, ungehobelt, unfreundlich. Das kann ich zwar so nicht bestätigen, da ich während meiner Zeit in den USA fast ausschließlich nette Leute kennengelernt habe. Möglicherweise liegt es daran, dass ich meist mit Motorradfahrern zu tun hatte, die ja sowieso alle anders ticken und vielleicht generell freundlicher sind. Europäer und Asiaten seien beliebt, erzählen sie mir, ich solle bei Gesprächen möglichst immer gleich erwähnen, dass ich aus Deutschland komme. In der Tat meine ich gemerkt zu haben, dass sich die Mienen der Mexikaner immer entspannen und ein Lächeln über ihr Gesicht huscht, wenn ich sage, dass ich aus Deutschland komme. Für den Rest der Reise werde ich mir wohl doch noch den Germany-Sticker an die Scheibe kleben.

Dienstag, 25. September

Morgens regnet es, also lasse ich mir Zeit. Frühstück mit Kaffee und Cornflakes im gemütlichen Garten, es könnte schlimmer sein, in den meisten Hostels gibt's morgens nämlich nichts zu essen. Bis Cancun sind es nur etwa 150 Kilometer, die ich auf der perfekt ausgebauten Mautstraße schnell abspule – und dafür teuer bezahle. 241 Pesos, umgerechnet rund 15 Euro Maut sind fällig. In einem Reiseführer habe ich gelesen, dass Mexiko mit die höchsten Maut-Tarife der Welt hat. Man muss bedenken: Der Durchschnittsmexikaner verdient im Jahr etwa ein Viertel dessen, was ein US-Amerikaner verdient. Daher nutzen die meisten Einheimischen lieber die mautfreien Straßen, brauchen dann aber deutlich länger.

Obwohl ich zügig unterwegs bin, sehe ich vor mir eine ziemlich große Vogelspinne über die Straße laufen. Nach einer Vollbremsung drehe ich auf der zweispurigen Straße um und fahre ein Stück zurück. Wie gesagt, ich habe die Straße fast für mich alleine, da kann man sowas machen. Die Spinne hat es noch nicht auf die andere Straßenseite geschafft, ich halte vor ihr und schneide ihr den Weg in die Büsche ab. Leider hält sie nicht so ganz still und ich kann auf die Schnelle nur ein paar relativ schlechte Fotos machen.

In Cancun führt mich das Navi in die Touristen-Gegend. Riu Palace, Riu Cancun, Oasis Grand Caribbean, Presidente Intercontinental und Dutzende weitere schicke 5-Sterne-Paläste säumen die Hotel-Zone. Und wo wohne ich? Standesgemäß in einem nicht mehr genutzten Einkaufszentrum. Irgendjemand hatte die Idee, in den ehemaligen Geschäften ein Hostel zu eröffnen, und an sich finde ich das gar nicht so schlecht.

Und auch ein bisschen lustig. Zwei nicht rollende Rolltreppen führen nach oben zu den Geschäften, pardon, Zimmern. Was hier allerdings als Vierbett-Zimmer durchgeht, habe ich auch noch nicht gesehen. Es gibt zwar vier Betten, aber kein Zimmer im eigentlichen Sinn. Es ist eher ein großer Raum mit kleineren Abteilen, und in diesen Abteilen stehen die Betten. Alles ist offen, man würde jeden sehen und schnarchen hören. Aber nicht heute, und wahrscheinlich auch nicht den ganzen September über, denn in Cancun ist derzeit absolut tote Hose. Im großen Raum mit den vielen Betten bin ich allein, lediglich ein anderer junger Mann schläft in einem separaten Abteil. Ansonsten ist das Hostel vielleicht zu fünf Prozent ausgelastet, vier Venezolaner und ein Mexikaner sind noch hier. Ich unterhalte mich kurz mit der Frau an der Rezeption und sie meint, dass im September immer überhaupt nichts los ist. Nur so als Tipp für euch, falls ihr hier mal Party machen wollt. Mich stört das nicht, ich möchte mich sowieso nur an den Strand legen und morgen tauchen. Und für die Rezeptionistin ist es ein Glücksfall, dass heute kaum Gäste da sind, denn am Nachmittag gibt es plötzlich kein Wasser mehr – weder in den Duschen noch in den Toiletten. Ganz toll. Hoffentlich morgen wieder, ansonsten werde ich mir eine andere Bleibe suchen müssen.

Ich spaziere etwas durch die Touri- und Partyzone und kann mir gut vorstellen, dass hier normalerweise die Post abgeht. Viele Händler lungern gelangweilt vor ihren Geschäften herum, und fast jeder meint, mich anquatschen zu müssen. Tatsächlich suche ich einen Mexiko-Flaggen-Aufkleber für den Seitenkoffer, aber wenn ich regelrecht belästigt werde, gehe ich halt weiter. Ich bin mir zu 100 Prozent sicher, dass sie mehr verdienen würden, wenn sie einfach nur freundlich gucken, lächeln und grüßen würden.

Mit dem Motorrad in die Karibik

Mittwoch, 26. September

Gleich am Morgen rufe ich bei einer Tauchbasis an, weil ich heute gerne zwei Tauchgänge machen würde. Leider sei das Wetter in den vergangenen Tagen zu schlecht gewesen und die Sichtweiten seien nicht besonders gut. Bei einer anderen Basis geht gar nicht erst jemand ans Telefon – anscheinend ist auch bei den Tauchern absolute Low-Saison.

Doch der alte Mann vom Hostel gibt mir einen Tipp. Die Isla Mujeres liegt nur 20 Boots-Minuten entfernt, und dass es dort sehr schön sein soll, habe ich schon von einer Bekannten gehört. Es ist noch nicht mal zwölf Uhr, als ich auf der Insel und sofort auch in der Karibik ankomme. Keine 100 Meter vom Fähranleger entfernt, beginnt der erste von vielen strahlendweißen Stränden, wie man sie sonst nur von Postkarten kennt. Türkises Wasser links, sich sanft im Wind wogende Palmen rechts – hier lässt es sich aushalten. Die Preise sind allerdings genauso touristisch wie die Insel, ein Eis kostet hier wieder drei Dollar. Völlig egal. Ich gehe ein Stück weit den Strand entlang, trinke an einer Bar ein Bier, lege mich in den Sand und lese. Stundenlang. Später laufe ich über die Insel, beobachte ein paar Fischer, die Netze flicken. Wer hier nicht wie die meisten vom Tourismus lebt, muss eben aufs Meer rausfahren und fischen. Landwirtschaft gibt's hier keine, die Insel ist winzig. Alle 30 Minuten spuckt die Fähre einen großen Schwung Touris aus, die innerhalb von Minuten die Strände und die Einkaufsstraße belegen. Irgendwann bin ich durchgegart, laufe noch etwas über die Insel und fahre zurück nach Cozumel. Übrigens: Cancun ist ja bei der amerikanischen Jugend sowas wie der Ballermann für uns (früher einmal war).

Verhältnismäßig billiger Alkohol, den es zudem hier schon für 18-Jährige gibt, hat Cancun zum Saufparadies gemacht. Allerdings erst, nachdem 2005 der Kategorie-5-Hurrican Wilma die Stadt schwer verwüstet und die Traumstrände fast komplett weggespült hat. In Rekordzeit hat man die Hotels wieder aufgebaut, die Strände mit Sand aus dem Meer wieder hergestellt und mit Schnäppchenpreisen versucht, Touristen anzulocken. Das hat auch funktioniert, nur anscheinend nicht so, wie die Verantwortlichen sich das wünschten – es kamen die Sauftouristen. Ironie des Schicksals: Ein paar Jahre später machte ein weiterer Hurrican erneut alles platt, und die Hoteliers nutzten die Gelegenheit, um bessere und nun teurere Hotels zu bauen und so die Partygäste wieder etwas fernzuhalten.

Donnerstag, 27. September

Von Cancun nach Playa del Carmen sind es nur 70 Kilometer, ich habe mit 150 gerechnet, warum auch immer. Schon gegen zehn Uhr stehe ich vorm „Playa-Hostel", und checke für eine Nacht ein, die ich aber erst in zwei Tagen hier verbringen will. Ich mache das, um Gepäck und Motorrad sicher lagern zu können, während ich auf Cozumel bin und dort tauche. Das Bike steht nun zwei Tage direkt vor dem Hostel, meine Klamotten schließe ich in einen Spind ein. Schon immer wollte ich einmal nur mit Kreditkarte und Zahnbürste reisen; daraus wird zwar wieder nichts, der Rucksack ist dennoch erstaunlich dünn und leicht für zwei Tage auf einer Insel. Was brauche ich denn schon? Buch, Handtuch, Kamera, Kleinkram, Waschtasche, Unterhose = Badehose, und ein T-Shirt. Reicht doch!

Zu Fuß laufe ich zur Fähre und muss nur 20 Minuten bis zur nächsten Abfahrt warten. Auf Cozumel nehme ich ein Taxi, weil ich nicht genau weiß, wie weit es zum Hostel ist. Nicht weit. Außer mir ist nur noch Talia im Hostel, die Israelin, die ich schon vor einigen Tagen in Valladolid kennengelernt habe.

Der Tag ist noch jung und vielleicht kann ich sogar heute Nachmittag schon tauchen. In der Basis empfängt mich ein freundlicher Chef, doch leider steht auf seiner Liste für den Nachmittag nur ein Name, mit mir wären es zwei, rausfahren lohnt sich aber erst bei mindestens drei Tauchern. Essen, eine Stunde umherlaufen, mich alle zehn Meter von Händlern anquatschen lassen, dann geht's zurück zur Basis – es bleibt bei zwei Namen auf der Liste. Ich belege für den Rest des Tages die Hängematte, lasse mich und meine Seele baumeln.

Cozumel ist klein, obwohl es die größte Insel Mexikos ist. Allerdings wächst die Bevölkerung jeden Tag innerhalb von Minuten um einige hundert oder gar tausend Menschen, nämlich dann, wenn wieder eines der gewaltigen Kreuzfahrtschiffe hier anlegt. An manchen Tagen liegen drei Ozeanriesen vor der Stadt, für ein paar Stunden nur, damit die Gäste die Insel überschwemmen können. Obwohl, das stimmt nicht, sie überschwemmen nur die Hauptstraße direkt am Meer. Dementsprechend haben sich teure Läden dort angesiedelt. Juweliere verkaufen Rolex, Tag Heuer, Hublot und Breitling, drei Straßen weiter im Insel-Inneren könnte man für das Geld zigtausende Tacos kaufen. Heute liegen vor Anker: die Carnival Paradise, die Carnival Elation und noch ein anderes Schiff des Karneval-Vereins... Gestern war es die Disney Magic und heute Abend lief die Allure of the Seas ein, das derzeit größte Kreuzfahrtschiff der Welt, mit – laut Wikipedia – Platz für 6300 Passagiere und 2100 Besatzungsmitglieder. Wahnsinn.

Freitag, 28. September

Eine Hand auf Atemregler und Maske, die andere am Bleigurt. Eine Rolle rückwärts befördert mich ins blaueste Blau, in dem ich jemals getaucht bin. Mein letzter Tauchgang liegt fast genau ein Jahr zurück, und doch bin ich sofort wieder in meinem Element. Cozumel gilt als eines der besten Tauch-Reviere der Welt, mit enormen Sichtweiten, intakten Riffen, Großfischen und jeder Menge bunter Korallen. Wir gleiten in die Tiefe, auf die Korallen zu, auf die vielen verschiedenen Arten von Fischen. Es sind vielleicht nicht alle Farben zu sehen, die man sich vorstellen kann, aber die Riffe und ihre Bewohner sind unglaublich bunt. Einfarbig, gestreift, gepunktet oder sonst wie verziert – jede Sekunde entdeckt das Auge etwas Neues, Schönes. Beim zweiten Tauchgang driften wir ziemlich schnell über ein flaches Riff in rund 18 Meter Tiefe, ich schätze, es dürfte etwa in Schrittgeschwindigkeit gewesen sein.

Versuche, kurz anzuhalten, um etwas am Riff näher zu betrachten, zehren unheimlich an den Kräften – man braucht gar nicht versuchen, gegen die starke Strömung anzuschwimmen, das kostet nur unnötig Luft. Völlig entspannt, mit leichten Flossenschlägen lassen wir uns treiben und schweben an einer ziemlich großen Schildkröte vorbei. Angler und Taucher neigen gerne zur Übertreibung, aber ich schätze die Schildkröte gut und gerne auf 1,50 Meter, wenn nicht länger.

Samstag, 29. September

Mit meinen etwas mehr als zwei Dioptrien kann ich unter Wasser relativ gut sehen, alles was ein paar Meter entfernt ist, erkenne ich problemlos. Aber vielleicht sollte ich mir für solche Tauchgänge doch Kontaktlinsen zulegen. Als Isaac, unser Tauch-Guide, plötzlich ganz aufgeregt auf etwas zeigt, Handbewegungen macht und sehr schnell in die Richtung schwimmt, sehe ich zunächst gar nichts in der Ferne. Obwohl der (Spotted-Eagle-Ray)-Rochen, der langsam über den Sandboden gleitet, gut und gerne drei Meter Spannweite hat. Ich erkenne ihn erst, als ich näher komme. Beeindruckend. Obwohl wir ausreichend Abstand halten, verschwindet er schnell wieder im tiefen Blau. Auch den etwa zwei Meter langen Hai erkenne ich erst spät, naja, fürs Tauchen demnächst in Honduras werde ich mir was überlegen müssen, vielleicht Tageslinsen aus der Apotheke.

Wir gleiten über einen Vorsprung, machen kehrt, tauchen zum Eingang der kleinen Höhle und Guide Isaac leuchtet mit seiner Lampe direkt auf den Kopf einer langen und dicken Muräne. Sie starrt uns an und scheint das schon zu kennen, Isaac sagt, sie liegt dort immer, wohnt da quasi. Hart- und Weichkorallen, kleine bunte Schnecken, große Papagei-Fische – hier wird es garantiert nie langweilig.

Die großen Barrakudas, die blitzschnell um uns herum flitzen und immer wieder ihre blitzenden Flanken zeigen, sind ein schöner Abschluss des Tauchgangs. Hai, Muräne, mehrere Schildkröten, Manta-Rochen – alles in nur einem

Tauchgang! Da stinkt der Feuerfisch, den wir gegen Ende des Tauchgangs sehen, ganz schön ab. Ich glaube dem Guide sofort, dass das hier nichts Ungewöhnliches ist. Die 180 Dollar für vier Tauchgänge inklusive Leihausrüstung sind jedenfalls gut angelegt; zwar kein Schnäppchen, für dieses Revier jedoch absolut fair. Ich nehme die nächste Fähre zurück nach Playa del Carmen und sitze den Rest des Tages im Hostel und schreibe Tagebuch.

Sonntag, 30. September

Ich brauche nicht lange bis Tulum und sehe dort zufällig die Israelin Talia am Straßenrand entlang gehen. Wir hatten uns hier mehr oder weniger verabredet, ich wusste aber nicht, in welchem Hostel sie war. Ein ziemlich schäbiges, aber irgendwie noch erträgliches Hostel ist gleich nebenan, und weil der Preis stimmt, checken wir beide ein. Gleich gegenüber ist eine Tauchbasis, und da wir beide in den Cenoten – sowas wie Höhlen, dazu später mehr – tauchen wollen, gehen wir rüber und unterhalten uns recht lange mit dem sympathischen Tauch-Guide Paolo. In zwei Stunden geht eine Tour mit bislang nur zwei Personen zur berühmtesten Cenote der Gegend – zu den „Dos Ojos“. 89 Dollar für zwei Tauchgänge all inclusive klingt gut und ich sage zu. Talia entscheidet sich für eine andere Gegend, die Paolo aber erst morgen anfährt und die zudem mit 160 Dollar deutlich teurer ist. Lisa, eine junge Deutsche, und der Mexikaner Eduardo (ich glaube, er hieß Eduardo) sind die anderen beiden Taucher. Guide Paolo fährt uns zu den „Dos Ojos“ und brieft uns am Eingang der Höhle für die beiden Tauchgänge.

Cenoten sind offiziell keine Höhlen, und selbst weniger erfahrene Taucher dürfen rein. Ob das so gut ist, weiß ich nicht, denn für mich sieht es schon wie eine Höhle aus – und wenn da ein Anfänger unter Wasser Panik kriegt... Paolo und Wikipedia erklären die Entstehung der Cenoten auf die Schnelle so: Im Laufe von hunderttausenden von Jahren löst sich Kalkstein im Boden auf und wird durch Grund- und Regenwasser ausgewaschen, Höhlen entstehen, und wenn die Decken der Höhlen einstürzen nennt man das entstandene Loch Cenote. Dort kann man reinspringen, baden, schnorcheln – alles völlig gefahrlos. Interessant wird es natürlich, wenn man – so wie wir – in die alte Höhle hinein taucht. Paolo betont, dass Cavern-Diving nicht Cave-Diving sei, wir würden immer (oder meistens) irgendwo noch ein klein wenig Tageslicht sehen. Außerdem sei die Höhle nicht überall komplett geflutet, man könnte auch schnell mal hoch, wenn man Panik kriegt. Hier wäre ein schnelles auftauchen unproblematisch, denn die Tauchgänge sind sehr flach, nur etwa zwischen zwei und acht Meter tief. An manchen Stellen in der Höhle stehen Stopp-Schilder unter Wasser, und man sollte tunlichst davor bleiben, um sich nicht zu verirren. Vor sechs Monaten sind ein anderen Höhle ganz in der Nähe drei Taucher gestorben, man fand die Leichen hundert Meter hinter dem Schild...

Jedenfalls, nach dem Briefing geht's wieder hoch zum Van, wir schnallen unser Geraffel an und einer nach dem anderen springt ins kühle Nass. Es ist wirklich kühl, 24 Grad hören sich warm an, aber mit einem dünnen Nass-Anzug ist es nicht so kuschlig. Wir folgen Paolo jeweils in zwei Meter Abstand zum Vordermann, jeder von uns hat eine eigene Tauchlampe. In mein Logbuch zeichne ich bei Sichtweite hinterher das Unendlich-Zeichen. Man kann sich gar nicht vorstellen, wie klar das Wasser ist.

Paolo spricht von theoretischen Sichtweiten von 200 Metern. Theoretisch, weil es nicht 200 Meter geradeaus geht, sondern immer wieder um Ecken, hoch und runter, um Felsen herum und so weiter. Nicht mal in einem Schwimmbad ist das Wasser so klar wie hier. Da es Felshöhlen sind, wirbeln wir kein Sediment auf, der letzte

Taucher sieht genauso viel wie der erste. Wir folgen dem gelben Band mit den kleinen Pfeilen, die zum Ausgang zeigen. Hin und wieder scheint Sonnenlicht durch eine Öffnung und wirft eng begrenzte Strahlen auf den Höhlenboden. An vielen Stellen ist die Höhle über uns komplett geschlossen, wir decken unsere Lampen ab und es wird fast vollständig dunkel. Der Vordermann ist gerade so noch zu erkennen, sonst nichts. Ich greife das Seil, schließe meine Augen für 15 Sekunden und hangele mich am Seil entlang. Schon ein bisschen unheimlich.

Beim zweiten Tauchgang erreichen wir unterwegs eine Höhle, in der Fledermäuse von der Decke baumeln, sich angestrahlt von unseren Scheinwerfern fallen lassen und ein paar Runden in der Höhle drehen. Es geht weiter, überall Stalagmiten und Stalagtiten, bizarre Felsformationen – einfach Wahnsinn. Ich kann nur jedem Taucher empfehlen, einmal in den Cenoten zu tauchen, falls der nächste Urlaub sowieso auf die Yucatan-Halbinsel gehen sollte. Im Bundesstaat Quintana Roo gibt es die meisten Cenoten, ein paar wenige auch in Yucatan.

Tja, gerne hätte ich euch Bilder gezeigt, aber die GoPro hat in der Höhle nicht ein einziges anständiges Bild zustande gebracht – es ist einfach zu dunkel dort, selbst mit den Lampen. Ihr solltet bei Google „diving dos ojos" eingeben und euch die Bilder anzeigen lassen. So, das soll es erst einmal wieder gewesen sein. Viele Grüße aus Belize!

Montag, 1. Oktober

Nach mehr als vier Wochen und über 7000 Kilometern in Mexiko fahre ich heute weiter nach Belize. Ich habe Mexiko als schönes Reiseland kennengelernt, mit tollen Motorradstrecken, sehr netten Einheimischen, einer unglaublich schönen Unterwasserwelt und karibischen

Stränden. Reisende, die aus den USA kommen, sollten einfach nicht alles glauben, was dort über Mexiko erzählt wird. Die Amis haben doch Angst vor allem und jedem. Sicher gibt es Gegenden, von denen man sich fernhalten sollte, etwa die größeren Grenzstädte im Norden des Landes. Aber wer will da schon länger bleiben? Man hat uns Drogen und Frauen angeboten, wir haben Waffen gesehen, aber mal im Ernst – in welcher deutschen Großstadt gibt es das nicht?

Ich kann mich an keinen einzigen Mexikaner erinnern, der mir böse gesinnt oder unfreundlich war. Weder die Soldaten an den vielen Militär-Kontrollen, noch die Polizisten bei der einzigen Verkehrskontrolle. Oft wurde mir aus Autos zugewunken, der Daumen gehoben oder Fragen zum Motorrad gestellt. 99 Prozent der Mexikaner sind wie wir, und mit dem drogendealenden, tötenden restlichen Prozent hat man ohnehin nichts zu tun. In einer Bar auf Cozumel waren Talia und ich die einzigen Weißen unter bestimmt 50 Mexikanern – überhaupt kein Problem. Der alte Kellner stellte sich als Jose vor, machte Fotos mit uns und unterhielt sich mit uns so gut es ging. Ob an der Tankstelle oder in der Art Baumarkt, als ich einen Karabinerhaken suchte – jeder will helfen. Gut, heute am letzten Tag musste ich an der Tanke mit Dollar zahlen und der Tankwart hat mir einen ziemlich schlechten Kurs gegeben – was soll's. Moment, einer kommt noch, und zwar gleich im nächsten Abschnitt. Also: keine Angst vor Mexiko.

Mittelamerika

Tauchen, Diebstahl, Gift und Werkstätten

Ich muss früh aufstehen, weil ich gestern im Van von Tauch-Guide Paolo mein T-Shirt vergessen habe und er 7.30 Uhr zum nächsten Tauchgang abfährt. Danach geht's direkt nach Chetumal, der Grenzstadt zu Belize. Ich nähere mich dem Grenzübergang und sofort springt mir förmlich jemand vors Rad. Ich solle ihm folgen, er weiß, was gemacht werden muss. Er trägt zwar eine Krawatte, wahrscheinlich um offiziell auszusehen, aber ein ziemlich schmutziges rotes Hemd. Also kein Offizieller. Er ist mir sofort unsympathisch und ich beachte ihn nicht weiter.

Ich muss zum Immigration-Office und meine Touristenkarte wieder abgeben, die ich bei Einreise erhalten habe. Oft habe ich gelesen, dass manchmal versucht wird, auch eine Ausreisegebühr zu kassieren. Der komische Typ bleibt neben mir, bis zum Schalter des Immigration-Officers, und sagt, die Ausreise koste 25 Dollar. Vermutlich steckt er mit dem Beamten unter einer Decke, denn auch er will die Gebühr kassieren. Ich sage Nein, gebe ihm die Touristenkarte und warte. Er will eine Quittung von der Einreise sehen und es ist mir eine große Genugtuung, als ich sie aus meinem Rucksack hole. Er sieht sie sich an und knallt etwas missmutig, ohne ein weiteres Wort zu sagen, den Stempel in den Pass. Ich schenke seinem schmutzigen Lakaien mein süßestes Lächeln und fahre weiter zum nächsten Schalter, an dem die Fahrzeugdokumente abgefertigt werden. Die junge Dame ist freundlich, seriös und erledigt alles schnell und korrekt. Das Motorrad ist offiziell wieder ausgeführt, die 400 Dollar Kaution werden meinem Konto wieder gutgeschrieben.

Aus Mexiko bin ich also raus. Ich fahre weiter Richtung belizianischer Grenzstation, als mir schon wieder ein paar Halbstarke zurufen, ich solle anhalten, weil ich eine Versicherung brauche. Das weiß ich selber, aber ich höre nie auf die, die am lautesten schreien und fahre weiter. Belize ist das einzige Land in Mittelamerika, in dem Englisch Amtssprache ist. Die Beamten der Einwanderungsbehörde sind nett und professionell, schnell habe ich meinen Stempel im Pass und die Yamaha ist auch gleich mit eingetragen. Beim Zoll will der Beamte nur den Stempel sehen, zu verzollen habe ich nichts – Gute Fahrt und viel Spaß in Belize! Das war ja einfach. Und hat insgesamt keine 30 Minuten gedauert. Siehe da, gleich hinter der Grenze gibt es ein offizielles Büro, das Versicherungen verkauft. Eigentlich möchte ich nur eine für drei Tage kaufen, weil ich gelesen habe, dass sie sechs US-Dollar pro Tag kostet und ich vermutlich sowieso nicht länger hier bleibe. Leider kostet sie pro Tag 12 US-Dollar, die Woche 29, also kaufe ich die Versicherung für eine Woche.

Zehn Kilometer hinter der Grenze liegt das Örtchen Corozal. Gestern habe ich mir die Adresse einer kleinen Pension rausgesucht und fahre dorthin, über eine gute Schotterpiste, die Adresse liegt etwas außerhalb. Vor mir überquert plötzlich ein Nasenbär die Straße, doch er verschwindet so schnell in den Büschen, dass ich kein Foto machen kann. Die Pension ist teurer als ich dachte, und 50 US-Dollar ist es mir nicht wert. Der Sohn der amerikanischen Familie gibt mir aber den Tipp für ein günstiges Hotel in der Stadt, direkt am Wasser, mit abgeschlossenem Parkplatz und das alles für nur 20 US-Dollar. Dort checke ich ein, setze mich auf die Terrasse und schaue aufs Meer. Eigentlich ist es eine flache Bucht, das Meer liegt hinter einem dichten Mangrovenwald einige hundert Meter entfernt. Erinnert mich an Florida, obwohl ich noch nie dort war, vielleicht weil ich es so von

Bildern kenne. Immer wieder sehe ich etwas aus dem Wasser ragen und wieder verschwinden. Krokodile? Ja, die gibt's hier auch, sagt einer der Mitarbeiter, aber das was immer wieder auftaucht sind Manatis – Seekühe. Wirklich Wahnsinn, was ich während der Reise bislang schon alles für Tiere gesehen habe.

In einem Reiseführer, der im Hotel liegt, lese ich, dass sich in Belize viele amerikanische und britische Rentner niederlassen – eben, weil Englisch gesprochen wird. Tatsächlich ist der Hotel-Besitzer aus Wales, und oft ruft er von der Terrasse einigen Bekannten etwas in Englisch zu, offensichtlich auch Zugezogene. Der ehemalige Kapitän mit krausem Haar und Bierbauch gibt mir noch ein paar Tipps, welche Straßen gut sind und welche nur Schotterpisten sind. Dazu muss ich sagen, dass es in Belize laut meiner Karte eigentlich nur zwei größere Straßen gibt.

Einige Abkürzungen führen über Schotterpisten durch den Dschungel, ich bezweifle aber, dass man auf ihnen schneller vorankommen würde. Außerdem seien die Pisten oft überschwemmt, und manchmal seien auch

Brücken kaputt. Also gut, da ich ohnehin etwas unter Zeitdruck stehe, nehme ich die normale Straße. Rauer, aber sonst guter Asphalt, keine Seiten- und Mittelmarkierungen und insgesamt deutlich schmalere Straßen als in Mexiko – so sehen die Strecken in Belize aus. Die Vegetation unterscheidet sich gegenüber Mexiko ein wenig. Zwar säumen immer noch dichte Regenwälder, Palmen und Büsche meinen Weg, aber es sind andere Pflanzen und Bäume als in Mexiko. Alles wirkt deutlich uriger und unberührter, angeblich sind 60 Prozent des Landes dichter Wald, außerdem gibt es in Belize das einzige Jaguar-Reservat der Welt.

Belize hat ungefähr die Größe Hessens und nur etwas mehr als 300.000 Einwohner. Und von denen sind anscheinend auch nicht gerade sehr viele unterwegs, denn die Straßen sind ungewöhnlich leer. Kaum Verkehr, in den vielen kleinen Dörfern, die ich durchquere, sehe ich kaum Menschen. Hin und wieder kommen mir Kinder in ihren Schuluniformen entgegen. Ich weiß nicht, ob jede Schule die Farben selbst bestimmen kann, in einer jedenfalls tragen die Jungs dunkelblaue Hosen und hellblaue Hemden, die Mädchen dunkelblaue Röcke; in einer anderen tragen die Mädchen rosa Röcke.

Etwas später sehe ich wieder Uniformen, diesmal in leuchtendem Orange. Die Träger haben zwar keine große Kugel am Bein, sind aber dennoch Häftlinge, die von mehreren bewaffneten Wärtern beobachtet werden. Die Häftlinge schwingen Macheten und mähen so eine Wiese. Ein paar hundert Meter früher stand ein Schild an der Straße, dass man auf dem nächsten Abschnitt nicht anhalten soll. Nichts liegt mir ferner.

Schon oft habe ich gelesen und gehört, dass Belize City sehr gefährlich sein soll. Gut, das haben viele Amerikaner auch über Mexiko gesagt, und ich hatte überhaupt keine

Probleme und nur wenige Sicherheitsbedenken. Nachdem mir aber der Hotelbesitzer in Corozal versichert hat, dass es in Belize City ohnehin nicht viel zu sehen gäbe, gehe ich lieber kein Risiko ein und umfahre die Stadt. Ich erreiche eine kleine Stadt, unscheinbar, ein paar Banken und Tankstellen, einige Geschäfte, eine Universität, sonst nichts Besonderes. Aber: Belmopan ist die Hauptstadt Belizes. Ich brauche dringend Geld, das Hotel gestern und ein bisschen Benzin heute habe ich in US-Dollar bezahlt. Der Kurs Belize-Dollar zum US-Dollar ist auf zwei zu eins festgesetzt und ändert sich auch nicht. Die meisten Tankstellen und Hotels akzeptieren US-Dollar. Doch selbst davon habe ich nicht mehr viele in bar dabei. Ich gehe in eine Bank und rate euch: Geht nicht am Zweiten eines Monats in eine Bank in einem Land, in dem der Lohn per Scheck gezahlt wird. Vor mir stehen bestimmt 15 Leute, jeder mit Scheck und Karte in der Hand. Und die belizischen Bankbeamten lassen sich Zeit. Irgendwann bin ich dran und bekomme problemlos meinen US-Dollar-Traveler-Check in Landeswährung ausbezahlt.

Weiter geht's durch den Dschungel, durch kleine Dörfer, über schmale Brücken, an Schulen und winzigen Läden vorbei. Ich erreiche Hopkins, ein Dorf mit schmalem Strand und keinen Straßen. Schon an der Abzweigung hierher habe ich ein Schild zu einem Hostel gesehen, und ich finde es auch recht schnell.

Will, der Besitzer des „Funky Dodo"-Hostels ist Amerikaner, etwa 30 Jahre alt, leicht verlottert und anscheinend gerade bekifft. Außer mir sind im Hostel nur noch zwei andere Reisende; eigentlich nur einer, denn der andere ist schon länger hier und wird hier wohl auch bleiben. Überall liegt Zeug herum: Eimer, Baumaterial, Holzlatten, Pappschachteln, Kokosnüsse und was weiß ich noch alles. Jedenfalls sieht es ziemlich schäbig aus. Die sieben US-Dollar für ein Bett im Mehrbett-Zimmer sind für belizische Verhältnisse jedoch günstig. Denn: Belize ist eines der teuersten Länder in Mittelamerika. Den Rest des Abends lese ich und trinke Belikin, das belizische Bier, das einfach furchtbar schmeckt. (Zu meiner Was-ich-vermisse-Liste kommt also noch Holsten-Pilsener hinzu.)

Dienstag, 2. Oktober

In zwei Tagen will ich in La Ceiba an der Nordküste Honduras sein. Bis dahin liegen rund 800 Kilometer vor mir. Gegen 6.30 Uhr bin ich unterwegs Richtung Grenze. Wieder passiere ich Belmopan (es gibt keine andere Straße nach Guatemala) und erreiche anderthalb Stunden später die Grenze. Ich weiß, dass alle Papiere in Ordnung und beisammen sind, und dennoch ist es jedes Mal aufregend, sich dem Schlagbaum zu nähern. Meine Bedenken sind völlig unbegründet. Der Beamte der Einwanderungsbehörde stempelt meinen Pass, der Zoll entstempelt das Motorrad aus dem Pass, und schon bin ich wieder raus aus Belize. Ganz so einfach geht es leider nicht weiter, aber ich rechne immer mit dem Schlimmsten und freue mich dann, wenn es besser kommt. Die Grenze zu Guatemala ist recht unscheinbar, lediglich ein paar orange Pylonen und ein Beamter halten mich davon ab, einfach durchzufahren. Er erklärt mir, dass ich kurz zurück müsse, um das Motorrad desinfizieren zu lassen. Das mache ich, fahre aber fälschlicherweise durch das große Tor, das eigentlich für Autos gedacht ist, und werde von oben bis unten kräftig eingesprüht. Vielleicht ganz gut, denke ich mir, denn seit ein paar Tagen bevölkern Hunderte winzige Ameisen das Motorrad, und weder Regen noch Fahrtwind haben sie bislang vertrieben.

Die Yamaha ist besprüht, auf zum nächsten Schalter. Wie immer geht meine Einreise recht schnell, aber fürs Motorrad brauchen die Beamten etwas länger. Der honduranische Bürohengst sieht, dass die Yamaha nicht auf meinen Namen läuft. Wieder zücke ich das bunte und sehr offiziell aussehende Schreiben von Yamaha (in drei Sprachen), und nachdem er es anscheinend mehrmals gelesen hat, geht er weiter seiner Arbeit nach. Ich zahle rund 20 US-Dollar am Bankschalter nebenan ein, bekomme noch irgendeinen Wisch und nach rund einer halben Stunde haben wir es endlich geschafft. Der ganze Aufwand für nur einen oder zwei Tage in Guatemala – ich bin doch nur auf der Durchreise.

Mein Tagesziel Rio Dulce erreiche ich am Nachmittag; am Straßenrand frage ich zwei Touristen, wo ein bestimmtes Hostel ist und zufällig sind sie auch dort, erklären mir den Weg dorthin. Schon oft habe ich gelesen, dass Guatemala unglaublich günstig sein soll, und so wundert es mich nicht, dass das etwas durchgelegene Bett umgerechnet nur rund vier US-Dollar kostet. Direkt über dem Wasser, mit eigenen Restaurant, W-Lan und sicherem Parkplatz – billiger geht's nicht.

Mittwoch, 3. Oktober

So früh wie heute bin ich schon lange nicht mehr aufgestanden. Schon zehn nach sechs bin ich unterwegs, halte in der Stadt noch kurz am Geldautomaten und freue mich unendlich über das Geräusch des Automaten, als er das Geld abzählt. Denn vor der Grenze zu Honduras liegt keine andere Stadt mehr und ich habe nur noch wenige US-Dollar bei mir und überhaupt keine Quetzales, die Währung hier in Guatemala.

Auf der Straße habe ich plötzlich einen Lkw mit Sattelauflieger vor mir. In Kurven kann ich sehen, dass die rechten Zwillingsreifen der letzten von drei Achsen nur noch in Fetzen auf der Felge hängen. Der Auflieger ist leer und die Achse ist pneumatisch angehoben, die Räder haben also keinen Bodenkontakt. Gut, vielleicht fährt er nur bis zur nächsten Werkstatt. Das aber mit einem Affenzahn. Mit mehr als 90 Sachen brettert er über die schmalen Straßen, durch Dörfer, überholt alles und jeden. Ich bleibe dahinter und sehe, dass der linke Stoßdämpfer nur noch in seiner oberen Halterung hängt, unten baumelt er einfach umher. Durch seinen Fahrstil fällt irgendwann ein ziegelsteingroßer Holzklotz vom Auflieger direkt vor mir auf die Straße, und ab diesem Zeitpunkt vergrößere ich meinen Sicherheitsabstand deutlich. Unzählige riskante Überholmanöver folgen, einmal setzt er vor einem langen Anstieg an, um zwei Tanklaster zu überholen. Eigentlich schon auf dem Hügel, ohne dass er irgendetwas vor sich sehen konnte, schert er vor den Tankern wieder ein. Das nächste Fahrzeug, das uns etwa zehn Sekunden später entgegen kommt, ist ein Bus...

Am Grenzübergang eine Überraschung: so schnell wie hier ging es bislang in noch keinem Land. Vielleicht liegt es daran, dass es so früh ist. Jedenfalls, der Beamte stempelt ruck zuck meinen Pass, der nächste will die Zettel fürs Motorrad und den Sticker von der Windschutzscheibe haben, den ich bei der Einreise bekommen habe. Dann wünscht mir einer der beiden noch auf Deutsch eine „Guten Reise" – nicht schlecht für diesen abgelegenen Grenzübergang. Schnell und freundlich, wenn es so weiter geht, verlieren die Grenzübertritte in Mittelamerika ihren Schrecken. Zumal man immer wieder von anderen Reisenden liest, dass sie sich stundenlang an der Grenze herumschlagen mussten. Aber das kann mir auch noch passieren

Auch die Einreise nach Honduras gestaltet sich recht angenehm. Vor dem Schalter stehen ein paar Backpacker, ein Mann reicht mir ein Formular, das ich ausfüllen muss, bevor ich an den Schalter komme. Alles geht schnell und unkompliziert, ich zahle 30 irgendwas, die ich nicht habe, die mir aber ein älterer Amerikaner hinter mir in der

Schlange borgt. Wir unterhalten uns und haben beide die Währungen, die der jeweils andere braucht. So werde ich meine letzten Quetzales los und bekomme dafür von ihm honduranische Lempira (aha, so heißt die Währung hier) plus fünf US-Dollar, weil es sonst nicht reichen würde. Wir haben beide ein gutes Geschäft gemacht, mit dem besten Kurs und ohne Gebühren.

Ich bin nun also in Honduras, die Yamaha aber noch nicht. Am Zoll-Schalter sitzt eine junge Frau, allein, und sie spricht kein Wort Englisch. Na das kann ja heiter werden, denke ich mir und lege ihr einfach alle Fahrzeug-Papiere und Dokumente hin und erkläre kurz, was wofür ist. Sie sieht sich alles genau an. Minutenlang. Irgendwann stützt sie ihren Kopf auf die Hand, blättert langsam durch die Scheine und sieht nicht glücklich aus. Sie weiß, was ich will, und irgendwann fängt sie langsam an, ein Formular auszufüllen. Ständig fragt sie mich Daten zum Motorrad, die ich ihr sage und die sie dann einträgt. Ja, das Motorrad hat zwei Zylinder. Und es ist Baujahr 2012. 1200 Kubikzentimeter Hubraum. Hier steht die Fahrgestellnummer. Usw. usw. Gemeinsam kriegen wir es hin. Sie braucht jeweils drei Kopien von: Reisepass und nationalem sowie internationalem Führer- und Fahrzeugschein. Angeblich gibt es hier keinen Kopierer – was ich ihr nicht glaube – und so fahre ich zweihundert Meter weiter zu einem Hotel, lasse dort die Kopien machen, fahre zurück und überreiche ihr den Stapel. Wieder muss ich zahlen, diesmal umgerechnet rund 35 US-Dollar und ich bin heilfroh, dass ich vorhin mit dem Ami Geld tauschen konnte. Geschafft!

Unmittelbar hinter der Grenze steht die Polizei. Ich halte an. Der Polizist sieht mich an. Ich sehe ihn an. Wir zucken beide mit den Schultern und mit einer lässigen Handbewegung bedeutet er mir, weiter zu fahren. Bestens. Etwas später erneut eine Verkehrs-Kontrolle, der junge Polizist kommt an, schüttelt mir die Hand und lächelt. Er will einfach mal das Motorrad sehen. Er fragt, wohin ich will und ich zeige es ihm auf dem Navi – auch das freut ihn. Er schickt mich schnell weiter. Hoffentlich sind hier alle Polizisten so easy drauf. Leider weiß ich nur selten, wie schnell ich fahren darf, denn es gibt nur sehr weniger Schilder. Die meisten zeigen 40 oder 60 km/h, manchmal auch auf Landstraßen. Gilt das nun für die Brücke, über die ich gerade gefahren bin oder für die gesamte Strecke? Keine Ahnung, und unter Umständen kann das mit der Polizei dann irgendwann doch noch Probleme geben.

Ich erreiche La Ceiba an der Nordküste und frage mich zum örtlichen Yamaha-Händler durch. Während ich in den nächsten Tagen auf der Insel Utila tauchen werde, sollen die den defekten Gabel-Simmerring wechseln. Beim Händler kommt ein junger Mitarbeiter mit raus und außer einem „Holy Shit!", als er die XT1200Z sieht, kann er mir nicht helfen. Aber zum Glück seine Kollegen, denn ich bin hier in dem Laden, der hauptsächlich Bootsmotoren und Jet-Skis repariert. Er beschreibt mir den Weg zur Yamaha-Motorrad-Werkstatt, und dort wird mir geholfen. Zumindest hoffe ich das, denn ich bin nach wie vor skeptisch, ob die Mechaniker hier eine moderne Upside-down-Gabel fachgerecht reparieren können. Zunächst denken die Mechaniker, ich will nur Öl kaufen und das auffüllen, was bereits rausgelaufen ist. Na toll, so wird hier also repariert...

„Nein", sage ich, „ihr sollt den Simmerring wechseln, ich habe ihn sogar dabei. Was kostet das denn?" Der Werkstattchef überlegt, rechnet kurz und zeigt mir den Taschenrechner: 22 US-Dollar. Ich sehe ihn überrascht und ungläubig an. „Ich weiß, dass es in Honduras billig ist, aber für das Geld könnt ihr das unmöglich korrekt reparieren, denn das dauert deutlich länger als eine

Zigarettenpause." Er schaut nochmal in seine Unterlagen, sieht sich die Arbeitszeiten an und sieht wohl ein, dass er mit dem ersten Preis etwas zu niedrig lag. Die 80 US-Dollar inklusive Öl, die er mir nun nennt, erscheinen realistischer – zumindest für Honduras. „Und ihr könnt das wirklich reparieren?", frage ich ihn mehrfach. Der Chef nickt. Ein ungutes Gefühl bleibt, aber was soll ich machen? Der Simmerring muss schließlich erneuert werden. Den Zündschlüssel nehme ich vorsichtshalber mit, obwohl der Chef mich bittet, ihn dort zu lassen. „Nix da, Motorrad und Schlüssel lasse ich nicht zusammen aus den Augen, sorry. Ich habe nur den einen Schlüssel mit, der andere ist in Deutschland." Ich ziehe mich um, packe meinen Rucksack für die Insel, nehme ein Taxi zum Hafen und die nächste Fähre nach Utila. Mit der Reparatur schlage ich übrigens gleich zwei Fliegen mit einer Klappe, denn ich muss mich nicht um einen sicheren Parkplatz für das Bike kümmern, während ich auf der Insel bin.

Die „Utila Princess II", je nach Wellengang auch als Vomit-Comet (frei übersetzt: Kotzbomber) bekannt, bringt uns in einer Stunde rüber. Wenn Ryanair mal ins Fähr-Geschäft einsteigen sollte, dürften die Boote so aussehen, wie dieses. Harte Plastikbänke, die Fenster so hoch, dass man nicht rausgucken kann, die Ausgänge nicht gekennzeichnet. Wegen der hohen Fenster kann man den Horizont nicht als Fixpunkt anvisieren, als nehme ich die Wolken, und für eine Stunde funktioniert das. Das scheint nicht jeder zu wissen, denn kurz vor Ende der Fahrt wabert doch noch der saure Geruch frischer Kotze durchs Boot.

Gleich hinter dem Pier liegt die Tauchbasis Captain Morgans. Ich habe reserviert und werde schon von Mags erwartet, meiner Instruktorin für die nächsten Tage. Nach dem üblichen Papierkram gehe ich drei Minuten die Hauptstraße entlang zum Hotel, das zur Basis gehört.

Donnerstag, 4. Oktober

Kevin, der amerikanische Besitzer der Basis und des Hotels, lebt schon seit 18 Jahren hier auf der kleinen Insel und hat sich seinen Traum erfüllt. Er zeigt mir das Hotel und vermutlich ist es das einzige auf der Insel, das einigermaßen nach amerikanischen oder europäischen Standards gebaut ist. Während der Großteil der Häuser auf Utila aus Holz besteht und alle nicht sehr robust aussehen (einem Hurrikan werden sie nicht standhalten), hat Kevin in den letzten anderthalb Jahren sein Haus aus Steinen gebaut. Er erzählt, dass ihn das ohne Ende Nerven gekostet hat, weil die Einheimischen einfach überhaupt keine Ahnung haben, langsam und zudem nicht gerade ehrgeizig sind.

Einige Sachen mussten sie dreimal machen, manchmal hat Kevin es dann einfach selbst erledigt. Jedenfalls, ich lobe sein wirklich schickes Haus, die sauberen, modernen Zimmer, und der Chef freut sich und ist sichtlich stolz. Die nächsten Tage beginnen immer sehr früh. 6.45 Uhr an der Tauchbasis, 7.30 Uhr legt das Boot ab und bringt uns jeden Tag an andere schöne Spots. Mit uns meine ich meistens nur Mags, die Instruktorin, und mich. Hier herrscht gerade absolute Low-Saison und was den Chef ärgert, freut mich, denn ich muss nicht mit einer Horde anderer Taucher ins Wasser. Perfekte Bedingungen. Utila ist nicht etwa durch seine Großfische, farbenprächtigen Riffe oder spektakulären Wracks bekannt geworden, sondern weil es vor allem eines ist: billig. Zehn Tauchgänge gibt's hier schon für 250 US-Dollar – auf Cozumel in Mexiko hätte es mehr als das Doppelte gekostet (wäre aber auch schöner gewesen). Die komplette Leih-Tauchausrüstung ist bereits im Preis enthalten. Von daher ist Utila besonders bei Leuten beliebt, die hier ihren Tauchschein machen oder so wie ich einfach ein paar Tage billig tauchen wollen. Ungefähr zehn Tauchbasen buhlen um die Gäste, jeden Tag kommen Rucksack-Touristen bei uns im Hotel vorbei und fragen, was es kostet und ob sie sich die Unterkunft ansehen können.

Wie überall in Mittelamerika ist auch auf Utila der Drogenhandel spürbar. Vielleicht ist das nicht für jeden Touristen ersichtlich, aber abends beim Bier erzählt Kevin einige interessante Stories. Utila gehört zu den Bay Islands an der Nordküste Honduras und liegt damit ziemlich verkehrsgünstig, was den Drogentransport aus dem Süden Richtung Mexiko angeht.

Während man auf der Straße ständig vom Militär kontrolliert wird, sieht es auf dem Wasserweg ganz anders aus. Vermutlich kann man mit kleinen schnellen Booten mit Zusatztanks in einem Rutsch nach Mexiko fahren. Kevin erzählt, dass hin und wieder Drogenpakete angespült werden, und so manch ein Fischer hatte plötzlich ein schickes neues Haus – weil er einen großen Fang gemacht hat, nämlich eines der Pakete in seinem Netz fand. Wie aus einem Film klingt auch die nächste Story, die unser Kapitän auf dem Tauchboot erzählt. Eines Abends sollte hier auf der Insel eine Drogenübergabe stattfinden. Das Paket wurde wie verabredet an einer bestimmten Stelle deponiert, aber statt des eigentlichen Empfängers kam zufällig jemand anderes vorbei und nahm die Tasche mit. Jemand hat das gesehen, die Jungs wollten ihr Koks zurück und sind mit gezückten Waffen in ein Haus gestürmt – allerdings ins Falsche. Irgendwie haben sie ihr Zeug dann doch noch wiederbekommen.

Und erst vor zwei Tagen wurde auf einer Utila vorgelagerten kleineren Insel eine Fischfabrik überfallen. Die Täter kamen mit dem Boot, hatten große tragbare Kühlboxen dabei, und als die alte Dame von der Fabrik den Fang sehen wollte, zogen die Räuber statt dicker

Fische große Flinten aus den Kühlboxen und ließen die Kasse mitgehen. Soll hier nicht ungewöhnlich sein, und auch ein anderer Kapitän (die wechseln sich untereinander ab) erzählt, dass im westlichen Teil der Insel fast jeder mit einer Waffe rumläuft.

Das soll mich und die anderen Taucher nicht kümmern, denn in der Stadt wird man zwar abends ständig aus dunklen Ecken angezischt, ob man nicht Gras kaufen möchte, ansonsten ist das „Zentrum", so nenne ich mal die Zone im Süden der Insel, aber eher ruhig und friedlich.

Aber nicht besonders schön. Direkt am Wasser stehen Häuser, die Grundstücke sind etwa 70 Meter lang. Dahinter verläuft die gegossene Betonstraße, etwa drei Meter breit und tagsüber viel befahren von Motorrollern, Quads, Golfwagen, Fahrrädern und rollenden Imbissbuden. Dahinter kommen wieder ein paar Häuser, die zehn Tauchschulen und ungefähr 20 Restaurants. Dazwischen Mini-Märkte, Obst- und Gemüsestände, ein Friseur und eine Handvoll Kirchen. (Einige Honduraner, wenn nicht fast alle, sind so gläubig wie die Mexikaner – und dann versucht mal, an einem Sonntag ein Bier zu bekommen...)

Vormittags tauchen, den Rest des Tages ausruhen, schnorcheln und lesen. Herrlich. Ich schaffe endlich meinen 750-Seiten-Wälzer von Charles Bukowski, und wie es der Zufall will, zieht am Nachmittag John mit in das Zimmer, ein Amerikaner, der ebenfalls großer Bukowski-Fan ist. John ist 26 oder 27 Jahre alt und hat 2005 und 2006 im Irak gedient. Sie wurden täglich bombardiert, und ich weiß nicht, was er alles erlebt hat, aber all das hat ihn schwer mitgenommen. Ich verstehe mich auf Anhieb gut mit ihm und er erzählt, dass er Depressionen hatte, lange in Behandlung war und nur schwer wieder unter Leute gehen kann. Der amerikanische Staat beziehungsweise das Militär zahlt ihm nun monatlich 1270 US-Dollar, vermutlich noch einige Jahre lang, so genau weiß er das nicht. Nicht viel, dafür dass man jahrelang ein nervliches Wrack war. Aber es ist genug, um bequem mit dem Rucksack zu reisen, und genau das macht John seit einiger Zeit mit Begeisterung. Ein Monat in Mexiko und ein Monat in Guatemala liegen hinter ihm, jetzt macht er hier seinen Tauchschein und zieht dann weiter Richtung Süden. Auch eine Art von Kur. Nächstes Jahr geht's für ihn dann mit dem Rucksack nach Asien.

Samstag, 6. Oktober

Nach vier Monaten und fast 30.000 Kilometern, unzähligen Hostels, Campingplätzen und mitunter dubiosen Kontakten wurde mir heute zum ersten Mal auf der Reise etwas gestohlen. Und zwar mein Telefon. Nicht etwa von finster dreinblickenden Kriminellen mit Pumpguns unter der Jacke, sondern vermutlich vom kleinen Nachbarsjungen, vielleicht fünf Jahre alt. Kevins Hotel hat zwei Etagen, in der oberen gibt es eine Terrasse mit Stühlen, Tischen und Hängematten – und nur einen Zugang. Offiziell. Dort habe ich tagsüber gelesen, dort stand mein Rechner, und am Rechner hing mein Telefon zum Laden. Irgendwann gehe ich runter zu Kevin, habe mich zu ihm an die Bar gesetzt und zwei, drei, vier Bier mit ihm getrunken. Die Treppe nach oben liegt nur ein paar Meter von der Bar entfernt, wir haben sie ganze Zeit im Auge. Alle Zimmer sind oben leer, bis auf eines, in dem gerade ein Paar wohnt. Irgendwann gehe ich kurz hoch und merke, dass das Telefon weg ist. Ich habe nur einen Rucksack mit, von daher ist die Suche schnell und erfolglos erledigt.

Ich möchte nicht alle Einzelheiten schildern, weil das den Rahmen sprengen würde (obwohl, welchen Rahmen eigentlich?), jedenfalls ist die Sache für Kevin mindestens genauso schlimm wie für mich, denn nun heißt es, dass bei ihm geklaut wird. Es dauert nicht lange, und der blonde kleine Teufel von nebenan steht unter Verdacht. Er klettert nämlich gerne von seinem Elternhaus über den Spalt zwischen den Häusern und das Geländer auf die Terrasse vom Hotel. Das letzte Mal erst diesen Nachmittag als ich in der Hängematte lag. Kevins Frau ist von hier und sie sagt, der Kleine sei eine Katastrophe und mache nur Ärger; sie war es auch, die ihn „Teufel" genannt hat. Ein paar Leute kommen hinzu, Kevins Frau telefoniert umher, natürlich erfolglos. Warum wir das andere, einheimische Paar vom Festland nicht in Verdacht haben? Weil sie Geld haben. Sie haben für zwei Tage ein Quad gemietet, für jeweils 45 US-Dollar – und das ist hier schon recht viel Geld. Die Frau sah zudem gut gekleidet aus, kurzum: wir sind uns sicher, dass sie es nicht waren.

Am nächsten Tag geht die Suche weiter, die Mutter kommt mit dem Teufel rüber, wir fragen ihn aus aber natürlich hat er nichts gesehen und gehört, viel sagen will er auch nicht. Ich sage euch, der war es, ober einer seiner langfingrigen Spielkameraden. Klar, nun könnte man sagen, selbst Schuld, was lässt er auch sein Zeug da offen liegen. Zum einen ist das richtig, aber es ist ein geschlossenes Hotel mit nur einem Aufgang nach oben, den wir die ganze Zeit im Auge hatten. Mein Trost: wer auch immer es mittlerweile hat, er wird mit dem Gerät keine Freude haben.

Ihr erinnert euch vielleicht noch daran, dass ich vor etwa drei Wochen in Guadalajara in Mexiko in einen Starkregen gekommen bin. Irgendwie ist dabei auch das Telefon feucht geworden und hatte seitdem ziemlich große Macken. So hat es am Anfang zum Beispiel von sich aus Nummern gewählt, beim Drücken der Power-Taste ging die Kamera an, wenn ich beim Mitteilungen tippen einen Buchstaben gelöscht habe, verschwand oft der ganze Text, es ließ sich kaum noch laden und schaltete sich ständig komplett aus, nur um dann wieder neu zu starten. Nach ein paar Tagen ging der Rest wieder einigermaßen, aber es ging nach wie vor ständig aus und wieder an – äußerst nervig. Die Probleme hatte es auch gestern noch, und so freue ich mich immerhin darüber, dass der Dieb damit verzweifeln wird. Verkaufen kann er es in dem Zustand nämlich mit Sicherheit nicht.

Mich ärgert weniger der Verlust des Gerätes. Vielmehr geht es mir um die Kontakte, Notizen und die Musik, die darauf waren. Mein letztes Backup liegt schon einige Monate zurück, ich werde sehen, welche Kontakte weg sind. Die Musik habe ich noch auf dem Rechner, auch das ist also nicht allzu schlimm, obwohl ich nun erst einmal während der Fahrt keine Musik mehr hören kann. Meine Freundin hat für mich die Sim-Karte sperren lassen, zum Glück ging das relativ schnell und unkompliziert. Aus Fehlern lernt man und von nun an werde ich wohl kein Zeug mehr irgendwo liegenlassen.

Sonntag, 7. Oktober

Sonntags schreibe ich ja nie viel, und dabei soll es bleiben. Nach zwei wenig spektakulären Tauchgängen schaukele ich den Rest des Tages in der Hängematte, lese und trinke abends mit John und Kevin an der Bar ein paar Biere.

Montag, 8. Oktober

Die Sonne nähert sich dem Horizont, in einer Stunde wird es dunkel sein. John und ich schnappen unsere Rucksäcke und gehen zur Tauchbasis – ein Nachttauchgang steht an. Instruktorin Mags erwartet uns bereits, wir trinken noch einen Kaffee und verladen dann unsere Ausrüstung aufs Boot. Zuvor war Chef Kevin leicht stinkig, denn von allen Tauchlampen im Schrank funktionierte noch eine, die zudem nach dem letzten Tauchgang nicht mit Süßwasser abgespült wurde. Mit neuen Batterien kriegen wir noch ein paar Lampen zum Leuchten und auf geht's.

Wir lassen uns ins Wasser fallen und die paar Momente bis zum Abtauchen sind unglaublich schön. Während wir auf Mags warten, treiben John und ich neben dem Boot im 29 Grad warmen Wasser, in der Ferne leuchten schwach die Lichter von Utila. Über uns: ein Sternenhimmel vom Feinsten. Ein Satellit zieht seine Bahn über unseren Köpfen. Ich könnte mich hier locker eine Stunde auf dem Rücken treiben lassen und in den Himmel gucken. Aber wir wollen ja nach unten. Die Lichtstrahlen bahnen sich den Weg durchs leicht trübe Wasser, in nur 13 Meter Tiefe erreichen wir sandigen Boden. Ein paar kleine Fische huschen durchs Licht, ansonsten ist gerade nicht viel los an dieser Stelle. Am Riff sieht die Sache schon anders aus.

Hunderte rote Augen erscheinen, wenn das Licht übers Riff streift, die dazugehörigen Tiere sind zum Glück winzig – kleine Krebse, die nur nachts rauskommen. Wir sehen allerlei kleines Getier, das wir tagsüber nie bemerkt haben. Allein deshalb sind Nachttauchgänge etwas Besonderes. Hin und wieder leuchten wir auf den Sand neben dem Riff und siehe da: ein Stachelrochen kommt angeschwebt und lässt sich nieder. Wieder keine großen Fische, Schildkröten oder Muränen. Wer sowas erwartet, sollte lieber nach Cozumel fahren. Auf Utila kommen eher Makro-Fans auf ihre Kosten. Während der sechs Tauchtage habe ich weder eine Schildkröte gesehen, noch einen Hai oder eine fette Muräne – all das hatte ich auf Cozumel bei fast jedem Tauchgang. Die wenigen Barakudas hier waren vielleicht armlang und die Muränen dick (beziehungsweise dünn) wie mein Daumen.

Eine Geschichte noch zum Abschluss. Heute standen meine letzten beiden Tauchgänge an, mit dabei war wieder John und diesmal Instructor Seth. Seth, Mitte 20, ist ein supernetter Kerl und studierter Meeresbiologe, der auf so ziemlich jede Frage was die Unterwasserwelt angeht eine passende und kompetente Antwort parat hat. Sein unglaubliches Wissen hält ihn aber nicht davon ab, einen schmerzhaften Fehler zu machen. Etwa zehn Minuten nach Beginn des Tauchgangs sehen wir einen Feuerfisch. Jeder Taucher lernt von Anfang an: Finger weg vom Feuerfisch! Am Rücken und an den Flanken ist der Fisch mit giftigen Stacheln besetzt und ihr könnt euch schon denken, was nun kommt. Der Feuerfisch schwebt halb unter einem kleinen Vorsprung am Riff, und Seth würde ihn gerne ein Stück herauslocken. Dazu nimmt er einen kleinen Karabinerhaken und nähert sich dem Tier – zu nah. Dann geht alles ganz schnell, der Fisch zuckt, Seth auch – und er hält sich den Daumen. Zunächst ist nichts zu sehen und wir tauchen weiter.

Ich beobachte Seth immer wieder und sehe, wie er sich den ganzen Tauchgang über die Hand und den Daumen hält. Anscheinend doch nicht so glimpflich ausgegangen. In der Auftauchzone bedeutet Seth mir, dass ich mit John noch ein paar Minuten unten bleiben kann, er wolle aber raus. Wenig später zurück auf dem Boot ist der Deckel vom Maschinenraum abgehoben und Seth kniet davor. Ich denke, er prüft irgendwas und merke erst kurze Zeit später, dass er den Daumen und seine Hand an die noch warmen Motorteile hält. Laut Seth besteht das Gift des Feuerfischs zum Großteil aus Eiweiß, und unter großer Wärmeeinwirkung gerinnt es und breitet es sich wohl nicht so schnell aus. Der Daumen schwillt an, Seth will zuerst trotzdem noch den zweiten Tauchgang mit uns machen, aber John und ich bestehen darauf, dass wir zurückfahren.

Unser Instructor weiß das zu schätzen, denn er hat wirklich Schmerzen und will seine Hand so schnell wie möglich in möglichst heißes Wasser tauchen. Der Kapitän gibt Gas, zurück am Pier sprintet Seth schnell zur Basis – die Schwellung hat sich schon auf die Hand ausgebreitet. Insgesamt ist ein Stich wohl nicht sehr gefährlich, aber unheimlich schmerzhaft. Vermutlich wird Seth keinem Feuerfisch mehr zu nahe kommen. Eine Divemasterin springt als Ersatz ein und wir fahren noch einmal für den zweiten Tauchgang raus.

Deutsche Woche und Oh, wie schön ist Panama?

Donnerstag, 11. Oktober

6.20 Uhr legt die Fähre von Utila ab, eine Stunde später bin ich wieder auf dem Festland und weitere zehn Minuten später beim Yamaha-Händler. Sollten sie es tatsächlich geschafft haben, den Gabel-Simmerring zu wechseln? Ich sehe mir die Sache an und bemerke sofort, dass das ABS-Sensorkabel nicht wieder in die Halterungen eingehängt ist und an der Bremsscheibe schleift. Das Kabel wäre nach ein paar Kilometern durchgeschliffen. Ansonsten sieht alles gut aus; an der österreichischen Vignette, die auf dem Gabelholm klebt, kann ich sehen, dass er verdreht ist – die Mechaniker haben ihn also tatsächlich ausgebaut. Ich lasse mir den alten Simmerring mitgeben, packe mein Zeug und mache mich auf den Weg. Ein festes Ziel habe ich nicht für heute, ich will aber versuchen, so weit wie möglich nach Süden zu fahren.

Die Straßen in Honduras sind wie in Guatemala, wie in Belize, wie in Mexiko. Guter Asphalt, rechts und links sattes Grün, aber wieder nichts Besonderes. Schon vor einigen Wochen habe ich geschrieben, dass mir die Landschaft Kanadas und Montanas fehlt. Die Abwechslung. Berge, Seen, Nadelwälder, die Weite. Ich spule 550 anstrengende und langweilige Kilometer ab, schaffe es aber von der honduranischen Karibik-Küste auf die Pazifikseite im Süden.

Es war irgendwo vor Managua, aber eigentlich spielt der Ort keine Rolle. Zwei Fahrspuren führen in die Stadt, ich fahre links. An jeder Ampel laufen Händler zwischen den Autos umher und wollen Wasser, Nüsse, Obst, Süßigkeiten oder Zigaretten verkaufen. Sie sind nicht aufdringlich. Irgendwann halte ich an einer Ampel, vor mir steht nur noch ein weiteres Auto. Unmittelbar links vor und neben mir, vielleicht anderthalb Meter entfernt, steht zwischen den Fahrbahnen ein Mann. Eigentlich sitzt er. Auf einer Art Dreirad mit Holzgestell und Schubkarrenrädern, als Sitzfläche dient ein Kissen. Vor sich eine Kurbel, eine Kette geht hinunter zum Vorderrad. Der Mann, etwa Mitte 40, hat keine Beine, seine verkrüppelten Füße scheinen unmittelbar am Unterleib angewachsen zu sein. Sein rundes, glatt rasiertes Gesicht ist das traurigste, das ich während der Tour bislang gesehen habe. Er streckt seine Hand nicht aus, spricht mich nicht an – aber seine traurigen Augen sehen mich an. Was er denkt? Vielleicht: Der reiche Ami macht nicht einmal Anstalten ein paar Cordobas rauszukramen. Da stehe ich also mit einem 17.000-Euro-Motorrad, einer sündhaft teuren Kombi und einer ebenso teuren Kamera im Tankrucksack neben ihm, und kann ihm nicht einmal ein bisschen was geben, obwohl ich es so gerne machen würde. Mein Geld ist im Rucksack und ich würde es während der Ampelphase nicht schaffen, es rauszuholen. Wie gesagt, zwei Spuren in jede Richtung mit Mittelstreifen, auch umdrehen und anhalten wäre nicht einfach. Vielleicht hätte ich es trotzdem machen sollen, denn noch lange danach denke ich sein Gesicht.

Dann folgt das schlimmste Stück Straße, das ich bisher erlebt habe. Auf der CA3 Richtung Managua müssen vor einigen Jahren Streubomben getestet worden sein; ein tiefes Schlagloch folgt dem anderen, die Piste ist extrem zerstört und die wenigen Fahrzeuge versuchen sich im langsamen Riesen-Slalom. Unglaublich. Ich denke an den neuen Simmerring und hoffe, dass er nicht gleich wieder aufgibt. Nach einigen Kilometern fällt das Vorderrad in einen der Krater, schlägt wohl vorne an die Asphaltkante an und es gibt einen mörderischen Hieb, obwohl ich natürlich nicht schnell war. Wenn da mal nicht was kaputt gegangen ist! Eine Gussfelge hätte den Aufprall vermutlich nicht überlebt. Ich halte an und werfe einen schnellen Blick aufs Rad – scheint nichts kaputt zu sein, also weiter.

In Granada frage ich mich zum Hostel durch, ich bin hier mit Bernd und Heidi verabredet. Die beiden Deutschen sind mit ihren KTMs auf Weltreise und nun auf dem Weg von Südamerika Richtung USA. Sie sind gerade in der Stadt unterwegs und auch mache ich mich auf die Socken und schlendere über den bunten Markt.

Dutzende Obst- und Gemüsestände, Imbissbuden, Fleisch- und Fisch-Händler, buntes Getreide in Säcken, scharfe Schoten, die neben den Händlern von der Decke baumeln, angebundene Hühner gackern, eine Frau trägt zwei schreiende Ferkel an den Beinen durch die Gegend – ein typischer Markt halt! Ich kaufe einen Beutel Tomaten für umgerechnet 30 Euro-Cent, ein Kilo Käse für 1,50 Euro und einen Beutel mit einer Mischung aus Schoten, scharfem Gemüse, Gurken und noch anderem Zeug für ein paar Cent. Den Rest des Abends sitzen Heidi, Bernd und ich zusammen, wir essen, trinken ihre Flasche Vodka, einige Biere und unterhalten uns über unsere Touren. Plötzlich sehe ich, dass meine Felge doch eine kleine Delle drin hat! Scheiße! Es sieht nicht schlimm aus, ist aber äußerst ärgerlich. Können die hier nicht wenigstens die größten Krater mit Schotter auffüllen?

Freitag, 12. Oktober

Nur 100 Kilometer sind es bis San Juan del Sur, einem kleinen Ort direkt am Meer. Ich fahre kurz durch den Ort und checke in einem Hostel mit Meerblick ein, sieben Dollar pro Nacht sind fair. Es dauert nicht lange, und ich lerne zwei amerikanische Mädels kennen. Beth und Ava sind äußerst nett, wir verstehen uns auf Anhieb gut, unterhalten uns lange und gehen abends essen. Später sitzen wir vor dem Hostel, Ava hat ihre Ukulele dabei und spielt ein paar Songs, die sie selbst geschrieben hat. Beth singt mit und ich bin schwer beeindruckt, denn es klingt erstaunlich gut; die Melodien sind klasse und die beiden ein tolles Team, obwohl sie erst seit ein paar Monaten zusammen singen. Dass sie gut sind, merkt auch „Bongo“ (so nennt er sich), ein amerikanischer Musiker, der auch als Doppelgänger von Dustin Hoffman arbeiten könnte. Er lebt seit zwölf Jahren in Costa Rica, reist derzeit durch Nicaragua und war 40 Jahre im Musik-Business. Er trinkt gerade ein Bier mit einem Bekannten, hört die beiden Mädels singen und setzt sich zu uns. Früher hat er für 300 Dollar pro Stunde gespielt, heute trommelt er für zehn Dollar am Abend, nicht weil er es nötig hätte, sondern weil es ihm Spaß macht.

Nun ja, der Abend wird lang, die Mädels singen und spielen, das Bier fließt und die Stimmung ist toll. Bongo spielt morgen Abend mit einer Band in einer Kneipe, ein paar hundert Meter weiter; und gemeinsam schaffen wir es die Mädels zu überreden, in der Pause drei ihrer eigenen Songs zu spielen – das erste Mal vor Publikum. Klare Sache: Ich bleibe morgen auch noch hier, obwohl ich eigentlich los wollte.

Samstag, 13. Oktober

Zum ersten Mal in meinem Leben stehe ich auf einem Surfbrett! Obwohl, das stimmt nicht, ich liege darauf und kraule seit etwa 15 Minuten mehr oder weniger hilflos in der Brandung umher. Und ich merke, dass ich in den letzten vier Monaten keinen Sport gemacht habe. Und die letzten Jahre davor auch nicht viel. Schon nach kurzer Zeit habe ich keine Kraft mehr in den Armen, das ständige Rausschwimmen strengt tierisch an. Das hatte ich mir etwas einfacher vorgestellt. Das Brett ist so instabil, dass ich wahrscheinlich mehrere Tage bräuchte, um wenigstens kurz aufzustehen und ein paar Meter zu surfen.

Egal, es macht trotzdem Spaß und nach einiger Zeit fegen mich die Wellen auch nicht mehr vom Brett. San Juan del Sur ist Ausgangspunkt zu mehreren Stränden beziehungsweise Buchten, die fürs Surfen gut geeignet sind. (Während man auf Utila nur Tauchen und Trinken konnte, kann man hier nur Surfen und Trinken.) Beth und Ava haben die Tour gestern gebucht und weil ich sowieso nichts vorhatte, bin ich mitgefahren. Bis heute wusste ich auch nicht, dass Nicaragua als eines der besten Surf-Reviere der Welt gilt und erst vor einigen Wochen hier irgendwelche Meisterschaften ausgetragen wurden.

Es ist heiß, die Sonne steht fast im Zenit und selbst am Strand geht nur eine schwache Brise. Beth und ich wechseln uns mit dem Brett ab, einer bleibt immer bei den Klamotten. Die Hostel-Chefin hatte uns gewarnt, kein Gepäck alleine liegen zu lassen, weil hier oft geklaut wird. Daher habe ich auch keine Kamera mitgenommen und kann leider keine Bilder zeigen. Ava kann ziemlich gut surfen und macht ihr Ding weiter draußen. Am Strand stehen ein paar Hütten und kleine Bars mit Palmendächern, die Cocktails und Sandwiches verkaufen. Wie überall an solchen Stränden, egal in welchem Land, läuft Bob Marley – haben die nichts anderes?

Als wir wieder im Hostel ankommen, sind Carmen und Micha bereits da. Die beiden fahren auch von Alaska nach Feuerland und das letzte Mal haben wir uns San Francisco getroffen. Wir erzählen, trinken Bier und gehen am Abend rüber in die Black-Whale-Bar, wo heute Live-Musik ist und die Mädels spielen. Um die Sache deutlich abzukürzen: es wurde lustig, spät, und Beth und Ava haben ihren ersten Live-Auftritt ziemlich gut gemeistert.

Sonntag, 14. Oktober

Wie immer fasse ich mich auch diesen Sonntag kurz: gegen zehn Uhr losgefahren, Grenzübertritt nach Costa Rica, leicht verfahren, kurz vor Sonnenuntergang in Arenal angekommen, bei einem Deutschen im Hotel mit sehr schönen Garten beziehungsweise Grundstück abgestiegen, Brüllaffen gehört, Kolibris gesehen, Deutsche Welle geguckt, Bier getrunken, ins Bett gegangen.

Ich habe kurz überlegt, ob ich den Grenzübertritt für andere Motorrad-Reisende etwas genauer beschreiben soll. Allerdings bringt das nicht viel, da ich nach Gesprächen mit einigen anderen Bikern das Gefühl habe, dass es stark darauf ankommt: 1. Wer gerade Dienst hat. 2. Welche Laune derjenige gerade hat. 3. Zu welcher Uhrzeit man ankommt und 4. Welchen Grenzübergang man wählt. Bei der Einreise nach Nicaragua (glaube ich) mussten Carmen und Micha zum Beispiel jeweils drei Kopien von Führerschein, Fahrzeugschein und Reisepass machen. Ich habe den gleichen Grenzübergang genommen und musste nur eine einzige Kopie machen lassen. Von daher sind Tipps immer schwierig, und ich bin der Meinung, dass man es ruhig selber versuchen kann – so schlimm ist das alles nicht. Im Internet gibt es für einige Grenzübergänge unglaublich detaillierte Anleitungen, wie jeder einzelne Schritt zu erledigen ist. Auch ich habe mir sowas einmal durchgelesen und dann nie wieder; man braucht es einfach nicht. Ich staune selber über mich, wie gelassen ich die manchmal langwierigen Prozeduren nehme. Zumal ich sonst eher ungeduldig bin und bei Bürokratie am liebsten oft aus der Haut fahren möchte. In Mittelamerika braucht man Geduld, dann wird alles gut.

Montag, 15. Oktober

5.01 Uhr werde ich geweckt. Nicht von Hähnen, sondern von den Brüllaffen, die sich im Urwald gleich nebenan anscheinend schon wieder von Ast zu Ast schwingen. Na toll, nochmal einschlafen ist nicht drin, ich döse noch etwas vor mich hin und bearbeite dann ein paar Bilder. Die zehn Dollar fürs Frühstück waren mir zu teuer, und ich wollte sowieso gleich zu dem deutschen Bäcker in Arenal fahren, von dem mir Heidi und Bernd vor ein paar Tagen erzählt haben.

Keine fünf Kilometer später bin ich schon da und Besitzer Tom serviert mir ein ordentliches Frühstück mit gutem Brot und Rührei. Wir unterhalten uns immer mal wieder kurz – er muss zwischendurch arbeiten – ich trinke Kaffee, checke meine Mails und überlege ernsthaft, ob ich nicht einfach einen Tag hier bleiben und die Speisekarte rauf- und runter essen soll. Die Wurst wird von einem deutschen Fleischer gemacht, viele Lebensmittel lässt Tom aus Deutschland kommen. So eine schöne Käse-/Wurstplatte hätte schon was! Und vielleicht noch eine Bratwurst mit Sauerkraut, dazu ein Hefeweizen? Und zwischendurch immer wieder süße Leckereien aus der Backstube? Ach, besser nicht. Ich möchte weiter.

Die Gegend um den Arenal-See ist wunderschön. Überall Pflanzen mit bunten Blüten, Palmen, der See ist immer wieder kurz zu sehen, die Straße windet sich in schönen Kurven Richtung Osten. Die meisten Grundstücke hier sehen sehr gepflegt aus, die Häuser teurer als anderswo in letzter Zeit. In Costa Rica scheint der Name Programm zu sein. Hier fahren keine Rostlauben umher, sondern ziemlich neue Geländewagen und Autos der oberen Mittelklasse. Und ich sehe hier die bislang meisten „Zu Verkaufen“-Schilder. Vermutlich sind die Preise hier mittlerweile so hoch, dass viele Einheimische auch ein

Stück vom Kuchen abhaben wollen. Da fällt mir Klaus ein, der deutsche Besitzer der Black-Whale-Bar in San Juan del Sur/Nicaragua. Die Bar beziehungsweise das Restaurant brummt, ist der angesagteste Laden im Ort und das gar nicht mal so große Grundstück liegt fast unmittelbar am Meer, nur durch eine kaum befahrene schmale Straße getrennt.

Klaus ist nur Pächter, denn die Besitzer wollen sage und schreibe 600.000 US-Dollar für Land und Haus. Wobei das Haus nichts wert ist, weil es wie fast alles hier nur zusammengeschustert ist. Zurück zu Costa Rica, welches das teuerste Reiseland in Zentral-Amerika ist. Kaum ein Zimmer kostet unter 20 US-Dollar pro Nacht, und das sind dann nur die ganz einfachen Buden. Benzin ist ebenfalls sehr teuer; wenn ich heute an der Zapfsäule richtig aufgepasst habe, kostet der Liter derzeit umgerechnet rund 1,20 Euro. Unglaublich viel für hier unten.

Kurz vor 17 Uhr, in weniger als einer halben Stunde wird es dunkel. Seit etwa einer Stunde windet sich die Straße immer weiter die Berge hinauf, es nieselt leicht, stellenweise ist der Nebel so dicht, dass ich keine 50 Meter weit sehen kann. Ich bin müde und schlapp, obwohl ich heute nicht weit gefahren bin. Die letzten zwei oder drei Stunden konnte ich im Schnitt nur rund 50 Km/h fahren, viele PKW schlängeln sich die engen Straßen hinauf, Möglichkeiten zum Überholen gibt es nur selten. In San Jose, der Hauptstadt Costa Ricas, habe ich Ewigkeiten gebraucht, um auf die richtige Straße zu finden, Schilder scheinen hier nicht weit verbreitet zu sein. Und die weltweite Basiskarte des Navis bringt hier in Lateinamerika überhaupt nichts.

Manchmal frage ich mich, was Garmin sich dabei gedacht hat und wie diese Daten erhoben wurden. Teilweise liegen hunderte Meter oder sogar Kilometer zwischen der richtigen Straße und der lila Linie, die das Navi anzeigt. So bin ich heute Morgen laut Navi ein ziemlich langes Stück durch den Arenal-See gefahren. Wenigstens kann ich mit dem Kompass des Navis etwas anfangen und fahre an jeder größeren Kreuzung ohne Schilder nach Osten, zumindest in die grobe Richtung. Ansonsten hat mir das Navi in Nordamerika immer gute Dienste geleistet und ich würde nicht ohne fahren wollen.

Mitten in den Bergen und im Dschungel stehen zwei Häuser an der Straße. Souvenirs, Kaffee, Cabins – also eine Unterkunft – steht auf den Schildern. Kein besonders einladender Ort für die Nacht, aber ich bin ja nicht anspruchsvoll. Der Besitzer spricht ein bisschen English, seine Frau auch und nach einer Tasse Kaffee sehe ich mir die Hütte an. Hinter dem Wohnhaus und dem Souvenirshop geht es etwa zwanzig Meter weit relativ steil bergab in den Dschungel, auf rutschigen, verwitterten Betonstufen. Die Holzhütte ist zweckmäßig eingerichtet: Plastiktisch, Plastikstühle, eine kleine Holzbank vor einem kleinen Tisch auf dem ein kleiner Fernseher steht. Ein alter Ofen und ein paar Säcke Feuerholz stehen in einer Ecke, in der anderen ein altes Zweisitzer-Sofa. Das Doppelbett im Schlafzimmer ist so wie die meisten Betten in letzter Zeit: durchgelegen. Geht schon mal für eine Nacht, obwohl die Hütte die verlangten 25 Dollar pro Nacht natürlich nicht ansatzweise wert ist. Das schönste hier ist die unglaubliche Ruhe. Der Regen trommelt leise aufs Dach, ansonsten höre ich kein Auto, keine Menschen. Die Reservedose mit Spam-Frühstücksfleisch wird mein Abendessen.

Dienstag, 16. Oktober

Die Nacht war kalt hier oben auf fast 2600 Meter Höhe. Mit drei Wolldecken habe ich die elf Grad Celsius überstanden. Kurz nach Abfahrt windet sich die Straße noch weiter hinauf, die Temperatur schwankt zwischen elf und 13 Grad, und schon nach kurzer Zeit frieren meine Hände in den dünnen Handschuhen. 3350 Meter Höhe, und damit fast 400 Meter höher als die Zugspitze, meldet das Navi; rechts und links blicke ich über die Täler, in denen die Wolken hängen. In der Ferne erkenne ich einen der vielen Vulkane hier in Mittelamerika.

Kurze Zeit später bin ich fast wieder auf Meereshöhe, die Anzeige im Cockpit meldet wieder 30 Grad. Das letzte Stück vor der Grenze ist nicht schön und wenig sehenswert. An der Grenze: Insgesamt brauche ich für die Aus- und Einreiseprozedur zweieinhalb Stunden. So lange, wie an noch keinem Grenzübergang vorher. Das liegt nicht nur (aber auch) daran, dass die Beamten langsam sind. Vor vielen Schaltern stehen Schlangen, überall warte ich.

In einem Raum sitzt ein dicker Polizist mit einer dicken goldenen Uhr an einem winzigen schmutzigen Rolltisch, auf der unteren Ablage aus Drahtgestell liegt eine Pizzaschachtel. Der Cop ist gerade damit beschäftigt, sein Handy auseinander- und wieder zusammenzubauen. Er stempelt schnell meinen Zettel und bastelt weiter. Ich kaufe eine Versicherung für 17 Dollar, gültig für drei Monate, Reise nach Panama ein, importiere das Motorrad, hole einen Stempel hier und noch ein paar da, lasse das Motorrad desinfizieren und bin gegen 14.30 Uhr endlich wieder unterwegs. Im strömenden Regen.

Die nächsten Stunden werden nass, etwas Wasser dringt in die Ärmel ein, das untere Polster am Helm saugt sich ebenfalls voll und anscheinend lässt die Jacke auch irgendwo den Regen durch, denn als ich in einem Hotel einchecke und meine Klamotten ausziehe, ist mein Hemd durchgeweicht. Meine Finger sehen schrumpelig aus wie Rosinen. Das von Chinesen geführte Hotel ist ziemlich einfach, wenn nicht gar schäbig, aber das Bett ist bequem. Der Geruch im Zimmer erinnert mich stark an nasse Neoprenanzüge nach dem Tauchen. Und das war schon so, bevor ich meine nassen Klamotten ausgezogen habe.

Mittwoch, 17. Oktober

Gestern Abend habe ich gehört, dass irgendetwas unter dem Motorrad metallisch klappert. Ein Blick und die Ursache ist gefunden: Der Kardan-Protektor hängt nur noch an einer Halterung, die andere hat vor den teils schlechten Straßenverhältnissen kapituliert. Keine große Sache, ich zurre das Blech mit einem Kabelbinder fest und werde die Halterung bei nächster Gelegenheit für ein paar Dollar wieder anschweißen lassen. Fast 35.000 Kilometer stehen mittlerweile auf dem Tacho der XT1200Z, und nach dem defekten Gabel-Simmerring ist das erst das zweite kleine Problem. Große gab es gar nicht.

Ich erreiche Panama City als es noch nicht regnet, aber der Himmel ist grau, die Wolken hängen tief über den Wolkenkratzern. In einem McDonald's kurz vor Panama hatte ich die Speicherkarte von Garmin mit dem Kartenmaterial von Südamerika eingelegt, und zum Glück ist Panama City mit drauf und erspart mir so langes Suchen nach dem Hostel. Im Stadtzentrum ist die Hölle los, Automassen schieben sich durch enge Gassen, die Panamaer hupen viel und ich bin froh, als ich das Hostel erreiche. Es scheint nicht in der besten Gegend zu liegen, denn es ist nicht nur vergittert. Auf der Mauer, die den Hof umgibt, thront noch ein Elektrozaun mit Warnschildern. Mir soll's recht sein, die Yamaha steht sicher.

Nach vier Monaten unterwegs wasche ich zum ersten Mal meine Motorradhose (die Jacke kommt morgen dran). Das klingt vielleicht ein bisschen eklig, aber bislang hat sie kaum gemüffelt. Jetzt wurde es aber doch Zeit. In der Hosentasche finde ich noch den Schlüssel zur Hütte, in der ich vor zwei Tagen auf Costa Rica übernachtet habe. Die Familie hat kein Internet, ich habe keine Adresse und so werde ich den Schlüssel wohl mitnehmen und vielleicht in vielen Jahren persönlich wieder zurückbringen müssen.

Donnerstag, 18. Oktober

Über Nacht hat es weiter stark geregnet und den Boden unter dem Seitenständer aufgeweicht. Ein Hostel-Mitarbeiter hilft mir, das Bike wieder hochzuheben. Der Himmel ist grau, ich riskiere es trotzdem und fahre ein bisschen in der Stadt umher und auf einen Aussichtspunkt, von dem man über Panama City blicken kann. Allerdings brauche ich ewig, um den richtigen Weg dort hoch zu finden – trotz Navi. Oben teile mich mir den Platz mit ungefähr 70 Schülern oder Studenten, die sich gerade zu Fuß hier hoch gequält haben. Mit 31 Grad ist es warm wie jeden Tag, aber die Luftfeuchtigkeit lässt mich schwitzen, obwohl ich mit dem Motorrad hoch gefahren bin. Links blicke ich auf ein Containerterminal neben dem Panama-Kanal und kann in der Ferne die berühmten Miraflores-Schleusen sehen, die letzten Schleusen vor dem Pazifik.

Rechts geht der Blick über Panama City; und man muss sich das Bild in zwei Teilen vorstellen. Links die schicken hohen Wolkenkratzer für die Reichen, und rechts die flachen abbruchreifen Häuser der Armen. Von dem, was ich so gesehen habe, meine ich, dass Arm und Reich hier besonders dicht zusammenleben, es aber auch besonders große Unterschiede gibt. Ich kann mich nicht erinnern, irgendwo sonst in Mittelamerika einen Porsche Cayenne Turbo gesehen zu haben. Auch andere Luxuswagen sind hier nicht selten. Ob der Reichtum von den vielen Briefkastenfirmen, Offshore-Konten und

Schiffsregistrierungen herrührt? Möglich. Auf jeden Fall verdient Panama jährlich rund 1,7 Milliarden Dollar mit den Gebühren, die Schiffe zahlen müssen, um durch den Kanal zu fahren.

Zurück in der Stadt. Wer einmal falsch abbiegt, ist ein paar hundert Meter später in Gegenden unterwegs, in der ich nicht mal tagsüber anhalten möchte. Kaputte Häuser, überall Dreck und Schrott, finster dreinblickende Gestalten in zerrissenen Klamotten. Mir fällt auf, dass fast jedes Fenster in Panama City vergittert ist. Stahlspitzen auf Mauern, Stachel- und Klingen-Draht in allen möglichen Häuseröffnungen, bei uns im Hostel steht sogar ein Elektrozaun auf der Hofmauer. Oh, wie schön ist Panama?

Freitag, 19. Oktober

Mir fehlt meine Musik und seitdem mein iPhone weg ist, wollte ich mir schon öfter einen billigen mp3-Player kaufen. Ich sehe ein Geschäft, vergittert, im Schaufenster stehen Waschmaschinen und staubige Stereoanlagen. Ich gehe hinein und weiß kaum, wohin ich treten soll. Alles ist vollgestellt mit irgendwelchen Elektrogeräten. Der Besitzer spricht etwas Englisch. Er ist klein, hat einen runden Kopf mit wenig Haaren, einen weißen Schnauzbart und ich finde, er sieht ein bisschen wie ein Inder aus. Ich sage ihm, was ich suche, und er fängt an zu suchen. Irgendwo in seinem Gerümpel findet er eine Packung, auf der mp3 steht. Es ist auch ein Player drin. Klein, rund, staubig und klebrig zugleich, und sehr wahrscheinlich schon viele viele Jahre alt. Die „gewaltigen“ 256MB interner Speicher überzeugen mich nicht, und bestärken mich darin, dass das Ding noch aus den 90ern stammen muss – falls es da schon mp3-Dateien gegeben hat. Aber der Besitzer deutet auf den SD-Kartenslot. Immerhin. „For you, good price my friend – 49 US-Dollar...“.Ich fange an zu lachen, schüttele den Kopf und verlasse den Laden.

Samstag, 20.Oktober

Ich stehe im Stau, schon seit einer Stunde geht es nur im Schritttempo voran. Der Lüftermotor springt ständig an und bläst mir heiße Luft aufs linke Knie. Auch ich schwitze, und so langsam habe ich die Nase voll. Eigentlich ist der Weg zum Flughafen relativ einfach und schnell zu fahren. Ausgerechnet heute sind aber die Auffahrten in die Richtung gesperrt, Polizisten lassen niemanden durch. Und so quäle ich mich auf kleinen verstopften Nebenstraßen in Richtung Osten. Dazu kommt, dass ich mich einmal verfahre und mich quasi wieder hinten am Stau anstellen muss. Ganz toll.

Fast zwei Stunden brauche ich für die 20 Kilometer zum Cargo-Terminal des Flughafens. Ich frage mich zum Büro von Girag durch, und dann geht alles ganz schnell. Sie machen Kopien von Pass und Fahrzeugschein, Fotos von der Maschine (wegen eventueller Beschädigungen) und stellen den Luftfrachtbrief aus. Schon morgen soll die Maschine nach Bogota gehen, am Montag könnte ich sie schon aus dem Zoll holen. Ungewöhnlich: ich kann nicht mit Kreditkarte zahlen, sie wollen die 902 Dollar in bar. Zum Glück ist gleich nebenan eine Bank. Die ganze Abwicklung mit Girag in Panama dauert knapp eine Stunde und lief völlig problemlos. Um den Zoll muss man sich nicht kümmern; entweder macht das Girag – oder niemand. Sie fragen lediglich, ob man gefährliche Güter in den Koffern hat. „Nein", lüge ich.

Jetzt, wo ich kein Motorrad mehr habe, muss ich zu Fuß zum Passagier-Terminal gehen. Ich frage einen LKW-Fahrer und er deutet mit dem Finger eine Straße entlang. Ich wundere mich schon, warum mir kein Auto entgegen kommt und mich keins überholt. Als ich an irgendeinem

Tor zum Flughafengelände stehe, wird mir klar, dass ich hier auf keinen Fall rein komme. Natürlich nicht. Theoretisch müsste ich jetzt ein langes Stück zu Fuß gehen, denn Taxen kommen hier nicht vorbei. Aber ich habe Glück. Ein kleiner Transporter kommt gerade vom Flughafen-Gelände, und auf den Shirts der beiden jungen Männer sehe ich das Girag-Logo. Ob sie mich nicht ein Stück mitnehmen können? Der Beifahrer steigt aus und klettert auf die Ladefläche – in der Kabine ist nur Platz für zwei. Wie gesagt, ich muss zum Passagier-Terminal und die Jungs würden sich gerne ein paar Dollar dazu verdienen, und sie wollen auch nicht schnell wieder zurück zur Arbeit. Also fahren sie mich zum Terminal, für zehn Dollar, was viel zu viel ist. Aber sonst hätte ich ewig laufen müssen und von daher passt das schon. Am Schalter der Copa-Airline kaufe ich ein Ticket nach Bogota für 445 Dollar. Teurer Tag.

Zurück im Hostel könnte ich abends fast ausrasten. Den ganzen Tag läuft dort der gleiche Radiosender, wahrscheinlich, weil der Empfang am besten ist. Noch nie habe ich einen Radiosender gehört, bei dem scheinbar nur 20 Songs in der Hot-Rotation laufen. IMMER WIEDER laufen dort die gleichen schlechten, weichgespülten Mainstream-Songs.

Südamerika

Der Anfang vom Ende

Montag, 22. Oktober

Ein Taxi bringt mich und eine Flugbegleiterin aus Venezuela zum Flughafen. Sie war drei Tage lang in Panama und hat im gleichen Hostel gewohnt. Sie ist mir zwar aufgefallen, aber wir haben bislang nicht miteinander geredet. Sie heißt Lenny, ist klein und ich frage mich, ob Flugbegleiterinnen in Venezuela keine Mindestgröße haben müssen. Größer als 1,60 Meter ist sie nämlich nicht, eher noch kleiner. Die ganze Fahrt über unterhalten wir uns; über ihren Job, meine Tour, was wir beide in Panama gemacht haben. Sie fragt mich, ob ich verheiratet bin – schon im Hostel hatte sie meinen Ring gesehen. Ich erzähle ihr, dass es in Deutschland anders ist als in den USA, wo man erst einen Ring trägt – und dann auch noch links – wenn man verheiratet ist.

Der Verkehr ist furchtbar, selbst in Richtung Flughafen, also aus der Stadt raus. Auf der Spur, die nach Panama City hineinführt, ist ein kilometerlanger Stau. Lenny übersetzt für mich, als ich vom Taxifahrer wissen will, ob das jeden Morgen so sei. „Natürlich! Und am Nachmittag stehen sie in die andere Richtung. Mindestens eine Stunde, oft länger“, sagt der Taxifahrer. Wieder fallen mir die teuren Autos auf: mehrere Audi Q7, Porsche Cayenne, große neue Toyota Land Cruiser, aber keine Mercedes.

Wir kommen am Yachthafen vorbei und ich sehe viele offensichtlich sehr teure Yachten im Wasser. Und mir fällt der Obdachlose von gestern ein, der einen völlig kaputten Motorrad-Seitenkoffer aus Plastik an einem dünnen Band auf dem Boden hinter sich herzog und dann in einer

Mülltonne wühlte. Im Vergleich zu ihm bin auch ich reich, und Lenny sagt, dass die Tour unglaublich teuer sein muss.

Ich sage ihr nicht, was es kostet beziehungsweise was für ein Budget ich habe. Aber ich sage ihr, dass ich lange dafür gespart habe, und dass man so etwas vermutlich nur einmal im Leben macht. Was sonst immer keiner weiß oder glauben mag: wenn ich wieder in Deutschland bin, habe ich kaum noch Geld auf den Konten. Aber das ist mir egal. Wir erreichen den Flughafen und weil sie bei einer Airline arbeitet und gratis fliegt, geht sie zu einem anderen Schalter. Wir treffen uns später im Cafe wieder, ich zeige ihr Fotos von meiner Tour. Unsere Flüge gehen fast gleichzeitig.

Als ich in Bogota aussteige, habe ich fünf Kontinente bereist. Für die Yamaha XT1200Z World Crosser ist es der dritte. Fehlen noch zwei. Am Schalter des Einwanderungsbeamten gibt es ein kleines Problem, weil ich nicht angeben kann, wo ich in Kolumbien bleibe. Ich sage, dass weiß ich jetzt noch nicht, und ich suche mir die Hotels immer am Abend. Ich muss mit nach hinten, ein anderer Beamter, der sich gerade durch Facebook klickt, hört sich die Geschichte an und sagt, dass das okay geht. Ein weiterer Stempel knallt in meinen Pass.

Das Cargo-Terminal liegt gleich auf der anderen Straßenseite, ich gehe zum Girag-Schalter und kann in der offenen Lagerhalle schon das Motorrad sehen. Glück gehabt! Ich habe nämlich nicht angegeben, dass im linken Koffer, nun ja, zwei Gaskartuschen für den Kocher sind. Und ich hatte Angst, dass sie es beim Röntgen (falls das überhaupt gemacht wurde) sehen und das Bike nicht transportieren. Am Schalter bekomme ich den Luftfrachtbrief im Original und werde zum Zoll geschickt, ein paar hundert Meter weiter. Dort sieht es aus wie in einer deutschen Zulassungsstelle. Ein moderner Raum, überall Computer, alles wirkt sehr professionell. Kein Vergleich mit den Kaschemmen an den Land-Grenzübergängen.

Unter ein paar Mitarbeiterinnen scheint es einen Wettbewerb zu geben. Wer schafft es: 1. Den engsten Rock anzuziehen, ohne dass er platzt. 2. Die höchsten Absätze zu tragen, ohne dass sie ständig umknickt. 3. Das tiefste Dekolleté zu zeigen, ohne das die Brüste rausfallen, wenn sie sich nach vorn beugt. Oha. Die Mitarbeiterin die sich um meine Papiere kümmert, nimmt nicht am Wettbewerb teil. Sie ist etwa 55 und trägt eine Zahnspange. Es dauert eine Weile, aber wie so oft kriegen wir es zusammen hin. Sie braucht noch zwei Kopien, ich gehe runter zu einem Büro-Shop, lasse die Kopien machen und kann sie nicht bezahlen, weil die Frau meinen einzelnen US-Dollar nicht akzeptieren will und ich noch keine Pesos habe. Ich protestiere, und plötzlich sagt die Kassiererin, es sei ok. Eine Frau, die verdammt große Ähnlichkeit mit Michael Jackson kurz vor seinem Tod hat, und wahrscheinlich auch genauso oft operiert wurde, hat die drei Blätter bezahlt. Ich bedanke mich umständlich und gehe wieder hoch ins Großraum-Büro. Gemeinsam mit der Sachbearbeiterin vom Zoll gehe ich rüber zur Halle, in der das Motorrad steht. Zum ersten Mal kann ich nah ran und sehe mir alles an. Alles dran, nichts abgebrochen, keine Kratzer. Sehr gut!

Ich vermute stark, dass sie das Motorrad einfach in den Frachtraum gerollt und irgendwo festgezurrt haben. Denn weder als ich es abgegeben habe, noch heute stand es auf einer Palette. Soll mir egal sein, die XT1200Z ist da und heil. Die Frau vom Zoll prüft die Fahrgestellnummer, füllt noch ein paar Zettel aus und nach rund zwei Stunden ist alles erledigt. Das Schönste: ich muss nicht einen einzigen Peso zahlen!

Es donnert, gar nicht so weit weg ist der Himmel dunkelgrau. Hoffentlich muss ich nicht in die Richtung. Ich ziehe mich schnell um, packe mein Zeug aus dem Rucksack in die Koffer, klemme die Batterie wieder an und mache, dass ich weg komme. Vorher habe ich noch am Geldautomaten 400.000 Pesos abgehoben. Ich bin gerade erst angekommen und habe keinen Plan, wie viel das ist. Also habe ich von den vorgegebenen Möglichkeiten am Automaten einfach in die Mitte geklickt. Als ich an der Tankstelle 50.000 Pesos zahle, merke ich, dass ich nicht so viel geholt habe.

Bogota erfreut mich mit frischen 20 Grad; als ich das Navi einschalte, staune ich, wie hoch es liegt: fast 2700 Meter. Aber die Luft ist schlecht. Lkw, Busse und Geländewagen blasen schwarze Wolken in die Luft, und ich denke daran, wie absolut sinnlos es ist, in Deutschland immer noch sauberere Autos zu bauen, während sich bestimmt fünf Milliarden Menschen auf der Welt nicht im geringsten darum kümmern. Ein Tropfen auf den heißen Stein.

Ich weiß nicht warum, aber Kolumbien ist mir sofort sympathisch. Nach rund 20 Kilometern habe ich die Zehn-Millionen-Stadt Bogota hinter mir gelassen. Und ich sehe zum ersten Mal nach langer Zeit wieder: Nadelbäume! Kühe auf grünen Weiden, es sieht ein bisschen aus wie in Bayern.

Die Straßenhunde sind gut genährt, nicht so klapperdürr wie in Mittelamerika. Die Straßen sind gut, es ist angenehm kühl, immer wieder weht der Geruch von frisch gegrilltem Fleisch über die Straße. Oder es riecht nach Gras – wie lange hatte ich das schon nicht mehr?

Nach rund 100 Kilometern fahre ich nach Giradot und suche mir dort ein Zimmer. Mitten im Zentrum sehe ich ein kleines Schild für ein Hotel. Ich halte am Straßenrand, und die Hotelchefin ist mir nicht besonders sympathisch, aber es wird bald dunkel, ich schwitze und hatte außer zwei Tassen Kaffee am Morgen noch kein Essen. Umgerechnet zehn Euro sind kein Schnäppchen für das Zimmer ohne Klimaanlage, aber ich nehme es trotzdem.

Draußen in der bunten und lauten Einkaufsstraße laufe ich vorbei an Pizzaständen, an denen ich immer wieder angesprochen werde, ob ich mich nicht setzen will. Ich gehe weiter und sehe eine Oma an einem kleinen Stand etwas abseits stehen. Ich gehe hin, schaue in ihren Glaskasten und sie sagt „Pastelitos". Damit hat sie mich, denn die gefüllten Teigtaschen schmecken eigentlich immer gut. Ich frage, ob Pollo (Huhn) oder Carne (keine Ahnung, ob da sonst immer Schwein oder Rind drin ist), aber sie sagt: Ei! Das hatte ich noch nie und nehme eins. Ich nage mich in die Mitte vor, zum gekochten Ei. Eigentlich total einfach aber raffiniert: ein gekochtes Ei wird mit einer Art Kartoffelbrei umwickelt und dann in heißem Öl gebraten. Fertig ist die faustgroße gefüllte Krokette. Und das alles für umgerechnet nicht mal 50-Cent. Super!

Allein heute in Bogota, auf den rund 100 Kilometern bis Giradot und dann auch in Giradot habe ich mehr schöne Frauen gesehen, als in den vier Wochen und 7000 Kilometern in Mexiko. Auffallend viele junge, überaus attraktive Frauen mit guter Figur, die auch zeigen, was sie haben. Enge Hosen, enge Tops, hohe Schuhe... In Mexiko habe ich die mit Abstand am wenigsten attraktiven Frauen unterwegs gesehen, um es mal vorsichtig auszudrücken. (Während ich das schreibe, sehe ich nebenbei auf CNN die letzte Live-TV-Debatte zwischen Romney und Obama. Und ich kann nur sagen, wenn

Romney gewinnen sollte, ist den Amis wirklich nicht mehr zu helfen. So eine Person will Präsident der Vereinigten Staaten werden?)

Roadtrip mit Begleitung

Mittwoch, 24. Oktober

Keine Stunde bin ich unterwegs, als ich an einer Tankstelle drei Fernreise-Motorräder sehe. Die Fahrer frühstücken gerade und weil ich auch Hunger habe, setze ich mich zu ihnen. Ed, Phil und Gabriel haben sich unterwegs getroffen und sind seit ein paar Tagen zusammen unterwegs. Wir haben das gleiche Ziel, die drei sind nett und sie fragen mich, ob ich sie begleiten will. Das Bemerkenswerte: Ed, der Amerikaner, ist 69; Phil, ein Kanadier, 65, und Gabriel, der Israeli ist mit 58 der „Jüngste“ im Trio. Ein paar Kilometer später sammeln wir noch Ekki ein, einen etwa 45-jährigen Deutschen mit einer BMW HP2. Nun sind wir also zu fünft. Das Tempo passt, einzig Ekki hat es immer etwas eiliger. Als wir in Pasto ankommen, können wir das Hostel zunächst nicht finden, obwohl wir in der richtigen Straße sind. Plötzlich holt uns ein kolumbianischer Motorradfahrer mit einer ziemlich lauten Honda Shadow ein und fragt, ob wir Hilfe brauchen. Er führt uns durch die verstopften Straßen zum Hostel, und da es direkt in einer belebten Einkaufsstraße liegt, sind wir DIE Attraktion, als wir ankommen und unsere fünf großen Motorräder direkt auf dem Bürgersteig parken, um einzuchecken.
Wir fragen Jose, den Kolumbianer mit der Honda, ob er nicht später noch auf ein Bier vorbeikommen will. Bikes abladen, zum bewachten Parkplatz fahren, Essen gehen, ausruhen – das war es im Großen und Ganzen für den Abend. Josè kommt tatsächlich später noch vorbei, und weil er gut Englisch spricht, können wir uns alle gut mit ihm unterhalten.

Donnerstag, 25. Oktober

Wir sind schon früh auf den Beinen und nach einem Kaffee geht es weiter Richtung Süden, Richtung Ecuador. Bis Ipiales sind es rund 80 Kilometer. Die Straße windet sich durch Täler, über Berge, wir schrauben uns auf über 3000 Meter in die Höhe. Um uns herum ist alles grün. 15 Grad zeigt mein Bordthermometer und die Finger werden kalt. Denn meine dicken Winterhandschuhe liegen dort, wo sie seit zwei Monaten liegen: ganz unten im Seitenkoffer. Endlich kann die Yamaha mal wieder zeigen, was sie kann. Die vielen Lkw an den Steigungen lasse ich ruck-zuck hinter mir, Ekki mit seiner BMW HP2 ist immer dicht dran, während die anderen es ruhiger angehen lassen. Eine Kurve folgt der nächsten, auf den kurzen Geraden überholen wir reihenweise langsame Busse und Lkw, um uns in die nächste Kurve zu legen. So macht Motorradfahren Spaß!

Ipiales ist berühmt für seine Kirche, die mitten im Tal und über einen Fluss gebaut wurde. Leider ist sie nicht hunderte von Jahren alt, sondern nicht mal 65. Wir sehen sie uns an, machen Fotos und sind außer Atem, als wir den steilen Weg wieder nach oben gehen müssen. Ob das schon an der Höhe liegt? Wir befinden uns immerhin auf fast 2700 Meter Höhe.

An der Grenze läuft es so unkompliziert, wie schon lange nicht mehr (obwohl ich ja auch bei den anderen Grenzübergängen nie Probleme hatte). Wir holen uns bei der Migration unsere Ausreisestempel und gehen zum Zoll. Kein Papierkram, niemand will die Bikes sehen, wir geben einfach alle gleichzeitig unsere Zettel ab, die wir beim Import erhalten haben, und das war es – Aufenthalt beim Zoll in Kolumbien: 30 Sekunden!

In Ecuador müssen wir etwas anstehen, aber nach etwa 20 Minuten haben wir unsere Einreisestempel im Pass. Eigentlich ist es ein elektronischer Stempel, den man nicht lesen kann. Beim Zoll braucht der Beamte etwa 15 Minuten für jeden von uns, auch das ist rekordverdächtig schnell. Außer den üblichen drei Kopien von Führer- und Fahrzeugschein sowie Pass brauchen wir nichts weiter. Wir freuen uns, dass alles so problemlos geklappt hat und fahren die letzten 80 Kilometer bis zu unserem Tagesziel. Ed kennt sich gut aus hier in der Gegend, er war erst im Februar hier. Im kleinen Bergdorf La Esperanza, etwa zehn Kilometer hinter Ibarra, checken wir im tollen Hostel Casa Aida ein. Toll deshalb, weil es richtig urig ist, die Zimmer aber schön und sauber. Im Esszimmer steht ein Kamin, und weil wir die einzigen Gäste sind, breiten wir uns dort aus. Wir heizen den Kamin an und nach dem guten 5-Gänge-Essen (kein Witz) sitzen wir noch lange bei Bier und Tee zusammen.

Freitag, 26. Oktober

Weil es uns im Hostel so gut gefällt und wir etwas von der Gegend sehen wollen, bleiben wir noch eine Nacht länger. Ed möchte ein paar Dörfer in der Nähe besuchen, wir bauen die Koffer ab und freuen uns über die leichten Bikes. Es ist ein gewaltiger Unterschied und mit 50 Kilogramm weniger ist die Yamaha ein völlig anderes Motorrad.

Aus La Esperanza heraus geht es über kleine Pflastersteine, die vielleicht vor 100 Jahren einmal eben waren. Jetzt hoppeln wir über die unebene Piste und umkurven Schlaglöcher. Der Weg wird schmaler, die Pflastersteine sind schon längst Erdboden gewichen. Offroad light würde ich sagen.

Plötzlich kommen uns Dutzende Schafe entgegen, vorangetrieben von drei Hunden und dem Schäfer. Wir halten an, zücken die Kameras und unterhalten uns mit dem Schäfer. Ed kann sehr gut Spanisch und unterhält sich mit ihm, wir anderen machen Fotos, wie die Schafherde uns umzingelt. Weiter geht's über Stock und Stein, steil bergab, und wir sind froh, dass der Weg einigermaßen trocken ist. An manchen Stellen steht noch Wasser vom letzten Regen, aber das ist kein Problem. Schilder gibt's keine mehr, an manchen Abzweigungen fahren wir einfach irgendwo hin, ohne zu wissen, wo wir rauskommen werden. Einmal biegen wir in einen steilen Waldweg ab, in dem erst vor kurzem schweres Gerät im Einsatz war. Tiefe Furchen, Matsch, loser Dreck und Äste machen es uns nicht leicht und plötzlich höre ich nur noch ein Hupen hinter mir.

Phil, den 65-jährigen mit der Suzuki V-Strom 650, hat es entschärft, er liegt am Boden. Ich halte, renne zu ihm und helfe ihm auf. Sein Knöchel schmerzt, aber ansonsten ist alles in Ordnung. Auch weiter vorn sieht der Weg wirklich schlecht aus, wir kehren um. Wenig später stehen wir erneut vor einem Schlammloch, rechts und links daneben ist kaum Platz, um vorbei zu fahren.

Ed fährt vor und kommt gut durch beziehungsweise drum herum. Phil probiert es als nächster und ich sehe schon, dass sein Vorderrad am Rand des Schlammloch wegschmiert. Er fällt erneut, diesmal auf die rechte Seite, der Blinker bricht ab und auch der Bremshebel bis zur Sollbruchstelle – trotz Handschutzbügel. Er flucht, schmeißt eine Handvoll Dreck auf sein Motorrad und ärgert sich über die 60 Dollar, die anscheinend die Original-Blinker kosten. Ich versuche gar nicht erst, am schrägen Rand vorbei zu fahren, sondern fahre langsam mitten durch den Schlamm – wahrscheinlich die beste Idee. Phil hat die Nase voll und will zurück, Ed und ich wollen noch weiter. Langsam geht es zum Hostel zurück, wir liefern Phil ab und gemeinsam mit Ed fahre ich noch einmal los.

Vor ein paar Monaten hat Ed hier einen fast 300 Jahre alten Bauernhof besichtigt, den eine Art Genossenschaft der Bauern erst vor kurzem gekauft hat. In seinem Notizbuch hat Ed noch den Namen von dem Mann, mit dem er sich damals unterhalten hat, und er ist tatsächlich da. Die Genossenschaft arbeitet an einem Projekt, das den Bauernhof auch für Touristen interessant machen soll. Gästezimmer sollen her, aber bislang ist nicht viel passiert. Der junge Mann führt uns über das Gelände und Ed und mir ist klar, dass man hier unglaublich viel draus machen könnte. Um einen viereckigen Hof sind die Zimmer verteilt, jedes etwa 20 Quadratmeter groß, mit eigenem Kamin. Natürlich sind die Zimmer leer, kein Teppich, kein Bett, keine Gardinen, nichts. Schade. Das Gelände sieht ein bisschen aus wie ein Kloster, wie man es aus dem Fernsehen kennt. Wir werden in einen Saal geführt und ich kann mir richtig vorstellen, wie hier vor 300 Jahren Nonnen, Bauern, Ritter oder wer auch immer hier damals wohnte, hier gegessen hat. Der Saal ist vielleicht 30 Meter lang, fünf Meter breit, in der Mitte auf beiden Seiten jeweils ein Eingang, an den Stirnseiten jeweils zwei riesige Kamine. Hohe Decken mit Gewölbe: einfach die perfekte Kulisse für ein Ritterfest. Leider auch hier: gähnende Leere.

Wir sind zu einer etwas ungünstigen Zeit gekommen, der junge Mann hat eigentlich schon Feierabend und will los. Daher verabschieden wir uns, fahren noch etwas umher und kurz bevor es dunkel wird, sind wir wieder zurück im Hostel. Ich wechsele noch schnell meine hinteren Bremsbeläge, da es so aussieht, als wenn auf der Kolbenseite schon kaum noch Belag drauf ist.

Die Yamaha hat jetzt 36.000 Kilometer runter und der zweite Satz hat gerade mal 16.000 Kilometer gehalten – nicht gerade viel. Vorne hingegen sehen die Beläge noch erstaunlich gut aus, und ich kann mir vorstellen, dass sie fast 50.000 Kilometer halten könnten. Merkwürdig, zumal ich der Meinung bin, dass ich nicht übermäßig viel hinten bremse. Ob es doch am kombinierten Bremssystem liegt, dass automatisch hinten mit bremst, wenn ich die Vorderbremse betätige? Naja, der Wechsel dauert keine fünf Minuten und die Beläge sind auch nicht sehr teuer, von daher geht das schon okay. Wieder gibt es ein tolles

5-Gänge-Menü mit einheimischen Zutaten, und auch heute sitzen wir wieder lange zusammen vor dem Kamin, unterhalten uns und trinken Bier.

Sonntag, 28. Oktober

Acht Uhr, zehn Grad, bedeckter Himmel. Das Wetter könnte besser sein. Gabriel und ich verlassen Latacunga in Richtung Cuenca, unserem Ziel für heute. Auf den Straßen ist nicht viel los, kann denn nicht jeden Tag Sonntag sein? Kaum Lkw, wenige Busse, wir haben die Kurven für uns allein und sind zügig unterwegs. Na gut, eigentlich bin nur ich zügig unterwegs, Gaby braucht immer etwas länger. So fahre ich zwar für mich allein, warte aber hin und wieder auf ihn, sei es an einer Tankstelle oder für einen Kaffee.

Es wird wärmer, die Sonne kommt raus, und selbst auf über 3000 Meter Höhe ist es nun angenehm. Wir sind immer höher als 2500 Meter unterwegs, auf mehr als 3500 Meter wird es wieder ziemlich frisch. Es ist ein ewiges auf und ab, wieder reiht sich eine Kurve an die nächste. Abgeerntete Felder säumen die steilen Hänge rechts und links neben der Straße, wir sehen mehr braun als grün. Bäume gibt es je nach Höhe kaum noch, allenfalls Sträucher und Büsche wachsen hier oben. Die Aussicht ist grandios. In der Ferne sehen wir, wie dichte Wolken in einem Tal stehen, und wieder frage ich mich, warum Wolken eigentlich von oben so toll aussehen, aber von unten nicht.

Kurz vor zwölf, wahrscheinlich sitzen alle am Mittagstisch. Jetzt ist kaum noch ein Auto unterwegs und ich erlaube mir, die Schilder mit der Höchstgeschwindigkeit großzügig zu ignorieren. Endlich verliert der Reifen auch mal wieder außen etwas Gummi, nicht nur in der Mitte. Ich lasse Gabriel hinter mir, fahre meist einen Gang niedriger als nötig und habe so viel Spaß wie schon lange nicht mehr. 25 Minuten muss ich später an einer Tankstelle auf Gaby warten.

Während ich an der Tanke am Straßenrand sitze, hält ein Pickup an und die beiden Insassen fragen, ob sie mich nach Cuenca mitnehmen sollen. Ich zeige aufs Motorrad und lehne dankend ab. Ein paar Minuten später hält ein weiterer Pickup und der Fahrer stellt sich in gutem Englisch als José vor. Es folgt das übliche: woher, wohin, wie lange schon. Daumen hoch für die Yamaha, ja, es ist ein gutes Motorrad. Und ein Großes.

Hinter einer Kurve sehe ich zwei Motorräder mit Koffern stehen und wir halten an. Paul und Arnaud kommen aus Belgien und fahren gerade eine interessante Tour. Vor 15 Jahren ist Arnaud mit dem Rucksack von Bogota in Kolumbien nach Peru gereist und hat damals ein Reisetagebuch geschrieben. Jetzt ist er mit einem Freund unterwegs, um die Städte und Leute von damals zu besuchen. Er erzählt von einem Mädchen aus Bogota, dass vor 15 Jahren immer vor dem Hilton-Hotel gebettelt hat. Lediglich ein altes Foto hatte er von ihr. Die beiden haben das Mädchen tatsächlich ausfindig gemacht. Sie wohnt noch immer in der gleichen Gegend in Bogota, hat mittlerweile ein Kind und verkauft an einem Stand Obst und Lebensmittel. Auch einen anderen Mann konnten die beiden finden, Arnaud hatte noch den Namen und die Adresse im Tagebuch. Das Beste an der Tour: KTM hat aus der Marketing-Panne von Long Way Round gelernt und den beiden zwei KTM 990 Adventure zur Verfügung gestellt. Arnaud produziert nämlich für das belgische Fernsehen acht TV-Beiträge á 45 Minuten.

Ähnlich wie bei Long Way Round sind beide mit mehreren Kameras ausgestattet: am Helm, im Cockpit, an der Seitenverkleidung, dazu Mikrofone im Helm. In den Seitenkoffern stecken keine Unterhosen und Socken, sondern allerlei Hightech-Equipment. Ein mit weiterer Technik vollgestopftes Begleitfahrzeug folgt den beiden, um die Aufnahmen täglich zu überspielen, im Auto sitzt noch ein Kameramann. Außerdem sehe ich auf dem Dach mehrere Ersatzreifen für die Bikes. Beide betonen, dass der Aufwand ziemlich groß ist und verdammt viel Zeit für die Filmerei draufgeht. Ein Sticker ihres Projekts wandert auf meinen Koffer und wir verabreden uns für den Abend in einem Hostel in Cuenca – wenn sie es denn finden.

Gaby hat gestern im Internet ein gutes und günstiges Hostel rausgesucht, und dank seiner Open-Street-Map-Karten fürs Navi finden wir es auch sofort. Auf meiner Original-Garmin-Karte für Südamerika ist Ecuador leider nicht drauf, ich hätte kaum eine Chance, in der Großstadt eine bestimmte Adresse zu finden. Leider kommen die Belgier nicht mehr, ich nehme an, sie haben das Hostel nicht gefunden.

Montag, 29. Oktober

Und „Zack" – der Strom ist weg, das Hotel ist dunkel. Ich gehe auf den Balkon und sehe, dass in ganz Macara kein Licht mehr brennt. Ein paar Mopeds und Autos fahren durch die dunklen Gassen und spenden das einzige Licht. Unser Hoftor wird zugezogen, der Nachbar macht das gleiche. Am Arenal-See in Costa Rica war zwar der Strom auch dreimal weg, aber innerhalb weniger Sekunden wieder da. Mal sehen, wann hier das Licht wieder angeht. Auf den Fernseher kann ich verzichten, Internet gibt's hier sowieso keins. Aber wenn man nicht mal lesen kann und der Ventilator nicht geht, dann ist das nicht so schön. Mein Laptop-Akku zeigt noch 72 Prozent an, lange reicht das nicht. So, nach einer dreiviertel Stunde ist der Strom wieder da.

Offroad, Nationalparks, Machu Picchu

Dienstag, 30. Oktober

An der Grenze zu Peru läuft alles reibungslos und schnell. Die Ausreise ist ein Kinderspiel, bei der Einreise nach Peru gibt mir der Beamte die Hand, macht alle Kopien selber, ohne dass ich dafür zahlen muss; und er begleitet mich sogar noch in das Büro, wo ich die obligatorische Versicherung kaufe. Alles in allem bin ich nach einer halben Stunde wieder unterwegs.

Es ist erstaunlich, wie schnell sich die Landschaft ändert. Mit dem Grenzübertritt bin ich anscheinend in Afrika gelandet. Schirmakazien, Affenbrotbäume, dazwischen verdorrtes gelbes Gras – wie in der Savanne. Zwischen den Städten Sullana, dem furchtbaren, weil lauten und verstopften Piura, und Chiclayo ist die Panamericana unglaublich öde. Sand und Wüste. Sonst nichts. Chiclayo kostet mich viele Nerven, weil ich den Fehler mache und mit Absicht in die Stadt reinfahre.

Auf dem Weg in die Stadt halte ich bei zwei Motorrad-Shops und frage, ob sie passende Reifen auf Lager haben. Natürlich nicht; und auch der kleine Shop, zu dem mich einer der Mitarbeiter schickt, hat nichts parat. Es ist später Nachmittag, eigentlich möchte ich mir ein Hostel suchen. Doch das ist schwieriger als ich dachte, denn die meisten haben keinen Parkplatz für das Motorrad, kein Internet oder sind zu teuer. Das ständige Gehupe geht mir auf die Nerven, alles kotzt mich an und ich fahre mühsam wieder raus aus der Stadt. Nur zehn Kilometer Richtung Westen liegt San José, ein kleines Fischerdorf. Ich finde ein Hostel direkt am Strand, mit Parkplatz im Haus und Blick aufs Meer. Mir fällt der Spruch ein, den ich im Hostel in Panama City gelesen habe: "Everything will be alright in the end, and if it's not alright it's not the end." Zumindest für heute stimmt das.

Mittwoch, 31. Oktober

Wie immer bin ich schon früh unterwegs, ohne richtiges Ziel für heute. Selten war die Panamericana landschaftlich so langweilig wie hier in Nord-Peru in Küstennähe, gleiches Spiel wie gestern. Ich blicke nach rechts und sehe Sand so weit das Auge reicht. Bis zum Horizont kein Baum, kein Strauch, kein bisschen Grün. Links von mir, ein paar Kilometer von der Straße entfernt, steht eine Hügelkette. Sanfte Kurven, viel geradeaus – das komplette Gegenteil zu Ecuador, wo ich fast 1000 Kilometer Kurven am Stück hatte und die Reifen endlich wieder rund statt eckig fahren konnte. Aus dem flachen Sand bilden sich sichelförmige Dünen, keine zehn Meter hoch und vielleicht 50 breit. Nach einer Weile verschwinden die Dünen, nun sind auch rechts von mir Hügel. Der Wind bläst pausenlos Sand über den Asphalt, in der Ferne sehe ich Sandhosen über dem Boden kreisen. Wüste. Ich denke an Michael Martin und frage mich, was ihn daran so interessiert. Für ein, zwei Stunden mag es faszinierend sein, aber spätestens dann hätte ich gerne wieder etwas Grün und Abwechslung. Ich passiere kleine Dörfer und bin erstaunt über die simplen Hütten. Schilfrohrmatten als Wände und Dächer, manchmal auch Wellblechplatten, Steine aus Lehm, kaum Ziegel. Einfacher geht es nicht. Und alles hat die gleiche Farbe: staubgrau bis leicht gelblich.

Ich sehe einen Pkw, der einen ganzen Stapel mehr als zehn Meter lange, dünne Stahlstreben transportiert. Nicht auf dem Dach, denn dann würden sich die Enden nach unten biegen und im Sand stecken bleiben. Die Streben sind UNTER dem Auto befestigt, die Enden ragen also vorn und hinten über den Stoßstangen in die Luft. In der Mitte schleift das Metall über den Sand, aber das ist egal. Eigentlich keine schlechte Idee. Allein heute sehe ich bestimmt zehn Polizeikontrollen, bei denen regelmäßig Fahrzeuge raus gewunken werden. Nur ich nicht. Wenn die Polizisten mich sehen, heben sie die Hand oder den Daumen und grüßen, ich muss nicht ein einziges Mal anhalten. In den Dörfern und Städten wimmelt es von Mototaxis. Die dreirädrigen Mopeds mit Sitzbank hinten sind das bevorzugte Fortbewegungsmittel. Aus gutem Grund: Mit bis zu sechs Dollar pro Gallone (3,8 Liter) ist Benzin hier teurer als damals in Deadhorse/Alaska und auch teurer als in Belize. Ein eigenes Auto können sich die meisten nicht leisten, also fährt man mit den knatternden Taxen. Oder mit dem Bus. Auf den Straßen sind deutlich mehr große moderne Reisebusse unterwegs als in den anderen Ländern, die ich bisher befahren habe. In Ecuador kostete der Liter Diesel umgerechnet 20 Cent, hier in Peru ist er viermal so teuer.

Hin und wieder sehe ich rechts neben mir den Pazifik, das Gelbgrau der Wüste verschwindet in einem glitzernden Blau. Irgendwie schaffen es die Peruaner, hier in der Wüste etwas Landwirtschaft zu betreiben. Die

Panamericana führt durch Zuckerrohr- und Maisfelder, vorbei an flachen Reisterrassen mit kleinen zartgrünen Pflanzen, vorbei an Bäumen an denen Früchte hängen, die wie Mangos aussehen.

Pacasmayo, Chimbote, Chicama, Trujillo – ich hasse die Städte in Peru. Der Verkehr ist eine einzige Katastrophe und ich könnte ausrasten und Rücklichter ein- und Spiegel abtreten. Die Peruaner blinken nicht, wechseln die Fahrspuren ohne Vorwarnung, quetschen sich in jede noch so kleine Lücke – gerne auch unmittelbar vor mein Rad – und hupen ständig völlig ohne Grund. Ein paar Mal habe ich großes Glück und kann gerade noch einem Gully ausweichen, auf dem der Deckel fehlt. Sowas ist wirklich lebensgefährlich und ich glaube es war in Mexiko, wo mir das in einer Stadt auch besonders aufgefallen ist.

An einer Tankstelle fahre ich an die Säule und fange an zu tanken. Kurz bevor der Tank voll ist, schaue ich auf die Anzeige und fülle weiter. Bis ich ein paar Sekunden später wieder nach unten sehe und bestimmt zwei Liter Sprit über das Motorrad und meine Hose gelaufen sind, also recht viel. An jeder noch so kleinen alten Tankstelle schaltet sich die Säule ab, wenn der Tank voll ist – hier an dieser eigentlich modernen Repsol-Bude nicht. Ohnehin schon sauer gehe ich zu zwei Frauen die hier arbeiten, um zu bezahlen: umgerechnet 33 Dollar. Doch sie verstehen es nicht. „Die Säule geht gar nicht mehr, sie müssen hier rüber kommen und hier tanken." „Ich habe gerade für 84 Soles vollgetankt", sage ich und halte ihnen zwei Fünfziger hin. „Das kann aber nicht sein, sie müssen hier rüber kommen." Ich werde lauter, mein schlechtes Spanisch macht die Sache nicht einfacher. „Hier ist das Geld! Da stehen 84 Soles an der Säule, ich habe schon getankt und mich bei der Gelegenheit schön mit Benzin übergossen", sage ich und zeige auf meine nasse Hose. „Aber... sie müssen hier rüber..." Es fällt mir schwer, mich zu beherrschen. Irgendwann nehmen sie das Geld. Ich halte an einem Wasserhahn und spüle den Tank ab. Minuten später auf dem Motorrad fällt mir ein, wie blöd ich eigentlich war und ärgere mich über mich selbst. Ich hätte einfach wegfahren sollen! Die Damen dachten ja, ich habe gar nicht getankt, von daher wäre alles gut gewesen. Noch Stunden später und sogar während der Fahrt rieche ich den Sprit, die Hose muss ich bei nächster Gelegenheit waschen. Ich fahre noch ein paar Stunden weiter nach Huarmey und suche mir ein Hostel.

Donnerstag, 1. November

Seit ein paar Tagen stehe ich Kontakt mit Alex, einem anderen Motorrad-Reisenden aus Stuttgart. Schon in Deutschland habe ich mich mehrmals mit ihm getroffen, und weil er auch auf dem Weg nach Süden ist, haben wir uns für hier unten verabredet. Er ist in Huaraz, etwa 100 Kilometer östlich der Küste, und es ist schon ein Zufall, dass ich gestern Nachmittag bei einer Kaffeepause überlegt habe, genau dorthin zu fahren. Ich habe mich dann aber dagegen entschieden. Jetzt heißt es für mich also: Auf nach Huaraz, entweder über kleine Schotterpisten durch die Berge, oder 80 Kilometer die Panamericana zurück und dann gut 100 Kilometer auf einer vermutlich ebenso langweiligen Strecke. Na, was mache ich wohl?

Die Strecke ist ziemlich abgelegen und anspruchsvoll, auf steilen Schotterpisten mit engen Kehren manövriere ich durch die Berge. Bis auf 4300 Meter geht es nach oben. An zwei Stellen muss ich nach dem Weg fragen und bin froh, dass gerade ein Bauer in der Nähe ist und mir den richtigen Weg weist. Auf der wirklich schlechten Piste komme ich nur langsam voran, insgesamt brauche ich für die 120 Kilometer rund vier Stunden.

Die Anstrengung lohnt sich: Von einem Pass aus erkenne ich schneebedeckte Gipfel in der Ferne; später lese ich, dass in der Gegend 23 Berge mit mehr als 5000 Metern Höhe stehen. In Huaraz frage ich mich zum Hostel durch und gehe abends mit Alex auf ein paar Biere in die Stadt.

Freitag, 2. November

Auf der Karte haben wir uns eine Strecke ausgesucht, die vielversprechend aussieht: durch einen Nationalpark, mitten durch die Berge und hoch bis auf fast 4900 Meter. Dann mal los! Etwa eine Stunde südlich von Huaraz biegen wir nach Osten ab. Mein Navi sagt, der Abzweig kommt später, laut Karte stimmt die Stelle. Wir sehen zwei Frauen vor einer Hütte und fahren hin. Sie sind gerade dabei, einem Schaf oder einer Ziege – so genau kann ich das nicht mehr sehen – das Fell abzuziehen. Der Weg stimmt, von nun an geht's auf Schotter weiter. Rechts und links grüne Hügel, vor uns manchmal wieder hohe Gipfel auf denen noch oder schon wieder Schnee liegt – die Landschaft ist der Wahnsinn. Wir kaufen Eintrittstickets in den Nationalpark für umgerechnet zwei Dollar. Hoch und immer höher geht es hinauf, 4300, 4500, 4700 Meter – es wird verdammt kalt. An einem Abzweig steht ein Schild, dass es rechts bis auf 4880 Meter hoch geht.

Wir biegen ab, und nach einer Weile prasseln Hagelkörner gegen die Helme. Oben angekommen stehen wir auf einem Parkplatz, auf dem zwei Kleinbusse gerade eine Ladung Schüler ausspucken, die garantiert nicht freiwillig hier oben sind. Man kann zu Fuß noch einmal 300 Meter höher klettern, was wir natürlich nicht machen. Dafür kaufen wir einer Oma an einem kleinen Stand jeder ein paar Schokoriegel ab – und Koka-Blätter in einem kleinen durchsichtigen Beutel. Ich frage, ob das für Tee oder zum Kauen ist, und sie meint, es geht beides. Auf dem Weg nach unten muss ich hin und wieder halten und Luft pumpen, im Gelände verliert der Vorderreifen langsam aber stetig Luft. So genau weiß ich nicht mehr, bis wohin wir es an dem Tag geschafft haben.

Samstag, 3. November

Täglich werden wir mehrfach von Hunden angefallen. Egal, ob wir durch kleine Dörfer fahren oder Städte, sobald die Hunde uns sehen, rennen sie laut bellend auf uns zu. Von der Seite, von vorn, von der anderen Straßenseite, einfach drauflos, so schnell wie möglich. Manchmal ist das ziemlich gefährlich, denn wenn Autos vor uns sind und wir nicht überholen können, springen die Viecher an den Koffern hoch und wir können sie nur mühsam abwehren.

Ein besonders fieses Exemplar – irgendeine Kampfhunderasse – rennt auf mich zu beziehungsweise hinter mir her, bellt und knurrt so aggressiv, dass ich sicher nicht mit heiler Haut davongekommen wäre, hätte ich anhalten müssen. Meist geben wir einfach Gas, aber die Vierbeiner sind verdammt schnell! Bei kleineren Hunden bremsen wir schon mal abrupt und tun so, als wenn wir nun auf sie zukommen – manchmal hilft das. Insgesamt ist es nervig für uns und oft tödlich für die Hunde, weil sie von Autos überfahren werden.

Kurz nachdem wir heute Morgen losgefahren sind, sehen wir, wie mehrere Hunde über die Straße hetzen, unmittelbar vor den Minibus der vor uns fährt. Der kann nicht rechtzeitig bremsen und überfährt einen recht großen schwarzen Hund, er kommt unter dem Auto hervor, bleibt liegen und zappelt. Drei Sekunden später sind wir vorbei gefahren. Vermutlich hat er es nicht überlebt. Nicht nur Hunde sind ein Problem, auch Kühe, Pferde, Esel, Schafe und Ziegen stehen oft auf der Straße. Gerne hinter Kurven. Am schlimmsten sind Kühe. Ich weiß nicht, ob es Studien gibt, wie intelligent Rinder sind, aber hier unten sind sie anscheinend die dümmsten oder zumindest gleichgültigsten Tiere, die es gibt. Hupen, Gas geben, Schreien – das stört die Viecher nicht im Geringsten und sie bleiben einfach genau dort stehen, wo sie gerade stehen. Trucks, Busse, Minivans, selbst vor den großen Fahrzeugen haben die Kühe keine Angst. Im Vorbeifahren haue ich einigen von ihnen auf den Hintern, sie rühren sich kein Stück.

Ich fahre vor, die Straße ist gut und wir sind keine 50 Kilometer unterwegs, als Alex hinter mir hupt und Zeichen gibt. Ich halte an und er sagt, dass er seinen Rucksack verloren hat... Er schnallt ihn hinter sich und seine Gepäckrolle auf den Gepäckträger und fädelt eigentlich IMMER einen Gurt durch die Riemen am Rucksack – nur heute nicht. Er fährt zurück, ich setze mich im leichten Nieselregen unter einen Eukalyptusbaum, kaue bunte Kaugummi-Eier und warte. Natürlich kommt er ohne Rucksack zurück, denn wir wissen überhaupt nicht, wo er ihn ungefähr verloren haben könnte. Vielleicht schon unmittelbar nach der Stadt. Und Peru ist nun nicht gerade ein Land, in dem ein praller roter Rucksack lange auf der Straße liegt. Irgendein Peruaner freut sich nun über ein Paar fast neue und teure Schuhe, ein ebenso neues Trekking-Hemd von Columbia, Cross-Handschuhe und einen teuren Reiseführer.

Wir fahren eigentlich immer recht dicht beieinander, doch manchmal packt es mich und ich gebe der Yamaha die Sporen. Besonders, wenn es schön kurvig durch die Berge geht und ich spielend die Lkw und Busse am Hang überholen kann. Ich fahre also etwa zehn Kilometer vor bis zum dem Ort, in dem Alex und ich tanken und Geld holen wollen. Vor dem Ort gabelt sich die Straße, es gibt nur zwei Möglichkeiten: nach Cerro del Pasco rein oder dran vorbei. Ich halte an der ersten Tankstelle, tanke voll und warte auf Alex, der hier vorbeikommen muss. Ich warte lange, aber Alex kommt nicht. Mist! Ich fahre zurück, fahre gut 15 Kilometer in die andere Richtung weiter, bis sich die Straße erneut gabelt. Weg ist er. Zurück in Cerro del Pasco hole ich Geld, suche ein Internet-Cafe und schreibe Alex eine Mail (für solche Situationen ist ein Telefon halt doch nicht schlecht, aber meins befindet sich ja auf einer Insel in Honduras), dass ich um drei in einem bestimmten Ort kurz hinter der Stadt warte.

Punkt drei fahre ich allein weiter, wir werden uns sicher später wieder treffen. Nun folgt für mich die größte Schlammschlacht, die ich bisher mit dem Motorrad gemeistert habe. Das wäre vielleicht nicht passiert, wenn ich nicht direkt durch ein Minen-Gelände fahren würde, in dem voller Baumaschinen-Verkehr herrscht und es in den letzten Tagen geregnet hat... Anscheinend bin ich mal wieder an einer kleinen Piste falsch abgebogen uns stehe nun vor einem offenen Schlagbaum. Ich frage den Wächter, ob es hier nach Dingsbums geht (ich habe den kleinen Ort vergessen) und er erklärt mir irgendetwas, das ich nicht verstehe. Es geht hin und her und irgendwann winkt er mich einfach durch nach dem Motto: Soll der doch sehen, wo er rauskommt.

Die Piste ist schlammig, rutschig, mit tiefen Wasserlöchern in der Fahrbahn, von schweren Lkw völlig zerfahren. Wo bin ich hier nur rein geraten? Aber irgendwie geht es immer weiter. Ich klemme mich in die Fahrspur eines vor mir fahrenden Lkw und komme recht sicher voran. Es fängt leicht an zu schneien – das fehlte mir noch zu meinem Glück. Zweimal frage ich Lkw-Fahrer, ob sie Luft für meinen Reifen haben (die haben immer einen Schlauch dabei, um ihre eigenen Reifen zu füllen). Einer von ihnen hat zwar einen Schlauch, aber nicht die richtige Kupplung, und während ich den Adapter aufs Reifenventil drücke, versucht er, das andere Ende mit dem Druckluft-Ausgang seines Lkw zu verbinden. Irgendwie kriegen wir zusammen hin. Er will kein Geld, aber anscheinend ist es hier üblich, Zettel mit dem Namen drauf zu verteilen. Zunächst verstehe ich nicht, was er will, bis ich einen kleinen Block raushole, er seinen Namen reinschreibt und dann unterschreibt. Ich solle das gleiche machen und ihm den Zettel mit meinem Namen geben. Na gut, wenn es ihn freut und er seinen Freunden zeigen kann, wem er geholfen hat. Ein krummes Ding kann er mit meiner Unterschrift auf einem Zettel wohl nicht drehen. Oder?

Ich komme nur sehr langsam voran und kann die Küste heute auf keinen Fall mehr erreichen. Also ist zelten angesagt. In einem Dorf muss ich erneut nach Luft fragen (mit Alex ist auch die Pumpe verschwunden und die kleinen Pressluft-Kartuschen, die ich noch mithabe, sind nur für den absoluten Notfall) und kurz bevor es dunkel wird, suche ich einen geeigneten Platz fürs Zelt – kann aber nichts finden, denn rechts und links der Piste ist absolut kein Platz. Vor einem kleinen Wasserwerk halte ich und frage, ob ich nicht auf deren Gelände zelten kann. Direkt hinter dem Tor kann ich ein schönes Stück Rasen sehen. Der Wächter kann das nicht entscheiden, holt aber jemanden aus dem Hauptgebäude. Leider will auch er mich nicht rein lassen, er hat aber nichts dagegen, wenn ich mein Zelt direkt vor dem Tor aufschlage, auf einer ebenen Fläche. Ich baue auf und frage den Wächter, ob er mir etwa Wasser besorgen kann – sollte nicht so schwer sein in einem Wasserkraftwerk. Ich teile eine Packung Kekse mit ihm und setze einen Koka-Tee auf.

Sonntag, 4. November

Wie ich schon einmal geschrieben habe, ist die Panamericana in Peru so langweilig wie selten zuvor. Kilometer fressen leicht gemacht, es geht schnell voran. In Lima steuere ich einen McDonald's an und Alex hat tatsächlich geantwortet. Auch er kommt heute nach Lima, also treffen wir uns wieder. Ich suche mir ein schönes Hostel mit Parkmöglichkeiten fürs Bike aus und quäle mich durch den dichten Stadtverkehr, der sogar sonntags eine Katastrophe ist. Der Bike-Parkplatz ist so sicher, dass selbst die Besitzerin das Tor nicht aufkriegt. Also muss ich über die Blumen in ihrem Vorgarten fahren. Später kommt wieder eine Mail von Alex, er hat meine Mail zu spät gesehen und in einem anderen Hostel eingecheckt. Immerhin ist er in der Nähe und kommt abends noch auf ein Bier rum.

Montag, 5. November

Lima soll ein guter Ort sein, um Motorradreifen zu kaufen. Meine sind bald fällig und so versuche ich mein Glück. Fünf Adressen habe ich im Internet rausgesucht, ich bitte die Frau vom Hostel bei KTM anzurufen. Der Laden ist am weitesten vom Hostel entfernt und ich will nicht durch ganz Lima gurken, nur um festzustellen, dass sie nichts haben. Bei den anderen Läden würde vielleicht auch ein Anruf reichen, aber hier ist es oft besser, wenn man selber mit den Leuten redet – vielleicht ergibt sich dann noch etwas anderes. Fast überall: Fehlanzeige. Sie haben einfach nicht die richtige Größe auf Lager. Der BMW-Händler in Lima ist zwar top ausgestattet und hat alle neuen Motorrad-Modelle auf Lager und hätte sogar die Reifen dort. Allerdings zum unverschämten Preis von 195 Dollar allein für den Vorderreifen! Und das ist für die Laufleistung des angebotenen Continental TKC80 eindeutig zu viel, zumal wir in Peru sind. Also fahre ich weiter. In einem kleinen Laden, der mir empfohlen wird, finde ich doch noch einen passenden Reifen – einen von Shinko, den ich normalerweise nie gekauft hätte. Mit umgerechnet 70 Euro war er jedoch vergleichsweise günstig und dürfte mich mindestens bis Santiago de Chile bringen. Meine benötigten Zündkerzen hat übrigens auch keiner der Händler.

Am Nachmittag zieht Alex mit in mein Hostel und wir gehen nochmal los, um einen Fahrrad-Tacho für seine Honda zu suchen – sein Tachowellen-Antrieb ist nämlich seit ein paar Tagen kaputt. Er muss nicht wissen, wie schnell er ist, aber für die Tankstopps ist eine Anzeige wichtig. In einem der Läden kaufe ich eine Luftpumpe, denn irgendwann bin ich wieder alleine unterwegs. Und ich werde sie brauchen, doch dazu mehr in den nächsten Tagen.

Dienstag, 6. November

Wir fahren zusammen weiter, erreichen nach etwa 200 Kilometer auf der Panamericana den Ort Pisco. Kurz dahinter zweigt die Straße in den Paracas-Nationalpark ab. Was folgt, ist Offroad-Fahren vom Feinsten: glatte Schotterpisten, harter Sand, Dünen – es ist ein ständiges auf und ab zwischen Hügeln und Tälern. Auf der Baja California in Mexiko habe ich den Sand gehasst, weil er so weich war und wahnsinnig viel Kraft gekostet hat. Hier können wir fast mit Tempo 100 entlang brettern und gewaltige Staubfahnen hinter uns her ziehen.

So macht das Spaß und die Yamaha ist dafür auch nicht zu schwer, wie ich anfangs befürchtet hatte. Fotostopp: jeder von uns lässt es krachen und im Sand die Sau raus. Geil! Keine Angst, es ist zwar ein Nationalpark, aber die Pisten sind so breit, dass wir meist in irgendwelchen Spuren fahren und uns nur selten selbst neu verewigen.

Die Piste ist länger als wir dachten und wir brauchen einige Stunden bis wir wieder auf Asphalt treffen. Vor dem Eingang zum Nationalpark haben wir einen Schweizer auf einer 250er-China-Enduro getroffen. Er hat sich mit seiner Freundin in Bolivien zwei Bikes gekauft, für nur 1300 Dollar pro Stück! Bis auf ein paar Probleme mit losen Speichen hat er bislang keine Ausfälle gehabt. Er fährt vier Monate durch Südamerika und damit kostet ihn das Bike rein von der Anschaffung her nur rund 250 Euro im Monat. Da ist es fast eine Überlegung wert, sich für den nächsten Offroad-Trip durch Südamerika so einen China-Kracher zu kaufen und den danach abzuschreiben oder für ein paar Hunderter wieder zu verkaufen.

Mittwoch, 7. November

Auf nach Cusco! Knapp 640 Kilometer sind es bis dorthin, wir planen zwei Tage ein und wollen heute in einem Nationalpark in den Bergen campen. Die Strecke ist schön, aber nicht atemberaubend. Wieder geht es hoch hinaus, die gute Straße windet sich durch Täler, über Berge, durch kahle steinige Pampa. Mittags halten wir in einem Dorf, das aus etwa 15 Häusern besteht. Ungefähr zehn davon sind Restaurants. In einem möchte ich einen Kaffee bestellen, doch die Wirtin will anscheinend kein Geld verdienen und meint, es gibt keinen. Dabei steht die Dose Instant-Kaffeepulver mitten auf dem Tisch, ich deute darauf, doch sie schüttelt nur mit dem Kopf. Wir auch, und gehen zwei Häuser weiter.

Ungefähr auf halber Strecke gibt es einen kleinen Nationalpark, in dem sich jede Menge Vicuñas tummeln sollen. Tatsächlich: kaum haben wir das Gebiet erreicht, stehen rechts und links neben der Straße die Tiere und äsen. Mit ihrem hellbraunen Fell sind sie so gut getarnt, dass wir sie manchmal erst sehen, wenn wir unmittelbar neben ihnen sind. Wir finden keinen Weg weg von der Straße, hinauf auf die steinige Wiese. Kurz vor Ende des Parks (er ist relativ klein) biegen wir einfach irgendwo rechts ab und holpern langsam über die Steine und Grasbüschel.

Zwei Kilometer weiter bauen wir in 4150 Meter Höhe die Zelte auf, und erst zum zweiten Mal während der Tour muss ich die Sturmleinen verankern. Kräftiger Wind bläst und kühlt die Umgebung rasch ab. Lange Unterhose an, Mütze auf, ein zweites Paar Socken an. So geht's. Auf den Kochern steht Wasser für Koka-Tee und Instant-Nudeln – wir sind nicht anspruchsvoll. Die untergehende Sonne taucht alles in warmes goldgelbes Licht, doch es wird rasch kälter. Wir machen Fotos, bis wir vor Kälte kaum noch die Kameras halten können. Kein Witz: während alles andere einigermaßen warm ist, habe ich lange nicht mehr so kalte Hände gehabt.

Die Vicuñas sind scheuer, als ich dachte. Aus sicherem Abstand beäugen sie uns, kommen aber nicht näher. Gehen wir auf sie zu, gehen sie zurück. Mit der Sonne verschwindet die letzte Wärme des Tages. Im Zehn-Minuten-Takt scheint das Thermometer um ein Grad zu fallen, mit Handschuhen halten wir es noch so lange aus, bis über uns Abermillionen Sterne sichtbar werden. Kein künstliches Licht im Umkreis von zig Kilometern, nur hin und wieder schieben Lkw Scheinwerferspuren vor sich her. Ab ins Zelt, die Kälte ist kaum noch auszuhalten.

Donnerstag, 8. November und Freitag, 9. November

Auf den Sitzbänken glitzert Eis, ebenso auf der Schattenseite unserer Zelte. Doch die Sonne brennt hier oben schon am Morgen recht stark, in den Zelten ist es relativ warm und erträglich. Abbauen, aufsatteln, los geht's nach Abancay auf genauso kurvigen Straßen wie gestern. Komischerweise verliert mein Reifen gestern und heute keine Luft mehr, vielleicht tatsächlich nur im Gelände bei hoher Belastung.

Zum Frühstück halten wir mitten an einem kleinen Restaurant, das von einer uralten Oma geführt wird. Wir bekommen Rührei mit Brot und Kaffee (eher braunes warmes Wasser, so dünn ist er), dazu eine Cola, das Ganze für umgerechnet etwas mehr als 1,30 Euro. Weiter geht's, mittlerweile brennt die Sonne, wir ziehen unsere Pullover aus. Erstaunlich, dass es so weit oben so warm ist. Wir sind hier immerhin auf mehr als 3000 Meter Höhe. In Cusco versucht das Navi ständig, uns durch Einbahnstraßen zu schicken. So irren wir relativ lange durch das Verkehrschaos, bis wir endlich am Hostel ankommen. Alex hatte es rausgesucht, weil wir die Motorräder im Hof parken und daran schrauben können. Kurz vor uns ist eine junge Dänin angekommen, wir unterhalten uns etwas mit ihr, bevor Alex und ich uns ein Taxi nehmen und uns in eine Straße bringen lassen, in der es fast ausschließlich Motorrad-Werkstätten und Ersatzteil- und Zubehörläden gibt. Nach einigem Suchen und Preisvergleichen kaufen wir Motor- und ich zusätzlich Kardanöl. Ich brauche Zündkerzen, aber in keinem der Läden haben sie die richtigen – die Händler hier sind spezialisiert auf Mopeds, Roller und Mototaxis. Wahrscheinlich haben sie noch nie ein Motorrad mit mehr als 800 Kubikzentimetern Hubraum gesehen.

Wir gehen zu Fuß zurück zum Hostel und machen auf dem Rückweg einen Abstecher in eine große Markthalle. Während die vielen Käsestände riechen, wie Käse halt riecht, muss ich in der Fleischabteilung die Luft anhalten und umdrehen. Von weiten sehe ich Rinderschnauzen, Innereien, Schweinehälften, Köpfe und alles, was mal gelebt hat. Ich bin nicht zimperlich und kann mir das alles ansehen, aber der Geruch... Wir kaufen ein Stück Käse und etwas Brot.

Nach dem Snack fangen wir an, die Bikes zu zerlegen. Bei der Yamaha ist die 40.000er-Durchsicht fällig, aber weil es hier unten keine Werkstatt gibt, die sie erledigen könnte, mache ich die Basics selber. Motorschutz ab, Tank runter, Airbox raus – die Yamaha XT1200Z lässt sich erstaunlich leicht zerlegen und sieht nach einer halben Stunde aus wie ein gerupftes Huhn. Aber das muss so sein, also keine Angst Yamaha. Eigentlich müssten die Zündkerzen gewechselt werden, aber die gibt es hier ja nirgendwo. Ich schraube eine heraus und befinde, dass sie ziemlich gut aussieht und ich sie in vier Wochen wechseln kann, wenn meine Freundin die Zündkerzen mitbringt. Es wird dunkel und wir entscheiden, dass wir morgen weiter schrauben. Zusammen mit Helle, der Dänin, gehen wir zum Abendessen in eine Pizzeria. Der Wirt hat nur warmes Bier, also gehe ich raus und versuche in vier Läden – alle gleich nebenan – kaltes Bier aufzutreiben. Das scheint hier nicht sehr verbreitet zu sein, denn zwei Verkäuferinnen wollen mir das warme aus dem Regal andrehen.

Zurück im Hostel treffen wir drei junge Holländerinnen, die zwar nicht mit dem Wohnwagen unterwegs sind, aber mit Fahrrädern. Sie sind erst seit etwas mehr als einem Monat auf Tour und haben noch fünf weitere vor sich. Ihr Plan: Mit dem Rad von Lima nach Buenos Aires. Noch sind sie ziemlich begeistert, wobei ich nicht glauben kann, dass es Spaß macht, mit einem voll bepackten Rad durch die Anden zu fahren. Alex hat es ja oberhalb von 4000 Metern schon nicht leicht mit seiner Africa Twin, die dann einen Großteil ihrer ohnehin schon bescheidenen Leistung einbüßt. Wie dem auch sei, die Mädels haben noch Spaß, campen fast jeden Tag in der Wildnis und ziehen nur dann ins Hostel, wenn mal wieder eine Dusche fällig ist.

Samstag, 10. November

Nachdem wir gestern mehr oder weniger mühsam das Motoröl organisieren konnten, machen wir uns heute an den restlichen Service. Im Umkreis von 1000 Kilometern gibt es keine ordentliche Yamaha-Werkstatt, und es ist uns unmöglich, einen passenden Ölfilter aufzutreiben. Der Durchmesser stimmt, die Länge des Filters und sogar das Gewinde – nur leider liegt das Gewinde des Yamaha-Ölfilters ungefähr fünf Millimeter tiefer im Gehäuse, als in den Filtern, die ich finde. In ungefähr zehn Läden – die Dutzende verschiedene Ölfilter auf Lager haben – zeige ich den Mitarbeitern, was ich brauche. Niemand hat etwas passendes, also baue ich ihn wieder ein und lasse mir demnächst einen aus Deutschland mitbringen.

Motor- und Kardanöl sind schnell gewechselt, die entsprechenden Stellen geölt. Während das Motorrad nach wie vor einen äußerst robusten Eindruck macht, muss ich an zwei Zubehörteilen Kritik üben. Den Kardan-Protektor, bei dem vor einiger Zeit der Halter abgebrochen ist, fahre ich immer noch hinten an die Gepäckrolle angebunden mit mir herum. Das Teil ist nämlich aus Alu und daher nicht so leicht zu schweißen. Und hier in Südamerika schon gar nicht. Komischerweise ist nun noch eine weitere Schweißnaht am Blech aufgegangen. Als ich gestern den Motorschutz abgebaut habe, hatte ich Probleme, eine Schraube zu lösen, weil sich der komplette Schutz etwa fünf Millimeter nach hinten gebogen/geschoben hat. Der Schutz ist lediglich mit Sechs-Millimeter-Schrauben befestigt, dünne Alu-Profile dienen als Abstandshalter zwischen Motor und Motorschutz. Eines der Profile ist völlig platt gedrückt – im Gelände sitzt man halt doch mal auf, trotz der recht großen Bodenfreiheit. Natürlich ist es besser, wenn der Schutz nachgibt und die Aufprall-Energie nicht an den Motor beziehungsweise die Befestigungen weiterleitet. Etwas robuster könnte er aber sein.

Unser Plan war, heute nach Aguas Calientes zu fahren, um von dort aus morgen früh nach Machu Picchu aufzubrechen. Daraus wird nichts, denn Alex ist immer noch auf der Suche nach seinem Tachowellen-Antrieb. Der Honda-Händler meinte heute Morgen, gegen 14 Uhr könnte einer hier sein – woher auch immer. Also warten wir.

UPDATE 14.50 Uhr: Natürlich ist das Teil nicht da. UPDATE 2 Dienstag, 13. November: Natürlich ist das Teil immer noch nicht da. UPDATE 3 Mittwoch 14. November: Na, was wohl?

Schon seit Tagen suchen wir nach Peru-Aufklebern für die Seitenkoffer. Wir wollen einen ganz bestimmten, den wir schon auf vielen Autos gesehen haben. Leider gibt es den anscheinend nirgendwo. Wir laufen durch 20 Touri-Läden, in denen bunten Decken, Taschen, Schmuck, Mützen, T-Shirts und vieles mehr verkauft werden. Sehr angenehm: Die Verkäufer drängen sich nicht auf, grüßen höflich und warten, bis wir uns alles angesehen haben. Nach unzähligen Erklärungsversuchen finden wir endlich, was wir suchen – wenn auch nicht exakt in der richtigen Größe.

Die Altstadt von Cusco ist wirklich schön. Kirchen, saubere Plätze und Straßen (zumindest im Zentrum), schöne Cafés und Restaurants; mehr als zwei Stunden schlendern wir durch die Stadt und genießen Sonnenschein bei 25 Grad.

Noch ein paar Worte zu den Geschäften, weil es uns besonders aufgefallen ist. Es gibt hier Straßen, in denen fast ausschließlich ein Produkt beziehungsweise Waren für etwas Bestimmtes angeboten werden. In einer Straße sind etwa 15 Shops, die Motorrad-Teile- und Zubehör verkaufen. Eine Querstraße weiter gibt's das Gleiche für Autos. Nebenan sind einige Läden, die nur Lampen verkaufen und wieder ein Stück weiter bieten die Händler Baumaschinen, Kettensägen und Stromerzeuger an. In einer Straße könnten wir Stempel, Schilder und Pokale kaufen. Eigentlich nicht schlecht, denn wenn ein Händler ein Teil nicht hat, geht man einfach eine Tür weiter.

Sonntag, 11. November

Wie immer mache ich es am Sonntag kurz. Alex und ich fahren Richtung Machu Picchu, unser Tagesziel ist Santa Theresa. Von dort aus soll es mit Taxi, Bus und Zug zu Perus berühmtester Touristen-Attraktion gehen.

Die Strecke ist der Wahnsinn und ein Muss für jeden Motorradfahrer. Gute Asphalt-Straßen mit engen Serpentinen schrauben sich hoch in die Berge und auf der anderen Seite wieder runter. Zwei, drei Stunden fahren wir durch schöne Landschaften, überholen ein paar Gruppen Mountainbiker, die sich die Straße runter rollen lassen (ganz ehrlich, dafür braucht man kein Mountainbike...), machen Pause an einem Straßenkaffee – und dann wird die Straße noch besser. Denn es wird eine staubige Schotterpiste, die sich extrem kurvig an einem mehrere hundert Meter tiefen Abgrund entlang schlängelt. Blick nach vorn auf die Piste, nur nicht zur Seite gucken. Hin und wieder kommen uns Autos und Minibusse entgegen, zum Glück fahren wir rechts an der Bergseite.

Ein paar Wasserdurchquerungen und Fotostopps später erreichen wir Santa Theresa, ein kleines Nest in dem es eigentlich nichts gibt. Aber es ist einer der Ausgangsorte für Touren nach Machu Picchu und so gibt es wenigstens ein paar Hostels und Restaurants. Wir checken ein, parken die Bikes im Haus und gehen essen.

Bei der Gelegenheit fragen wir den Wirt nach Möglichkeiten und Zeiten, um am besten auf den Berg zu kommen. Aber anscheinend verstehen wir etwas falsch...

Montag, 12. November

Aus dem Lautsprecher über unseren Köpfen plärrt es unentwegt und laut in Spanisch, der Motor der kleinen Gleisbau-Draisine dreht am Limit und alle paar Meter spüren wir kräftige Schläge von unten, wenn wir wieder einen Schienenstoß passieren. Wo wir sind? Alex und ich sind auf dem Weg von Aguas Calientes nach Machu Picchu. Und zwar mit einem, nun ja, etwas ungewöhnlichen Transportmittel. Der Reihe nach. Normalerweise fährt ein großer Zug die Touristen jeden Morgen von der Station Hydroelectrica den steilen Berg hinauf. Auch wir wollten mit dem Zug fahren, doch leider haben wir etwas falsch verstanden und stehen eine Stunde zu spät am Abfahrtsort. Der nächste Zug geht erst in einigen Stunden, wir müssen also laufen. Mehrere Kilometer bergauf, mindestens zweieinhalb Stunden, so sagt man uns. Darauf haben wir überhaupt keine Lust! Aber anders geht es nicht, also die Schuhe fest geschnürt und los.

Wir kommen etwa hundert Meter weit, als wir eine kleine Hütte passieren, vor der einige Mitarbeiter der Bahngesellschaft stehen. Auf den Gleisen neben ihnen: eine kleine orangene Motor-Draisine... Mehr aus Spaß fragen wir, ob sie uns nicht hoch fahren können. Sie sagen ja, für 18 Dollar pro Person – also den Normalpreis (normalerweise plus weitere zwölf Dollar für die Fahrt zurück). Wir scherzen ein bisschen und gehen weiter. Nach 50 Metern überlegen wir es uns anders. Richtiges fragen kostet nichts, also geht Alex zurück und hakt noch einmal nach. Die Bahner scheinen einem kleinen Zubrot nicht abgeneigt zu sein und sagen, wir sollen losgehen, sie holen uns in ein paar Minuten ein. Tatsächlich, kaum sind wir um eine Kurve gegangen, hören wir es hinter uns rattern. Der Draisinen-Fahrer bedeutet uns, rechts und links hinter ihm Platz zu nehmen, versteckt hinter seitlichen Vorhängen. Und ab geht's. Vermutlich fahren wir keine 30 km/h, es fühlt sich jedoch deutlich schneller an. Wir schwanken von rechts nach links und ich rufe Alex zu, wie oft das Ding wohl schon entgleist ist. Ein paar Mal halten wir, und der Fahrer fragt über Funk, ob das Gleis Richtung Berg frei ist. Soweit ich über Funk verstehe, meldet er die Fahrt als „Kontrollfahrt" an. Nun ja.

Der andere Bestechliche springt an den Weichen raus, stellt sie um, und weiter geht's hinauf. Wir grinsen uns nur an und ich habe eines kleines bisschen ein schlechtes Gewissen, als wir mehrere Touris überholen, die sich mühsam neben den Gleisen zu Fuß den Berg hinauf quälen. Wir winken trotzdem. Vorbei an Bananen-Pflanzen, über kleine Brücken, durch zwei Tunnel – vermutlich haben noch nicht viele Touristen die Fahrt mit der Draisine gemacht. An einer weiteren Weiche will der Fahrer Geld sehen, ich drücke ihm zehn Dollar in die Hand, die er in seine Brusttasche steckt. Fünf Dollar für jeden von uns, statt 18 – wir entscheiden uns, den beiden am Ende der Tour nochmal fünf zu geben. Nach 30 Minuten halten wir ein paar hundert Meter unter Aguas Calientes, damit nicht jeder sieht, wie wir aus dem Wagen klettern. Super, erst zu spät kommen, dann eine günstige und tolle Fahrt nach oben abgreifen! Von Aguas Calientes aus starten die Touren Richtung Machu Picchu. Hier gibt's Tickets, teures Essen und viele Touristen. Die Busfahrt nach oben und wieder runter kostet weitere 17 Dollar, wir kaufen nur die Fahrt rauf – für neun.

Jaaa, soll ich etwas über Machu Picchu schreiben? Darüber, dass es eine Touristen-Abzocke ohne Gleichen ist? Der Eintritt 50 Dollar kostet und es außer alten

Steinen nichts zu sehen gibt? Dass Arbeiter manche alte Sachen wieder aufbauen? Ich lasse es. Jeder soll die Enttäu...äh, das Erlebnis selber auskosten.

In knapp einer Stunde laufen wir von Machu Picchu zu Fuß nach Aguas Calientes zurück. Wir kaufen ein Zugticket zurück zur Station Hydroelectrica, warten eine Stunde und steigen in einen Panorama-Wagen, in dem sich Pinguine wohlfühlen würden. Die Klimaanlage muss auf 18 Grad stehen, die wenigen Leute im Zug ziehen sich Jacken und Pullover an – meiner liegt im Hostel. An der Station wartet die nächste abenteuerliche Fahrt auf uns. Ein Taxi soll uns zurück nach Santa Teresa bringen, unserer Ausgangsstation. Alex und ich nehmen hinten Platz, müssen jedoch beide in den Kofferraum umziehen, als zwei Frauen und ein kleiner Junge kommen. Klar, die beiden großen Männer passen viel besser hinten rein als der Zehnjährige! Der Fahrer hat es eilig und mir wird mulmig. Driften wir eigentlich schon um die Kurven oder fühlt es sich nur so an? Immer wieder blicke ich in den Abgrund direkt neben uns. Leitplanken? Hier doch nicht! Wir knallen mit den Köpfen an die Decke und als wir nach etwa 20 Minuten ankommen, sind wir beide erleichtert. Mir wurde schon schlecht und auch Alex hat sich schon besser gefühlt. Wir sind kaputt, pennen eine Stunde, gehen etwas essen und bestellen einen großen Krug Pisco Sour, dem peruanischen Nationalgetränk. Was für ein Tag.

Dienstag, 13. November

Sechs Uhr, ich kann nicht mehr schlafen und mache Alex mehr oder weniger absichtlich mit wach. (Sorry Alex) Wir müssen nichts packen und sind schnell fertig, die alte Frau vom Hostel schenkt jedem von uns noch vier Bananen, von der ich eine gleich esse. Ich will die Schale wegwerfen, aber sie sagt, die kriegen die Mehrschweinchen. Hinter dem Haus steht ein Stall, aus dem es die ganze Zeit quiekt. Cuy am Spieß – hatte ich noch nicht, kommt aber noch.

Wieder geht's über die Schotterpiste zurück, direkt am Abgrund entlang. Versehentlich einen Meter nach rechts gefahren – und es geht tödlich aus. Ich übertreibe nicht. An einer Stelle stehen sieben Kreuze nebeneinander. Entweder ein voller Kombi oder ein leerer Kleinbus. Ab und zu halten wir für ein paar Fotos, bis wir nach etwa einer Stunde wieder Asphalt erreichen. Das Beste an Machu Picchu ist die Fahrt hin und zurück – zumindest für Motorradfahrer. Perfekte Straßen, eine Kurve folgt der nächsten, enge Haarnadelkehren und so früh am Morgen noch relativ wenig Verkehr. Dazu das leichte Motorrad ohne Koffer und Packsack, ich hatte lange nicht mehr so viel Spaß. Eigentlich ging es die letzten drei- oder viertausend Kilometer recht kurvig zu, sodass der Reifen tatsächlich in der Mitte noch besser aussieht, als an den Seiten. Frühstück an einem kleinen Straßen-Imbiss, dann weiter rauf bis auf 4300 Meter Höhe. Zehn Grad, Nebel, Wolken, kalte Finger. Aber es geht schnell wieder runter, es wird wärmer.

In Cusco stehen im Innenhof des Hostels fünf weitere Motorräder. Ekki und Phil, mit denen ich schon in Ecuador unterwegs war, Claudia und Werner aus Deutschland sowie Guillermo aus Mexiko sind gestern angekommen. Die meisten kennen sich von unterwegs, haben sich irgendwo einmal getroffen und nun ist das Hostel fest in Bikerhand. In der Innenstadt gibt's den Nortons Pub, eine Art Biker-Kneipe. Zumindest die Deko sieht nach Biker-Kneipe aus, das Publikum leider überhaupt nicht. Wir trinken ein paar Biere und ich klebe noch zwei Sticker an die Tür, an der schon Dutzende andere Aufkleber von Motorradfahrern aus aller Welt kleben.

Mittwoch, 14. November

Alex und ich gehen zum Honda-Händler – wieder mal – um zu schauen, ob sein Tacho-Antrieb mittlerweile angekommen ist. Natürlich ist er das nicht und ich würde schon ausrasten, wenn das Teil für mich wäre. Montag sollte es da sein, Dienstag war es nicht da und heute auch wieder nicht... Klar, wir sind in Peru, aber es ist ein relativ großer und modern aussehender Honda-Händler mit einer ordentlichen Werkstatt. Da sollte es schon klappen, ein Teil zu bestellen und zum genannten Termin zu liefern. Alex hat mehr Zeit als ich und möchte noch einen oder zwei Tage hier bleiben und dann auch langsamer fahren beziehungsweise mehr Stopps machen. Nach knapp zwei Wochen, die wir zusammen unterwegs waren, geht's für mich nun wieder alleine weiter. Denn ich möchte in vier Wochen in Santiago de Chile sein – muss mich also etwas beeilen.

Wie so oft habe ich kein konkretes Tagesziel, fahre aber Richtung Colca-Canyon im Süden. Dieser Canyon ist mit mehr als 3100 Metern deutlich tiefer als der Grand Canyon in den USA und der tiefste der Welt. Zwei Stunden Asphalt, 20 Kilometer übler Schotter, 50 Kilometer nagelneuer Asphalt, der sich in tollen Kurven durch die Berge windet, und dann geht die Strecke komplett in Schotter über. Wieder geht es hoch hinaus, diesmal bis auf 4800 Meter. Die dicken Handschuhe bleiben dennoch im Koffer, denn so schnell wie es rauf ging, geht es auch wieder runter.

Die Piste hat es in sich, nur wenige Autos kommen mir entgegen. Es gibt noch einen anderen, besseren Weg, der dürfte aber deutlich langweiliger sein. Ähnlich wie der Kumpel von Forrest Gump, der viele verschiedene Shrimp-Variationen aufzählt, unterscheidet sich auch der Schotter: guter, glatter Schotter auf dem man locker Tempo 80 und mehr fahren kann; Schotter mit kleinen spitzen Steinen; Schotter mit großen glatten Steinen; die ungeliebte Waschbrett-Piste aus Schotter; mit Schlaglöchern verzierte Pisten oder Sandfelder, die hin und wieder in der Spur liegen. Meistens kommt alles im Wechsel, eins nach dem anderen. Fahren auf Schotter ist nicht schwer, aber anstrengend, weil ich mich deutlich mehr konzentrieren muss. Und das Material leidet. Zwei- oder dreimal muss ich halten und meinen Vorderreifen wieder aufpumpen. Während er auf Asphalt dicht hält, ist offroad etwa alle 50 Kilometer die Luft so weit runter, dass ich pumpen muss. Und nun stellt euch vor, ihr steht in 4700 Metern Höhe (also da, wo jede körperliche Anstrengung Schnappatmung auslöst) und müsst mit einer winzigen Fahrrad-Luftpumpe etwa 200 Mal in den Reifen husten. Ja, es ist genauso BESCHISSEN, wie es sich anhört. Immerhin wird mir warm dabei.

In einer Stunde wird es dunkel, der nächste Ort ist noch weit entfernt, also steht wieder campen an. Ich fahre noch etwas weiter und stehe plötzlich vor einer Brücke. Besser gesagt: Vor den Überresten der Brücke, denn die wurde irgendwann mal von den Wassermassen weggerissen. Links von mir, etwa 500 Meter entfernt, sehe ich eine Staumauer und Lichter eines Wasserkraftwerks. Das Flussbett ist nicht trocken, und unter der Wasseroberfläche ist eine Art Fahrspur zu erkennen. Sieht mir aber recht tief aus, mit großen glatten Steinen in der Spur, und das Wasser rauscht ziemlich schnell vorbei. Da soll ich durch? Ich steige ab und wate in den Fluss, stehe nach zwei Schritten bis Stiefelhöhe im Wasser. Das würde problemlos gehen, aber es sieht so aus, als wenn es noch deutlich tiefer wird. Meine größte Sorge: falls ich das Motorrad in den Fluss werfe, würde ich es hier sehr wahrscheinlich allein nicht wieder hochheben können. Und hier kam schon lange kein Auto mehr vorbei...

Darüber mache ich mir morgen Gedanken. Vor den Resten der Brücke steht eine Art alter Bauernhof, etwa 30 Kühe laufen drum herum. Mein Hämmern an die Tür bleibt ungehört, der Hof ist verlassen. Ich schleiche eine Runde um das alte Haus und suche mir einen Platz unter einem Wellblechdach. Vor den Türen hängen Vorhängeschlösser, aber ich kann mir aus einem kaputten Fenster einen leeren Strohsack angeln. Den auf den Boden, darauf eine dünne Holztafel, die in einer Ecke stand, darauf meine Decke/Zeltunterlage, darauf der

Schlafsack – klingt nicht gut, geht aber schon mal. Bei all meinen Bewegungen werde ich neugierig von den Kühen beobachtet, die mittlerweile bis auf wenige Meter herangekommen sind.

Plötzlich höre ich in der Ferne einen Motor. Ich gehe um die Ecke und kann Scheinwerferlicht erkennen, dass sich vor der Staumauer entlang schiebt. Nach einer Weile kommt ein Minibus ganz in der Nähe des Bauernhofs raus und fährt in die Richtung, aus der ich gekommen bin. Super! Es gibt also doch einen anderen Weg über den Fluss. 4200 Meter Höhe, kurz bevor ich in den Schlafsack krieche, schalte ich noch einmal die Zündung ein: sieben Grad Celsius.

Donnerstag, 15. November

Ich habe zwar schon besser geschlafen, aber die Kälte war erträglich. Minus vier Grad zeigt mein Thermometer, das im Seitenkoffer lag; auf der Sitzbank glitzert Eis. Zeug packen und los. Ich finde den Weg über den Fluss und fahre gut 80 Kilometer bis Chivay, einer Kleinstadt, von der aus eine Piste zum Colca-Canyon führt. Unterwegs muss ich wieder Luft pumpen und bei der Gelegenheit sehe ich, dass sich das Kennzeichen beinahe halbiert hat. Unterhalb der zwei Schrauben (die ich schon letzte Woche mit großen Unterlegscheiben versehen habe) zieht sich ein Riss durch das dünne Aluminium. Die ständigen harten Erschütterungen auf den Pisten sind zu viel für das Blech, zumal die zwei Schrauben nur im oberen Drittel stecken und der Rest quasi frei hängt und vibriert. Da muss ich demnächst dringend zwei weitere Löcher bohren und das Kennzeichen auch unten festschrauben.

Kurz hinter Chivay treffe ich den Kanadier Ryan auf einer Kawasaki KLR650. Wir unterhalten uns kurz und fahren zusammen weiter, auch er will zum Canyon beziehungsweise zu einem Platz, von dem aus man Kondore sehen kann. Das Wetter ist perfekt: Sonnenschein und 25 Grad. Rechts neben uns sehen wir den Canyon und als wir den „Cruz del Condor"-Platz erreichen, schweben tatsächlich mehrere Kondore über unseren Köpfen. Sie kommen nicht besonders nah heran, doch selbst aus der Ferne sehen die Vögel sehr groß aus. Ohne einen Flügelschlag segeln sie minutenlang über den Canyon. Ryan trifft am Aussichtsplatz zwei Bekannte aus einem Hostel in Arequipa und sie unterhalten sich darüber, dass sie jeweils 70 Soles, also knapp 30 Dollar Eintritt für den Canyon bezahlt haben. Mich hat niemand angehalten und ich habe auch kein „Kassenhäuschen" oder etwas Ähnliches gesehen, vielleicht habe ich zufällig eine andere Zufahrtsstraße genommen. Glück gehabt und Geld gespart!

Ryan und ich fahren weiter bis zu einem kleinen Dorf, wo wir eine Stunde auf unser Mittagessen warten. Danach geht's für mich alleine weiter, denn Ryan will wieder zurück nach Chivay und in den nächsten Tagen nach Cusco fahren. Die nächsten Stunden strengen an, es geht über schlechte Schotterpisten auf einer Straße, die noch weniger befahren ist, als der Weg nach Chivay. Und dann passiert das, was ich hier oben am wenigsten gebrauchen kann. Wieder mal pumpe ich den Vorderreifen auf und fahre normal weiter. Plötzlich merke ich, wie das Heck etwas schwammig wird und ich kaum noch um die Kurven komme. Da wird doch wohl nicht... Doch, der Hinterreifen ist platt, und zwar richtig. VERDAMMT! Ausgerechnet hier! Zunächst probiere ich es mit der Pumpe, ohne sichtbaren Erfolg. Also die Druckluftkartuschen von ganz unten aus dem Koffer gekramt, den Adapter aufgeschraubt, aufs Ventil gedrückt und – Nichts. Anscheinend stimmt was mit dem Adapter nicht, die Druckluft kommt nicht in den Reifen.

Ein uralter Pick-up rumpelt staubend heran, ich stoppe ihn und frage die beiden Bauern, ob sie eine größere Pumpe dabei haben. Haben sie natürlich nicht. Dafür haben nun auch sie ein Problem, denn ihre alte Möhre springt nicht mehr an. Da stehen nun also mitten auf der Schotterpiste im Nirgendwo ein Pick-up der nicht anspringt und ein Motorrad mit plattem Reifen direkt nebeneinander. Irgendwie lustig. Einer der beiden beugt sich über den Motor und fängt an zu schrauben. Nach zehn Minuten läuft der Ford wieder und die beiden wollen versuchen, auf ihrem Rückweg eine größere Pumpe mitzubringen – so etwa in zwei Stunden.

So lange will und kann ich nicht warten, weil es in zwei Stunden dunkel wird. Ich bocke die Yamaha auf den Hauptständer und fange nochmal an zu pumpen. Langsam, ganz langsam aber stetig füllt sich der Reifen. Geht doch! 20 Kilometer sind es bis zum nächsten Ort, sagten die Bauern. Nach fast 30 stehe ich an einer Tankstelle und fülle beide Reifen voll auf. Der Asphalt hat mich wieder, noch 70 Kilometer bis Arequipa. Ich bin müde, schaffe es aber noch zu einem Hostel in der Altstadt. Was für ein Tag! Wieder einmal. Zwei Tage Hängematte in der Karibik wären jetzt nicht schlecht.

Freitag, 16. November

Heute auf dem Programm: einen Hinterreifen für das Motorrad finden. Die Chefin des Hostels bietet ihre Hilfe an, sie kennt jemanden, der vielleicht einen passenden Reifen auftreiben könnte. Als sich bis 14 Uhr noch nichts getan hat, nehme ich ein Taxi zur Calle Puno – einer jener Straßen, in der es alle möglichen Ersatzteile geben soll. Den Tipp habe ich von einem jungen Einheimischen, den ich gestern Abend noch beim Bier kennengelernt habe. Tatsächlich, hier gibt es einen Ersatzteilladen neben dem anderen. Leider aber nur Autos, nicht für Motorräder. Ich frage mich durch, gehe von Hinz zu Kunz, kann aber nirgendwo etwas finden.

Irgendwann halte ich einen Mopedfahrer an und frage ihn, er hat immerhin einen guten Tipp und nimmt mich auch gleich mit. Bei seinem Fahrstil wird mir Angst und Bange, ohne Helm und mit kurzen Hosen fühle ich mich nicht gerade wohl... Er fährt mich zu einer Straße, in der es viele kleine Moped-Läden gibt und lehnt sogar die zwei Soles ab, die ich ihm für die Tour geben will. Leider gibt's auch hier nichts passendes, also nehme ich nach knapp zwei Stunden ein Taxi zurück zum Hostel. Hier hat sich in Sachen Reifen immer noch nichts getan. Das heißt, ich muss mein Glück in La Paz/Bolivien versuchen. In ein paar Tagen bin ich dort.

Samstag, 17. November

Von Arequipa bis an die bolivianische Grenze sind es mehr als 400 Kilometer, so weit möchte ich heute eigentlich nicht fahren. Nach einigen Stunden erreiche ich Puno, eine Stadt am Titicacasee, dem mit 3810 Metern höchstgelegen See der Welt. Der Himmel ist wolkenverhangen und grau, die Stadt sagt mir nicht besonders zu und so fahre ich doch noch Richtung Grenze und suche mir im Dorf Yunguyo ein Hostel. Alles in allem ein recht langweiliger Fahrtag ohne besondere Ereignisse.

Gefangen in La Paz, Abenteuer im Bergwerk und auf dem Salzsee

Sonntag, 18. November

Bis La Paz sind es nur etwas mehr als 150 Kilometer, also lasse ich mir morgens Zeit, gehe zum Bäcker und trinke einen Kaffee. Fünf Minuten nach Abfahrt stehe ich an der Grenze und es ist wohl das erste Mal, dass mich nicht gleich zehn Leute anspringen, die wollen, dass ich bei ihnen Geld wechsle. Der peruanische Beamte erledigt meine Ausreise, der Zollbeamte nimmt das Einfuhrdokument an sich, teilt es durch und gibt mir eine Hälfte wieder mit. Zeitaufwand für die Ausreise aus Peru: knapp drei Minuten.

Am Einreiseschalter nach Bolivien ist etwas mehr los, eine Busladung deutscher Touristen ist soeben angekommen. Alle stehen draußen an kleinen Tischen und füllen die Einreisezettel aus. Ihr Reiseleiter erklärt ihnen genau, was wo hin muss. Als ob das so schwer wäre, alles steht sogar in Englisch auf dem Zettel. Ich schnappe mir auch einen, fülle ihn schnell aus und quetsche mich zwischen ein paar der Deutschen. Einem von ihnen wurde vom Einreise-Beamten gerade der Zettel zerrissen und der Deutsche schreit sofort nach dem Reiseleiter. Ich kriege meinen Stempel in den Pass und alles ist gut.

Nur zehn Meter nebenan steht das kleine Zoll-Häuschen und ich lege dem Beamten routiniert alles hin, was er braucht. Er sieht sich die Zulassung an, sucht darauf meinen Namen und kann ihn natürlich nicht finden, da das Motorrad auf Yamaha zugelassen ist. Ich hole meine Überlassungs-Erklärung raus und er liest sich alles durch – aber es überzeugt ihn nicht.

Es müsse eine notarielle Beglaubigung her. Natürlich ist das Quatsch und ich erkläre ihm ruhig mit meinem miserablen Spanisch, dass ich mit den Papieren bereits durch 12 Länder gefahren bin und dabei 40.000 Kilometer zurück gelegt habe (mit den Kilometern übertreibe ich ein wenig, es sind erst 35.000), und dass es noch nie Probleme gab. Er blättert durch meinen Reisepass, sieht die vielen Stempel und scheint überzeugt. Ich solle jeweils eine Kopie vom Fahrzeugschein, Reisepass und der Bestätigung machen und dann geht alles seinen Gang. Na also. Nach etwa 20 Minuten sind das Motorrad und ich nun also in Bolivien.

Landschaftlich unterscheiden sich die ersten Kilometer hier nicht von den letzten in Peru. Hin und wieder sehe ich den Titicacasee rechts oder links neben mir und nach etwa 20 Kilometern stehe ich an dessen Ufer. Über eine etwa 500 Meter breite Passage gibt es keine Brücke. Boote bringen die Passagiere rüber, alle Fahrzeuge rollen auf große Pontons aus Holzbohlen, angetrieben von kleinen Außenbordmotoren. Gerade als ich ankomme, ist noch ein Platz auf einem der Pontons frei und ich werde herauf gewunken. Das Gefährt ist etwa 15 Meter lang und vielleicht fünf Meter breit, die Stirnseite ist geschlossen, einen Meter hinter mir gurgelt das Wasser. Ganz vorn steht ein Lkw, dahinter ein Pkw, dahinter ich. Zwei Bootsjungen stoßen uns mit langen Stöckern vom Ufer ab, ein kleiner Bootsmotor springt an und tuckert uns mit vier km/h (mein Navi ist an) auf die andere Seite. Während der Fahrt verwindet sich die Fuhre beträchtlich in sich selbst, und obwohl kaum Wellengang ist, muss ich beide Beine fest auf die Bohlen stellen, um nicht umzukippen.

Neben uns fahren viele andere Pontons von einem Ufer zum anderen, beladen mit schweren Reisebussen. Die Passagiere müssen mit Booten rüber – falls doch mal eines der Gefährte kentert.

Auf der anderen Seite schieben mich die Bootsjungen rückwärts eine kleine Rampe rauf beziehungsweise runter, und weiter geht die Fahrt nach La Paz. Kurz vor der Stadt halte ich und gebe die Adresse eines Hostels mit sicherem Bike-Parkplatz ins Navi ein. Die originale Garmin-Karte für Südamerika deckt Bolivien nicht mit ab, also musste ich mir mit Open Street Map-Karten aus dem Internet helfen. Die andere Karte hat die Adresse des Hostels sogar hinterlegt und ich komme relativ gut durch die Stadt. La Paz liegt in einem Kessel, umrandet von Bergen und laut Wikipedia liegen zwischen dem höchsten und niedrigsten Punkt der Stadt mehr als 1000 Höhenmeter. Der Temperatur-Unterschied zwischen oben und unten beträgt im Jahresmittel beachtliche sechs Grad Celsius!

Heute schaffe ich es nach sehr langer Zeit mal wieder, meinen Blog auf den neuesten Stand zu bringen. Inklusive Bilder umwandeln, kleiner rechnen und hochladen, dauert das zwei bis drei Stunden. Dann suche ich im Internet nach Adressen, die eventuell einen passenden Reifen für mich haben könnten. Morgen muss es wirklich klappen.

Montag, 19. November

Wie in Lima bitte ich auch hier eine Mitarbeiterin des Hostels, bei einem recht weit entfernten Motorrad-Händler anzurufen. Auf deren Webseite habe ich einen passenden Reifen gefunden und er ist als „verfügbar" markiert. Sie ruft an und der Reifen soll da sein! Ich mache die Koffer ab und wühle mich zehn Kilometer durch den Stadtverkehr von La Paz. Auf dem Hof des Honda-Händlers stehen bestimmt hundert Bikes verschiedener Größen, sogar moderne Transalps und große Rallye-Maschinen. Im kleinen Verkaufsraum sehe ich schon das Reifenregal, kann den gesuchten Schlappen aber nicht finden. Ein Mitarbeiter kommt und zeigt mir: einen reinen Straßenreifen! Ich breche innerlich zusammen und muss mich beherrschen, um nicht ausfallend zu werden. Eine junge Mitarbeiterin, die gut Englisch spricht, kommt und hört sich die Sache an – ändern kann sie freilich nichts. Ich sage, sie solle die Webseite des Shops aufrufen, dann zeige ich ihr, dass laut der Tabelle noch vier Offroad-Reifen in der richtigen Größe auf Lager sein sollten. Natürlich kann sie nichts dafür, aber es ist bezeichnend für die Arbeitsweise hier unten. Immerhin gibt sie mir die Adresse eines Viertels, in dem ich vielleicht Glück habe.

Ich gurke wieder zurück, finde das Viertel, parke das Bike und mache mich zu Fuß auf den Weg durch viele kleine Läden. Reifen gibt es, auch Offroad-Profile von Pirelli, aber erst im vermutlich zehnten Shop werde ich fündig. Ein Pirelli MT 60 in 140/80-17. Ob ich den auf der Yamaha fahren darf oder nicht, spielt hier unten keine Rolle; Hauptsache, er passt.

Der Heidenau K60 Scout ist nach rund 17.000 Kilometern am Ende und ich bin froh, dass ich nach langem Suchen überhaupt einen Reifen gefunden habe.

Umgerechnet 110 Dollar zahle ich, schnalle den Reifen zu dem Vorderreifen auf der Sitzbank und suche ein paar Blocks weiter nach einer Reifenbude. Ich finde eine, parke die Yamaha auf dem Bürgersteig, baue das Hinterrad aus und innerhalb weniger Minuten hat der Mechaniker Manuel den alten Reifen ab- und den neuen aufgezogen. Gleiches Spiel vorne, nach kurzer Zeit bin ich wieder unterwegs. Günstig: ich zahle nur acht Dollar für beide Reifen. Lustig: Manuel trägt einen löchrigen braunen Pullover mit einem Aufdruck des 2. Panzer-Artillerie-Lehr-Bataillons, ich glaube Nummer 95. Ob ihm den ein anderer Tourist aus Deutschland geschenkt hat? Unglaublich, wie anders sich die Yamaha mit runden, prallen Reifen fährt.

Bislang war der Tag ziemlich erfolgreich, und es ist gerade mal Mittag. Ich drehe eine Runde im Viertel um das Hostel und kaufe in einer Rumpelbude Schrauben, Unterlegscheiben und Muttern, um mein Kennzeichen auch unten festzuschrauben. Dazu noch eine Tube Sekundenkleber, denn selbstsichernde Muttern scheinen Bolivianer nicht zu kennen. Zurück im Hostel höre ich, wie auf der Dachterrasse gebohrt wird, und der Handwerker freut sich, dass er mir helfen kann. Zwei Löcher und zwei Tropfen Sekundenkleber später sitzt das Kennzeichen wieder fest, hoffentlich bis zum Ende der Reise.

Im Hostel in Cusco haben Alex und ich die Däninnen Helle und Annie kennengelernt. Die beiden sind nun auch in La Paz und wir wollen uns am Abend mit ihnen in einer Kneipe treffen. Alex kommt heute aus Puno an, irrt allerdings mehr als eine Stunde in La Paz umher, um das Hostel zu finden – er hat noch keine Bolivien-Karte auf seinem Navi.

Wir nehmen ein Taxi zu der Kneipe (Taxi fahren ist hier unglaublich billig, wir zahlen knapp einen Dollar für eine

Strecke, für die wir zu Fuß sicher länger als eine Stunde gebraucht hätten) und im Auto sehe ich, dass ich meine Uhr nach der Grenzüberquerung noch nicht umgestellt habe, wir also eine Stunde zu spät sind... Mitten in La Paz sitzen wir nun also in einem Pub, der amerikanischer nicht sein könnte. Moderne, dunkle Barmöbel, amerikanische Musik, an den Wänden Bilder aus Amerika und Sprüche wie „Don't mess with Texas". Irgendwie surreal, aber uns gefällt es und Essen und Drinks sind gut. Es wird spät.

Dienstag, 20. November

Wir schlendern durch die Stadt, verschiedene Einkaufsstraßen und Märkte. In einer Straße kommen Alex und ich uns vor wie Riesen – fast alle Bolivianer hier sind gut und gerne einen ganzen Kopf kleiner als wir. Annie, die Dänin, hat die letzten sechs Monate in La Paz gewohnt und versucht, Damenschuhe in Größe 39 zu kaufen – sie wurde nur verständnislos angeguckt, solche Größen gibt's hier kaum. Hoffentlich klaut mir keiner der Gäste im Hostel meine Motorradstiefel Größe 48!

Wie jede Stadt bietet auch La Paz schöne Ecken, Kirchen und große Plätze. Die Sonne scheint, Alex und ich setzen uns in ein Cafe, trinken Kaffee, essen Kuchen und sind einfach mal nur Touristen. An einem der unzähligen kleinen Straßenstände suche ich mir eine Nagelschere aus, nehme sie vom Haken an dem sie hängt und werfe sie auf eine wollene Tischdecke vor die junge Verkäuferin, um mein Geld aus der Hosentasche zu kramen. Plötzlich sehe ich, dass an der Tischdecke zwei Zöpfe hängen! Vor der Verkäuferin kniet nach vorne gebeugt eine Freundin, die gerade ihre Haare geflochten bekam. Sie hatte den Kopf so weit nach unten gebeugt, dass nur der Tisch, pardon, Rücken zu sehen war. Die Verkäuferin fängt an zu kichern, Alex sieht es als nächster und kurze Zeit später sind wir alle kräftig am Lachen – außer die Freundin.

Der „Hexenmarkt“ in La Paz ist berühmt, weil es dort allerlei Kräuter, Pulver und Mittelchen gibt, die gegen alles Mögliche helfen sollen. Tatsächlich riecht es in den engen Gassen nach Räucherstäbchen, vor den Buden stehen Säcke mit Kräutern, in kleinen Schächtelchen liegen Steine und Pulver in verschiedenen Farben und vor vielen Läden hängen Lama-Föten, manchmal mehr als zehn Stück. Koka-Blätter, Potenzmittelchen, Tee, Räucherstäbchen, Anhänger – die Verkäuferinnen in ihren knallbunten Kleidern wollen uns ständig etwas anderes andrehen. Es ist erstaunlich, wie viele unterschiedliche Waren man auf einem Stand mit einer Grundfläche von etwa einem mal anderthalb Metern unterbringen kann. Klar, Süßigkeiten und Getränke gibt’s in jeder Bude. Meist aber noch: Sekundenkleber, Batterien, Taschenlampen, Schuhcreme, Bürsten, Kau- und Haargummis, Seife, Haarshampoo, Vorhängeschlösser, Nagelscheren, Kopfhörer, Klopapier...

Fast jeder Verkäufer bietet das gleiche an. Wir finden Bolivien-Sticker für die Seitenkoffer, ich kaufe ein Weihnachtsgeschenk und Alex zwei kleine zylinderförmige Beutel für sein Bordwerkzeug – er hatte sich an der

Hostel-Einfahrt seine Plastik-Rolle unterm Motorschutz kaputt gefahren.

Eigentlich wollten wir heute Abend in eine Kneipe gehen, aber unser „Adventure Brew Hostel" vermiest uns diesen Plan. Jeder Gast bekommt jeden Abend ein Freibier, und wenn man erst einmal sitzt, trinkt und erzählt, hat man keine Lust mehr, noch woanders hin zu gehen. Also versacken wir in der Hostel-Bar.

Mittwoch, 21. November

Alex fährt über die Holzrampe aus dem Hostel, wartet etwa drei Meter weiter auf der Straße, ich fahre hinterher und halte neben ihm. Ungefähr fünf Sekunden später heulen Polizeisirenen auf, ein Pickup mit bestimmt acht Polizisten kommt aus einer Seitenstraße und stellt sich quer vor uns. Mist!

Nur etwa alle zehn oder 15 Jahre gibt es in Bolivien eine Volkszählung – und eine ist ausgerechnet heute! Zwar hingen im Hostel Zettel aus, dass niemand zu Fuß auf die Straße darf, dass kein Taxi fährt, alle Geschäfte und Restaurant geschlossen sind, keine Inlandsflüge gehen und ganz La Paz gesperrt ist. Wir haben aber gehofft, dass wir wenigstens aus La Paz rauskommen, weil wir als Ausländer ja eigentlich nicht betroffen sein sollten. Fehlanzeige. Wir diskutieren mit den Beamten, aber es bringt alles nichts. Selbst wenn sie uns hier durchwinken würden, würden wir am nächsten Checkpoint an der Stadtgrenze garantiert nicht durchgelassen.

Wir müssen uns damit abfinden, ich frage einen Beamten, ob ich wenigstens mal die leere Straße hoch und runter fahren darf – für ein Foto. Das geht klar, mehr allerdings nicht. Wir parken die Motorräder quer auf der Fahrbahn, auf der sonst keine drei Meter frei sind. Die

Bilder sind also extrem selten, wenn auch nicht besonders gut.

Das Öl ist gewechselt, das Kennzeichen festgeschraubt, alles erledigt und eigentlich muss ich am Motorrad nichts machen. Was stellen wir nur den ganzen Tag an, gefangen im Hostel? Eine junge Backpackerin zieht sich ihre Laufschuhe an, steckt Kopfhörer in die Ohren und rennt eine halbe Stunde lang die vier Etagen des Hostels hoch und runter. Ein paar Jungs spielen Tischtennis und Billard, einige schauen DVD, Alex richtet seine wacklige Seitenkoffer-Befestigung und ich wandle Bilder um und schreibe meinen Blog.

Donnerstag, 22. November

Ab heute bin ich wieder alleine unterwegs, Alex fährt Richtung Norden, ich nach Süden. Nach fast 20 Kilometern läuft La Paz endlich aus, ich lasse die stinkenden Busse und LKW hinter mir. Gute Straßen lassen es mich etwas zügiger angehen, ich überhole langsame Minibusse und LKW und hinter einer Bergkuppe sehe ich ein paar Personen auf der Fahrbahn stehen. Ich werde langsamer und erkenne schließlich, dass zwei Polizisten Fahnen schwenken. Und nun kommt, was ja irgendwann während der Tour mal kommen musste. Einer der Cops winkt mich raus und hält mir eine moderne Radarpistole hin – 89 km/h stehen unten links auf dem Display. Glück gehabt, denn ich war die ganze Zeit davor deutlich schneller unterwegs!

Er zückt ein kleines offizielles Büchlein und zeigt mir die Passage, in der steht, dass die Höchstgeschwindigkeit in ganz Bolivien Tempo 80 beträgt. „Nicht vielleicht doch 90?“, frage ich ihn eher aus Spaß. Leider nicht. Er blättert weiter zu den Strafen – 200 Bolivianos werden fällig, umgerechnet rund 30 Dollar. Bei korrupten Bullen, die mich aus Spaß anhalten würden und nur einen Grund suchen, Geld abzuzocken, hätte ich nicht eine Münze gezahlt. Ich war allerdings tatsächlich zu schnell und finde, dass ich mit den neun km/h noch ziemlich gut bedient bin; also zücke ich die Brieftasche und gebe ihnen die zwei Scheine. Weil ich nicht will, dass sich die drei das Geld untereinander aufteilen, verlange ich eine Quittung. Und nun wird es kompliziert. Angeblich sind die Quittungen nur für Bolivianer, und das steht tatsächlich drauf, er zeigt es mir. Ich sage, es müsse auch welche für Ausländer geben und bestehe darauf. Nein, das geht nicht. Doch, das muss gehen. Ich bleibe hartnäckig und bestimmt, der Cop auch, es geht eine Weile hin und her.

Der ranghöchste Polizist (er hat drei Dreiecke auf den Schulterklappen) bekommt die Diskussion mit, kommt rüber und erklärt dem anderen Cop irgendetwas, das ich nicht verstehe. Wahrscheinlich sagt er ihm, dass er einfach eine andere Quittung ausfüllen soll, die sie hinterher verschwinden lassen. Er fängt an zu schreiben, sucht vorne am Motorrad ein Nummernschild und reicht mir irgendwann den Zettel, auf dem das Kennzeichen falsch geschrieben ist. Ich möchte, dass er es korrigiert und gebe ihm die Quittung zurück. Er ändert es und ich belasse es dabei. Hinterher ärgere ich mich, dass ich nicht doch konsequenter war, denn außer dem Kennzeichen und der Nummer des Vergehens steht nichts weiter drauf. Vielleicht haben sie sich die 200 Bolivianos doch untereinander aufgeteilt.

Insgesamt waren sie aber freundlich, wollten nicht einmal Führer- oder Fahrzeugschein sehen, und beim „Abschied“ sagte mir einer noch, dass ich nicht schneller als 80 fahren soll. Ja nee, is klar.

Vermutlich keine Schwierigkeiten wegen ihrer Geschwindigkeit dürften die acht Franzosen bekommen, die ich 200 Kilometer weiter an einem Straßen-Café treffe. Alle sind unterwegs auf BMW R1200GS, teilweise in der Adventure-Ausführung, manche in vollem Touratech-Ornat mit unnützen aber teuren Zubehörteilen, alle auf grobstolligen Conti TKC80. Merkwürdig nur, dass die Motorräder blitzblank aussehen, als wären sie niemals auch nur einen Schotterweg gefahren. Als ich am Café vorbeirolle, sehe ich die französischen Kennzeichen und überlege eine Sekunde, ob ich überhaupt anhalten soll. Mehrere Ski- und Camping-Urlaube in Frankreich haben mich eines gelehrt: die wenigsten Franzosen können Englisch oder wollen es nicht können. Ich gebe ihnen eine Chance und kann mich tatsächlich mit einigen von ihnen etwas unterhalten. Sie sind zwischen 45 und 65 Jahre alt und drei Wochen in Südamerika unterwegs: von Chile über Argentinien nach Bolivien und Peru – und wieder zurück nach Chile. Als ich ihnen sage, dass die Panamericana in Peru sterbenslangweilig ist, ziehen sie alle lange Gesichter. Abstecher in die Berge oder abseits der Hauptstraßen sind anscheinend nicht vorgesehen. Ich frage, was der Transport im Container nach Valparaiso und zurück nach Frankreich kostet. Als sie mir 13.000 Euro nennen, lasse ich mir nichts anmerken, zweifle aber stark an deren Zurechnungsfähigkeit.

Leider ist die Straße nach Potosi ziemlich langweilig, aber immerhin kaum befahren. Nach vier Tagen in La Paz und dem tollen „Fahrtag“ gestern, muss ich heute Strecke machen. Bolivien liegt zwar sehr hoch – das Navi meldet immer zwischen 3600 und 4200 Meter Höhe – aber rechts und links der Fahrbahn ist es eher flach. Sanft geschwungene Hügel, auf denen flache Grasbüschel wachsen, ein bisschen Grün, viele Gelb- und Ockertöne, trockene, aufgebrochene Felder, kaum Büsche, keine Bäume. Nur wenige Lamas/Alpakas und Rinder grasen hier – denn es gibt nicht viel zu grasen. Die wenigen grünen Halme reichen vielleicht für Schafe und Ziegen, aber nicht für große Herden größerer Tiere.

Am Horizont flimmert die Luft, Hügel scheinen zu schweben, Luftspiegelungen sehen aus wie große Seen. Die Sonne scheint, 21 Grad, gute Musik im Ohr: perfekte Bedingungen fürs Kilometer fressen. Hin und wieder ändert sich die Landschaft ein wenig, erinnert mich mit roter Erde an das australische Outback.

Alle halbe Stunde passiere ich Dörfer, bestehend aus etwa fünf bis 50 Hütten. Graue, ungleichmäßige Lehmziegel, mit Feldsteinen beschwerte Wellblechplatten dienen als Dach, die meisten haben keine Fenster. Nur wenige Hütten sind aus richtigen Hohlziegeln gemauert, die allerwenigsten verputzt, keines gedämmt. Dutzende Kilometer vor dem Dorf: Nichts. Dahinter: Nichts. Ich denke nicht an Internet und Wi-Fi, sondern an eine Infrastruktur, die über die Straße hinausgeht: Gibt es hier oben fließend Wasser? Abwasser? Krankenhäuser und Schulen? Ich sehe nichts davon; außer Schulen in den größeren Dörfern. Irgendwie kommt man bei Bedarf bestimmt ins nächste Krankenhaus, aber wenn es ein Notfall ist, dürfte es für den Betroffenen schlecht aussehen. In Potosi lasse ich mich vom Navi zu einem Hostel in der Innenstadt leiten, irre aber anscheinend immer ganz in der Nähe herum und muss bestimmt fünf Leute fragen, bis ich es endlich finde. Duschen, umziehen, ab in die Stadt.

Freitag, 23. November

Der ohrenbetäubende Lärm zwei Meter hinter dem Pressluftbohrer ist noch nicht das Schlimmste. Gegen die Luft hier unten in der Mine sind die größten Hauptstraßen von La Paz oder Lima Luftkurorte. Ich kann keine vier

Meter weit sehen, die Menge an Staub in der Luft ist unbeschreiblich. Nach wenigen Minuten ist meine Kamera komplett mit einem dichten Staubfilm überzogen, die Haare des jungen Mädchens vor mir werden innerhalb von Minuten grau, meine Brillengläser sind außen und innen völlig eingestaubt. Ich drücke meinen Pullover dicht auf Mund und Nase, was das Atmen in 4.400 Meter Höhe noch schwerer macht.

Eine Stunde zuvor: Auf dem Bergwerks-Markt etwas oberhalb von Potosi kaufen wir Geschenke für die Mineros. Es ist üblich, dass Besucher ihnen etwas mitbringen. Das typische Paket besteht aus einem Beutel Koka-Blätter, einer kleinen Plastikflasche mit 96-prozentigem Alkohol, Arbeitshandschuhen – und Dynamit. Unser Guide Choco erklärt, dass dieser Markt der einzige in ganz Bolivien ist (vermutlich der einzige in ganz Nord- und Südamerika), auf dem jeder legal Dynamitstangen und Zubehör kaufen kann. In einem kleinen Laden liegen neben Schaufeln, Handschuhen, Kopflampen und anderem nützlichen Zeug tatsächlich braune und weiße Stangen Sprengstoff. Zündschnüre gibt's als Meterware von der Rolle, Ammoniumnitrat im durchsichtigen Beutel, und das wichtigste, die Zündkapsel, einzeln aus einer kleinen grauen Plastikschachtel.

Choco wirft eine Stange Dynamit vor uns auf den Boden, dann das Ammoniumnitrat und die Zündschnür. „Jedes Teil für sich ist völlig harmlos", sagt Choco, „erst zusammen wird es gefährlich." Die metallene Zündkapsel ist gefüllt mit Nitroglyzerin. Lässt man sie aus Versehen auf den Boden fallen, passiert nichts. Wirft man sie aber kraftvoll auf den Boden, explodiert sie. Choco (loco = der Verrückte) macht mitten auf dem Markt eine Stange scharf: Er steckt die Zündschnur in die Zündkapsel und presst sie dann in die Stange Dynamit, dann hält er symbolisch noch den Beutel mit den kleinen rosafarbenen

Kügelchen – dem Ammoniumnitrat – darum. Fertig ist ein Böller der Extraklasse. Klar, dass wir Männer darauf stehen. Harrison, ein junger Australier, hat die gleiche Idee wie ich und wir kaufen uns zusätzlich zu den Geschenken für die Bergwerker noch ein Geschenk für uns selbst. Ein Set aus Zündschnur, Kapsel, einer Stange Dynamit und einem Beutel Ammo kostet 25 Bolivianos – rund vier Dollar. Wir packen alles in unsere Rucksäcke, bis auf die Zündkapseln. Die nimmt Choco an sich, will sie uns später geben.

Wir kriechen durch einen kleinen ovalen Gang, vielleicht anderthalb Meter im Durchmesser. Es geht steil nach oben, auf dem losen Gestein rutschen wir immer wieder ein Stück zurück, wir sind auf allen Vieren unterwegs. Die Lichtstrahlen der Kopflampen durchschneiden die dicke staubige Luft wie Laserstrahlen in einer verrauchten Disco. Und doch schafft es das Licht nicht, zehn Meter durch den Staub zu dringen. Etwa 15 Meter über uns frisst sich der Pressluftbohrer in das Gestein – und wir wollen genau dorthin. Einer nach dem anderen kraxelt nach oben, doch dort, wo gebohrt wird, ist kein Platz für acht Leute. Die Kammer hat eine Grundfläche von vielleicht neun Quadratmetern, gut die Hälfte davon nimmt der Minero mit dem etwa zwei Meter langen Bohrer ein.

Während er bohrt, kauern jeweils zwei Leute hinter ihm in der staubigen Dunkelheit, dürfen bei Interesse das schwere Gerät in die Hand nehmen. Wer runter will, muss sich an den anderen vorbei quetschen, die auf den spitzen Steinen kauern und ebenfalls nach oben wollen. Nur 1,20 Meter tief bohren die Männer, sprengen das Gestein anschließend heraus, schleppen die Bruchstücke in Säcken durch die Schächte zu den kleinen Loren, die auf einem wackligen Gleis stehen. Was für eine Arbeit!

Die Löcher sind gebohrt, der Staub muss sich setzen. Pause. Wir sitzen in einer Kammer auf dem Boden und packen die Geschenke aus. Reynaldo, der Mann vom Bohrer, reißt sich seine Atemmaske herunter, zieht seinen Overall aus, stürzt sich auf Wasser und Saft, öffnet den Beutel mit den Koka-Blättern auf und stopft sich einige Blätter in den Mund. Vor Beginn der Tour hat Choco uns gewarnt, niemals abzulehnen, wenn die Bergwerker uns zum Trinken einladen. Und freitags wird viel getrunken. Eigentlich wird die ganze Woche getrunken, aber am Freitag besonders viel. Wir holen die Flaschen mit dem 96-prozentigen Alkohol aus unseren Beuteln, einer der Männer schneidet aus einer Plastikflasche kunstvoll eine kleine Schale. Die Saft-Schnaps-Mischung macht die Runde, jeder muss mittrinken, und so schlecht schmeckt es gar nicht. Später trinken wir jeder einen kleinen Deckel vom 96-prozentigen Alkohol. Pur.

Wir unterhalten uns mit Choco, ich will wissen, wie viele Leute hier im Minensystem jährlich sterben. „Ein bis zwei pro Woche", sagt er ernst. Und das wundert mich nicht. Lediglich die ersten hundert oder zweihundert Meter nach dem Eingang sind abgestützt und gesichert, danach nichts mehr. Seit dem Mittelalter sollen mehr als acht Millionen Bergarbeiter hier im Cerro Rico gestorben sein. Kein Wunder: Die Höhlen sind aus losem Gestein; als ich an einem Stein an der Wand kratze, fällt ein größeres Stück heraus. Anscheinend gibt es hier harte und weiche Gesteine, denn dort wo gebohrt wurde, scheint der Fels recht fest zu sein.

Koka-Blätter machen die Runde, ich stopfe mir welche in den Mund und kaue darauf umher. Es schmeckt, wie Blätter halt schmecken. Nicht gut. Meine Zunge wird leicht taub. Wer Koka kaut, kriegt keinen Hunger und keinen Durst. Die nächste Runde Schnaps kommt und wir müssen ein Ritual befolgen und vier kleine Schlucke auf den Boden schütten. Einen für Mutter Erde, einen um den Teufel zu besänftigen und wahrscheinlich noch zwei darauf, dass alles gut geht. Überhaupt, der Teufel. Wir dürfen unter Tage nicht Pfeifen, weil das den Teufel anlocken könnte; wir dürfen auch zu niemandem „Señor" sagen. Ansonsten glauben die Arbeiter kräftig an den Alkohol. Die Glanzzeiten von Potosi sind längst vorbei, der Berg ist größtenteils ausgebeutet. Im 16. Jahrhundert gehörte Potosi zu den reichsten Städten der Welt. Ein Großteil des weltweit geförderten Silbers kam aus dem Cerro Rico. Heute reicht es gerade zum Überleben.

Reynaldo zeigt uns, wie er den Sprengstoff präpariert. Er rollt ein paar Lagen Zeitungspapier zu einem etwa vierzig Zentimeter langen Zylinder mit dem Durchmesser einer Stange Dynamit. Hinein kommt nur ein Drittel einer Stange, schon mit der Zündkapsel und Zündschnur bestückt. Ein anderer Minero lässt die Ammoniumnitrat-Kügelchen in den Zylinder rieseln und faltet das Papier oben wieder zusammen. Wir sitzen lange da, trinken, erzählen, kauen Koka, machen Witze mit den Arbeitern. Jeder von uns scheint froh zu sein, dass morgen der Urlaub weitergeht, während die Bergarbeiter den Rest ihres vermutlich kurzen Lebens hier unten verbringen.

Pause beendet, wir kraxeln wieder in die Kammer mit dem Löchern. Mit langen Stahlstangen stopft Reynaldo die präparierten Zylinder in die Löcher und presst sie kräftig fest. Schweiß läuft ihm von der Stirn, er schnauft. Irgendwann sind alle Bohrlöcher bestückt. Zeit zum Sprengen. Ich glaube, es gibt Rentner-Touren, die nur ein paar hundert Meter in den Schacht laufen, nur die leicht zugänglichen Kammern besuchen und garantiert keine Sprengung miterleben. Wir müssen für nicht einmal zehn Dollar die ultimative Adventure-Tour gebucht haben, denn wir sind bei der Sprengung hautnah dabei.

Ich bin relativ risikofreudig, aber trotzdem immer auf meine Sicherheit bedacht. Ich habe großes Vertrauen in Technik, weiß, dass zum Beispiel ein dünnes Bergsteiger-Seil oder ein kleiner Karabinerhaken eine Last von mehreren hundert Kilogramm tragen kann. Allerdings schwindet mein Vertrauen, wenn es keine Technik gibt. Die Stollen hier oben sind nicht abgestützt, wir sind wirklich nur 20 oder 30 Meter von der Sprengstelle entfernt. Was weiß ich, wie fest der Fels ist und ob nicht vielleicht aus Versehen doch die Decke runterkommt! Ich rede mir ein, wenn es einmal einen Unfall mit mehreren toten Touristen gegeben hätte, würde es keine Touren mehr geben.

Unsere Rucksäcke stehen unten, Choco ermahnt uns: „Ihr müsst sofort loslaufen, wenn die Schnüre brennen! Schnappt euch den Rucksack und ab in den anderen Schacht!“. Was er nicht sagt: der Nebenschacht ist eine Sackgasse. Ganz toll. Reynaldo nimmt sein Feuerzeug und hält die Flamme an ein Stück Zündschnur, das er in der Hand hält. Das Ende brennt, mit den sprühenden Funken steckt er alle Lunten nach und nach in Brand. Schon beim ersten Zischen springen zwei Mädels panisch den steilen Schottergang hinunter; ein paar Jungs und ich machen noch Fotos über Reynaldos Schulter, bevor auch wir uns aus dem Staub machen – was hier eigentlich unmöglich ist. Keine 20 Meter sind es bis zu dem Abzweig, an dem wir nach rechts laufen und uns alle in der schmalen Sackgasse aneinander drängen.

Zwischen zwei und drei Minuten sollen wir angeblich haben, bevor der Sprengstoff detoniert. „Macht die Lampen aus“, sagt Choco. Vollkommene Dunkelheit. Kaum einer spricht. Der schwache Lichtschein eines iPhone-Bildschirms erscheint kurz, verschwindet wieder; ein Kameradisplay leuchtet auf. Es ist ein eigenartiges Gefühl: In völliger Finsternis zusammengedrängt in einer Ecke stehend, warten wir auf das Unbekannte. Niemand von uns weiß, wie laut es wird, wie stark die Druckwellen sind, wie es sich anfühlt – ein vermutlich einmaliges Erlebnis. Die erste Detonation löst bei den Mädels ein Kreischen und bei uns Kerlen ein Grölen aus. Muss es so sein, dass alles vibriert und es sich so anfühlt, als breche der Berg über uns zusammen? Keine Zeit, länger darüber nachzudenken, die nächsten Druckwellen rasen heran, zeitlich nur wenige Sekunden versetzt. Mal mehr, mal weniger stark, immer unglaublich beeindruckend.

Nicht der Lärm macht uns Angst, sondern die gewaltigen Druckwellen und Vibrationen. „Nicht die Finger in die Ohren stecken, am Besten den Mund aufmachen!", ruft Choco uns zu. Ich stelle mir vor, wie wir alle im Dunkeln stehen und aussehen wie auf Edvard Munchs „Der Schrei". Wahnsinn, wie viel Kraft eine halbe oder drittel Stange Sprengstoff entwickelt, zumindest wenn es verdämmt ist und im Berg steckt. Die Abstände zwischen den Detonationen sind ungleichmäßig, manchmal dauert es fast zehn Sekunden, bis wir wieder zusammenzucken und fürchten, dass etwas zusammenbricht. Eine Stange steckt anscheinend nicht besonders tief im Fels, denn eine Detonation übertrumpft alle anderen, die Druckwelle ist gewaltig, der Lärm ohrenbetäubend. Schwefelgeruch liegt im Schacht. „Das war es", sagt Choco, „wir können raus." Hat er mitgezählt? Ist er sich sicher? Was, wenn noch eine losgeht? Er wird es wissen, wir vertrauen ihm und verlassen unsere Sackgasse.

Wir kriechen durch einen extrem schmalen und steilen Gang, rutschen manchmal auf dem schlammigen Boden aus und kommen in eine Kammer, in der ein einsamer Minero auf dem Boden sitzt. Um sich herum kleine Säcke mit Gestein, er hat einen Hammer in der Hand und zertrümmert größere Brocken. Der Arbeiter muss mindestens 150 Kilogramm wiegen, daher wahrscheinlich auch sein Spitzname: Mike Tyson. Choco erzählt, dass Mike seit 38 Jahren in der Mine arbeitet und einer der ersten war, die hier angefangen haben. Nun sitzt der dicke Mann allein im Berg und bereitet Steine für die Laborprüfung vor. Bevor eine Ader weiter verfolgt wird, analysiert ein Labor das herausgesprengte Gestein. Die Arbeiter fördern Silber, Zink und Blei. Gold gibt es hier nicht. Mike freut sich über Koka-Blätter und besonders über die Arbeitshandschuhe, die wir ihm mitbringen. Wir setzen uns zu ihm und unterhalten uns. Mikes dicke Wampe lässt mich am Erfolg der Koka-Blätter zweifeln, den Hunger zu unterdrücken. Ich spreche Choco darauf an und er meint, es liege am Alkohol. Mike ist so dick, dass er unmöglich den gleichen Weg wie wir in die Kammer genommen haben kann. Er hätte nicht durch den engen Schacht gepasst; wahrscheinlich gibt es noch einen anderen Zugang.

Mittlerweile ist es 14.30 Uhr, der zweite Führer schaut auf meine Uhr und meint, wir wären schon recht lange unter Tage. Das finden wir alle, denn fast jeder von uns fährt heute noch weiter und muss einen Bus erwischen. Fast vier Stunden sind wir nun schon im Berg, mit dem Einkauf auf dem Markt und allem drum und dran dauert die Tour rund sechs Stunden. Machu Picchu hat mehr als das Zehnfache gekostet und war zehnmal langweiliger. Von wegen: was nichts kostet ist auch nichts. Die Tour war unglaublich und jeder, der sie mitgemacht hat, sollte sich nie wieder über seinen Job in Deutschland beschweren. Ich versuche daran zu denken.

Wieder draußen schaue ich in meinen Rucksack und will meine Stange Dynamit und die Zündschnur in meine Foto-Tasche packen – doch der Rucksack ist leer! Mist! Die geliehenen Rucksäcke sehen alle gleich aus, und ich vermute, dass ihn sich irgendjemand anders aus Versehen geschnappt hat, als wir unmittelbar vor der Sprengung loslaufen mussten. Ich glaube nicht, dass Choco die Stange herausgenommen hat, ich hätte sie auch schon früher in meine Foto-Tasche oder in die Jacke packen können.

Zurück im Hostel habe ich es eilig, denn ich will es heute noch ins 200 Kilometer entfernte Uyuni schaffen. Duschen, umziehen, los. Ich schaffe es deutlich vor Sonnenuntergang in den kleinen Ort, denn die Straße ist die Beste, auf der ich seit langem gefahren bin. Schilder verraten, dass die gesamte Straße vor kurzem für 108 Millionen Bolivianos erneuert wurde. Das sind nicht mal zehn Millionen Euro, für 200 Kilometer beste Straße! Perfekter Asphalt schlängelt sich durch die Berge, Busse brauchen für die Strecke angeblich fünf Stunden, ich schaffe es in zwei.

Von zwei deutschen Mädels, die mit im Bergwerk waren, habe ich den Tipp für ein günstiges Hotel bekommen. Einchecken, umziehen, Essen gehen. Ich sitze beim Italiener und es hätte ein wunderschönes Candle-Light-Dinner werden können. Aber zwei Minuten nachdem ich meine Pizza bekomme, geht der Strom wieder an.

Der Salar de Uyuni ist mit einer Fläche von rund 10.000 Quadratkilometern der größte Salzsee der Welt. Bis zu 72 Meter tief, die Salzschicht bis zu 30 Meter dick.

Schätzungsweise liegen hier rund zehn Milliarden Tonnen Salz – das reicht für eine Menge Frühstückseier. Ich habe Bedenken, den See alleine zu befahren. Mit einer Ausdehnung von ungefähr 140 mal 110 Kilometern ist der See ziemlich groß, alles sieht gleich weiß aus und natürlich gibt's auch keine Schilder: wer sich hier verfährt, hat verdammt schlechte Karten – im doppelten Sinne. Also kaufe ich mir eine Karte, die sich aber als so schlecht herausstellt, dass ich auch ohne fahren könnte. Für die grobe Peilung reicht es und ich fahre erst das zweite Mal auf der Tour bewusst nach dem Kompass. Für die ersten Kilometer ist das nicht einmal nötig, denn die vielen Geländewagen haben deutliche schwarze Spuren auf dem Salz hinterlassen. Folgte man denen, würde man schon irgendwo rauskommen, wo früher oder später auch Menschen ankommen. (Das erinnert mich an meinen Sportboot-Führerschein-Kurs, in dem es spaßeshalber um die „Bäckertüten-Navigation" ging: Man segelt nachts in irgendeinen Hafen und am nächsten Morgen schaut man sich den Namen der Stadt auf der Brötchen-Tüte in der Bäckerei an und weiß, wo man ist.)

Vor mir breitet sich die gewaltige Salzfläche aus. Je nachdem wohin ich blicke, ist kein Ende des Sees in Sicht. Weit, sehr weit entfernt sehe ich rechts und links von mir kleine Bergketten, die äußeren Begrenzungen des Salar de Uyuni. Der Spielzeugkarte, die auch einer Cornflakes-Packung entstammen könnte, entnehme ich grob den Kurs Nordwest. Es scheint zu stimmen, wieder finde ich schwarze Spuren auf der topfebenen Oberfläche des Salzsees. Ab und zu sehe ich mehrere Kilometer neben, hinter oder vor mir Geländewagen, die in die ähnliche Richtung fahren. Ich bin also niemals ganz allein, zumindest der Weg zur kleinen Insel Inkahuasi ist ungefährlich.

Meine Geschwindigkeit pendelt bei um die 100 km/h, es würde deutlich schneller gehen, aber hin und wieder sehe ich kleine Löcher in der ansonsten glatten Oberfläche. Manchmal gabeln sich die schwarzen Spuren und führen in verschiedene Richtungen; ohne Kompass wäre es nun nicht so einfach, zumal die Insel mit dem bloßen Auge natürlich noch nicht zu erkennen ist. 50 Kilometer später steigt aus der weißen Fläche ein brauner Hügel auf. Minutenlang fahre ich darauf zu, langsam wird die Insel größer. Mit einer Fläche von vielleicht ein paar tausend Quadratmetern ist die Insel recht klein. Steine, ein paar Gräser und vor allem die bis zu 1.200 Jahre alten Kakteen dominieren das Bild. Ein Restaurant, Toiletten, Souvenirstände – klar, dass sowas nicht fehlt. Ich mache ein paar Fotos und dann beginnt der abenteuerliche Teil der Tour.

Rund 50 Kilometer nach Kurs Südost sollte ich wieder auf einen Weg am „Festland" treffen. Während die Strecke zur Insel Inkahuasi und zurück nach Colchani/Uyuni relativ gut befahren ist, bin ich nun allein unterwegs. Kein Geländewagen weit und breit. Warum das so ist, erfahre ich eine Stunde später.

Zwar sind auch hier Spuren zu erkennen und ich treffe auf Land, doch der folgende Weg ist schlecht. Richtig schlecht. Eine extrem bucklige Waschbrettpiste, ab und zu gespickt mit Sandfeldern oder spitzem Schotter. Ich komme nur langsam voran und verabschiede mich von meinem Plan, den ganzen Weg bis zur argentinischen Grenze auf der Piste zurückzulegen. Da würde ich mehrere Tage brauchen, außerdem sind Waschbrettpisten so ziemlich das Unangenehmste, was es zu fahren gibt – zumindest für mich. Also zurück nach Uyuni, gut 200 Kilometer Piste liegen vor mir. Bei 40 bis 60 km/h rüttelt es die Yamaha und mich so stark durch, dass es auf Dauer nicht auszuhalten ist und irgendetwas zu Bruch gehen würde. Also schneller. Bei 70 wird es besser, bei 80 km/h ist es auszuhalten – die Räder scheinen nun mehr in der Luft als am Boden zu sein, denn die Kontrolllampen von ABS, TCS und die Motorkontrollleuchte gehen an. Kein Problem, das bedeutet nur, dass die Räder während der Fahrt vom Boden abheben oder das Hinterrad durchdreht. Kurzer Stopp, Zündung aus und wieder an – weiter geht's. Es ist heiß, staubig, der Weg wird kaum besser und wieder einmal sage ich mir: irgendwann reicht es auch mal mit den üblen Pisten. Noch 150 Kilometer, noch 100, die Landschaft ändert sich nur wenig. Stellenweise sieht es aus wie im Australischen Outback – rote Erde und Hügel so weit das Auge reicht. Am Nachmittag komme ich wieder in Uyuni an, nach einer Runde von fast 400 Kilometern, davon gut 300 offroad. Ich fahre wieder in das gleiche Hostel, gehe etwas essen und falle völlig fertig ins durchgelegene Bett.

Noch ein Wort zum Tanken in Bolivien. Mal angenommen, man fährt in den Skiurlaub nach Frankreich und tankt dort für 80 Euro voll. Der Tankwart schaut auf das Kennzeichen und verlangt plötzlich 240 Euro! Gibt's nicht? Doch, genau so ist es in Bolivien. Der Staat subventioniert das Benzin und hatte es seit Anfang des Jahres satt, dass sehr viele Fahrzeuge aus den Nachbarländern hier billig volltanken und den Sprit sogar schwarz verkaufen. Also zahlen „Ausländer" nun ungefähr den dreifachen Preis: statt drei Bolivianos sind 9,25 Bolivianos pro Liter fällig. Offiziell. Ich habe gelesen, dass man an kleinen Tankstellen versuchen kann, zu handeln und den Tankwart zu bestechen, um den Preis der Einheimischen zu bekommen. Zweimal hat das bei mir nicht geklappt: einmal standen zu viele Leute drum herum, einmal konnte ich den Preis ohne Bestechung auf sieben Bolivianos runterhandeln – ohne Quittung, die Differenz hat also der Tankwart eingestrichen – und einmal habe ich tatsächlich den niedrigen Preis bekommen, dort, wo ich unbedingt Sprit brauchte und bereit war, fast alles zu zahlen.

Immer wenn ich glaube, die Piste kann unmöglich NOCH schlimmer werden, führt der offizielle Weg plötzlich mitten in ein trockenes Flussbett mit schön weichem Sand. Super. Die ersten hundert Kilometer südlich von Uyuni nach Atocha sind etwas besser als gestern, aber trotzdem noch eine Waschbrettpiste. Plötzlich geht nur die ABS-Lampe an und ich ahne schon, was los ist. Tatsächlich, die kleine Schraube, die den vorderen ABS-Sensor an der Nabe hält, hat sich losvibriert und in den Wüstensand verabschiedet. Ich drücke den Sensor wieder rein und finde bestimmt in den nächsten Tagen eine passende Schraube.

In Atocha kommen mir zwei Engländer auf extrem abgespeckten Suzuki DR650 entgegen. Sie sagen, dass die folgende Strecke nach Tupiza sehr schlecht sein soll. Wenn die das schon sagen. Wir unterhalten uns etwas und wieder höre ich eine weitere Horror-Story über die Frachtabwicklung im Hafen von Buenos Aires. In verschiedenen Motorrad-Foren wird gewarnt, dass in Buenos Aires extrem hohe Gebühren anfallen würden, um sein Motorrad dort aus dem Zoll, beziehungsweise aus dem Hafen zu holen. Die Engländer haben jeweils vor Ort noch einmal 1.000 Pfund zahlen müssen, um die Bikes zu bekommen – und das ist anscheinend kein Einzelfall.

Die Reserveanzeige leuchtet seit 30 Kilometern, aber zehn Kilometer weiter soll es eine Tankstelle geben. Tatsächlich, neben dem Flussbett durch das ich gerade fahre, steht eine Tanke. Ich stelle dem Tankwart ein paar Fragen, um möglichst nicht den Touri-Preis zahlen zu müssen. Keine Ahnung, ob es daran liegt, aber ich kann tatsächlich für nur knapp zehn Dollar volltanken. 90 oder

95 Kilometer sind es bis Tupiza, sagt er. Hier lang, durchs Flussbett? „Jaja, richtig, es wird aber irgendwann besser!" Aha. Richtig weicher Sand wechselt sich ab mit feuchten Abschnitten, in denen ich besser vorankomme. Ich versuche, in den Spuren der Geländewagen zu fahren, aber es ist trotzdem ein Kampf. Und ich mache drei Kreuze, dass ich neue Reifen drauf habe – mit den abgefahrenen Heidenaus oder gar einem Straßenreifen wäre ich hier keine zwei Meter vorangekommen.

Ich werde langsamer, bloß nicht steckenbleiben! Mit den Füßen schiebe ich mit, Gas und Kupplung im Wechsel – absolutes Schneckentempo. Wer Zuhause sonst Asphalt fährt, sagt jetzt vielleicht: Vollgas und durch da! Aber das funktioniert hier nicht. Nicht mit einer voll beladenen Reiseenduro. Hundert Meter, zweihundert, auf einem kleinen Stück geht es etwas besser voran, nur damit ich wenig später wieder im weichen Sand lande.

Das geht so nicht. Ich lasse Luft aus den Reifen, um die Auflagefläche zu vergrößern; nun geht es etwas besser, aber immer noch beschissen. Umkehren? Wäre das Beste. Aber allein zurück nach Uyuni wären es 100 Kilometer, und dann wäre der Umweg nach Tupiza nochmal deutlich weiter. Alles Mist. Es soll ja irgendwann besser werden, also quäle ich mich weiter. Nach 15 Kilometern wird aus Sand tatsächlich Schotter. Die Piste zieht sich durch die Hügel, hoch und runter, vorbei an einer kleinen Lagune, in der Flamingos stehen. Doch dann wird es tatsächlich noch schlimmer. Die Piste bleibt gleich, aber ich weiß nicht, wo ich langfahren muss. Karte, Navi und Kompass sind sich nicht einig.

Um die folgenden drei Stunden abzukürzen: in einem Sackgassen-Dorf herumgeirrt, mehrere Runden um drei Hügel in der Nähe gedreht, fünf Leute gefragt, eine handgemalte Skizze bekommen, 50 Kilometer vor, zurück und hin und her gefahren, bis mir endlich jemand den richtigen Weg sagen konnte. Ich wäre fast ausgerastet. Die eigentlich recht gute Navi-Karte zeichnet einen Weg, der einfach nicht da ist, wo er sein sollte. Und wenn ich zehn Minuten nach Nordosten fahre, ist es eher unwahrscheinlich, dass ich auf einen Weg treffe, der nach Süden führt. Irgendwann kommt er doch noch und ich rumpele weitere anderthalb Stunden Richtung Tupiza. Was für ein Tag!

Und er ist noch nicht zu Ende. In Tupiza führt die Piste wieder auf eine Asphalt-Straße und ich fahre noch bis Villazon, der Grenzstadt zu Argentinien. Ich will nur noch in ein einigermaßen ordentliches Hostel, aber was man mir hier zeigt, habe ich in ganz Bolivien kaum gesehen. Deutsche Gefängniszellen sind größer. Sauberer sowieso. Nach dem vierten Hostel, drehe ich eine Runde um den Block und stehe plötzlich an der Grenze.

Was soll's, dann fahre ich halt doch heute schon rüber. Ich reise aus, gebe dem bolivianischen Zollbeamten mein Einfuhrdokument für das Motorrad zurück und reise in Argentinien ein. Die Schalter sind alle dicht beieinander, alles läuft völlig reibungslos und zügig. Ein vielleicht 25-jähriger Zollbeamte kümmert sich um die Einfuhr des Motorrades und die einzige Schwierigkeit ist, dass er im Rechner Alemania nicht findet. Er telefoniert und erfährt, dass er unter Republica Federal de Alemania suchen muss. Wenn's weiter nichts ist. Zeitaufwand Aus- und Einreise: vielleicht 20 Minuten. Immer noch in Villazon, nun auf der argentinischen Seite, suche ich weiter nach einem Hostel. Eines ist ziemlich teuer, aber der Besitzer gibt mir den Tipp für ein wirklich gutes, schönes und günstiges Hostel gleich in der Nähe – sehr freundlich! Wieder fällt mir der Spruch ein: „Everything will be alright...".

World Crosser – von der Dritten in die Erste Welt

Montag, 26. November

Mit der Grenzüberquerung nach Argentinien überspringe ich eine Welt und komme direkt von der Dritten in die Erste. Perfekte Straßen, gute Beschilderungen, gleich die erste Tankstelle hat eine vollautomatische Reifenfüllanlage – sogar mit Digitalanzeige – und an der Tanke gibt's auch gute Straßenkarten. Und guten Sprit. Die letzten ungefähr 1500 Kilometer musste sich die Yamaha mit nur 84 Oktan begnügen, etwas anderes gab es nicht. In Argentinien tanke ich endlich wieder 95 Oktan, zahle dafür sogar weniger als in Bolivien, und spüre die 11 Oktan mehr und die geringere Höhe deutlich – die Yamaha geht viel besser ab. Die 400 Kilometer bis Salta spule ich zügig ab, heute ist Feiertag in Argentinien und die Straßen sind entsprechend leer. Bei vier Polizeikontrollen werde ich einfach durchgewunken.

Dienstag, 27. November

Ich brauche eine Versicherung für das Motorrad und spaziere durch die Innenstadt zur Adresse der Versicherungsgesellschaft (drei Monate Haftpflicht kosten etwa 50 Dollar). Die Unterschiede zwischen den Städten in Bolivien und Argentinien sind gewaltig. Salta erinnert mich an Italien: etwas schmuddelig, aber trotzdem ganz nett; mit Südfrankreich kann es allerdings nicht mithalten. Anders als in Bolivien sind die Straßen hier aus Asphalt, nicht aus Staub. Es gibt Parks, Grünflächen, Bäume und Blumen, einigermaßen saubere Busse, moderne Autos. Von fast 4000 Meter Höhe in Bolivien ging es gestern runter bis auf 800 Meter, Salta liegt auf 1200 Meter Höhe. Das bedeutet, dass sich das Klima deutlich ändert.

Schon während der Fahrt wurde es immer wärmer, stellenweise waren es gestern 30 Grad. Jacke auf, die dünnen Handschuhe an. Statt mehrerer kiloschwerer Wolldecken wie in Bolivien, reicht nun wieder ein dünnes Laken zum Zudecken. Heute in Salta: 25 Grad, wolkenloser Himmel, die meisten Leute laufen in kurzen Hosen und T-Shirt rum, sind westlich gekleidet und haben moderne Sonnenbrillen auf. Sie schlendern durch große Elektronik-Geschäfte, Schuhläden, Restaurants und Cafés, Spielzeug- und Schmuckläden – hier gibt es alles, was es in Europa auch gibt. Und, auch das will ich erwähnen, hier gibt's die schönsten Frauen seit Kolumbien.

Warum die wirtschaftlichen Unterschiede zwischen Bolivien und Argentinien so groß sind, darüber kann ich nur spekulieren. Möglicherweise liegt es daran, dass es in Bolivien – anders als in Argentinien – keine Bodenschätze gibt, kein Öl, kein Gas. Die kleinen Minen reichen aus, um die lokale Bevölkerung zu ernähren, viel Geld verdienen sie vermutlich nicht damit. Während Argentinien über mehrere tausend Kilometer Küstenlinie verfügt, liegt Bolivien hoch in den Bergen – kein Fischfang, keine Reedereien, keine Häfen. Saftige Weiden für saftige Steaks gibt's nur in Argentinien – Bolivien bietet trockene Grasbüschel.

(Gestern Abend habe ich das Motorrad im Hostel geparkt, mehr oder weniger im Gang. Heute musste ich das Bike tatsächlich ein paar Meter weiter auf die Terrasse schieben – wegen der Brandschutzvorschriften! Argentinien ist Deutscher als ich dachte.)

Mittwoch, 28. November

300 Kilometer auf perfekten aber langweiligen Straßen. Wieder werde ich bei Polizeikontrollen durchgewunken, einmal muss ich allerdings meinen

Führerschein zeigen. Und das erste Mal während der Tour die Versicherung fürs Motorrad. Der dicke Cop dachte wohl, ich habe keine.

In San Miguel de Tucuman checke ich im Hostel ein und kann das Motorrad auf einem kostenpflichtigen Parkplatz gleich nebenan parken. Leider erfahre ich zu spät, dass der Parkplatz fast genauso teuer ist wie das Zimmer! Normalerweise parke ich das Motorrad in den meisten Hostels irgendwo drinnen. Im „Hostelling International" waren die Stufen aber so hoch, dass es nicht möglich war, mit dem Motorrad rein zu fahren. Demnächst frage ich vorher.

Am Nachmittag drehe ich eine Runde durch die Stadt – und verlaufe mich prompt. Ich finde mich auf dem größten Salzsee der Welt mit Kompass und einer schlechten Karte zurecht, aber wenn ich in der Stadt Mittagessen gehe... Nach einer Stunde habe ich den Weg zurück zum Hostel gefunden.

Am 13. Dezember landet meine Freundin in Santiago de Chile. Noch zwei Wochen Zeit, wenn nötig könnte ich die Strecke nach Santiago aber bequem in knapp drei Tagen schaffen. Was also tun? In Viedma an der Ostküste Argentiniens findet vom 7. bis 9. Dezember ein Motorradtreffen des Horizons-Unlimited-Forums statt. Rund 1700 Kilometer sind es bis dorthin, selbst hier unten keine Kleinigkeit.

Ich kann mich nicht entscheiden. Das Treffen ist nicht besonders groß, in den letzten Jahren waren anscheinend immer um die 20 Biker aus aller Welt vor Ort. Lohnt sich dafür der weite Weg? Wie gesagt, am 12./13. Dezember muss ich in Santiago sein, und wenn ich nicht rechtzeitig da wäre... Ich müsste nach dem Treffen eine anstrengende Gewaltfahrt machen, um pünktlich am

Flughafen zu sein. Da ich mich nicht entscheiden konnte, habt ihr es über Facebook getan (auch wenn die „Wahlbeteiligung“ unterirdisch war!). In den nächsten Tagen werde ich durch ein paar Nationalparks fahren und langsam Richtung Santiago zuckeln.

Donnerstag, 29. November

Routa 38 Richtung Süden, 34 Grad, die Sonne brennt. Ich hätte wirklich nicht gedacht, dass es in Argentinien so heiß ist. Je nach Höhe und Nähe zu einem Fluss ist die Landschaft entweder saftig grün oder braun und verdorrt. Meistens letzteres. Manche Straßen führen dutzende Kilometer schnurgeradeaus, die Langeweile packt mich und ich bin froh, dass ich wenigstens Musik hören kann. Pause, tanken, Kaffee, Kekse, weiter fahren. An einer Tankstelle will mir eine Frau Krimskrams andrehen, ich schicke sie weg und beim Weggehen zischt sie noch etwas wie „no corazon“ – kein Herz. Es tut mir ja leid, aber was bitte schön soll ich auf dem Motorrad mit einer offenen Packung Buntstifte oder gar einer kleinen Diskokugel aus Plastik? 380 Kilometer bis La Rioja – von dort aus möchte ich wieder Abstecher auf Schotter- und Nebenstrecken machen und ein paar Nationalparks besuchen. Die letzten Tage bin ich nur auf Asphalt gefahren, was nach den anstrengenden Pisten in Bolivien ganz nett war. Aber es wird schnell langweilig.

Siesta. Wie in Spanien geht in Argentinien während der heißen Mittagsstunden gar nichts. Alle Geschäfte sind zu, die Straßen wie ausgestorben. 17 Uhr geht das Leben weiter, dann aber bis in die Nacht.

Freitag, 30. November

Ich habe die Wahl zwischen knapp 200 Landstraßen-Kilometern oder 50 Pisten-Kilometern durch die Berge. Klar, dass ich durch die Berge will, auch wenn das vermutlich genauso lange dauert. Ich fahre 20 Kilometer zu der Stelle, an der sich ein „Einstieg“ in die Piste befinden soll. Doch ich finde nichts. Zunächst folge ich einem Schotterweg, der jedoch nur um einen See herum führt. Ich fahre ein paar Kilometer hin und her, es ist niemand da, den ich nach dem Weg fragen könnte. Nach einer halben Stunde gebe ich auf und fahre doch über die langweilige Landstraße.

20, 30, 40 Kilometer schon sind links und rechts neben mir ausschließlich Olivenbäume zu sehen. Hunderttausende Olivenbäume in verschiedenen Wachstumsstadien. Danach kommen kilometerweit nur Weinstöcke... Dann wieder Weiden, mal mehr und mal weniger Grün. So sieht es also in Argentinien aus.

Ich biege von der Hauptstraße ab und fahre 20 Kilometer zum „Valle de la Luna“ (es gibt mehrere Orte mit dem gleichen Namen, zum Beispiel auch in Chile). Dort soll der Name Programm sein, in der Wüste sollen tolle Felsformationen stehen. Auf dem Parkplatz entdecke ich ein Schild, das zwei verschiedene Wanderrouten und die jeweils dafür benötigten Zeiten anzeigt. Zwischen drei und fünf Stunden braucht man laut der Tafel. Soviel Zeit habe ich leider nicht und mit dem eigenen Fahrzeug darf man nicht ins Tal. Ich trinke einen Kaffee und fahre weiter.

Perfekte Straßen, prima Klima und so gut wie keine Autos unterwegs. Heute fahre ich vermutlich die höchste Durchschnittsgeschwindigkeit seit Beginn meiner Reise. Noch 130 Kilometer bis zum nächstgrößeren Ort?

Entspannt an die Gepäckrolle lehnen, Musik lauter drücken, den linken Arm aufs Knie und dann – Gas. Der Nachteil der langen, fast geraden Straßen: sie sind furchtbar öde. Es gibt nichts zu sehen, keine Bäume, keine Berge, keine Seen. Nur trockenes Weideland. Einmal komme ich über eine Bergkuppe und blicke über ein Tal, dessen Ausmaße ich nicht mal erahnen kann. Bis zum Horizont nur flaches Land mit Büschen, alles sieht gleich aus. Wahnsinn. Ich überlege, ob ich für ein Foto halten soll, aber wahrscheinlich würde man sowieso nichts sehen außer einen riesigen blassen Fläche.

Am Ende des Tages stehen exakt 750 Kilometer mehr auf dem Tacho, nach den über 800 Kilometern am Tag in Alaska der zweithöchste Tageskilometerstand der Tour. Dabei wollte ich doch gar nicht so viel fahren! Abends sitze ich in einem Straßen-Cafe, esse eine Pizza und trinke ein Bier, als plötzlich ein Schuhputzer an meinen Tisch kommt und seine Dienste anbietet. Offensichtlich sucht er seine Kunden schlecht aus – ich habe Sandalen an...

Von Argentinien nach Chile – und wieder zurück

Samstag, 1. Dezember

In den letzten zwei Wochen gab es einige Premieren während der Tour: Ich musste das erste Mal einen Strafzettel zahlen (die zwei Tickets fürs „Falschparken" in Venice Beach habe ich damals natürlich nicht bezahlt, die Politesse wusste ja nicht mal, aus welchem Land das Motorrad ist), das erste Mal wurde ich nach der Versicherung gefragt und heute bin ich zum ersten Mal während der Tour ohne Sprit liegen geblieben. Ich habe es allerdings ein bisschen darauf angelegt und einmal nicht getankt, als ich es hätte machen sollen. Alles nicht schlimm. Nach 80 Kilometern auf Reserve kam endlich eine Tankstelle – dort gab es aber nur Gas! Der Tankwart meint, sieben Kilometer weiter gäbe es auch Benzin. Nach vier ist Schluss. Beim ersten Ruckeln fahre ich auf den Seitenstreifen, eine Minute später halte ich vor einem Haus, drei Minuten später sitze ich mit der Bewohnerin in ihrem Auto auf dem Weg zur nahegelegenen Tankstelle. Ich bekomme einen kleinen Kanister, wir fahren zurück zum Haus, auffüllen, zurück zur Tanke – und nach insgesamt vielleicht einer Viertelstunde bin ich wieder auf Kurs.

Mendoza gefällt mir ausgesprochen gut. Das liegt nicht nur daran, dass ich hier im besten Hostel der vergangenen zwei Monate wohne (Hostel Alamo). Kleiner und gemütlicher als San Juan, sauberer und schöner als San Miguel de Tucuman – Mendoza hat was. Gefühlt einen Kilometer lang führt eine große Einkaufsstraße durch die Stadt, auch rechts und links in den Nebenstraßen reiht sich Geschäft an Geschäft.

Fast alle Straßen sind gesäumt von großen Platanen, die Schatten spenden. Auffallend viele Tourenanbieter- und Outdoor-Geschäfte haben sich hier angesiedelt, aus gutem Grund: Mendoza ist Ausgangspunkt für viele Trekking-Touren in die Umgebung, die Skigebiete sind nicht weit entfernt (jetzt im Sommer liegt natürlich kein Schnee).

Ich finde den Zugang zu einer großen Markthalle, und nachdem ich an jedem Stand eine Nummer wie beim Arbeitsamt habe ziehen müssen, schlage ich zu: Pfirsiche, frische Oliven, knackige Baguettes, Käse – lauter leckere Sachen. Gutes Essen ist in letzter Zeit ziemlich kurz gekommen. Oft habe ich tagsüber während der Pausen nur irgendwelche Kekse gegessen, abends Sandwiches oder Nudeln.

Nach dem Friseur-Desaster in Calgary habe ich mir damals in den USA im Walmart eine Haarschneidemaschine zugelegt. Ich weiß: wer billig kauft, kauft zweimal – aber wenigstens sechs Monate sollte sie doch halten! Vor einigen Wochen verabschiedete sie sich qualmend in den Müllcontainer. Heute musste es also wieder sein, und so wie der Schuster die schlechtesten Schuhe hat, so sah auch der Friseur ziemlich „wild“ aus. Ruck zuck war meine Matte von gefühlt 60 auf sechs Millimeter gestutzt, für umgerechnet faire sechs Euro.

Weil ich erst in knapp zwei Wochen in Santiago de Chile sein muss, kann ich mir Zeit lassen; Santiago liegt nur noch knapp zwei Tagesetappen entfernt. Die nächsten drei Tage bleibe ich im Hostel, gehe durch die Stadt, sitze in Cafés und fahre keinen Kilometer.

On the road again. Knapp 200 Kilometer sind es von Mendoza bis zur argentinisch-chilenischen Grenze. Weingüter, Weiden, grüne Hügel – die Landschaft ist schön, aber nicht spektakulär. Es geht in die Berge, hinauf bis auf mehr als 3000 Meter Höhe. Kurz vor der Grenze kommt rechts vor mir der Aconcagua ins Bild, der mit 6962 Metern höchste Berg Nord- und Südamerikas. Sieht gar nicht so hoch aus. Das Wetter ist perfekt, kaum Wolken am Himmel, die Sonne scheint bei 20 Grad. Es gibt die Möglichkeit, weiter an den Berg heranzufahren, doch das hebe ich mir für später auf – in drei Wochen fahre ich noch einmal zurück nach Mendoza. An der Grenze läuft alles wie immer problemlos. Etwas umständlich: Das Dokument für die temporäre Einfuhr des Motorrades muss bei jeder Einreise nach Argentinien/Chile neu ausgestellt werden. Nun haben beide Länder mehrere tausend Kilometer gemeinsame Grenze, die man je nach Route mehrmals überquert – und jedes Mal braucht man den gleichen neuen Zettel. Ein Zoll-Beamter wirft einen Blick in meinen Tankrucksack und will wissen, ob ich frisches Obst dabei habe. Dessen Einfuhr nach Chile ist verboten.

Es ist kurz nach Mittag, bis Valparaiso an der Pazifik-Küste sind es nicht mal mehr 200 Kilometer. In Viña del Mar sehe ich zum ersten Mal seit Peru wieder das Meer. Ich halte oberhalb einer Bucht, setze mich auf eine Bank und fühle mich kurzzeitig wie in Los Angeles. Hinter mir eine moderne Strandpromenade mit Palmen, es ist warm, die Sonne scheint, Surfer treiben auf dem Wasser und warten auf gute Wellen, am Strand sonnen sich halbnackte Frauen. Herrlich. Ich frage in zwei Hostels nach dem Preis, fast 30 Dollar sind mir dann aber doch zu teuer und ich fahre noch ein kurzes Stück weiter nach Valparaiso.

Die folgenden Tage verbringe ich in Valparaiso in der „Villa Kunterbunt". Die Villa ist eine Anlaufstelle für Motorradfahrer, die ihre Bikes im Container hierher oder wieder nach Hause verschiffen lassen. Martina und Enzo haben immer ein Zimmer für Biker frei und da Valparaiso wirklich schön ist und die beiden sehr nett sind, quartiere ich mich ein paar Tage bei ihnen ein. Und mache: Nichts. Die Zündkerzen für die XT1200Z kommen erst in einer Woche, sonst muss nichts am Bike gemacht werden. Nachdem ich das Kardan-Schutzblech schon seit Wochen mit mir rumfahre, finde ich hier endlich jemanden, der Aluminium schweißen kann – und zwar so, dass es auch hält. In Bolivien oder Peru habe ich schlicht niemanden gefunden. Das Blech ist also wieder dran.

Es fällt vielleicht auf, dass ich in der letzten Woche kaum gefahren bin und mehrere Tage in Mendoza war, und jetzt auch mehrere Tage in Valparaiso. Das liegt hauptsächlich daran, dass ich wieder mal etwas zu schnell unterwegs war und noch etwas Zeit habe, bevor meine Freundin in Santiago ankommt. Zum anderen verspüre ich eine gewisse Lustlosigkeit. Ich möchte nicht sagen Reisemüdigkeit, denn nach wie vor freue ich mich jedes Mal, wenn ich aufs Motorrad steige. Ich denke, es liegt an der Landschaft der letzten Tage und vielleicht auch Wochen. Der Vergleich hinkt sicher, aber ähnlich wie bei einem Drogensüchtigen, der immer höhere Dosen braucht, müssen bei mir vielleicht die Landschaften immer spektakulärer werden. Einsame Schotterpisten durch die Berge, Wüsten, Gletscher, Salzseen, einmalige Tauchreviere, dutzende Nationalparks, karibische Strände – während der letzten 43.000 Kilometer habe ich verdammt viel gesehen. Vielleicht muss das Panorama immer noch beeindruckender werden, der Sand noch weißer, der Berg noch höher und das Wasser noch klarer. Ich weiß es nicht.

In weniger als zwölf Wochen werde ich zurück in Deutschland sein. Ich möchte noch gar nicht an den Tag denken, wenn ich in Ushuaia ankomme und vielleicht noch nach Puerto Williams übersetze. Ende. Ziel erreicht.

Es geht nicht mehr weiter, außer zurück nach Santiago oder Buenos Aires, um die Yamaha zurück nach Deutschland zu schicken. Der Gedanke an die letzte Woche zieht mich vielleicht jetzt schon runter. Selbst wenn noch einige der schönsten Gegenden Chiles vor mir liegen.

Wie dem auch sei. In der Villa Kunterbunt lerne ich Mick kennen, einen Dänen, der zwei Jahre lang mit einer Honda VFR 750 um die Welt gefahren ist. Nun schickt er sein Motorrad zurück nach Dänemark, weil er das Motorrad nicht dauerhaft nach Chile importieren darf. Mick lebt seit zwei Jahren in Santiago de Chile und hat dort mit einem Freund einen Motorradverleih aufgebaut. Ich besuche ihn dort und staune nicht schlecht: In einem kleinen Hof stehen mehrere nagelneue Motorräder. BMW R1200GS, F800GS, Kawasaki KLR 650, Yamaha XT660Z und sogar die Yamaha XT1200Z Super Ténéré hat www.ride-chile.com im Angebot. Gerade baut Mick Seitenkoffer an eine neue KLR 650. Kilometerstand: 5. Zwischen 20.000 und 30.000 Kilometer spulen die Gäste pro Saison mit den Mietbikes ab, nach zwei Jahren kauft Mick neue Motorräder. Australier und Amerikaner buchen am häufigsten, deutsche Gäste hatte er bislang noch nicht, dafür aber schon reine Frauengruppen – sonst eher ungewöhnlich. Eigentlich wollte ich nur einen Kaffee trinken, nun unterhalten wir uns aber schon fast drei Stunden. Wenn ich Anfang Januar wieder in Santiago bin, kann ich bei Mick meine Zündkerzen wechseln. Danke!

Chauffeur inklusive

Leute, mein Hintern tut vielleicht weh! Das Steißbein, die Sitzhöcker. Autsch. Ich bin heute so viel Motorrad in einem Rutsch gefahren, wie mein ganzes Leben zuvor nicht. 436 Kilometer. Okay, durchschaut – heute schreibt hier nicht Mathias, sondern ich: Die nicht-motorradfahrende Freundin Isa. Mathias sagt, andere Touristen zahlen dafür 189 Dollar am Tag – so viel kostet die Yamaha hier unten als Leih-Motorrad. Und das ohne Fahrer. Ich soll mich also freuen und schwinge mich etwas widerwillig hinten drauf und fahre mit.

Wir wollen von Santiago aus drei Wochen durch die Gegend fahren. Eine Schleife über Valparaiso, die Anden, nach Mendoza in Argentinien und dann ab nach Süden und irgendwo dort wieder rüber nach Chile ans Meer. Ich nehme in der Zeit den Platz von Zelt und Campingkocher ein – denn sonst fahren die hinten in einer Gepäckrolle mit. Mathias hat sie in der Villa Kunterbunt in Valparaiso abgegeben. Natürlich bekomme ich den Hinweis, mit kleinem Gepäck zu reisen. Ich finde, das gelingt mir super. Zumindest fragt meine Schwester, als sie meine Tasche sieht, wie lang ich fahre: „Drei Tage, oder was?“ Und trotzdem spielen auch wir jeden Morgen Gepäck-Tetris. Mathias ist mit den Monaten ganz gut in diesem vergnüglichen Spiel geworden und so bastelt er jeden Tag aufs Neue Waschtaschen, Schuhe, Klamotten und Fressbeutel in seine Koffer und wir freuen uns, wenn wieder ein Buch oder eine Zeitschrift ausgelesen ist: „500 Gramm weg“, sagt er dann. Santiago erinnert mich an Italien. Ein bisschen schmuddeliger noch. Aber die Plätze, die Stimmung, die Leute.

Für mich hält sich der Kulturschock in Grenzen, ich muss nicht am ersten Tag ein Meerschweinchen essen und die gefürchteten Riesenspinnen krabbeln auch nicht über meinen Fuß. Gefällt mir. Nur Mathias findet es etwas schade und so „südeuropäisch". Valparaiso ist die nächste Station. Vom Hostel „Camila 109" haben wir einen super Blick auf DEN Hafen in Zentral-Chile. Nur liegt er unten und wir wohnen für ein paar Tage oben. Also geht es die berühmten Hügel auf und ab, vorbei an den buntgemalten und besprühten Häusern und bei mir rächt sich das mit fiesem Wadenmuskelkater. Aber die Eindrücke sind es wert.

Was mir dort auffällt – die vielen Straßenhunde. Mathias sagt, sie sehen im Vergleich zu Bolivien und Peru ganz wunderbar aus. Aber mir tun sie leid. Es sind einfach so viele, die sich irgendwo am Straßenrand zusammenrollen und keinen haben, der sie regelmäßig füttert oder mal streichelt. Sie müssen immer hoffen, dass mal eine Empanada oder ein Stück Pizza abfällt und wehe, es kommt ein Taxi vorbei. Auf die stehen die Schäferhunde, Collies, Labradore und Wuschel-Mix-Terrier nämlich so gar nicht. Sie springen auf und bellen die Reifen mit voller Lautstärke an. Da muss mal was gewesen sein... Ich frage mich, warum die Chilenen die Hunde nicht kastrieren und ob es keine Programme dafür gibt. Der Reiseführer verrät es: Es gilt hier als unethisch, die Tiere zu kastrieren. Sie so rumlungern zu lassen, mit ihrer Räude und was weiß ich, soll dagegen besser sein?

Wir packen unseren Krempel zusammen und machen uns auf Richtung Osten. Nach einem Zwischenstopp in Los Andes wollen wir – richtig – über die Anden. Mir graust es ein bisschen vor den 270 Kilometern. Denn eine Bikerbraut bin ich nun wirklich nicht. Deshalb kann ich sie nur wenig genießen – die hellgelben, dunkelorangen, zartgrünen, brownie-braunen Hügel und Ausläufer der

Anden. Die kurvigen Strecken, ausgetrockneten Täler. Die Nadelöhr-Kurven. Ich hoffe am Anfang der Fahrt, dass wir schnell über die Grenze kommen und bald in Mendoza sind. Mathias gefällt die Stadt. Und als wir durch die Straßen fahren, auf dem Weg zu seinem Lieblingshostel – dem Alamo – kann ich auch verstehen warum. Hier ist was los.

Viele, viele Geschäfte, die Leute sind draußen, es ist warm, aber nicht unerträglich heiß. Wir kaufen im Carrefour (Erinnerungen an die Skiurlaube in Frankreich werden wach) einheimisches Bier in 960ml-Flaschen und werden mit Plastiktüten zugemüllt. Unfassbar. Wie in den USA wird fast jedes Bonbon einzeln in einen Beutel gepackt. Und zur Sicherheit noch in einen zweiten. Wir besorgen uns in der Markthalle Oliven, Wurst, Käse, Kuchen und Obst und machen es uns im Hostel-Garten bequem.

Katze Momo (offiziell) oder Mush (inoffiziell) ermauzt sich ein Stück Wurst. Frisst es aber nicht. Sie hat es auf ein Stück Kuchen abgesehen. Das schmeckt ihr besser. Wir bleiben lange in Mendoza, schauen uns ein Weingut an, machen kleine Ausflüge, hängen ab, lesen, essen richtig geiles Steak und kommen nicht so richtig weg. Müssen wir aber, denn ich habe nur drei Wochen zum Reisen. Ich schwinge mein Bein über Koffer, Sitz und Taschen-Aufbau hinweg – und habe ein Loch in der Hose. Ganz toll. Im 60er Jahre Hotel in San Rafael hilft mir eine Bügelfrau mit einem Flickläppchen aus Jeansstoff, das wir vorher in einer Merceria gekauft haben.

Ansonsten ist die Stadt lahm und wir checken nach zwei Nächten aus, wollen Weihnachten in Malargüe verbringen. Ich buche ein „richtiges" Hotel für die Weihnachtstage. Es ist ganz idyllisch. Die Vögel zwitschern, alles grün, alles ruhig. Wir sind nämlich die einzigen Gäste weit und breit und es gibt ein Problem – das Internet geht nicht, es scheint eine größere Sache mit dem Netzanbieter zu sein.

Das teuerste Hotel der Reise hat kein Internet und keine Gäste. Als Mathias etwas von „wie in Shining, nur ohne Schnee" erzählt, wird mir komisch. Wir überleben den Aufenthalt aber und gönnen uns zu Weihnachten ein „bife chorizo." Es ist das größte Steak, das ich je gegessen habe. Lecker. Wir fahren etwas in der Gegend rum, sehen uns Fossilien, glasklare Kraterseen, einen Wasserfall an und sind mittlerweile schon vier Tage hier. Wir wollen zurück nach Chile und fahren eine super windige Kurvenstraße Richtung Paso Pehuenche. Ich bin mir zwischendurch immer mal wieder sicher, dass wir gleich von der Straße geweht werden.

Die Windstöße kommen eine ganze Weile von links und zack weht es uns von rechts mit so einer Wucht entgegen, dass ich Schnappatmung kriege. Mathias findet das alles ganz normal. Ich sage mir immer wieder, dass er alleine auf dieser Tour bisher 44.000 Kilometer gefahren ist und dass es schon werden wird. Wird es auch.

Bis zu dem Moment, wo die Straße gesperrt ist und uns ein junger Polizist erklärt, dass wir den Grenzübergang Paso Pehuenche „hoy“ (also heute) mal schön knicken können. Angeblich liegen oben mehr als 60 Zentimeter Schnee. Mañana ist vielleicht geräumt. Aber hoy auf gar keinen Fall. Er empfiehlt, die 100 Kilometer auf der teils schotterigen, windigen Straße zurück nach Malargüe zu fahren und doch einfach mañana noch mal wieder zu kommen... Also wehen wir zurück und checken in einem Hostel ein. Am nächsten Morgen gehen wir zur Basis der Grenzpolizei in Malargüe und wollen per Funk fragen lassen, ob der Pass hoy offen ist. Der Mann in grüner Uniform schüttelt den Kopf. Immer noch zu. Es gibt einen kleinen Übergang sonst wo im Süden. Jetzt schüttelt Mathias den Kopf. Ich kneife die Arschbacken schon mal zusammen. Denn das heißt: 400 Kilometer nordwärts nach Mendoza zum großen Grenzübergang. Und da wären wir wieder am Anfang der Geschichte.

Pannen, Stürze, Schwarzgeld – auf dem Weg zur Rallye Dakar

Die Chi-Chi-Chile!!!-Rufe am Strand von El Quisco sind verhallt, der Smirnoff-Rausch der Silvesternacht verflogen. Am Flughafen in Santiago klappe ich die Soziusrasten wieder hoch, schnalle den zweiten Helm hinten drauf und fahre morgens halb drei allein zurück ins Hotel. Meine Freundin ist wieder in Deutschland und ich werde das zweimalige Klopfen aufs Bein vermissen, wenn ich während der Fahrt ein Lied aus dem Navi/mp3-Player weiter klicken sollte. Oder den Klaps an den Helm, wenn ich einer kurzberockten argentinischen Schönheit allzu offensichtlich hinterhergeschaut habe. Statt dicken Steaks und Hotelzimmern gibt's ab sofort wieder mehr Instant-Nudeln und Übernachtungen im Zelt – Chile ist ein teures Pflaster, Argentinien nicht viel günstiger. In Santiago gibt es einige Yamaha-Händler und weil ich einen Ölfilter brauche, fahre ich zu einem der größeren. Unverschämte 22 US-Dollar kostet der Filter, aber ohne geht's halt nicht.

Bereits vor einigen Wochen habe ich Mick Hoy von www.ride-chile.com in Santiago besucht und schon damals ausgemacht, dass ich bei ihm die Zündkerzen sowie Motoröl und –filter der Super Ténéré wechseln kann. Auf dem Hof machen sich gerade zwei Australier abfahrbereit, sie haben für fünf Tage Motorräder gemietet und wollen einen Abstecher nach Argentinien machen. Als sie weg sind, baue ich den Tank ab, hole den Luftfilter raus und bin erstaunt, dass er sich doch recht stark zugesetzt hat. Aber gut, er ist seit 25.000 Kilometern drin und hat den Staub vieler Pisten aufgesammelt.

Mick bietet an, zum Händler zu fahren und einen neuen Luftfilter zu kaufen – er bekommt 25 Prozent Rabatt. Hätte ich das vorher gewusst, hätte ich den

Ölfilter nicht selbst gekauft. Während er unterwegs ist, wechsele ich die Zündkerzen, Öl und Filter, checke, ob alle Schrauben fest sind (sind sie) und befreie den Motor von angetrockneten Asphaltkrümeln. Vor kurzen musste ich über eine frisch geteerte Straße gefahren und dabei wurde jede Menge von dem klebrigen Zeug hochgewirbelt. Später lade ich Mick zum Essen ein, wir erzählen lange und irgendwann am späten Nachmittag mache ich mich auf den Weg nach Valparaiso. Der geliehene Helm muss zurück zur Villa Kunterbunt, außerdem liegen dort noch meine Gepäckrolle und ein paar Klamotten.

Auf dem Hof der Villa ist kaum noch Platz vor lauter Motorrädern. Ein Kanadier und sieben oder acht deutsche Biker sitzen am Tisch, trinken Bier und unterhalten sich. Einige verschiffen ihre Bikes demnächst zurück nach Deutschland, einer startet morgen seine dreimonatige Tour durch Südamerika. Wir tauschen Tipps und Geschichten von unterwegs aus, besonders spät wird es allerdings nicht.

Zum mittlerweile vierten Mal muss ich heute über die Anden, ich treffe mich in Mendoza mit Alex; zusammen wollen wir dann zur Rallye Dakar fahren und zuschauen. Als ich mit meiner Freundin letztens von Argentinien nach Chile gefahren bin, mussten wir drei Stunden an der Grenze warten. Einfach an der Schlange vorbei vorfahren? Besser nicht, denn ich habe gesehen, wie ein Grenzer einen Vordrängler wieder zurückgeschickt hat. Heute stehe ich nicht drei sondern nur anderthalb Stunden, trotzdem zieht sich die ganze Etappe ziemlich lange hin.

Viele Lkw und Busse verstopfen die engen und kurvigen Bergstraßen, für die etwas mehr als 400 Kilometer brauche ich insgesamt über acht Stunden. Während es gestern in Valparaiso angenehme 20 Grad waren, schwitze ich nun wieder bei fast 30. Nicht nur die Hitze treibt mir Schweißperlen auf die Stirn: Kurz vor Mendoza geht mir beinahe wieder der Sprit aus. Diesmal liegt es aber nicht an mir.

Ich halte an fünf Tankstellen und frage, ob ich mit Karte zahlen kann. Alle winken ab – nur Bares, nur argentinische Pesos. Mist. Zwei Kreditkarten, eine EC-Karte, ein paar tausend chilenische Pesos und fast 900 US-Dollar in der Tasche – und mit allem kann ich nichts anfangen! (Ich habe nur deshalb so viele Dollar mit, weil Alex meinte, auf dem Schwarzmarkt in Argentinien bekommt man 30 Prozent mehr argentinische Pesos pro Dollar als bei offiziellen Banken; daher habe ich heute Morgen in Valpo noch Geld angehoben. Mehr dazu später.)

Jeden Augenblick muss ich stehenbleiben; ich überlege, ob ich an der nächsten Tankstelle einfach den Tank vollmache und erst hinterher frage, ob ich mit Karte zahlen kann – irgendwas würden die sich dann schon einfallen lassen. Oder ob ich Alex anrufe, damit er schnell vom Hostel mit einem Kanister zu mir kommt, sollte ich liegenbleiben. Seit mehr als 90 Kilometern blinkt die Reserve-Anzeige nun, bei 95 finde ich endlich eine Tanke, die Kreditkarten akzeptiert. Hurra! Neben dem Geräusch, wenn an der Grenze ein wichtiger Stempel in den Pass knallt, oder der vierte Geldautomat endlich anfängt zu rattern und Geld abzählt, zählen solche Momente zu den ganz besonderen des Alltags.

Seit zwölf Stunden habe ich nichts gegessen, Zeit für ein dickes argentinisches Steak! Zu dritt – eine Bekannte von Alex ist gerade zu Besuch – geht's in ein gutes Restaurant und danach noch in eine der vielen Cocktailbars.

Montag, 7. Januar

Wir checken aus und fahren ein paar Blocks weiter zu einer kleinen Werkstatt bei der Alex sein Motoröl wechselt. Es ist fast Mittag und schon jetzt ziemlich heiß, gegen 16 Uhr wird es am Schlimmsten sein. Nur etwas mehr als 200 Kilometer stehen heute auf dem Plan, wir wollen in einen kleinen Nationalpark. Aber vorher müssen wir noch Geld tauschen. Auf dem Schwarzmarkt. In Argentinien lag die Inflationsrate im vergangenen Jahr bei rund 25 Prozent, die Währung verfällt immer weiter und die Argentinier sind scharf auf den – vermeintlich – stabilen US-Dollar.

In der Bank gibt's für einen US-Dollar derzeit etwa 4,85 Argentinische Pesos; im Hostel gibt's 5,5 und auf dem Schwarzmarkt zwischen 6,2 und 6,8 – ein gewaltiger Unterschied! Im Hostel sagt uns der Angestellte, wo wir die Händler finden würden. Tatsächlich ist das nicht schwer, im Bankenviertel stehen direkt vor den Geldhäusern mehrere Leute, die uns sofort „Cambio?“ zuzischen. Hier sind wir richtig. Einer bietet uns sofort 6,2 Pesos pro Dollar, wir wollen aber mehr und gehen weiter.

Er kommt hinterher, fragt, wie viele Dollar wir denn hätten und erhöht sein Angebot auf 6,5 Pesos. Wir haben keine Lust noch lange zu suchen und willigen ein. Wir folgen ihm in eine Wechselstube – vorbei an einem Polizisten – in der ein anderer Angestellter gerade ein dickes Bündel Geldscheine in der Hand hält und noch ein anderer 50-Euro-Scheine zählt. Er zahlt uns 26 100-Peso-Noten aus und ich halte jede einzelne vor eine Lampe; es soll viel Falschgeld im Umlauf sein. Alex kontrolliert auch nochmal, alles passt und wir freuen uns über den Deal.

Die langen, teilweise schnurgeraden Strecken in Zentralargentinien sind furchtbar langweilig. Rechts und links nur flache Büsche, Sand und Trockenheit soweit das Auge reicht. An einer Tankstelle treffen wir zwei Brasilianer. Beides Ärzte, einer von ihnen spricht perfekt Deutsch, er hat vier Jahre lang in Deutschland gearbeitet. Sie kommen aus Ushuaia und sind auf dem Rückweg nach Brasilien. Für ihre Tour haben sie nicht etwa große Reiseenduros gewählt, sondern kleine Yamaha XTZ 250! Optische Gemeinsamkeiten zur großen XT1200Z Super Ténéré sind durchaus zu erkennen. Beide wollten leichte Motorräder, die zuverlässig sind und wenig verbrauchen.

Die nur 140 Kilogramm schweren Bikes lassen sich locker durch schwieriges Gelände dirigieren, der Verbrauch von nur 3,3 Liter auf 100 Kilometer ist vorbildlich und schneller als 100 km/h fahren sie hier unten sowieso nie. Wir unterhalten uns noch etwas, machen Fotos, trinken viel Wasser und nachdem die beiden weg sind, sitzen Alex und ich noch fast eine Stunde in der klimatisierten Tankstelle herum. Die Bord-Thermometer zeigen zwischen 37 und 39 Grad, keine guten Bedingungen. Irgendwann raffen wir uns auf und nehmen die letzten 100 Kilometer in Angriff.

100, 90, 80 – mit einem Mal wird Alex langsamer, als ich näher komme, sehe ich, dass seine Africa Twin ruckelt. Als ich neben ihm bin, stirbt gerade der Motor der Honda ab. Er rollt nach links, über den schmalen Seitenstreifen und die Böschung hinunter, um im Schatten zu parken. Einer meiner ersten Gedanken: warum rollt er da runter, wenn das Motorrad nicht mehr anspringt, müssen wir es mühsam wieder zur Straße hochbuckeln! Das Problem ist nicht neu, bereits vor 2500 Kilometer hatte er in der Atacama-Wüste schon einmal Motoraussetzer.

Anscheinend stimmt was nicht mit einer der zwei CDI-Einheiten, die für die Zündung zuständig sind. Vorhin lief die Africa-Twin nur noch auf einem Zylinder, um kurz danach ganz den Geist aufzugeben. Im spärlichen Schatten eines Dornenbusches ziehen wir die Jacken aus, die Sonne brennt immer noch unglaublich heiß. Mützen auf und los geht's. Probehalber drückt Alex nochmal auf den Starterknopf – jetzt dreht sich nicht mal mehr der Anlasser... Das Starter-Relais klickt nur noch.

Gepäck runter, Koffer ab (dank der „tollen" improvisierten Konstruktion müssen dazu einige

Schrauben gelöst werden), Sitzbank runter. Tja, Alex meint, beim letzten Mal half es schon, die CDIs aus- und wieder einzustecken und ein bisschen an den Kabeln zu wackeln. Hier dreht sich aber gar nichts mehr, also bauen wir zunächst die Batterie aus. Alex hat ein Multimeter dabei. Batterie Honda: 11,3 Volt – Batterie Yamaha: 13,1 Volt. Ich baue schnell meine Batterie aus (Extra-Lob an Yamaha für den schnellen Zugriff und den leichten Ausbau) und klemme sie an die Honda. Wir tauschen noch die beiden CDIs der Honda untereinander aus (wahrscheinlich bringt das nichts) und drücken den Starterknopf. Die Honda springt sofort an und läuft rund.

Wird die Batterie nicht geladen, weil der Regler kaputt ist? Ist die Karre deshalb verreckt? Ist wirklich eine CDI defekt oder ist es vielleicht doch nur ein Kabelbruch? Warum ist es so heiß? Und sollte sich Alex vielleicht besser eine Yamaha kaufen?

Zum Glück müssen wir die Honda nicht die Böschung hochschieben, Alex fährt nach oben und parkt am Straßenrand. Wir bauen alles wieder zusammen, ich bekomme meine Batterie wieder und schiebe Alex an. Dazu fahre ich seitlich versetzt hinter ihn, strecke mein rechtes Bein aus, lege meinen Fuß an seinen Seitenkoffer und fahre langsam los, schiebe ihn so an. So schnell wie sich das hier liest, ging es natürlich nicht. Bestimmt eine Stunde lang haben wir bei 40 Grad im Schatten geschraubt und geschwitzt. Die restlichen Kilometer bis zum Nationalpark spulen wir zügig ab.

Mitten in der trostlosen und staubtrockenen Pampa steht ein modernes Ranger-Häuschen und ich denke mir: Das muss einer der langweiligsten Jobs Argentiniens sein, hier zu sitzen und auf ein paar wenige Touristen zu warten. Wir kaufen ein Ticket und fahren auf einer staubigen Piste zum Campingplatz. Es sind immer noch fast 40 Grad, endlich raus aus den Klamotten! Zelt aufbauen? Auf keinen Fall bei der Hitze. Wir sind die einzigen Gäste im Park und beschließen, unter freiem Himmel auf den Picknicktischen zu schlafen. Später. Auf dem Campingplatz stehen Sitzgruppen mit Tischen und eine lange Tafel, die überdacht ist – wahrscheinlich für Busgruppen. An einer kleinen Hütte schlägt der Wind ständig die Tür auf und zu, wir gehen hin und finden, was der einsame Ranger hier draußen so braucht: einen alten Taschenrechner, alte Zettel und Papiere – und ausgerissene Seiten eines Männermagazins. Wir lassen sie liegen. Ehrlich.

Im Park soll es einige sehr schöne Felsformationen geben, und einige Aussichtspunkte befinden sich nur paar Minuten entfernt. Vor uns breitet sich ein gewaltiges Tal aus, eingefasst von rotem Fels, wieder einmal sieht es aus wie in Australien. Oder wie in Utah oder Arizona. Auf dem trockenen Sandboden nichts als flache Büsche und kleine Bäume, weit entfernt gegenüber von uns steht eine flache Bergkette. Wir machen Fotos und folgen dem schmalen, mit Steinen begrenzten Wanderweg zu einem anderen Aussichtspunkt. Noch immer ist es drückend heiß, es wird Zeit, dass die Sonne endlich untergeht.

Mehr als eine Stunde starren wir in den Himmel, beobachten die Sterne, Satelliten und Sternschnuppen. Alex wünscht sich wahrscheinlich eine neue CDI für sein Motorrad. Wir breiten uns auf den Tischen aus, ich versuche zunächst komplett ohne Schlafsack zu schlafen weil es so heiß ist. Über meine Beine lege ich einen Pullover und ein Handtuch. Nachts frischt der Wind stark auf, weht das Handtuch immer wieder weg, bis ich gegen drei Uhr morgens doch noch meinen Schlafsack raushole und von da an endlich gut schlafe. Mücken gibt's hier keine, dafür ist es zu trocken. Aber mir fällt eine Geschichte ein, die ich mal gelesen habe (vielleicht bei

Rüdiger Nehberg), und die wohl keine „Urban Legend“ ist: Jemand hat sich abends in sein Zelt gelegt und es nicht ganz zu gemacht, es blieb ein kleiner Spalt. Irgendwann kam eine Klapperschlange durch die Öffnung, kroch unter das T-Shirt und hat sich auf dem Bauch desjenigen zusammengerollt, weil es dort schön warm war, und ein paar Stunden geruht. Der Arme harrte die ganze Zeit wach und reglos aus, bis die Schlange irgendwann wieder von ihm runter und aus dem Zelt kroch.

Dienstag, 8. Januar

Nur 120 Kilometer bis San Luis stehen heute auf dem Programm, keine große Sache. Wir biegen gerade auf die Landstraße ein, als die Honda wieder verreckt. Vielleicht geht's ja doch mit anschieben. Ich fahre auf halbe Höhe an Alex heran, setze meinen rechten Fuß an seinen linken Seitenkoffer und schiebe ihn fahrend an. Zum Glück springt die Honda gleich wieder an und macht seitdem keine Macken mehr. Irgendwann überhole ich Alex, fahre zwei Kilometer vor und strecke die Faust gen Himmel – ich habe die 50.000-Kilometer-Marke mit der Yamaha geknackt! Zumindest auf dem Tacho, auf meiner Tour fehlen mir noch etwa 5000 Kilometer bis zu dieser Marke. Fotostopp, dann weiter.

San Luis gefällt mir auf den ersten Blick überhaupt nicht. Auf den zweiten auch nicht. An einer Tankstelle mit Wi-Fi suchen wir uns ein Hostel und checken dort ein, gehen kurz in die Stadt einkaufen und versuchen am Abend, zwei Pizzen im Ofen zu backen. In Argentinien gibt es fast ausschließlich Gasherde, welche ich persönlich viel besser finde als E-Herde. Heute haben wir nur das Problem, dass wir die Backröhre nicht heizen können. Long story short: Irgendein Argentinier, der anscheinend was mit dem Hostel zu tun hat, versucht bestimmt 20 Minuten lang, den Ofen in Gang zu kriegen. Als wir denken, jetzt läuft's endlich, schieben wir die Pizza rein, nur um sie zehn Minuten später genauso frostig wie zuvor wieder rauszuholen – der Ofen ist wieder ausgegangen. Wir haben die Nase voll, tauen die Pizzen in der Mikrowelle an und „braten" sie in zwei großen Pfannen. Es schmeckt gar nicht mal so schlecht. Wir setzen uns vor den Fernseher, suchen die Dakar-Berichterstattung und staunen, wie die Fahrer ihre Motorräder, Autos, Quads und Trucks durch die Wüste prügeln. Im Hostel sind noch zwei andere Deutsche, Schwaben, die uns allerdings irgendwie unsympathisch sind und wir uns daher kaum mit ihnen unterhalten.

Mittwoch, 9. Januar

Auf dem Frühstückstisch studieren wir die Karte und entscheiden uns für eine offensichtlich sehr kleine Nebenstrecke Richtung Cordoba. Über eine Bergkette, zu einer kleinen Seenplatte; von da aus sind es morgen nur noch 100 Kilometer bis Cordoba. Die Strecke gehört zu den schönsten, die ich bislang in Argentinien gefahren bin. Toll geschwungene Landstraßen, eine Straße führt um einen See herum, über eine Art Staumauer unter der Wasser auf mehreren hundert Metern Breite in einen Fluss läuft. Nur wenige Autos sind hier unterwegs, meist haben wir die Straße für uns. Pause auf einem Hügel. Unter uns sieht es aus wie in Südafrika, fehlen nur noch ein paar Giraffen.

Wir kommen von Westen und wollen nach Osten, zwischen uns und dem Ziel liegt eine Bergkette, da müssen wir rüber. Okay, wir müssen nicht rüber, wir könnten auch einen langen Umweg fahren, den alle Autos nehmen. Aber wir wollen rüber und fragen in Merlo, einem kleinen Ort am Fuß der Berge, nach dem Einstieg in den Weg. Auf guter Asphaltstraße winden wir uns hoch, fahren an Aussichtspunkten vorbei und sehen mehrere

Paraglider am Hang starten. Irgendwann zweigt ein Schotterweg nach links ab, ein Schild weist darauf hin, dass es ab hier besser nur noch mit Pferden weitergeht. Ganz so schlimm ist es nicht, und auf den ersten Kilometern sind sogar noch einige Autos unterwegs. Doch dann wird der Weg interessant, teilweise steil, mit losen Steinen und kurzen Sandpassagen. Nicht ganz einfach, aber auch nicht sehr anspruchsvoll. Solche Strecken fahre ich am liebsten, immer nur Asphalt oder Schotterpisten immer geradeaus sind wirklich langweilig.

Wir sind nicht gerade langsam unterwegs, brauchen aber trotzdem relativ lange für die schätzungsweise 60 Kilometer bis zur Seenplatte. Kurz vor dem Ziel irren wir etwas umher, da hier nur wenige Schilder stehen, finden dann aber den Campingplatz. Als wir die Motoren abstellen, stehen 413 Kilometer auf dem Tageskilometerzähler, es ist kurz nach halb acht. Wir sind den ganzen Tag gefahren, und zwar nicht stupide und schnell Langstrecke geradeaus, sondern ständig konzentriert auf kleinen, oft engen und gewundenen Nebenstraßen, dazu noch das Offroad-Stück, dass mehr Zeit gekostet hat, als wir dachten. Ein anstrengender aber sehr schöner Fahrtag geht zu Ende – wie es sich gehört in einer Bar am Strand mit Bier und Musik.

Donnerstag, 10. Januar

Der heutige Tag ist schnell zusammengefasst: wir haben sieben Stunden lang biertrinkend und lesend am Strand verbracht. Dabei haben wir uns beide einen Sonnenbrand zugezogen, obwohl wir nur eine halbe Stunde direkt in der Sonne und die restliche Zeit mehr oder weniger im Schatten waren.

Freitag, 11. Januar

Mann, was haben wir uns gestern den Pelz verbrannt! Ich komme ohne T-Shirt aus dem Zelt und Alex fragt spaßeshalber, ob ich mein rotes T-Shirt schon anhabe. Er sieht nicht besser aus: Oberschenkel, Rücken, Nacken – einzig seine Glatze blieb verschont, Alex hatte eine Mütze auf. Klagend und fluchend bauen wir unser Zeug ab und zwängen uns in die Motorradklamotten. Der Helm an meiner Stirn, der Rucksack auf der Schulter, die Hose auf dem Oberschenkel: alles brennt. Ich will verdammt sein, wenn wir daraus nichts lernen!

Bis Cordoba sind es nur noch 100 Kilometer, daher suchen wir uns auf der Karte wieder eine kleine Schotterstrecke aus. Sie ist bei weitem nicht so schön wie die Strecke gestern, nach etwa 25 Kilometern treffen wir auf die Hauptstraße und fahren direkt nach Cordoba. Wir checken in einem Hostel ein und bemerken leider zu spät, dass es nicht besonders gut ist. Die Küche ist miserabel ausgestattet: es gibt keine Gläser, kaum Becher, an dem meisten Töpfen und Pfannen fehlen die Griffe oder sind lose. Kein Öl, keine Gewürze. Eine vernünftige Sitzecke gibt's auch nicht. Für zwei Tage wird es gehen. Den Rest des Tages schwitzen wir vor uns hin, es sind hier sicher wieder 35 Grad.

Samstag, 12. Januar

Wir drehen eine Runde durch Cordobas Innenstadt und gehen in jede schäbige Seitenstraße der Einkaufszentren. Wir suchen wieder eine „Wechselstube". Anders als in Mendoza müssen wir ewig suchen, finden schließlich einen Händler, der uns warten lässt und keinen Kurs nennt – wir gehen wieder. Im Hostel fragen wir an der Rezeption, wo sich die meisten Geldwechsler herumtreiben, doch wir haben Glück: Ein junges Mädel fährt heute Abend nach Uruguay und will ihre restlichen Pesos loswerden. Zum Kurs von 6,5 wechseln 200 US-Dollar den Besitzer. Geht doch. Dann weiß ich nur noch, dass ich gegen halb sechs Uhr morgens wieder aus einer Disco gekommen bin.

Sonntag, 13. Januar

In einiger Entfernung steigt zwischen den Bäumen eine gewaltige Staubwolke auf und kommt schnell näher, plötzlich bricht eine bunt beklebte Schrankwand mit Scheinwerferbatterie auf dem Dach aus dem Feldweg. Der Fahrer bleibt anscheinend auf dem Gas, driftet mit seinem Truck vom Schotter auf den Asphalt, zieht eine gewaltige Staubwolke hinter sich her und verschwindend laut röhrend zur nächsten Kurve. Unser erster Kontakt mit der Rallye Dakar ist beeindruckend, weil wir Zuschauer relativ dicht an die Strecke dürfen. Ein Renntruck nach dem anderen kommt angerast und je nach Geschwindigkeit, Fahrkönnen und Mut des Piloten sieht es mal mehr und mal weniger spektakulär aus, wenn sie die Kurve nehmen und die Zuschauer einstauben.

Nach einer halben Stunde haben wir genug von den Trucks und wollen zum nächsten Standort, an dem die Motorräder vorbeikommen. Dafür müssen wir auf der Straße fahren, auf der gerade auch die Trucks ein paar hundert Meter unterwegs sind, bevor sie auf den nächsten Schotterweg einbiegen. Ich frage einen Polizisten, ob das wirklich richtig sei und er meint nur, das passt schon. Na hoffentlich. Tatsächlich fahren Alex und ich kurz mit einem der Trucks während der Wertungsetappe auf der Straße. In den Pausen, in denen kein Lkw zu sehen ist, lassen die Polizisten Privatautos passieren. Weil es dort kaum andere Straßen gibt und die nicht einen Tag lang komplett gesperrt werden können.

Jetzt also Motorräder. Ich weiß nicht, wer von den Organisatoren diesen Platz für Zuschauer ausgesucht hat, aber wahrscheinlich wollte er uns alle ärgern. Relativ hohe Büsche versperren die Sicht auf die Piste, nur an wenigen Stellen kommt man direkt ran. An den wenigen freien Zugängen drängen sich hunderte Zuschauer dicht an dicht. So macht das keinen Spaß. Wir gehen etwas an der Strecke entlang und entdecken eine Gruppe betrunkener argentinischer Jugendliche, die anscheinend ganz lustig drauf sind. Und sie haben einen super Platz direkt an der Piste! Da müssen wir hin. Wir schleichen etwas um sie herum, und es dauert nicht lange und sie rufen und prosten uns zu. In weniger als einer Minute kennen wir alle, haben Fleisch vom Grill in der Hand und in den nächsten zwei Stunden eine gute Zeit mit den Jungs. Es sind übrigens Brüder mit dem ziemlich deutschen Namen „Werner“. Natürlich stehen gerade an unserem Platz ein paar Polizisten, aber die lassen uns in Ruhe und jubeln sogar mit. Die Fahrer brettern keine anderthalb Meter von uns entfernt vorbei, jeder wird lautstark gefeiert, wenn er den Bruchteil einer Sekunde Zeit findet und die Zuschauer grüßt.

Lautstarke Flüche gelten denen, die nicht winken. Die Sonne brennt, es ist sehr heiß und staubig, kein Schatten weit und breit. Selbst auf diesem vermeintlich einfachen Streckenabschnitt fällt das unterschiedliche Fahrkönnen der Rallye-Teilnehmer auf. Rechts von uns in etwa 70 Meter Entfernung mündet eine leichte Kurve auf das gerade Stück, an dem wir stehen. Klar, das sind alles Profis, aber manche fliegen doch deutlich schneller durch die Kurve und gehen noch früher ans Gas als andere.

Noch einmal fahren Alex und ich zu einem anderen Streckenabschnitt und schauen auch dort noch eine Stunde zu. Die Rallye-Autos kommen von rechts auf einem geraden und schnellen Stück, dann gabelt sich die Straße nach links und rechts, genau in der Mitte der Gabelung steht ein Baum, die Piloten sollen scharf rechts abbiegen. Links befindet sich eine mit Flatterband abgesperrte Auslaufzone, in der keine Zuschauer stehen dürfen. Und plötzlich sehen wir die wahrscheinlich schnellsten Polizeibeamten Argentiniens: Einer der Fahrer macht einen Fehler, biegt links statt rechts ab und steuert einen Augenblick lang auf die gesperrte Auslaufzone zu – in der die Cops stehen und fotografieren.

So schnell laufende Polizisten haben die Zuschauer hier noch nie gesehen, denn alle lachen, grölen und freuen sich, dass den Beamten mal ein gehöriger Schreck eingejagt wird. Der Pilot bemerkt seinen Fehler schnell, wendet mit einem gekonnten Manöver und rast in die richtige Richtung davon.

Wir stehen pünktlich an der Strecke, aber wieder dauert es gut eine Stunde, bis die ersten Motorräder vorbeiprügeln. Wobei, nicht jeder Fahrer ist auf diesem Abschnitt schnell unterwegs, hier sind die Unterschiede noch deutlicher zu erkennen als gestern. Vor uns liegt ein Teilstück mit sehr weichem Sand, groben Buckeln und Hügeln, dazwischen überall Büsche. Die Piloten kommen von einem schnellen Abschnitt von links, manche werden kaum langsamer als sie in den Sand fahren, lassen scheinbar das Gas offen und fliegen förmlich über die Hügel. Andere werden deutlich langsamer, nehmen jeden Buckel einzeln, straucheln und manche von ihnen stürzen sogar.

Ein Fahrer kippt mit seinem Bike etwa 20 Meter von der Streckenabsperrung entfernt um und versucht verzweifelt, es wieder aufzurichten. Er schafft es nicht und schreit Richtung Zuschauer um Hilfe. Ich sehe einen Polizisten fragend an, aber der schüttelt nur mit dem Kopf: Es darf niemand auf die Strecke. Eigentlich verständlich, denn tatsächlich fahren ständig andere Piloten vorbei und da machen sich Zuschauer auf der Rennstrecke etwas schlecht. Der Fahrer versucht es immer wieder, erfolglos. Er schreit noch lauter und nun schlüpft ein Junge unter der Absperrung hindurch, rennt zu ihm, gefolgt von drei Erwachsenen. Gemeinsam zerren sie das Motorrad aus dem Sand und bringen den Fahrer wieder auf Kurs.

Auch heute ist es unglaublich heiß, die Polizisten wechseln sich alle halbe Stunde ab mit dem Dienst an der Strecke. Die Kollegen dürfen solange im Schatten abkühlen. Als Alex und ich durchgebraten sind und wir los wollen, springt seine Africa Twin natürlich mal wieder nicht an. Zum Glück gibt's hier genügend willige Helfer, die die Honda gerne den kleinen Hügel zur Straße hochschieben.

Auf dem Weg nach La Rioja fahren wir mit den Profis gemeinsam auf der Straße. Nach den harten Wertungsetappen stehen jeden Tag noch Überführungsetappen zum nächsten Biwak an, teilweise mehrere hundert Kilometer auf normalen Straßen. Die Piloten fahren vergleichsweise langsam, zwischen 100 und 130 km/h; Alex und ich vermuten, dass es während der Überführungsetappen eine Mindestzeit gibt, die die Fahrer einhalten müssen, damit sie auf den öffentlichen Straßen nicht zu schnell fahren. Ein Fahrer nähert sich mir von hinten, ich halte meine GoPro zur Seite raus und er kommt so nah heran, dass ich ihn anfassen könnte. Alex fährt hinter mir und meint später, der Pilot hätte fast an meinem Koffer gelehnt.

Rechts und links der Straße stehen und sitzen tausende Fans, die jedem zuwinken und auch uns ständig fotografieren, weil sie denken, wir würden die Rallye Dakar mitfahren. Dass wir doch etwas anders aussehen und mit Koffern und Gepäckrolle unterwegs sind, scheint sie nicht zu stören. Wir winken immer zurück und schauen in freundliche, lachende Gesichter. An der nächsten Tankstelle fliegt der Schwindel natürlich auf, obwohl uns auch dort Fans umringen und fotografieren. Hunderte Argentinier belagern die echten Rallye-Fahrer, die erschöpft und hungrig dort ankommen, tanken, etwas essen und dann noch einmal 100 Kilometer bis zum Biwak vor sich haben.

Ich spreche einen kleinen Spanier an, der kaum größer als die Front seines Motorrades hoch ist, und möchte ein paar Daten wissen. 30 Liter Sprit schwappen in den Tanks, unter dem Motorschutz befinden sich zwei Liter Trinkwasser als Notration in einem Extra-Tank, rennfertig wiegt sein Motorrad rund 200 Kilogramm, was ich relativ schwer finde. Wir fahren weiter durch die Hitze, vor uns ein Begleit-Truck irgendeines Teams. Plötzlich ein lauter Knall, schwarze Gummistücke fliegen mir entgegen, Staub wirbelt vom rechten Fahrbahnrand auf.

Ich bremse stark ab und lenke gleichzeitig nach links auf die Gegenfahrbahn. Das Team wird wohl die nächste Stunde damit beschäftigt sein, in der Bullenhitze ihren geplatzten Reifen an der Hinterachse zu wechseln. Das hätte auch ins Auge gehen können, denn ein LKW-Reifen wiegt locker 100 Kilogramm – und wenn einen dann ein größeres Gummistück mit Stahldrähten erwischt... Je weiter wir uns La Rioja nähern, desto mehr Fans stehen an der Strecke. In der Stadt selbst sind die Straßen gesäumt mit Zuschauern und ich wäre reich, wenn ich einen Euro für jedes Foto bekommen würde, dass sie von mir machen.

Ich fahre vor, doch plötzlich sehe ich Alex nicht mehr im Spiegel. Am nächsten Kreisverkehr halte ich und warte, doch er kommt nicht. Wieder ist seine Karre verreckt, und diesmal geht wirklich gar nichts mehr. Selbst Anschieben hilft nicht. Mittlerweile hat sich eine Menschentraube um uns versammelt, jeder gibt schlaue Kommentare ab und nun wird es uns zu bunt. Jetzt kommen zum ersten Mal meine Spanngurte zum Einsatz. Angeblich sind es bis zum Biwak nur noch vier Kilometer, das kurze Stück will ich Alex abschleppen. Eine Schlaufe um meinen Kofferträger, einen um Alex' Sturzbügel, Warnblinker an, Tempo 50 ganz rechts – klappt ziemlich gut.

Wie wir da so langzuckeln werden wir genauso gefeiert, wie die Rallye-Fahrer. Alex sagt später, ein Fahrer vom Honda-Werksteam hat beim Überholen mit den Schultern gezuckt als wolle er sagen: „Sowas kommt halt vor!". Völlig fertig kommen wir am Biwak an. Komplett durchgeschwitzt, hungrig, durstig, lustlos. In das abgesperrte Gelände kommt außer den Mitgliedern der Dakar-Teams niemand rein, wir fragen zwar am Eingang, aber da ist leider nichts zu machen. Es sei denn, wir würden jemanden drinnen kennen.

Direkt gegenüber ist ein Campingplatz, dort stellen wir die Bikes ab und gehen noch einmal zur Straße und zum Biwakplatz. Immer noch kommen Nachzügler an. Plötzlich sehe ich einen Team-BMW mit deutschem Kennzeichen, Alex und ich stoppen ihn und unterhalten uns etwas mit den jungen Fahrern. Das X-Raid-Team ist mit rund 100 Personen vor Ort – ein gewaltiger logistischer Aufwand. Ob sie uns nicht mal kurz mit reinnehmen können? Nix da. In Peru wurde wohl aus dem Camp einiges geklaut, weil irgendjemand irgendwelche Leute mitgebracht hat. Seitdem gibt es strengere Kontrollen. Vor dem Tor wimmelt es immer noch von Fans und sie fragen uns oft, ob wir auch Dakar-Fahrer seien.

Schließlich sehen wir ein bisschen so aus: Alex mit Stiefeln, dreckiger Motorradhose, dreckigem löchrigen T-Shirt, Halstuch und Basecap; ich sehe nicht viel besser aus, beide haben wir lange Bärte. Ein junges Mädel fragt, ob wir sie mit ins Camp nehmen können. Würden wir gerne machen, nur leider kommen wir selbst nicht rein. Als spanisch sprechender europäischer Single, der aussieht wie ein Dakar-Fahrer, hätte man heute vermutlich gute Chancen, nicht allein ins Zelt gehen zu müssen. Später, als es schon dunkel ist, sagt Alex spaßeshalber, ich könnte an der Yamaha die Koffer abmachen und einfach auf ein anderes Tor zufahren und würde wahrscheinlich sofort durch gewunken. Einen Dakar-Aufkleber habe ich schließlich schon an der Scheibe. Es ist immer noch heiß, wir sind völlig lustlos, wollen kein Zelt aufbauen und sitzen einfach nur auf einer Bank und trinken alkoholfreies Bier, das Alex aus Versehen gekauft hat.

Der Zeltplatz steht offen für jedermann und das ist ein wenig lästig, denn ständig kommen Leute und wollen Fotos von uns und den Bikes machen. Wenn die wüssten. Wir sagen schon immer, dass wir nur Touristen sind und keine Rally-Fahrer, manchmal ziehen kleine Jungs dann schnell die Mützen zurück, auf denen wir gerade noch unterschreiben sollten. Je später, desto anstrengender. Einige Leute verstehen nicht, dass wir sie nicht immer verstehen. Wenn sie zehnmal exakt den gleichen Satz sagen und wir immer achselzuckend den Kopf schütteln, wird es auch nicht besser.

Neben uns steht ein kleines Privatteam des Argentiniers Sergio Petrone. Ein Motorrad, zwei Begleitautos mit Anhänger. Unfall. Motorrad kaputt. Dakar beendet.

Alex' Honda springt schon wieder beziehungsweise immer noch nicht an. Wir tauschen wieder die Batterien, dann geht's. Jetzt wollen wir endlich genau wissen, was das Problem ist. Alex fragt beim Team unseres Nachbarn, ob sich der Renn-Mechaniker nicht mal seine 23 Jahre alte Honda ansehen kann. Der Mechaniker zieht ein paar Stecker auseinander, misst hier und da und bestätigt dann unseren Verdacht: der Regler ist kaputt. Das hatten wir schon vermutet, aber weder ich noch Alex haben gewusst, wo wir genau hätten messen sollen.

Die Dakar macht in den nächsten Tagen einen großen Schlenker nach Norden, um dann in ein paar Tagen wieder in Chile nach Süden zu fahren. Wir nehmen eine

Abkürzung und wollen direkt nach Westen über einen Anden-Pass, um dann in La Serena wieder auf die Fahrer zu warten. Am Abend suchen wir einen kostenlosen Campingplatz, werden jedoch um kurz vor fünf Uhr in der Früh von halbstarken Jugendlichen geweckt, die meinen, 50 Meter neben uns lautstark eine Stehparty feiern zu müssen – natürlich mit voll aufgedrehter Musik aus dem Auto. Nachts hat es geregnet, der Boden ist am nächsten Morgen schlammig und weich. Die Zelte sind von unten saudreckig, wir müssen sie trotzdem einpacken.

Wir sind noch keine fünf Kilometer unterwegs, da müssen wir schon wieder unfreiwillig anhalten. Nein, diesmal ist nicht Alex' Africa Twin Schuld. Vor uns eine Autoschlange, wir halten und fragen die Frau vor uns, was los ist. So genau weiß sie das auch nicht, aber die Straße sei gesperrt, angeblich noch bis Mittag. Jetzt ist es neun Uhr morgens. Wir haben keine Wahl und warten. Einer der Polizisten erzählt uns etwas später, dass es weiter oben auf der Strecke drei Erdrutsche gegeben hat und die Piste erst umständlich geräumt werden muss. Er bestätigt, dass es Mittag weitergeht. Eventuell.

Kurz nach zwölf Uhr: es geht weiter! Nach wenigen Kilometern endet der Asphalt und wieder einmal beginnt eine schlimme Piste. Aufgeweicht, matschig, rutschig und nicht ungefährlich. Ein Bauarbeiter steht auf der Piste und schwenkt Fahnen, 20 Meter weiter hinten steht eine große Planierraupe und schiebt Geröllmassen von der Fahrbahn nach rechts einen Abhang hinunter. Von oben läuft ständig Geröll nach, es dauert eine Weile, bis die Fahrspur geräumt ist. Unsere Hinterreifen sind schon mächtig abgefahren, wir haben beide kein richtiges Vertrauen mehr und tasten uns vorsichtig nach oben, die Lampe der Traktionskontrolle flackert oft. Wir schrauben uns immer weiter zum 4.778 Meter hohen Agua-Negra-Pass hinauf, und zum Glück lassen wir bald die Wolken hinter uns, die Piste trocknet ab und wird etwas glatter. Jetzt können wir es laufen lassen und sind fast dreistellig unterwegs.

Endlich an der Grenze. Natürlich habe ich nichts Verbotenes dabei und mache auf dem Formular mein Kreuzchen bei „No". Wie Alex muss auch ich meinen Seitenkoffer öffnen, der Beamte wühlt darin rum und holt plötzlich einen Beutel mit zwei Avocados raus. Verdammt, die hatten wir ja auch noch! Ich beteuere, dass ich sie vergessen hätte und muss das Formular nochmal neu ausfüllen und diesmal „Si" ankreuzen, dann darf ich weiter. Ohne Avocados. Denn natürlich darf ich sie nicht behalten, und bei einem chilenischen Zöllner gibt es zum Abendessen wahrscheinlich Brot mit Avocadocreme.

In La Serena an der Küste steuern wir einen Supermarkt an und wie überall werden wir und die Bikes ständig fotografiert. Warum auch nicht. Die Leute kommen und fragen, ob sie sich daneben stellen dürfen (klar) oder sich vielleicht mal raufsetzen können (nur, wenn die Frauen gut aussehen). Ein Deutscher Tourist geht mit seinem kleinen Jungen vorbei und sagt zu ihm: „Siehst du, die sehen auch aus, als wären sie gerade durch die Wüste gefahren.“ Er hat nicht gesehen, dass wir aus Deutschland kommen und ich sage: „Sind wir ja auch! Naja, fast...“ Wir erzählen etwas, machen Fotos und suchen uns dann ein günstiges Hostel in der Nähe. Feierabend. 430 Kilometer mehr auf dem Tacho.

Wir fahren zum Dakar-Biwak, das einige Kilometer außerhalb der Stadt liegt. Wahnsinn, wie viele Besucher hier schon rumlaufen! Der staubige Parkplatz steht voll mit Autos, an den Zäunen zum Biwak drängen sich Schaulustige. Wir stellen uns dazu, sehen uns um, machen Fotos und warten auf die ersten Ankömmlinge der Rallye.

Von Anfang an wollten Alex und ich jeweils ein Dakar-T-Shirt kaufen, haben aber bislang keines gefunden. Hier laufen überall fliegende Händler rum, die Shirts, Fahnen, Aufkleber und andere Dakar-Souvenirs verkaufen. Ich kaufe zwei Aufkleber, aber zunächst kein Shirt, da die Qualität doch eher bescheiden ist. Später finden wir den „offiziellen“ Stand. Leider gibt's mein gewünschtes T-Shirt nicht mehr in M, sondern nur noch in L (hängt wie ein Sack) oder S (ziemlich körperbetont). Naja, S muss gehen. Ein paar Stunden sehen wir uns das Schauspiel an, Alex schreibt auf die Rückseite einer Zahnpasta-Pappschachtel „Vendo – 3.500 $“, und klebt das Schild an seine Africa Twin. Leider will niemand das Bike kaufen. Zum nächsten Besucherpunkt für den nächsten Tag in Peñablanca sind es nur rund 140 Kilometer. In der Stadt winken uns die Menschen wieder zu, wir werden fotografiert und angehupt, ernten viele „Daumen hoch“-Zeichen.

Alex zeigt plötzlich „Rechts ran!“, wir halten und er meint, seine Vorderbremse sei plötzlich irgendwie „zugegangen“, genau könne er nicht sagen, was los ist. Aufbocken, Rad drehen, scheint wieder zu gehen. Also weiterfahren und beobachten. Er beobachtet und fühlt etwa 70 Kilometer, bis auf der Autobahn plötzlich wirklich nichts mehr geht. Die Bremsscheibe ist extrem heiß – der Kolben vom Bremssattel wird fest sein. Uns bleibt nichts anderes übrig, als den Sattel abzubauen, versuchen ihn zu reinigen und einigermaßen gängig zu machen. Bei der Gelegenheit schlägt sich Alex zweimal die Hand blutig. Sattel ab, Beläge raus und schon sehen wir den Dreck: die Kolben des Bremssattels sind ziemlich keimig. Ich opfere meine zweite Zahnbürste, Alex spült mit Wasser den Dreck weg und putzt so gut es eben geht. Sprühöl, Wasserpumpenzange, viel hilft die Operation nicht, aber wir können die Kolben mit einigem Kraftaufwand wieder zurückdrücken. Da muss demnächst dringend was gemacht werden, aber für heute können wir wohl erst einmal weiterfahren. Die Sonne geht langsam unter, wir haben noch 50 Kilometer vor uns bis Peñablanca.

Es wird neblig und kalt, richtig ungemütlich. Ich fahre vor, weil Alex sein Licht lieber auslässt – die Batterie wird ja nicht richtig geladen. Ins Navi habe ich die Koordinaten eingegeben, die im offiziellen Dakar-pdf standen. Nur: An der Stelle, wo der Weg sein sollte, ist nichts.

Ich habe zehn Kilometer vorher ein Schild gesehen mit einem Ortsnamen, der mir bekannt vorkam. Also zehn Kilometer zurück und abbiegen auf einen staubigen Feldweg. Stimmt das? Wir fragen eine Familie, die im alten Pickup vorbeirumpelt. Ja, immer weiter da lang und dann würden wir schon ankommen. Na dann los. Ich fahre links und leuchte den Weg für Alex mit aus, die Piste ist jedoch grob und schlecht, sodass er lieber doch mehr Abstand hält und sein eigenes Licht anschaltet – keine Probleme.

Zehn Kilometer später erreichen wir die Zuschauerzone. Etwa zwanzig Autos stehen schon auf dem Acker auf einem kleinen Hügel, Zelte werden aufgebaut, über den Lagerfeuern liegen Roste, darauf

Fleisch. Wir suchen uns ein ebenes Plätzchen und bauen unser Zeug auf. Gleich neben uns steht auch eine XT1200Z Super Ténéré, eine der wenigen, die ich bislang hier unten gesehen habe. Eigentlich komisch, denn Mick aus Santiago hat gesagt, dass eine BMW R1200GS hier unten 8.000 Dollar teurer ist als die Yamaha XT1200Z – aber nicht besser. Und trotzdem sieht man sie öfter. Statt einer neuen GS wird Mick sich dieses Jahr für seinen Verleih vermutlich eine Super Ténéré kaufen.

Als unsere Zelte stehen, kommt ein Junge mit zwei Tassen heißer Suppe, sein Vater hat ihn geschickt. Wir revanchieren uns mit Weintrauben, die wir heute Nachmittag unterwegs am Straßenrand von einem Weingut gemopst haben. Alex geht später noch rüber und wird mit Steaks vom Grill gefüttert, ich bin müde und lege mich schlafen.

Um 7.30 Uhr sollen hier die Motoren brüllen, also schälen wir uns gegen sieben Uhr aus den Schlafsäcken. Ein Blick nach oben: tief hängende Wolken, alles grau. Wir warten eine halbe Stunde, eine Stunde, anderthalb Stunden und immer noch kommt kein Rallye-Ass vorbeigeprescht. Von irgendjemandem hören wir, dass

die Rettungs- und TV-Hubschrauber wegen der niedrigen Wolken heute Morgen nicht starten durften. Ein Raunen geht durch die Reihen, eine Staubfahne kommt schnell näher. Endlich! Der erste Motorradfahrer kommt angebrettert, nimmt driftend eine leichte Linkskurve, die folgende Rechts auf den Hügel – und wird ganz plötzlich langsamer, tuckert geradezu an uns vorbei. Die Chilenen verstehen die Welt nicht mehr, zumal der Fahrer ein Chilene ist, die Copec-Aufkleber der staatlichen Mineralölgesellschaft verraten es. Bestimmt einen halben Kilometer zuckelt er weiter, bevor er das Gas aufreißt und die Chilenen wieder lautstark jubeln. Beim nächsten Fahrer das gleiche Schauspiel und jetzt wird uns bewusst, dass hier eine Zone mit Geschwindigkeitsbegrenzung liegt. Vielleicht, damit die Fahrer nicht auf dem unmittelbar neben der Piste liegenden Friedhof landen.

Es ist wirklich beeindruckend, wie die Piloten angefeuert kommen, je nach Fahrkönnen die Kurven mal mehr oder weniger schnell nehmen. Tolle Drifts, viel Staub, Fanjubel – und das unmittelbar neben der Piste. Anders als gestern ist die Fläche hier ziemlich groß und es gibt nur wenige Polizisten, die nicht alles kontrollieren können. Man kommt wirklich verdammt dicht ran! Viele Motorradpiloten sind durch, nun kommen die Quads. Alex und ich sind uns einig, dass Quads ziemlich unspektakulär sind. Quadfahrer mögen uns verzeihen, aber die Zwischendinger aus Auto und Motorrad lassen uns kalt und liefern bei weitem keine so gute Show ab wie die Autos. Diese kommen subjektiv am Schnellsten hinter dem Hügel vor, ziehen gewaltige Staubfahnen hinter sich her, driften am schönsten durch die Kurven und klingen je nach Modell am aggressivsten. Toll! Sogar die Renn-Trucks sind interessanter als Quads. Wenn gerade kein PS-Monster in Sichtweite ist, dürfen die Zuschauer die Piste queren und somit von unterschiedlichen Positionen aus Fotos machen. Viel besser als letztens, wo wir lediglich zwei schlechte Plätze zur Verfügung hatten.

Irgendwann haben wir genug gesehen und brechen auf, diesmal durch die Prärie zur nächsten Autobahnauffahrt, denn die Piste, auf der wir gestern Abend gekommen sind, gehört heute zur Rallyestrecke. Was folgt, sind mehr als 300 langweilige Kilometer auf der Panamericana. Kurz vor Valparaiso suchen wir einen Campingplatz.

Alex und ich fahren von Valparaiso die 100 Kilometer nach Santiago und irren etwas umher, weil in der Innenstadt viele Straßen gesperrt sind – heute endete hier die Rallye Dakar. Das Hostel, in dem ich beim letzten Besuch untergekommen bin, ist voll. Ein paar hundert Meter weiter finden wir doch noch eins, wo wir die Motorräder sicher auf dem Hof unterstellen.

Nach 500 Kilometern fast ohne Vorderbremse ist Alex froh, hier einen Honda-Händler gefunden zu haben. Gleich morgens fährt er zu ihm, ich gammle noch etwas im Hostel herum. Bei Mick von www.ride-chile.com möchte ich heute meine Reifen wechseln, bevor es dann endlich nach Ushuaia geht. Gegen Mittag bin ich da, kurz nach mir kommt auch Alex an und zusammen machen wir uns ans Werk. Mick hat zwar 19 Motorräder in seinem Fuhrpark, aber keine Reifenmontiermaschine. Das heißt, wir müssen auf die klassische Art arbeiten – mit Montiereisen. Räder raus und los geht's. Alex und ich haben beide noch keinen Reifen mit Montierhebeln gewechselt, und die Sache erweist sich zunächst als schwieriger, als wir dachten. Mit vereinten Kräften und viel Seifenwasser kriegen wir die Schlappen letztendlich von den Felgen und die neuen Reifen rauf. Dabei komme ich zu der Erkenntnis, dass es mitten in der Pampa ohne drei große Montierhebel fast unmöglich sein dürfte, den Reifen selber zu wechseln. Wir hatten bei Mick drei 38-

Zentimeter-Hebel zur Verfügung und hatten selbst damit einige Mühe. Alex hat in seinem Bordwerkzeug lediglich einen 25er und noch zwei kleinere – und das soll klappen? Naja, ich habe gleich gar keine Montiereisen mitgenommen und würde mich im Notfall mit dem ausgebauten Rad zur nächsten Reifenbude mitnehmen lassen.

Die Africa Twin von Alex hat Schläuche drin und beim ersten Versuch, den Reifen zu montieren, bohren wir auch gleich zwei kleine Löcher in den Schlauch. Obwohl wir vorsichtig waren. Er hat einen Ersatzschlauch mit und beim zweiten Versuch sind wir noch vorsichtiger, alles geht gut. Dann quatschen wir uns noch bei Mick fest und kommen erst spät abends zurück ins Hostel.

Mit Windstärke 11 ans Ziel

Dienstag, 22. Januar

Heute trennen sich wieder unserer Wege, ich mache mich auf gen Süden, Alex wartet auf einen Bekannten aus Deutschland, der bald in Santiago ankommt. Anschließend fahren die beiden zwei Wochen gemeinsam – Alex wird sozusagen durchgereicht. Wie schon beim letzten Mal, als wir zusammen gefahren sind, waren wir auch diesmal wieder ein gutes Team. Ähnliche Interessen, immer etwas zu erzählen und zu lachen, spontan, immer für eine Offroad-Strecke zu haben und finanziell ähnlich aufgestellt – heißt: Campen bevorzugt. Alex ist 14 Jahre älter und hat dementsprechend mehr Motorrad- und Offroad-Erfahrung. Trotzdem war ich nie langsamer als er und habe selbst auf Strecken gut mitgehalten, für die andere Motorradreisende, die wir unterwegs getroffen haben, garantiert doppelt so lange gebraucht hätten.

Von Santiago nach Puerto Montt im Süden verläuft eine vierspurige, relativ wenig befahrene, gut ausgebaute Autobahn mit Tempolimit 110. Also 130. Ich habe kein richtiges Ziel, würde es jedoch schon gerne bis Puerto Montt schaffen. Elf Stunden, zwei Pausen und einige Tankstopps später bin ich da – und zum ersten Mal während der Tour ist der Tageskilometerzähler vierstellig geworden. 1050 Kilometer. Trotzdem fühle ich mich gut, hätte zur Not sogar noch weiter fahren können. Auf der XT1200Z hält man es also bequem auch mehr als 1000 Kilometer am Stück aus. Vor ein paar Wochen habe ich Ekki noch für verrückt erklärt, als er in einem Rutsch von hier nach Santiago gefahren ist.

Es ist aber definitiv machbar. Und anders als Ekki hatte ich Glück mit dem Wetter: Sonnenschein und zwischen 23 und 27 Grad, so macht Motorradfahren Spaß, sei es auch nur auf der Autobahn. Zwar gibt es hier viele Hostels, die meisten sehen jedoch ziemlich schäbig aus. Egal, ich suche mir was mit Parkplatz im Hof und gehe noch zum Supermarkt – der vor meiner Nase schließt.

Mittwoch, 23. Januar

Kurz nach neun Uhr morgens, ich schlafe noch, steht die Hostelbesitzerin im Zimmer und fragt, wann ich auschecke. Als wenn die Gäste ihrer Bruchbude hier die Türen einrennen. Nachdem ich gestern so viel gefahren bin, möchte ich mir heute in Ruhe Puerto Montt ansehen und suche mir ein anderes, schöneres Hostel. Hätte ich gestern schon mal einen Blick in den Lonely Planet geworfen, wäre ich gleich hierhin gefahren. Im selben Moment wie ich checkt ein Mädel ein, dessen Fahrrad nach langer Tour aussieht. Zumindest was das Gepäck angeht, denn das Rad selbst ist nagelneu. Quinnen (ja, das ist ihr Name) ist seit ein paar Monaten in Südamerika unterwegs und hat sich erst vor einigen Tagen in Santiago das Rad gekauft. Sie will damit nach Ushuaia fahren. Zeit von der Idee bis zum Fahrradkauf: drei Tage. Das nenne ich mal spontan! Zuhause in den USA fährt sie viel Rennrad, weiß also, was auf sie zukommt. Ich würde nicht 3500 Kilometer mit dem Fahrrad und Gepäck bei teils extremen Wetterverhältnissen nach Ushuaia fahren wollen. (Update: Sie auch nicht mehr, zumindest nicht bis ganz unten).

Wir gehen in die Stadt und hier bestätigt sich mein erster Eindruck von gestern Abend, als ich ein paar Runden mit dem Motorrad gedreht habe, um ein Hostel zu finden. Puerto Montt ist eine typische Hafenstadt. Schon ziemlich heruntergekommen, an den meisten Holzhäusern blättert die Farbe ab, in vielen Ecken liegt Dreck, viele Straßenhunde streunen umher. Aber es gibt auch schöne Ecken, eine erinnert mich an Norwegen. Viele Holzhäuser stehen dicht beieinander, davor sitzen Frauen, die Meeresfrüchte verkaufen. Geräucherte Muscheln sind auf Stricke gezogen und baumeln bündelweise von den Dächern. Ich liebe Muscheln, zumindest aus der Dose. Quinnen würde auch welche probieren, also kaufen wir ein Bündel für umgerechnet zwei Dollar. Sie schmecken nicht schlecht, sind aber recht trocken und etwas zäh; ich bleibe bei Dosenmuscheln. Vor vielen Hütten liegen große Pakete aus dickem, gefaltetem Kelp, so etwas wie Algen. Frischer Fisch liegt auf Eis, in jeder zweiten Hütte steht eine Frau und kocht. An Souvenirständen gibt's den gleichen Kram wie überall.

Nach einigen Stunden gehen wir zurück zum Hostel und fragen unterwegs noch im Fährbüro, ob wir für unsere geplante Route reservieren müssen oder gleich Tickets kaufen können. Wir zeigen der jungen Frau hinter dem Schalter auf einer Karte hinter ihr genau, wo wir lang möchten. Aber angeblich würde die nächste Fähre erst in fünf Tagen fahren! Das kann nicht sein. Minutenlang diskutieren wir, und fast hätten wir schon ein anderes, viel teureres Ticket für eine ähnliche Route gekauft. Doch Quinnen und mir kam die Sache komisch vor. Und wir lagen richtig. Zurück im Hostel fragen wir die alte aber fitte Besitzerin, die sich dann furchtbar darüber aufregt, dass die Schnalle vom Fährbüro uns übers Ohr hauen wollte. Die Fähren auf unserer Route fahren täglich, wir brauchen keine Reservierung und könnten direkt zum Fähranleger fahren. Die Dame hat einfach versucht, uns eine andere, teurere Route anzudrehen.

Auf dem kleinen Hof stehen nun zwei weitere Fahrräder, Vivian und Ally aus den USA wollen eventuell auch die Carretera Austral fahren. Vivien hat heute Geburtstag und spendiert Torte. Wir sitzen lange im Garten, erzählen und planen unsere weiteren Routen.

Donnerstag, 24. Januar

Heute hatte ich nach langer Zeit mal wieder etwas Pech. Ich möchte die Carretera Austral befahren, eine 1250 Kilometer lange Schotterstrecke gen Süden. Im nördlichen Teil der Carretera ist man auf drei Fähren angewiesen, die die fehlenden Straßenstücke überbrücken. Diese Fähren sollen zeitlich so abgestimmt sein, dass man von einer runterfährt, ein kurzes Stück Piste nimmt und dann pünktlich die nächste erreicht. Gegen neun Uhr fahre ich los und bin knapp 50 Kilometer später an der ersten Fähre. Zehn Minuten warten, dann rauf. Auf der anderen Seite geht die Schotter-/Buckel-/Waschbrettpiste weiter. Zum ersten Mal während meiner Reise wünsche ich mir, dass es während der Fahrt regnet, denn die Autos vor mir wirbeln unglaublich viel Staub auf. Ich halte reichlich Abstand, aber von hinten drängen die nächsten Autos. LKW und Busse ziehen gewaltige Staubfahnen hinter sich her, nach einer Weile bin ich grau, muss immer wieder Staub vom Visier wischen. Die Strecke lässt sich relativ gut fahren, aber für die Yamaha wird es wieder einmal hart. An den Gabelrohren erkenne ich später, dass sie unterwegs mal fast komplett eingefedert waren, das passiert sonst nicht oft.

Zurück zum Pech. Ich bin zügig unterwegs und erreiche das Dorf Hornopiren, von dem 12.30 Uhr die nächste Fähre fahren soll. 20 nach zwölf fahre ich zum Anleger, was fehlt, ist die Fähre. Tja, die fährt immer um zwölf, die nächste geht dann morgen wieder, erfahre ich im Büro der Fährgesellschaft. Scheiße! Von wegen, die drei Fähren sind so getaktet, dass man alle nacheinander erreicht! Ich bin mir sicher, dass die Leute aus Hornopiren durchgesetzt haben, dass die Fähre eine halbe Stunde früher ablegt. So kann man sie nämlich unmöglich erreichen und die Touristen sind gezwungen, in ihrem Kaff einen Tag lang festzuhängen und Geld zu lassen. Ich suche mir einen schönen Campingplatz und schreibe den Rest des Tages den Blog nach.

Freitag, 25. Januar

Gemeinsam mit vielen Autofahrern stehe ich morgens am Fähranleger und hoffe, dass ich mit darf. Denn das ist keineswegs sicher. Ich verstehe aber das System nicht, wonach entschieden wird, wer auf die Fähre darf und wer nicht. Gut eine Stunde stehe ich rum und beobachte das Schauspiel. Jemand der Crew sammelt irgendwelche Quittungen ein, die ersten Autofahrer dürfen auf die Fähre, die sich nach und nach füllt. Viel Platz ist nicht, vielleicht 20 Autos passen rauf.

Einige Leute haben Plastiknummern in der Hand und nachdem die Leute mit den Quittungen schon auf der Fähre sind, wird anscheinend Lotto gespielt. Ich habe kein Plastikkärtchen und frage den Mann von der Crew, ob noch Platz für ein Motorrad sei. Das kann er noch nicht sagen, kommt drauf an, wie groß die folgenden Autos sind. Long Story short: Kurz vor Abfahrt der Fähre werde ich als letzter aufgerufen und passe noch gerade so rauf. Die Fährfahrt ist schön, aber nicht besonders spektakulär. Wir schippern halt durch einen Fjord, rechts und links sind bewaldete Hügel, in der Ferne schneebedeckte Berge.

Nach etwa 3,5 Stunden legt die Fähre an und ich habe Glück, denn ich darf als erster von Bord, weil ich in Fahrtrichtung vorne auf der Fähre stehe (die Autos mussten rückwärts auf die Fähre fahren). Zehn Kilometer geht's über eine Schotterpiste durch den Wald, dann stehe ich vorm nächsten Fähranleger. Diesmal habe ich Pech, denn ich muss zwar wieder als letzter auf die Fähre, aber diesmal fahren die Autos vor mir in Fahrtrichtung rauf. Nach einer halben Stunde legen wir in Caleta

Gonzalez an und was nun folgt, ist an Ignoranz und Dummheit der Autofahrer kaum zu überbieten.

Einige Autofahrer fahren gleich rechts ran und lassen mich vor, bestens. Ich habe auch kein Problem damit, hinter einer Autoschlange her zu fahren. Die Piste ist jedoch so extrem staubig, dass ich teilweise die Fahrspur vor mir nicht sehen kann. Ich lasse Abstand, doch das bringt nicht viel, der dichte Staub hält sich ewig in dem engen Korridor, rechts und links stehen dichte Büsche und Bäume. Nach kurzer Zeit bin ich grau, und versuche, einige Autos zu überholen, um irgendwie nach vorne zu kommen, wo ich etwas sehen und atmen könnte. Ich fahre direkt hinter ihnen her, aber glaubt ihr, einer von den Deppen lässt mich vorbei? Fehlanzeige. Nach einiger Weile habe ich mich recht weit vor gearbeitet, hänge aber auf Platz vier fest. Überholen ist fast unmöglich, da die Piste kaum breit genug ist für zwei Fahrzeuge. Mittlerweile bin ich derart eingestaubt, dass es nun eigentlich auch egal wäre, aber ich schnappe mir noch die letzten drei Autos und habe endlich frische Luft und gute Sicht. Rückblickend betrachtet wäre es besser gewesen, nach der Fahrt von der Fähre eine Viertelstunde zu warten und alle Autos vorzulassen. Beim nächsten Mal dann.

Samstag, 26. Januar

Die schönste Strecke seit langem: vom Campingplatz geht’s weiter über Schotterpisten nach Coyhaique. Alaska, Kanada, Montana, Norwegen, Schweden – die Landschaft erinnert an all diese Länder. Piste schlängelt sich durch Wälder, vorbei an Bergbächen, Seen, Wiesen mit bunten Wildblumen. Irgendwo hängt ein Gletscher am Fels, die Spitzen der Berge sind noch mit Schnee bedeckt. Auf Holzbrücken geht es über reißende Flüsse, Wasserfälle kommen aus den Bergen.

Die Piste ist teilweise sehr grob, mit etwas tieferem Schotter und Waschbrettabschnitten. Normalerweise fahre ich zwischen 50 und 80 km/h, je nachdem wie es vor mir gerade aussieht. Man muss ständig konzentriert sein und darf den Blick kaum von der Piste nehmen. Das wird mir bewusst, als ich etwas zu lange in die Berge schaue und beim anschließenden Blick nach vorne die Linkskurve schon ziemlich dicht vor mir ist. Eigentlich bin ich schon drin in der Kurve. Jedenfalls, ich bremse, ruckartige Lenkbewegungen verbieten sich auf dem losen Untergrund von selbst, und im wahrsten Sinne des Wortes hätte ich fast noch die Kurve gekriegt.

Die Straßenschulter fällt steil nach rechts ab, unten ist loser Schotter; da komme ich rein, eiere irgendwie umher, komme noch einen halben Meter weiter nach rechts ab ins Grün, nehme einen kleinen trockenen Busch mit (irgendwas mit Stacheln) und kriege die Fuhre wirklich fast noch aufrecht zum stehen. Fast. Denn wie damals in Montana ist auch hier mein rechtes Bein etwa zwanzig Zentimeter zu kurz und ich kippe samt Motorrad auf die Seite. Mist, das wird schwierig. Denn nun muss ich das Bike gegen die Böschung anheben.

Gepäckrolle ab, den aufgeschnallten Reifen runter, linken Koffer ab, (der Tankrucksack hat sich bereits beim Umkippen von alleine gelöst, leider ist dabei eine Haltenase von der Verriegelung abgebrochen, aber er hält trotzdem noch gut). Ich probiere es mehrmals, rutsche aber immer wieder mit den Füßen weg, bin außer Atem und finde keine ordentliche Stelle, um das Motorrad zu greifen. Wenn ich meine mittlerweile dünn gewordenen Ärmchen ansehe, ist ein fast ein Wunder, dass ich die Maschine nach einigen Versuchen und vielem Fluchen doch wieder auf die Räder stelle. Ein paar Aufkleber am Koffer sind etwas verkratzt und leider auch die Seitenverkleidung. Ich warte etwas, bis das Öl wieder nach unten gelaufen ist, die Yamaha springt sofort an, weiter geht's. Irgendwie muss sich der Gasgriff einen Millimeter verschoben haben, denn er dreht sich etwas schwerer als sonst und geht nicht mehr ganz von alleine in die Leerlaufposition zurück. Jetzt habe ich quasi meinen Tempomat, den ich mir auf den langen und öden Strecken in Argentinien so oft gewünscht habe. Aber natürlich ist das nicht gut und ich werde mir die Sache heute Abend mal ansehen müssen.

Der Campingplatz im Nationalpark soll umgerechnet 20 Dollar kosten, als ich den Ranger frage, warum das so teuer ist, meint er, der Eintritt für den Park sei im Preis inbegriffen. Dumm nur, dass ich nur durchfahre und hier nicht wandern will. Ich baue den Gasgriff ab, kann aber keinen Schaden entdecken, lediglich der Griff scheint sich ein klein wenig nach links geschoben zu haben. Mit etwas Sprühöl sieht die Sache schon besser aus, auch wenn es noch nicht wieder so leicht geht wie vorher. In Coyhaique fahre ich zur Tourist-Information und werde gleich von einem jungen Ami mit Fahrrad angesprochen. Wir unterhalten uns und er gibt mir den Tipp für einen Campingplatz, der mitten in der Stadt liegt.

Der Campingplatz ist eigentlich der Garten eines alten, schon halb verfallenen Hauses. Die Besitzer wohnen auf der anderen Straßenseite in einem neuen Haus und stellen den Garten für Camper zur Verfügung. Küche und Bad der alten Hütte dürfen wir Gäste immerhin benutzen. Den Abend lasse ich in einem Café ausklingen, ich sitze draußen in der warmen Sonne, trinke ein Bier und vertrödele Zeit im Internet. Herrlich.

Sonntag, 27. Januar

Von Coyhaique nach Chile Chico sind es nicht einmal 150 Kilometer – wenn man die Fähre über den Lago

General Carrera nimmt. Man kann jedoch auch am westlichen und südlichen Ufer um den See herum fahren und kommt so auf eine Schotterstrecke von mehr als 300 Kilometern. Ich entscheide mich für die lange Version und werde mit grandiosen Aussichten und einer tollen Piste belohnt. Berge und Hügel rahmen zunächst die Strecke ein, ganz oben auf den Gipfeln liegt noch der letzte Schnee des Winters. Nach etwa zwei Stunden Fahrt durch die Berge schlängelt sich der Weg zum Seeufer hinab. Türkis, grün, blau – die Farben ändern sich ständig, je nachdem, ob sich wieder eine Wolke vor die Sonne geschoben hat.

Die Schotterpiste steigt wieder ein paar hundert Meter an und nun ist Vorsicht geboten: Links geht es steil bergab, manchmal mehrere hundert Meter, Leitplanken stehen nur in wenigen Kurven. Ein Ausrutscher wie gestern wäre heute äußerst schlecht. Vor den meisten steilen Steigungen schütteln mich die tiefen Waschbrett-Abschnitte kräftig durch, die gelbe Lampe der Traktionskontrolle flackert ständig. Bei einem Fotostopp sehe ich, dass sich das rechte Lenkergewicht verabschiedet hat. Anscheinend habe ich es gestern nicht fest genug angezogen und heute auf der Piste muss es sich losvibriert haben. Später sehe ich, dass auch die Rändelschraube an meinem Stativ fehlt, mit der ich normalerweise den Stativkopf fixiere. Die Piste hier ist wirklich hart zum Material.

Jetzt im Sommer ist die Carretera Austral zwar nicht überlaufen, aber mir kommen hin und wieder Autos entgegen, oder ich werde bei einem Fotostopp eingeholt. Wie damals beim Dalton-Highway in Alaska scheint es auch hier ein Mythos zu sein, dass die Carretera wahnsinnig schwer zu befahren und man völlig einsam ist. Das stimmt nicht. Auf Radfahrer scheint diese Strecke einen ganz besonderen Reiz auszuüben, denn während ich heute nur einen einzelnen Motorradfahrer sowie eine Vierergruppe sehe, überhole ich bestimmt zehn Radfahrer. Vollbepackt quälen sie sich die Berge hinauf, einer schiebt sogar schon, die meisten haben nicht gerade einen fröhlichen und entspannten Gesichtsausdruck.

Ich erreiche Chile Chico und halte beim erstbesten Hostel. Die verlangten 40 US-Dollar sind deutlich über meinem Limit, ich suche weiter und frage einen Radfahrer mit unglaublich viel Gepäck, ob er ein günstiges Hostel kennt. Leider kennt er keins, aber er ist Deutscher und ich werde ihn nachher wiedersehen. Ein paar hundert Meter weiter finde ich eine einfache aber ordentliche Unterkunft für 20 Dollar - immer noch recht viel, aber heute habe ich keine Lust auf Camping.

Nach den vielen hundert sehr staubigen Pistenkilometern sehen das Motorrad und meine Klamotten ziemlich räudig aus. Mit einem Gartenschlauch spüle ich den Staub vom Bike und kann nun endlich wieder etwas aus den Koffern holen, ohne jedes Mal meine schwarze kurze Hose einzusauen. Motorradhose und Stiefel spüle ich gleich mit ab, jetzt sieht's einigermaßen ordentlich aus. Ich gehe Richtung Hauptplatz zurück und sehe, wie etwas weiter vor mir eine bepackte Suzuki V-Strom in eine Seitenstraße einbiegt. Kein chilenisches Kennzeichen, also gehe ich hin. Die Australier Sean und seine Freundin Blossom sind seit insgesamt drei Jahren unterwegs, die letzten anderthalb Jahre sind sie von Vancouver hier runter gefahren – die beiden lassen sich Zeit. Eigentlich wollten sie heute nach Argentinien ausreisen, aber es gibt ein Problem: Sie haben keine Versicherung für das Motorrad und die ist Pflicht in Argentinien. Ich habe natürlich eine, wurde an den Grenzen aber nie danach gefragt. Nun stehen die beiden vorm Supermarkt, in dem man außer den üblichen Lebensmitteln eben auch eine Haftpflichtversicherung kaufen kann. Die fehlende Versicherung ist nicht das einzige Problem der beiden. Seit vier Wochen müssen US-Amerikaner, Australier und Kanadier eine Art Visumsgebühr an der Grenze zahlen (weil deren Länder auch Einreisegebühren von Argentiniern verlangen). Immerhin 100 Dollar kostet der Spaß pro Person, und das, obwohl die beiden bereits vor mehr als einem Monat schon einmal nach Argentinien eingereist sind und damals einen neunzigtägigen Aufenthalt bewilligt bekommen haben. Naja, jeder hat mal einen schlechten Tag. Wenig später treffe ich den Radfahrer von vorhin wieder und setze mich zu ihm. In seiner Trinkflasche schwappt Rotwein, ich mache mir eine Dose Bier auf und verstecke sie so gut es geht. Wie in den USA darf man in Chile in der Öffentlichkeit keinen Alkohol trinken. Wir sitzen in der warmen Sonne und unterhalten uns lange.

Auf das Gepäck angesprochen meint er nur (ich habe seinen Namen vergessen; Update 23. Februar: unglaublich aber wahr, ich habe den Radfahrer, Manfred, heute in einem Hostel der Fünf-Millionen-Stadt Santiago wiedergetroffen), dass er gerne alles dabei hat. Das habe ich gesehen, denn er hat mehr Taschen an seinem Rad, als ich am Motorrad. Komischerweise gilt das für die meisten Radler, die ich unterwegs treffe. Er zählt auf: Isomatte, Schlafsack, Kocher, Benzin, Werkzeug, Klamotten... Tja, das habe ich auch alles dabei. Nach einem kurzen Abstecher auf einen Aussichtspunkt mit schönem Blick über die Stadt, gehe ich zum Hafen und pflücke auf dem Rückweg zum Hostel Dutzende Pflaumen von Bäumen an der Straße.

Montag, 28. Januar

Ich weiß gar nicht mehr, zum wievielten Mal ich die Grenze nach Argentinien überquere. Wahrscheinlich nehmen am Ende der Reise die ganzen Stempel von Chile und Argentinien genauso viele Seiten im Reisepass ein, wie die anderen 13 Länder davor zusammen. Alles geht blitzschnell, ich muss nicht anstehen, die Daten vom Motorrad sind bereits im System gespeichert. Nach vielleicht zehn Minuten bin ich wieder unterwegs. Nach der wunderschönen Carretera Austral liegt nun wieder die unglaublich langweilige Ruta 40 vor mir. Und zwar für viele hundert oder gar tausend Kilometer. Die Strecke ist gut, doch nach etwa 100 Kilometern wird aus schwarz grau, aus Asphalt wird Schotter. Auf breiter Piste bin ich zügig unterwegs, meist fahre ich zwischen 60 und 90.

Ich tanke irgendwo in der Pampa teuren Sprit. Ein paar hundert Pesos habe ich noch in der Tasche, aber damit komme ich nicht zur nächstgrößeren Stadt, die auf der Ruta 40 liegt. Also fahre ich einen Umweg von mehr als 100 Kilometern Schotterpiste, nur um im Örtchen Gobernador Gregores einen Geldautomaten zu finden. Erstaunlicherweise sind die 60 Kilometer zurück zur Ruta 40 fast vollständig asphaltiert und ich frage mich, nach welchen Kriterien ausgewählt wird, welche Straße Asphalt bekommt und welche nicht. Vor einigen Jahren waren weite Teile der 40 nicht asphaltiert, auch heute noch gibt es viele hundert Kilometer Schotterpiste. Doch an vielen Stellen wird gebaut und ich schätze, dass in weniger als zehn Jahren die Ruta 40 durchgehend asphaltiert sein wird.

Dass ich mich auf die Piste konzentrieren muss und nicht nach rechts und links schauen kann, macht hier überhaupt nichts. Denn es gibt absolut nichts zu sehen. Keine Bäume, keine Sträucher, keine Seen. Nur hin und wieder ein paar Flüsse. Außer vier Füchsen, ein paar Hasen und einigen Guanakos sehe ich auch keine weiteren Tiere. Gott, wie öde das hier alles ist. Dazu kommt, dass ich ständig in einem vielleicht 70 Meter breiten Korridor fahre, denn die Strecke ist komplett eingezäunt. Warum auch immer, denn wie gesagt, viel Wild sehe ich hier nicht. Einige Male sehe ich Guanaco-Kadaver über dem Zaun hängen. Sie wollten offenbar drüber springen, sind aber mit den Hinterläufen hängen geblieben und konnten sich nicht mehr befreien. Entweder sind sie qualvoll gestorben oder wurden von Autofahrern mit einer Waffe erlöst, hoffentlich letzteres.

Mir fällt auf, dass unmittelbar neben der Piste auch eine nagelneue Asphaltstrecke verläuft, die man aber nicht befahren soll. Zunächst halte ich mich daran, später sehe ich es nicht ein, dass ich über die Piste holpere, während ein paar Meter weiter feinster Asphalt lockt. Ich kreuze durch den Sand und die Böschung und fahre auf der guten Straße weiter. Anscheinend ist sie noch nicht freigegeben, aber wen interessiert das hier schon? Zumindest nicht die Bauarbeiter, die ich an einigen Stellen passiere und freundlich grüße. An manchen Stellen geht es nicht weiter, Erdwälle versperren den Weg, dahinter ist die Fahrbahn aufgerissen, große Wasserrohre werden verlegt. Also runter von der Piste, einen Bogen gedreht und die Böschung wieder hoch. Das mache ich eine ganze Weile und komme zügig voran. Die Ruta 40 macht einem das Kilometerfressen leicht, zumal es zwischendurch nichts gibt, wo ich hätte bleiben können. Keine Ortschaft, kein Hostel, nichts. Wildes Campen wäre nur unmittelbar neben der Fahrbahn möglich, wegen der Zäune. Am Abend erreiche ich El Chalten, mehr als 700 Kilometer stehen auf dem Tageskilometerzähler. Morgen habe ich mir wieder einen Ruhetag verdient. Zeitgleich mit mir kommt Dan, ein großer bärtiger Backpacker aus Australien auf dem Campingplatz an. Wir zelten nebeneinander und unterhalten uns den Rest des Abends in der Gemeinschaftshütte des Campingplatzes.

Hier fühle ich mich wohl, die Atmosphäre ist toll. Jeder der etwa 30 Gäste in der Holzhütte hat mindestens ein Kleidungsstück eines namhaften Outdoorartikel-Herstellers am Körper. Mit meinem X-Tage-Bart (so genau weiß ich das nicht) bin ich fast schon underdressed, ein Vollbart darf es hier ruhig sein. Drei Männer haben kunstvoll geflochtene Dreadlock-Dutts, einige sehen aus, als hätten sie gerade den Mount Fitz Roy erklettert. Die Arme des drahtigen Franzosen neben mir scheinen nur aus Muskeln und Adern zu bestehen, die rauen Finger haben sicher schon in einigen Felswänden der Welt gesteckt. Niemand würde hier komisch gucken, wenn plötzlich jemand mit Klettergurt, Karabinern, Expressen und Kalkbeutel am Gürtel und einem Seil um die Schultern hier rein spazieren würde. Tatsächlich kommen später einige mit großen Matten auf dem Rücken vom Boulder-Areal zurück. Auf den Tischen stehen die Campingkocher, Dosen werden mit Messern geöffnet, Karten und Routen besprochen. Dabei herrscht relative Ruhe, nicht so wie in manchem Hostel, wo abends der Mob tobt.

Als ich damals von Mendoza aus mehrmals am Aconcagua vorbeigefahren bin, habe ich mich gefragt, was eine Besteigung wohl kosten mag. Immerhin ist er der höchste Berg der Welt außerhalb des Himalaya. Dan, der

Australier, hat es versucht und für eine 20-tägige Trekkingtour mit kompletter Verpflegung, Lasttieren und Organisation 3000 US-Dollar gelöhnt. Einige hundert Meter vorm Gipfel musste die Gruppe allerdings umkehren, da der Wind zu stark war. Wenn man bedenkt, dass eine Everest-Besteigung (beziehungsweise der Versuch) locker 50.000 US-Dollar und mehr kostet, ist das gar kein so schlechtes Angebot.

Dienstag, 29. Januar

7.45 Uhr klingelt mein Wecker, kurz nach acht Uhr habe ich meinen kleinen Rucksack gepackt und gehe los. Dunkle Wolken hängen tief über den Bergen, es ist zwar frisch, aber nicht sehr kalt. Hoffentlich wird das Wetter noch besser. Zunächst führt der Wanderweg nur leicht bergauf, über Wiesen und zwischen kleinen Wäldern hindurch. Nicht schwer, nicht spektakulär, aber nett anzuschauen. An zwei Stellen darf legal gecampt werden und in der Tat haben einige Leute ihre komplette Ausrüstung hier hoch gebuckelt. Nach einem etwa einstündigen Anstieg durchquere ich ein großes Plateau, an vielen Stellen plätschern kleine Bergbäche durch die Wiesen, ich trinke aus ihnen, so oft es geht. Teilweise führt der Pfad mitten durch mehrere Meter hohe Büsche, es ist so eng, dass zwei Leute nicht nebeneinander gehen können.

Durch Wälder, über Wiesen und Bäche, über Stock und Stein – besonders anspruchsvoll ist dieser Teil des Weges nicht. Doch das wird sich ändern. Während der Tour ist vor allem der Ausblick spektakulär: Ständig ist der Fitz Roy in Sicht und die anderen ihn umgebenden Gipfel. Auf vielen liegt noch Schnee, weit entfernt schlängelt sich ein Gletscher zwischen zwei Bergen in die Tiefe. Langsam bahnt sich die Sonne einen Weg durch die Wolken, meine Windjacke habe ich schon längst eingepackt, und selbst mit dem Pullover wird es fast zu warm. Die Wolken verziehen sich und endlich ist der spitze Gipfel des Fitz Roy in voller Pracht zu sehen.

Nach etwa zwei Stunden erreiche ich ein Schild, das vor dem nächsten Abschnitt warnt. Empfohlen werden Erfahrung, Bergschuhe und eine gute Kondition. Ich habe nichts von alledem und nach acht Monaten auf dem Motorrad schon gar keine gute Kondition. Naja, wird schon nicht so schlimm sein. Bislang waren die Wanderzeiten auf den Schildern mehr als großzügig bemessen, fast so wie in den USA, wo die Zeitangaben anscheinend für 300 Pfund schwere Amerikaner gelten. Ich war zunächst viel schneller unterwegs, doch leider behalten die Schilder hier recht. Denn die letzte Stunde geht es steil nach oben. Richtig steil. Einen Meter vor und dabei einen Meter hoch? 100 Prozent Steigung, das gibt es hier an einigen Stellen. Ich schleppe mich weiter, bin außer Atem, muss immer öfter kurz anhalten, bevor ich wieder 15 Schritte mache. Lose Steine, Sand, Geröll, meine Tritte werden unsicherer, aber es nicht mehr weit. Ich blicke nach oben und sehe weit (es ist doch noch sehr weit!) vor mir kleine bunte Punkte am Berg, andere Wanderer. Sauerstoff, eine Trage, eine Seilbahn. Ich quäle mich weiter, denke an den Apfel und die Kekse im Rucksack, an die Schokolade.

Geschafft! Der Anstieg wird flacher und endlich bin ich oben. Hinter mir: das gewaltige grüne Tal, das ich vorhin durchquert habe. Vor mir unten: ein blauer Bergsee. Vor mir oben: der Mount Fitz Roy, dessen Gipfel jetzt wieder leicht von Wolken verhangen ist. Oben treffe ich ein amerikanisches Paar, die ebenfalls neben mir auf dem Campingplatz stehen. Nach den obligatorischen Fotos kraxeln wir zum See hinab, ich tauche die Hand ein und bin überrascht: Es ist zwar kalt, aber nicht extrem kalt. Das findet auch der Ami, zieht sich aus und springt in den Bergsee. Ob ich auch kurz rein hüpfe? Ich würde ja schon gerne, traue mich dann aber doch nicht. Pause. Essen. Ausruhen.

Nach knapp einer Stunde am Aussichtspunkt gehe ich zurück und bin nach weiteren drei Stunden wieder auf dem Campingplatz. Meine Beine sind schwer, ich will nur noch liegen. Aber ich schleppe mich zum Supermarkt, kaufe Essen und Bier. Nach einer Stunde geht's mir schon besser. Zusammen mit Dan, dem Australier, sowie Becca und Jack aus Colorado sitze ich den Rest des Tages im Gemeinschaftshaus des Campingplatzes. Heute habe ich mir ein Steak verdient! Für umgerechnet etwas mehr als zwölf Euro bekomme ich ein riesiges saftiges Stück Fleisch und reichlich Pommes in einem Restaurant. In Chile hätte das bestimmt das Doppelte gekostet. Nach einigen Bieren gehen wir noch auf einen Absacker in eine kleine Weinstube und bestellen den billigsten Wein, den wir in der Regalwand finden können. Ich mag eigentlich keinen Rotwein, aber selbst der Billigste schmeckt mir ziemlich gut.

Mittwoch, 30. Januar

Bis El Calafate sind es nur etwas mehr als 200 Kilometer, also lasse ich mir morgens Zeit. Becca und Jack haben mir gestern noch einen Tipp für ein günstiges Hostel gegeben und nach einigem Suchen finde ich es. Leider ist es voll mit jungen, lauten Israelis, die schreien und schlecht auf einer Ukulele spielen (gestern habe ich es noch geschrieben!) Dazu kommt noch, dass ein zotteliger Hostel-Mitarbeiter ohne Unterbrechung die ersten Takte von „The Lion sleeps tonight" zupft, wenn nicht gerade die Israelis die Klampfe in der Hand haben. Ich glaube, ich ziehe morgen freiwillig auf einen Campingplatz um. Auf dem Flur ist die Hölle los, mit Ohrenstöpseln wird es erträglich.

Donnerstag, 31. Januar

Keine Nacht länger bleibe ich hier und checke früh aus. Ich möchte zum Gletscher Perito Moreno, er liegt nur rund 80 Kilometer entfernt. Auf dem Weg dorthin erlebe ich ein besonderes Phänomen: selbst beim Geradeausfahren nutzen sich die Außenseiten der Reifen ab, denn der Wind kommt mit so einer Kraft von rechts, dass ich quasi in Schräglage geradeaus fahre. Daran kann man sich gewöhnen, aber die Böen sind tückisch und unheimlich stark, ein paar Mal versetzt es das Motorrad mit einem Hieb nach links auf die Gegenfahrbahn. Zum Glück ist die Straße leer.

100 Pesos Eintritt werden fällig, umgerechnet etwa 20 Dollar. Ich bin schon kurz nach zehn am Gletscher und leider ist das Wetter ziemlich durchwachsen. Graue Wolken lassen kaum Sonnenlicht durch, der Gletscher bleibt grau und leuchtet nicht schön blau. Auf großen terrassenartig gebauten Plattformen können Besucher den Gletscher direkt von vorn bestaunen. Mehrere Wege führen von links nach rechts, auf den weitläufigen

Plattformen hat man genügend Platz und muss nicht dicht gedrängt neben 20 schnatternden Chinesen stehen.

Der Gletscher beeindruckt durch seine schiere Größe: Der weiße Riese ist fünf Kilometer breit und 30 Kilometer lang. Die Aussichtsplattformen sind so nah dran, dass ich mit dem Weitwinkel-Objektiv nicht die ganze Breite auf einem Bild erfassen kann. Plötzlich ein Gewehrschuss. Nein, kein Schuss, irgendwo im Gletscher hat es gekracht, Spannung baut sich ab. Immer wieder brechen kleinere Stücke der Spitzen ab und fallend krachend ins Wasser. Beeindruckend, wenn man sieht, wie ein Stück ins Wasser fällt und das gewaltige Donnern einen erst etwa zwei Sekunden später erreicht – der Abbruch passierte also in etwa 650 Meter Entfernung. Direkt vor der Plattform fiel heute leider kein großer Brocken ins Wasser, aber es muss ein tolles Schauspiel sein. Der Himmel ist immer noch grau und so wie es aussieht, wird sich das in nächster Zeit nicht ändern. Zurück auf dem Parkplatz stehen mittlerweile bestimmt zehn Reisebusse, es empfiehlt sich also, entweder möglichst früh da zu sein (da ist allerdings das Licht nicht so toll), oder recht spät am Abend. Der Park ist bis 20.30 Uhr geöffnet, vielleicht wäre das einen Versuch wert.

Der Wind hat etwas abgeflaut, die Rückfahrt verläuft ruhig. In El Calafate drehe ich wieder eine Runde und suche einen Campingplatz. Auf dem Weg sehe ich aber drei Argentinier mit Reisemotorrädern und frage sie, ob sie eine gute Unterkunft hätten. Haben sie, und fahren gleich mit mir hin. Am Abend heizen Lucas, Juan Pablo und Jorge den riesigen gemauerten Grill im Garten an und legen Fleisch auf den Rost. 3,5 Kilogramm insgesamt für fünf Leute. Mein erstes Asado mit Einheimischen und ich staune, wie sie das Fleisch zubereiten. Unter dem Rost, der erstaunlich hoch hängt, liegt nur sehr wenig Glut. Und das soll was werden mit den dicken Stücken Fleisch? Aber wenn einer weiß, wie man saftige Steaks grillt, dann die Argentinier; also lasse ich sie machen. In einer Ecke des Grills wird Glut angehäuft, und nach und nach schiebt einer der Jungs immer wieder eine kleine Menge unter das Fleisch. Sie benutzen keine Kohle, sondern dünne Holzleisten aus Obstkisten. Im Garten liegt eine ganze Ecke damit voll, wahrscheinlich wird das immer zum Grillen verwendet. Ich habe Hunger und werde ungeduldig, denn eine Stunde liegen die Steaks jetzt bestimmt schon auf dem Rost. Das ist anscheinend das Geheimnis: langsames Garen, damit das Fleisch saftig bleibt. Das funktioniert natürlich nicht im Restaurant, wo man nicht anderthalb Stunden auf sein Essen warten kann. Sorry, liebe Vegetarier, dass ich das so ausführlich beschreibe. Nach einer gefühlten Ewigkeit schneidet Juan Pablo das Fleisch an, befindet es für gut und wir essen. Was soll ich sagen, zarter und saftiger geht es nicht!

Freitag, 1. Februar

Mein Tagesziel Rio Gallegos liegt 300 Kilometer entfernt, also lasse ich mir morgens Zeit. Die drei Argentinier sind schon vor mir gestartet, sie fahren eine andere Strecke. Es ist so stürmisch, wie ich es auf der Tour noch nicht erlebt habe. Ständig bläst der Wind so stark von rechts, dass ich wieder in Schräglage geradeaus fahre. Heftige Böen schütteln mich durch, nach kurzer Zeit habe ich Schmerzen im Nacken, weil ich die ganze Zeit meine Nackenmuskeln anspannen muss. Dazu ist es mit zwölf Grad Celsius zwar erträglich, aber nicht gerade angenehm. Denn irgendwo kommt immer der Wind durch, egal wie gut ich mich anziehe, wie eng ich die Hosenbeine am Stiefel zu klette und wie sehr ich den Hals einziehe. Auf einer Hochebene fällt die Temperatur auf acht Grad und ich denke, dass die Reise endet, wie sie begonnen hat. Damals in Alaska lagen die Temperaturen ähnlich niedrig.

Trotz des Windes bin ich zügig unterwegs und versuche kurz nach Mittag in Rio Gallegos ein Hostel zu finden. Erfolglos. Ich frage im angeblich einzigen Hostel nach dem Preis, die 25 Dollar sind mir jedoch zu viel; ich brauche kein Einzelzimmer für mich. Sonst gibt es nur noch Hotels, die alle deutlich teurer sind. Nachdem ich eine halbe Stunde lang Hotels abgeklappert habe und mir Rio Gallegos überhaupt nicht gefällt, fahre ich weiter Richtung Grenze. Die ist ohnehin nur noch 50 Kilometer entfernt. In dieser abgelegenen Gegend hatte ich nicht erwartet, dass die Abfertigungshalle mit Menschen vollgestopft ist. Doch genau das ist der Fall, gemeinsam mit zwei US-Amerikanern, die ich gestern am Gletscher getroffen habe, stehe ich mehr als zweieinhalb Stunden in der Schlange, um mich und das Motorrad mal wieder nach – wo bin ich überhaupt gerade? – zu importieren. Im Ernst, manchmal in der Stadt weiß ich für ein paar Sekunden nicht, ob ich mich gerade in Chile oder Argentinien befinde. Die ganzen Grenzüberschreitungen sind nur lästig, morgen steht wieder eine an, weil die Grenze hier unten etwas eigenartig verläuft. Und auf dem Rückweg nach Santiago muss ich auch noch einige Male hin und her springen!

Kurz hinter der Grenze steht eine Tankstelle, die aber nur Diesel verkauft. Merkwürdigerweise verbraucht die Yamaha heute so viel, wie noch nie auf der Tour. Okay, heute Vormittag auf dem Weg nach Rio Gallegos bin ich eigentlich immer um die 130 km/h oder schneller gefahren, das schien trotz (oder vielleicht gerade wegen) des starken Windes angemessen zu sein. Vielleicht kam der Wind auch öfter von vorn. Nun blinkt die Reserveanzeige viel früher als erwartet und ich bin froh, dass nach 60 Kilometern doch noch eine kleine Tankstelle an der Straße steht.

In Punta Arenas das gleiche Spiel wie vorhin in Rio Gallegos. Immerhin ist hier die ganze Stadt voll mit Hostels, ich frage bei einigen nach dem Preis. Das „Backpackers Paradise“ wird seinem Namen zwar nicht gerade gerecht, mit umgerechnet zehn Euro pro Nacht ist es aber konkurrenzlos günstig.

Punta Arenas ist mit knapp 120.000 Einwohnern keine Kleinstadt. Umso erstaunlicher der Zufall, dass die drei Argentinier von gestern genau in dem Moment an der Kreuzung vorm Hostel halten, als ich draußen stehe. Großes Hallo, denn eigentlich haben wir nicht damit gerechnet, dass wir uns wiedersehen. Wir verabreden uns, ich hole sie eine Stunde später von ihrem Hostel ab und zusammen sitzen wir bis spät in einem Restaurant – und essen Fleisch. Wieder mal.

Sonntag, 3. Februar

Ich stehe kurz vor neun Uhr am Fährhafen in der Schlange, als ich mit einem anderen Biker ins Gespräch komme. Er meint, ich müsse am Schalter ein Ticket kaufen, doch die Schlange davor ist ziemlich lang. Seine Frau steht allerdings auf Platz drei, er sagt ihr Bescheid und sie kauft ein Ticket für mich mit. Perfekt. Zurück an den Motorrädern sehe ich, dass die beiden aus Rumänien kommen – und ich sie schon zweimal auf der Straße getroffen habe! Als ich vor einigen Wochen mit Alex von der Dakar-Runde zurückgekommen bin, haben wir Andreea und Alexandru zweimal überholt und sind eine ganze Weile hinter ihnen her gezuckelt. Alex und Alex fuhren damals beide nur zwischen 90 und 100 km/h.

Während der Fährfahrt unterhalten wir uns die ganze Zeit und sind ständig besorgt, dass die Bikes umkippen könnten. Die Deckarbeiter haben die Motorräder nämlich äußerst dürftig verzurrt und das Schiff schwankt doch beträchtlich. Aber alles geht gut. Kurz vor Ankunft in Porvenir tauchen vor unserem Fenster in nur drei Meter Entfernung Delphine oder kleine Wale auf und schwimmen und springen eine ganze Weile neben uns her.

Die ersten 100 Kilometer ab Porvenir ist der Wind noch erträglich, doch danach wird es nicht mehr feierlich. Ich fahre wieder in Schräglage geradeaus und bin froh, dass der Wind von rechts kommt. Starke Böen schieben mich ab und zu plötzlich nach links auf die Gegenfahrbahn – zum Glück ist hier unten nicht viel los. Schon komisch, je nachdem, wie die Straße verläuft, habe ich den Wind manchmal im Rücken.

Dann kann ich bei Tempo 100 die Hand zur Seite ausstrecken und spüre kaum Winddruck. Eine 90-Grad-Kurve später kommt es wieder volle Breitseite. Der Nacken wird steif, ich ziehe den Kopf ein und versuche, das Motorrad auf der Straße zu halten. Ein paar Motorradfahrer kommen mir entgegen, sie scheinen aber mehr Probleme zu haben als ich, denn der Sturm rüttelt sie deutlich stärker durch als mich. Vielleicht ist es hier von Vorteil, ein nicht ganz so leichtes Motorrad zu haben. Eine Stunde zuvor auf der Fähre von Punta Arenas nach Porvenir haben ein paar andere Biker und ich noch gescherzt: „Hier hat es Böen mit 100 km/h und in Ushuaia mit 200!“ Das mit Ushuaia stimmt natürlich nicht, aber die 100 spüre ich gerade am Leib. Meine Wetter-App hat konstante Windgeschwindigkeiten um 55 km/h mit Böen bis 100 km/h vorhergesagt. Es ist schwer, so etwas auf dem fahrenden Motorrad einzuschätzen, aber ich wette, es waren noch mehr als 100 km/h. Das entspricht übrigens Windstärke 10, also einem „schweren Sturm“; ab 103 km/h wären es Windstärke 11 und orkanartiger Sturm. Laut Wikipedia hat Windstärke 10 folgende Wirkung an Land: „Bäume werden entwurzelt, Baumstämme brechen, Gartenmöbel werden weggeweht, größere Schäden an Häusern; selten im Landesinneren“. Klar, es weht nicht ständig so stark, sondern in Böen. Aber wenn Bäume entwurzelt werden können, kann es mich auch von der Straße fegen. Ich habe von einigen anderen Motorradfahrern gehört, denen das hier unten passiert ist.

Ich schaffe es nach San Sebastian, überquere wieder einmal die Grenze nach Argentinien und fahre weiter nach Rio Grande. Auf dem Weg scheint der Wind mehrmals zu drehen, kommt auch mal von links und wird damit richtig gefährlich. Zweimal bläst es mich plötzlich so weit nach rechts, dass ich bei Tempo 100 oder mehr nur noch eine Reifenbreite vom weichen Schotterstreifen entfernt bin. Adrenalin pur. Volltanken in Rio Grande, dann weiter nach Süden, bis Ushuaia kann ich es heute schaffen. Wieder ist der Wind extrem stark, aber irgendwie geht es den Umständen entsprechend sicher voran. Plötzlich mitten in der Pampa: Ein Polizei-Checkpoint, einer der Beamten sieht mich angeweht kommen und hält die Kelle raus. Hier ist Schluss für heute, meint er, der Wind sei zu stark für Motorradfahrer. Ach, das habe ich ja noch gar nicht bemerkt! Ein holländischer Biker steht mit seiner Suzuki V-Strom 650 neben der Polizei-Hütte und will warten. Ich sage zum Polizisten, dass es die ganzen letzten 200 Kilometer extrem schlimm war und sie lieber irgendwo weiter hinten hätten stoppen sollen. Er beharrt nicht sonderlich lange auf seiner Position und meint, wenn ich unbedingt wolle, solle ich fahren. Was ich tue. Und komischerweise lässt auf der folgenden Strecke der Wind spürbar nach.

Noch 170 Kilometer bis Ushuaia. Noch 111. Mehr als einmal habe ich einen Kloß im Hals, als ich an das Ende der Tour denke. Wie wird es sein, wenn ich dort ankomme, wo ich seit acht Monaten hin möchte? Nieselregen setzt ein, das Bordthermometer zeigt elf Grad und fällt bis auf acht. Nach den vielen hundert furchtbar öden und stürmischen Kilometern der letzten Stunden fahre ich nun durch dichten Wald, der den Wind wirksam abschwächt. Das Navi meldet noch 30, 20, zehn Kilometer, nach einer letzten leichten Rechtskurve sehe ich rechts und links neben der Straße zwei große Türme mit senkrechtem „Ushuaia"-Schriftzug aus Holz darauf. Ich bin am Ziel. Ganz plötzlich, nach acht Monaten. Fin del Mundo, am Ende der Welt. Keine Stadt liegt südlicher, Puerto Williams auf der anderen Seite des Beagle-Kanals ist nur ein Dorf.

Mir ist nicht nach Weinen zumute, nicht nach Feiern oder Jubeln. Es ist ein komisches Gefühl. Stolz und traurig zugleich. Zwar liegen noch mehr als 3000 Kilometer Rückweg nach Santiago vor mir, aber dennoch endet hier für mich ein Traum. Über 52.000 Kilometer bin ich vom nördlichsten befahrbaren Punkt Nordamerikas bis hierher gefahren – und nun ist Schluss.

Ich tippe mit kalten Fingern die Adresse des Campingplatzes ins Navi, fahre die restlichen fünf Kilometer, baue mein Zelt auf, koche, schreibe eine SMS und lege mich schlafen.

Montag, 4. Februar

Kurz vor zehn Uhr wache ich auf, weil es im Zelt unglaublich warm ist. Die Sonne scheint, der Himmel ist blau, der Wind hat sich komplett gelegt! Man sagt nicht umsonst, dass man in Patagonien in 24 Stunden alle vier Jahreszeiten erleben kann. Irgendwie plätschert der Tag vor sich hin, ich spaziere runter in die Stadt (der Campingplatz liegt am Fuße einer Skipiste etwas oberhalb der Stadt), schlendere durch das unglaublich auf Tourismus ausgelegte Stadtzentrum, kaufe die letzten Sticker für die Seitenkoffer, mache ein paar Fotos und gehe zurück zum Campingplatz. Oben angekommen will ich ein Foto der vielen Lupinen machen, die hier überall stehen, aber meine Kamera meldet einen Speicherkartenfehler. Raus, rein, an, aus, nichts hilft, die Kamera erkennt die Karte nicht mehr. Ich bin nicht abergläubisch, aber es schon merkwürdig, dass die Karte ausgerechnet hier unten am Ziel den Geist aufgibt, oder?

Ich setze die Ersatzkarte ein und alles funktioniert wieder. Im Lesegerät kann ich die andere Karte immerhin noch auslesen.

Dienstag, 5. Februar 2013

Am 5. Juni 2012 ging mein Flug nach Anchorage, exakt acht Monate später bin ich am Ziel.

Ich müsste mal wieder dringend zum Friseur, mein Bart ist derzeit länger als das Profil von Vorder-und Hinterreifen zusammen, meine einzige lange Outdoor-Hose hat einen irreparablen Riss, das Visier ist verkratzt und trüb, die Zähne des Tankrucksack-Reißverschlusses greifen seit ein paar Tagen nicht mehr ordentlich ineinander, die Konten sind nahezu geplündert. Und ich habe meine Freundin lange genug warten lassen.

Es wird Zeit nach Hause zu kommen.

Anmerkungen und Gedanken zum Motorrad

Kupplungsschäden, abgebrochene Fußrasten, ständig losvibrierte Schrauben, defekte Federbeine, durchgebrannte Zylinderkopfdichtungen, leckende Ölkühler, kochende Batterien, kaputte Wasserpumpen, abgescherte Tachoantriebe und sogar gebrochene Rahmen – während meiner Tour habe ich andere Motorrad-Fernreisende getroffen, die diese und viele andere Schäden an ihren Bikes zu beklagen hatten. Teilweise ging es tage- oder gar wochenlang nicht weiter, weil ein dringend benötigtes Ersatzteil nicht oder nur schwer zu bekommen war; Spiegel und/oder Blinker sind abgebrochen, nur weil die Maschine einmal auf die Seite gefallen ist.

Man könnte einwenden, ich hatte nur deshalb kaum Probleme, weil das Motorrad fast nagelneu war, als ich gestartet bin. Doch selbst gegen Ende meiner Reise, also nach deutlich mehr als 50.000 Kilometern, hat die Yamaha keine Macken gemacht. Und viele der Problem-Bikes hatten oft weniger Kilometer oder nur wenig mehr runter als die Yamaha; die defekte Zylinderkopfdichtung gehörte zum Beispiel zu einer fast neuen BMW F800GS.

Yamaha Deutschland wirbt auf seiner Webseite mit dem Spruch, dass die XT1200Z Super Ténéré zu den „robustesten Langstrecken-Motorrädern gehört, die wir jemals gebaut haben". Damit hat Yamaha nicht übertrieben. Mir war es schon selbst unheimlich, dass das Motorrad niemals größere Probleme hatte, selbst dann nicht, als es auf die 50.000-Kilometer-Marke zuging. Es ist nie stehengeblieben, immer angesprungen, hatte nie ein Elektrik-/Elektronik-Problem und selbst nach mittlerweile fast 60.000 Kilometern läuft der Motor noch fast wie zu Beginn der Tour. Okay, etwas rauer hört er sich vielleicht an und vibriert ein wenig mehr als am Anfang. Ich bin mir fast sicher: Nach einer gründlichen Durchsicht in einer deutschen Fachwerkstatt (nicht in einer in Honduras!) würde die XT1200Z die gleiche Tour noch einmal ohne große Probleme überstehen. Die nahezu perfekte Bilanz wird lediglich durch zwei undichte Gabelsimmerringe getrübt; die einzigen wirklichen Schäden am Motorrad. Wer möchte, zählt noch den abgebrochenen Halter vom Kardanschutz hinzu. Für mich ist das allerdings ein Zubehörteil und das eigentlich dumme daran ist, dass der Schutz aus Aluminium besteht und sich in Dritte-Welt-Ländern kaum jemand findet, der Alu schweißen kann.

Insgesamt sechs- oder siebenmal ist das Motorrad umgefallen beziehungsweise bin ich damit umgekippt, nie auf Asphalt, immer im Gelände, meist in weichem Sand oder auf losem Schotter. Einmal weichte über Nacht im Regen der Boden unter dem Seitenständer auf, ein anderes Mal wurde es in Patagonien vom Sturm auf dem Campingplatz umgeweht. Abgebrochene Blinker oder Spiegel? Fehlanzeige. Die fast nicht sichtbaren Protektoren unterhalb der Seitenverkleidungen haben ihre Aufgabe erfüllt und die Seitencover geschützt. Zwar nicht vor Kratzern, aber davor, dass die Seitendeckel zerbrechen oder dahinterliegende Teile zerstört werden. Leider nahm der rechte Seitendeckel den größten Schaden, als das Motorrad in Argentinien auf einem Hotel-Parkplatz in Mendoza umgefahren wurde – und der Fahrer natürlich verschwand.

Ich habe regelmäßig alle Schrauben auf festen Sitz überprüft und niemals eine gefunden, die wirklich locker war. Hin und wieder konnte ich einzelne Schrauben ein klein wenig nachziehen.

Die Yamaha XT1200Z Super Ténéré gehört nicht zu den leichtesten Reiseenduros, da lässt sich nichts beschönigen. Im weichen Sand der Baja California in Mexiko habe ich mir eine leichte Enduro gewünscht, weil ich in diesem Gelände mit dem Gewicht der vollbepackten Maschine überfordert war. Und das ist der Punkt: Ich behaupte, dass in den allermeisten Fällen nicht das Motorrad der limitierende Faktor ist, sondern der Fahrer. In kundiger, offroad-erfahrener Hand und mit entsprechenden Reifen dürfte die Yamaha sehr weit kommen. Und damit meine ich nicht auf einfachen Schotterpisten, die mit fast jedem Motorrad befahrbar sind, sondern wirklich weit abseits der Pisten.

Selbst mit einer 250er und sogar einer 125er wurde die Panamericana schon „bezwungen“. Natürlich geht das, die Frage ist nur: wie gut? Ist es toll, wenn man selbst von Lkw und Bussen überholt wird, in den Bergen kaum voran kommt, das Bike so gut wie keinen Windschutz bietet und der Tankinhalt in vielen Gegenden nicht mal bis zur nächsten Tankstelle reicht?

Aus der Kiste auf die Piste

Während der vergangenen Monate habe ich unterwegs viele andere Motorradreisende getroffen, mit vielen unterschiedlichen Motorrädern. Besonders beliebt sind nach wie vor die große und kleine BMW GS, die kleine Suzuki V-Strom und die Kawasaki KLR 650 – diese Modelle habe ich am häufigsten gesehen. KTM LC4, Suzuki DR 650, Honda Africa Twin oder Transalp bildeten eher die Ausnahme. Ich kann mich an kaum ein anderes Motorrad erinnern, das komplett im Serienzustand war. Besonders die R1200GS waren meist gespickt mit diversen Zubehörteilen und Blechschützern.

Als ich die Yamaha XT1200Z Super Ténéré in der World Crosser-Edition übernommen habe, befand sich das Motorrad im absoluten Auslieferungszustand. Und genau so habe ich es verpackt, nach Alaska geschickt und bin damit anschließend 52.000 Kilometer nach Ushuaia gefahren, und noch einmal 3000 zurück nach Santiago de Chile. Außer einem Garmin Zumo 660 habe ich kein weiteres Zubehör montiert. Der potentielle Welt-Umrunder kann also tatsächlich sein Motorrad beim Händler abholen, verschiffen und anschließend seine Traum-Tour starten, ohne vorher noch mehrere hundert Euro in Zubehörteile investieren zu müssen. Ironie des Schicksals ist allerdings, dass ausgerechnet am originalen Kardanschutzblech, einem Zubehörteil, ein Halter abbrach.

Wer denkt, dass ich die Yamaha unterwegs geschont habe, irrt. Das geht nämlich gar nicht, wenn man nicht nur auf Asphalt unterwegs ist. Die tausenden Temposchwellen in Mexiko, Schlaglochpisten in Mittelamerika, schlimmste Waschbrettpisten in Bolivien, staubige oder schlammige Schotterstrecken überall und die wirklich harte Carretera Austral sowie stellenweise die Ruta 40 in Argentinien haben der Yamaha zugesetzt. Rahmen und Fahrwerk mussten Strecken wegstecken, auf denen ich gedacht habe: „Hier geht gleich alles zu Bruch!". Aber nichts ging zu Bruch. Eine Schraube vom ABS-Sensor hat sich losvibriert und später noch eine vom Handschutz – keine schlechte Bilanz für mehrere tausend Kilometer teilweise wirklich üble Pisten.

Im Gegensatz zum Fahrwerk habe ich den Motor deutlich weniger beansprucht, als es in Deutschland mit schnellen Autobahnetappen der Fall gewesen wäre. Die volle Leistung habe ich kaum abgerufen, das war selten nötig. Nach der kompletten Strecke von Alaska nach Ushuaia zeigt das Garmin-Navi eine Durchschnittsgeschwindigkeit in Bewegung von 71 km/h. Das deckt sich weitgehend mit Vergleichen anderer Biker, die ich unterwegs getroffen habe. Braucht man für einen Schnitt von 71 km/h mehr als 110PS? Ich hatte zu keinem Zeitpunkt das Gefühl, untermotorisiert zu sein.

Das alles klingt vielleicht zu sehr nach einer Lobeshymne auf die XT1200Z und man könnte meinen, ich schreibe das nur, weil Yamaha das Bike für die Tour bereitgestellt hat. Dem ist nicht so, und selbst wenn ich wollte, könnte ich nichts Negatives berichten. Mein Vertrag mit Yamaha sah vor, dass ich das Motorrad nach der Tour zurückgebe und für entstandene Schäden selbst aufkomme. Wäre ich mit dem Motorrad nicht zufrieden, hätte ich mich quasi mit einer neuen Felge und einem neuen Seitencover (zugegeben, beide Teile sind nicht billig) „freikaufen" und die XT zurückgeben können. Ich bin jedoch so vom Bike überzeugt, dass ich es selbst kaufen werde.

Für die nächste Fernreise

Wie oben geschrieben, bin ich überzeugt, dass die Super Ténéré dieselbe Tour noch einmal überstehen würde. Nick Sanders hat es vorgemacht, als er mit einer XT1200Z während seines Rekordversuchs von Alaska nach Ushuaia und wieder hoch gefahren ist. Für die nächste Fernreise (nicht in Deutschland) würde ich dennoch ein paar Kleinigkeiten ändern, die hauptsächlich dem Schutz des Motorrades dienen.

Hier also ein paar Anmerkungen/Überlegungen:

Die Carbon-Seitenverkleidungen der World Crosser-Edition sehen meiner Meinung nach deutlich besser aus, als die Plastik-Verkleidungen der Serien-Version. Die Sache hat allerdings einen Haken: Früher oder später legt vermutlich jeder Weit-/Weltreisende sein Bike auf die Seite, wenn er auch Offroad-Pisten unter die Räder nimmt. Und wenn dann das Carbon-Teil wegen Kratzern ersetzt werden soll, wird es teuer. Daher würde ich vor dem nächsten Trip in die Ferne die Seitendeckel komplett mit robuster Folie abkleben. Gleiches gilt für die Soziushaltegriffe, falls man eine Gepäckrolle quer darüber legt, denn sonst reibt nach vielen tausend Kilometern die Lackierung ab. Wo wir gerade schon die Rolle mit dem Klebeband in der Hand haben: Es war sicher gut, dass ich ab Mexiko die 1200er-Schriftzüge abgeklebt habe. In Mittel- und Südamerika fragt niemand nach PS, sondern immer nur nach Hubraum – je mehr, desto teurer das Bike, desto begehrter bei Kriminellen.

Was braucht man sonst noch am Motorrad? Nun, ich habe sehr häufig meine zweite Bordsteckdose benutzt, die direkt an die Batterie angeschlossen ist. Im Gegensatz zur ab Werk verbauten Steckdose liefert diese auch Strom bei ausgeschalteter Zündung – ideal, um am Abend auf dem Campingplatz das Handy oder den Laptop zu laden. Bei diesen Kleinverbrauchern muss niemand Angst haben, dass das Bike am nächsten Morgen nicht mehr anspringt.

Die zwei defekten Gabelsimmerringe sind ärgerlich, aber kein Beinbruch. Selbst in Honduras konnte ich einen wechseln lassen. Für eine anstehende Weltumrundung würde ich vermutlich dennoch Klett-Gabelschützer aus Neopren montieren. Denn es ist einfach unmöglich, auf den vielen Schlamm- und Schotterpisten die Gabelrohre ständig sauber zu halten; wahrscheinlich haben die Simmerringe deshalb geleckt.

Ich halte wenig von Werkzeugrollen, die am Motorschutz montiert sind. Bei der Yamaha ist das auch gar nicht nötig, denn unter der Sitzbank und unter dem rechten Seitendeckel ist genügend Platz für Werkzeug.

Über das Reisen mit mehreren Leuten

Teile dieses Textes habe ich nach einigen Wochen unterwegs geschrieben, bisher aber immer weiter nach hinten geschoben. Jetzt ist er fällig. Es geht über das Reisen ohne Reisepartner, und vielleicht tippe ich ihn gerade deshalb heute fertig, weil ich allein in einer Hütte in den Bergen Costa Ricas sitze. (Wäre ich zu zweit, würde ich wahrscheinlich heute nicht dazu kommen, den Text zu schreiben.)

Als ich meine Tour geplant habe, stand eigentlich von Anfang an fest, dass ich alleine fahren werde. Zum einen, weil es im Freundeskreis niemanden gab, der ebenfalls die Panamericana fahren wollte, und vor allem die Zeit und das Geld dafür gehabt hätte. Für mich war es nie ein Problem, Freunde, Bekannte und Kollegen waren jedoch meist erstaunt, warum ich mir keinen Reisepartner gesucht habe. Jetzt, nach mehr als vier Monaten unterwegs, kann ich sagen, dass es die richtige Entscheidung war, allein loszufahren.

Entweder war es Helge Timmerberg oder Rüdiger Nehberg, jedenfalls hat einer von beiden einmal sinngemäß geschrieben, dass man gar nicht erst lange versuchen sollte, zu Hause irgendjemanden zu überreden, doch mitzukommen. Meist kommen dann mehr oder weniger fadenscheinige Ausreden, warum man gerade in dem Zeitraum nicht kann. Unterwegs aber, da trifft man die Leute, die bereits den Mut bewiesen haben und aus dem Alltag ausgebrochen sind. Reisepartner, sei es auch nur für ein paar Tage oder Wochen, findet man viel leichter unterwegs. Denn derjenige bereist ja schon das gleiche Land für das man sich selbst interessiert, vielleicht sogar auf die gleiche Art und Weise, ob nun mit Bus, Fahrrad oder Motorrad.

Mehr als zwei Wochen war ich in Mexiko mit Matt und den beiden Marks unterwegs, und es hat wirklich gut gepasst. Es war eine Art stillschweigendes Abkommen, dass ich die drei auf der Baja begleite, und ich hätte jederzeit die Möglichkeit gehabt, allein weiter zu fahren, wenn mir etwas nicht gepasst hätte. Und die drei hätten sich auch bemerkbar gemacht, wenn sie damit nicht einverstanden gewesen wären. Vier junge Männer, alle fast gleich alt und mit ähnlichen Interessen, auf einer ähnlichen Tour mit ähnlichem Budget. Keiner von uns hat ständig aufs Geld geachtet (obwohl wir alle ein eng begrenztes Budget haben), wir alle sind gerne mal einen Trinken gegangen und auch was das Essen anging, lagen wir ziemlich auf einer Wellenlänge. Da gibt es nicht viele Reibungspunkte, und ich habe mich mit den Dreien wirklich gut verstanden. Ein tage- oder wochenweises gemeinsames Reisen ist vielleicht die beste Möglichkeit. Und in diesem Falle mussten wir alle nur wenige (aber doch ein paar, siehe nächster Absatz) Kompromisse eingehen.

Wer mindestens zu zweit reisen möchte, sollte sich die Frage stellen, ob er bereit ist, häufig Kompromisse einzugehen. Nie sind morgens alle gleichzeitig fertig, irgendjemand wartet immer auf den anderen. Während ich mein Zelt und Zeug bequem in 45 Minuten zusammenpacke, brauchte Matt dafür gut und gerne doppelt so lange. Oder: Einer muss zur Bank, die anderen schwitzen draußen in der Sonne. Beim Tanken das gleiche, irgendwas ist ja immer.

Auch nicht schön: Zu viert in einer Großstadt zu fahren, und immer jemanden zu verlieren oder hinter Ampeln warten zu müssen, weil jemand meint, einen riesigen Abstand halten zu müssen, in den sich dann natürlich die Autos drängen.

Besonders das ständige Warten hat mich genervt, und ich bin froh, jetzt erst einmal wieder allein unterwegs zu sein. Ich kann meine eigenen Entscheidungen treffen, meine eigene Route fahren und so lange oder kurz an einem Ort bleiben, wie ich will. Städte, die mir auf Anhieb nicht gefallen, kann ich links liegen lassen, ohne dass ich einen eventuellen Reisepartner verärgern würde.

Sicherer unterwegs ist man mit mehreren Reisenden, soviel ist klar. Alleine wäre ich bestimmt nicht nachts in Loreto mit zwei Einheimischen in ein paar Kneipen gegangen. Wahrscheinlich hätte ich auch nicht allein am Strand gezeltet – wobei, vielleicht doch. Aber schon der schwierige Weg zum Strand kann gefährlich sein, wenn man unglücklich stürzt und sich unter Umständen verletzt hat. Aus Gründen der Vernunft wäre ich auch das wirklich abgelegene Offroad-Stück auf der Baja California nicht allein gefahren. Nicht nur wegen möglicher Verletzungen; jeder von uns hat sein Bike mindestens einmal im Sand umfallen lassen und war froh, wenn er die schwere Fuhre nicht ohne Hilfe wieder hochwuchten musste. Gerade mit meiner Maschine, die deutlich mehr wiegt als die KLRs der Australier, wäre das extrem schwierig geworden.

Noch ein anderer und vielleicht der wichtigste Punkt: Wer alleine reist, lernt deutlich mehr Leute kennen. Egal ob mit Einheimischen oder Touristen, ich glaube, dass ich hier viel schneller Kontakte knüpfe, als wenn ich mit Reisepartner unterwegs wäre. Was man sonst vielleicht untereinander beratschlagt und vermutet, erfrage ich bei Einheimischen – etwa wenn es um eine bestimmte Route geht. Ich bilde mir ein, dass ich auch in den Hostels viel schneller mit Leuten ins Gespräch komme. Als Paar bleibt man doch eher unter sich. Geteiltes Leid ist halbes Leid, geteilte Freude ist doppelte Freude? Den ersten Teil würde ich bestätigen, den zweiten nicht. Natürlich gibt es hin und wieder schöne Momente, die ich gerne mit jemandem teilen würde. Ob das aber die anderen Punkte aufwiegt, die ich oben beschrieben habe?

Planung

Die folgenden Informationen sind nicht exklusiv dem Buch vorbehalten, sondern finden sich auch auf meinem Blog. Immer wieder schreiben mich Leute an, die ebenfalls die Panamericana fahren wollen. Meine Tipps und Informationen sollen ihnen bei der Planung helfen.

Dokumente, Führer- und Fahrzeugschein

Ein Motorrad in die USA zu bringen, ist eigentlich nicht kompliziert. Bei mir war es etwas schwieriger, weil Fahrzeughalter und Fahrer nicht identisch sind: Die Ténéré bleibt während der Tour auf Yamaha zugelassen, eine Überlassungserklärung in drei Sprachen soll bei der Einfuhr und künftigen Grenzübertritten Probleme vermeiden. Normalerweise reichen aber die Fahrzeugpapiere. Nachtrag: selbst an den Grenzübergängen in Mittel- und Südamerika gab es nie Probleme. Nur wenige Grenzbeamte wollten die Überlassungserklärung überhaupt sehen.

EPA – letter of exemption

Wer ein Fahrzeug per Luftfracht in die Vereinigten Staaten importiert – auch temporär für Reisezwecke – muss grundsätzlich von der „Environmental Protection Agency", der amerikanischen Umweltschutzbehörde, eine Ausnahmegenehmigung beantragen. Der „letter of exemption" bescheinigt, dass das Fahrzeug nicht den amerikanischen Abgasvorschriften entsprechen muss. Per E-Mail werden vorab persönliche Kontaktdaten, Grund und Dauer der Einfuhr sowie die technischen Daten des Fahrzeugs übermittelt.

Sollte die EPA keine Einwände haben, stellt sie innerhalb von maximal drei Wochen die Genehmigung aus – das alles läuft problemlos per Mail und ist kostenlos. Weitere Informationen und Kontakt sowie direkt zu den Dokumenten geht's hier:

www.epa.gov/otaq/imports/forms-resources.htm

Folgendes Dokument ausdrucken, soweit möglich ausfüllen und beim Zoll in den USA zusammen mit dem letter of exemption vorlegen:

http://www.epa.gov/otaq/imports/documents/3520-1.pdf Fragen (und der Antrag selbst) können an imports@epa.gov gestellt werden.

Folgende Informationen sollte die erste Mail enthalten, als US-Adresse genügte die Anschrift des ersten Hostels.

To obtain a Nonresident Temporary Importation Approval Letter from EPA; please provide the following information in a letter that is signed by the requestor/importer:

1. Your full name, current foreign address, phone number, Fax number, and email address (if applicable)
2. Your U.S. address, phone number, Fax number, and email address (if applicable)
3. Vehicle year, make, model and Vehicle Identification Number
4. A statement explaining the reason for your visit to the United States. (work/school/vacation).
5. The date of the importation.
6. Location of the vehicle and the Nonresident at the time of request.
7. The duration of the importation.

Viele Motorradreisende, die über den Landweg in die USA einreisen – von Kanada oder Mexiko aus – berichten, dass sie die Genehmigung an der Grenze nicht vorweisen mussten. Im Internet finden sich jedoch auch Berichte, wo jemand am Flughafen drei Wochen lang sein Motorrad nicht aus dem Zoll holen durfte, weil er den „letter of exemption" nicht hatte. Da er leicht zu beantragen ist und nichts kostet, sollte man lieber auf Nummer sicher gehen.

Zoll

Der deutsche Zoll bereitete ein paar Probleme, weil die Zöllner in Stuttgart anderer Meinung waren als die in Düsseldorf – und diese dann auch nochmal anderer Meinung waren... Zur Erklärung: Die Spedition hatte vor der Abwicklung mit dem Zoll in Düsseldorf telefoniert, die Sache erklärt und grünes Licht erhalten. Daraufhin sollte die Kiste in Stuttgart zu denselben Bedingungen verzollt werden, weil sie ja dort bei mir abgeholt wurde. In Stuttgart sagten die Beamten jedoch, dass das so nicht gehe. Also wurde die Kiste nach Düsseldorf transportiert, denn dort sollte ja alles glatt gehen. Weit gefehlt. Was am Telefon theoretisch noch funktionierte, ging praktisch doch nicht (mehr). Der Mitarbeiter der Spedition – mittlerweile einigermaßen verzweifelt – wurde an den Zoll in Neuss verwiesen, sozusagen als letzte Instanz. Während ich die Zeilen schreibe, weiß ich nicht, ob der Zoll in Neuss heute sein OK gegeben hat. UPDATE 07. Juni: Beim Zoll in Neuss hat nun wirklich alles geklappt und das Motorrad ist auf dem Weg zu mir. Mit einiger Verspätung – dank den Zollämtern in Stuttgart und Düsseldorf.

Internationaler Fahrzeugschein

Nicht zwingend erforderlich, allerdings kann er besonders in Südamerika die Grenzübertritte erleichtern – falls dem bestechlichen Beamten plötzlich einfällt, dass man sowas ja braucht. Ich selbst musste allerdings nie etwas zahlen und wurde eigentlich fast immer korrekt behandelt.

Außerdem kann er als Reserve genutzt werden, falls der nationale Fahrzeugschein gestohlen wird oder sonstwie abhandenkommt. Für rund 15 Euro bekommt man den Internationalen Fahrzeugschein bei der zuständigen Zulassungsstelle. Im Internet liest man oft von Mitarbeitern der Zulassungsstellen, die das Dokument nicht kennen und behaupten, das gibt es nicht. Einfach darauf beharren und sich nicht abwimmeln lassen.

Internationaler Führerschein

Im Gegensatz zum Internationalen Fahrzeugschein wird der Internationale Führerschein in den meisten Ländern verlangt. Er wird in der Regel sofort bei der zuständigen Führerscheinstelle ausgestellt und kostet zwischen zehn und 15 Euro. Passbild nicht vergessen! Während meiner gesamten Tour wollte nicht ein Polizist oder Grenzbeamte den Internationalen Führerschein sehen.

Carnet de Passage

Für alle Länder entlang der Panamericana ist kein Carnet de Passage erforderlich. Das macht die Sache deutlich einfacher und man hat mehr Geld für unterwegs zur Verfügung, weil man keine Kaution hinterlegen muss.

Ausrüstung, Ersatz- und Verschleißteile

Vom Nordpolarmeer mit Temperaturen kaum über null Grad über das Death Valley mit sengender Hitze bis zur stürmischen Routa 40 in Patagonien – die Anforderungen an das Material sind hoch.

Ich nehme trotzdem nur wenig Kleidung mit, weil ich mit möglichst leichtem Gepäck unterwegs sein will. Außerdem gibt es auf vielen Campingplätzen und in jedem Hostel die Möglichkeit, Wäsche zu waschen. Eine Regenjacke, eine Weste, zwei Fleece-Pullover, vier T-Shirts, zwei gute Trekking-Hemden (in Frankfurt auf dem Flughafen habe ich festgestellt, dass ich sie vergessen habe...), zwei Zip-off-Hosen und Socken und Unterwäsche für eine Woche reichen aus. Zusätzlich packe ich noch lange Unterwäsche ein, die ich unter die Motorradklamotten anziehe. Ein Paar Trekking-Sandalen sowie Turnschuhe gehören natürlich auch dazu, ebenso Kleinkram wie ein Fleece-Schlauchschal und eine warme Mütze.

Das nötige Camping-Equipment habe ich während vergangener Reisen ausführlich testen können. Kocher und "Küchenzubehör", Zelt, Isomatte, Kleinkram, Kleidung, Fototechnik – insgesamt verteilen sich rund 50 Kilogramm auf die zwei Alukoffer, den Tankrucksack und die zwei wasserdichten Gepäckrollen. Das Gewicht ist relativ gleichmäßig verteilt und sollte mich während der Fahrt nur wenig stören. Hier also die einzelnen Ausrüstungsteile, jeweils mit mehr oder weniger kurzem Stichpunkt dahinter.

Kochen

1 Topf, ca. 2 Liter Inhalt (reicht völlig aus)
1 kleine Pfanne (bis jetzt noch nie verwendet)

Bundeswehrbesteck (sehr gut)

Leatherman (seltener verwendet als ich gedacht habe)

Gaskocher (ich habe meinen Benzinkocher nach Deutschland zurück geschickt; nicht empfehlenswert für die USA/Südamerika. Es sei denn, man steht auf dreckige Hände, regelmäßiges auseinanderbauen und reinigen der Düse...)

Sicherheit

Zwei dünne Seilschlösser mit Zahlenschloss von SW-Motech. Schnell zu bedienen, leicht und klein zu verstauen, reicht aus, um mal schnell den Helm anzuschließen, wenn man im Supermarkt ist oder einen Stadtbummel macht. Zwei kleine TSA-Schlösser mit Zahlenschloss für den Tankrucksack (wichtig!) und eventuell den Spind im Hostel. Ein etwa 1,5 Meter langes, sehr robustes Stahlseil, um in Südamerika die Gepäckrolle am Motorrad zu sichern – in Nordamerika habe ich es nie gemacht. Für Südamerika: ein dickes Seilschloss mit robustem Vorhängeschloss, um den Helm am Bike zu sichern.

Zählt indirekt zu Sicherheit: Reiseapotheke. Am besten mit einer kleinen Tasche der gewünschten Größe in die Apotheke gehen, sagen, was man vorhat und die Tasche dementsprechend bestücken lassen. Kostenpunkt bei mir: rund 70 Euro.

Zelt

Meine Meinung nach der Tour: lieber ein größeres Zelt mitnehmen, als sich später ärgern. Ich bin mit dem Forum 4 2 von Wechsel absolut zufrieden und würde auch kein kleineres Zelt wählen. Wenn Jacke, Hose, Helm und Rucksack drin sind, ist es für einen Erwachsenen immer noch bequem. In den Apsiden stehen immer die Stiefel und die Gepäckrolle. Toll: Durch die vier Eingänge und den

Aufbau des Zeltes hat man auf jeder Seite eine Apsis und damit sehr viel Platz "außerhalb" des Zeltes, aber doch vor Regen geschützt. Ich würde kein Zelt ohne Apsis kaufen, auch wenn sich Kochen mit einem Benzinkocher in der Apsis von selbst verbietet (wegen der Flammen während des Vorheizens). Ein Vorteil vom Wechsel Forum 4 2: Das Innenzelt lässt sich komplett schließen, es besteht also nicht nur aus einem Insektennetz wie bei billigen Zelten. Dadurch bleibt auch in windigen und kalten Gegenden die Wärme drin. Mit seinen vier Eingängen bzw. Öffnungen eignet sich das Forum 4 2 aber auch für sehr warme Gegenden. Wenn alle Eingänge auf sind, ist Durchzug angesagt und man kann selbst in der Hitze noch schlafen. Ich musste das Zelt erst einmal in wirklich starkem Wind aufbauen. Als es stand und mit einigen der Sturmleinen abgespannt war, machte es einen sehr standfesten und sicheren Eindruck. Der Preis ist natürlich stattlich, aber vielleicht kriegt man ein gutes Gebrauchtes oder irgendwo mal eines im Angebot.

Tankrucksack

Ich bin mit dem Quick-Lock GS EVO-Tankrucksack von SW-Motech absolut zufrieden und kann ihn bislang bedenkenlos empfehlen. Folgende Dinge sind drin: GoPro-Kamera, Blitzgerät (noch nie gebraucht und daher nach drei Monaten wieder mit zurück nach Deutschland gegeben), Sonnenbrille, Mückenspray. Darauf liegt immer das Netbook zum Laden über die Bordsteckdose, darauf steht die Kamera – immer schnell griffbereit. Die Reißverschlüsse machen wie der gesamte Tankrucksack einen robusten Eindruck, das Quicklock-System funktioniert gut. Ich finde es auch deutlich besser als herkömmliche Systeme mit Gurten oder anderen Befestigungen. (nach etwa drei Monaten musste ich in Mexiko einmal den Verriegelungsmechanismus öffnen und ölen, weil er gehakt hat. Die nächsten Monate hatte ich nie wieder Probleme damit) Kurz vor Ende der Reise hat leider der Reißverschluss versagt, der Tankrucksack wurde aber anstandslos getauscht.

Gepäckrolle und deren Inhalt

Ich nutze zwei Rollen, aber eigentlich nur eine... In der kleinen 45-Liter-Rolle von Ortlieb stecken Zelt und Isomatte. Die kleine Rolle packe ich in eine größere von SW-Motech, da rein kommt zusätzlich mein Schlafsack, eine Picknickdecke als Zeltunterlage (wichtig!), mein Aufblasbares Kopfkissen und manchmal mein Fleece-Pullover. Die Rolle kommt quer auf den Soziussitz. Ich muss tagsüber fast nie an die Koffer, von daher stört es nicht, wenn die Rolle quer darüber liegt. Außerdem ist sie dank Rok-Straps blitzschnell abgeschnallt. Nach neun Monaten unterwegs sieht die Rolle immer noch gut aus und ist nach wie vor dicht.

Kleidung

Über Klamotten will ich eigentlich nicht viel schreiben, weil jeder selbst entscheiden muss, wie viel er braucht. Ich kann sagen, dass sich Funktionshemden bei mir wirklich bewährt haben, weil sie sehr leicht sind und schnell trocknen. Möglichst keine dickeren Baumwoll-T-Shirts mitnehmen. An den Füßen setze ich auf Trekking-Sandalen von Tewa (mit Karabinern außen am Koffer befestigt) – wirklich gutes Material. Dazu noch ein Paar normale Turnschuhe. Mir reicht ein Fleece-Pullover aus, einen habe ich zurück geschickt, weil er viel Platz im Koffer weggenommen hat.

Zwei bis drei Paar Socken, fünf Unterhosen, drei T-Shirts, zwei kurzärmlige Funktions-Hemden, ein langes Funktions-Unterhemd. Viel mehr braucht man meiner Meinung nach nicht. In den Anden wurde es zwar manchmal deutlich kälter, doch selbst dort kann man zur Not mehrere T-Shirts über das lange Unterhemd ziehen, darüber den Pullover – das hat gereicht. Lieber mit zu wenig Klamotten unterwegs sein und sich bei Bedarf (den es vermutlich nicht geben wird) noch etwas dazu kaufen – bevor man monatelang zu viel Gepäck mit sich herumschleppt.

Textil-Kombi

Egal welcher Marke man vertraut, das Material sollte während so einer Tour wirklich erstklassig sein. Es muss ja nicht gleich Rukka sein, obwohl ich mit der Armas-Kombi bis auf Kleinigkeiten zufrieden bin – mehr weiter unten. Absolut wasserdicht? Dann spart man sich bereits die entweder voluminöse oder schnell reißende Regenkombi (halte ich nichts von). Bestenfalls sind mehrere Belüftungsöffnungen vorhanden. In die wasserdichten Taschen sollten Schlüssel, Telefon und Geldbeutel passen – und beim Fahren nicht stören. Ich fühle mich in der Armas-Kombi wirklich sicher, das Material macht einen sehr robusten Eindruck, zudem sitzt die Kombi recht bequem.

Kleinigkeiten, die mich an der Kombi stören: Der Lockout-Verschluss lässt sich nach einigen Tagen ohne Öl sehr schwer schließen – hier hilft entweder der mitgelieferte Silikon-Stift (wer will den denn mit auf Tour nehmen!? Ich nicht) oder WD40/Sprühöl oder zur Not etwas Motoröl. Am unteren Ende der rechten Verschlussseite reißt der Verschluss auf etwa zwei Zentimeter Länge aus der Jacke – hoffentlich reißt es nicht weiter.

Als das Futter noch drin war, hatte ich fast immer Probleme die Jacke auszuziehen. Die Ärmel-Bündchen liegen so eng an, dass ich nur schwer herausgekommen und oft am Futter hängen geblieben bin. Vielleicht würde das mit einer um eine Nummer größeren Jacke nicht passieren, aber dann ist der Rest der Jacke zu groß. Ausgiebig testen!

Die Hose hat nur eine Tasche, oft wünsche ich mir mindestens noch eine weitere, vielleicht sogar am Oberschenkel wie bei den Cargo-Hosen. Gut: Rukka bietet auch Langgrößen an, selbst bei angewinkelten Knien ist die Hose lang genug.

Stiefel

Ich war mit Travel Star GTX von Daytona unterwegs und bin rundum zufrieden mit den Stiefeln. Absolut bequem, immer wasserdicht, die Reißverschlüsse funktionieren auch nach mittlerweile 60.000 Kilometern durch Staub, Matsch und Dreck noch einwandfrei. Die Stiefel sind ihr Geld absolut wert.

Kleinkram

Tesafilm, Klebeband, Nähzeug, Streichhölzer, Feuerzeug, Stirnlampe, Akkus für Stirnlampe.

Kabel/Elektronik

Ladekabel für iPhone und Netbook – beides über Bordsteckdose; zusätzlich normales Ladekabel fürs Netbook; Funkfernauslöser für die Kamera; Kopfhörer; GoPro-Kamera mit Ladekabel und diversen Halterungen sowie Speicherkarten.

Kulturbeutel

Zahnbürste, Zahnpasta, Rasierer und Klingen, Schere, Nagelfeile, Pinzette, Duschbad, Deo, Handcreme, 1 gutes Trekking-Handtuch aus Mikrofaser reicht völlig aus – ich nutze eins von Evonell und bin sehr zufrieden damit: klein, leicht und sehr schnell trocken.

Werkzeug

Viel habe ich nicht mit, denn während der gesamten Reise bin ich niemals wirklich weit von der Zivilisation entfernt. Irgendjemand hält immer an und hilft einem; Werkzeug, das ich nicht dabei habe, gibt's garantiert in einer der unzähligen Werkstätten am Straßenrad. Ein paar Basics müssen aber mit: Wasserpumpenzange, ein Satz Inbus-Schlüssel, Schraubendreher mit verschiedenen Bit-Einsätzen, kleine Ratsche mit fünf Steck-Einsätzen, große Ratsche mit 30er-Nuss für den Radausbau, 19er-Inbus-Nuss für Vorderradausbau, ein paar wenige Ring- und Maulschlüssel der am Bike gängigen Größen, zwei Spanngurte à drei Meter Länge – zum Abschleppen; eine Rolle robustes Tape, Reparaturset für schlauchlose Reifen incl. Druckluft-Kartuschen (3 x 12 Gramm haben gerade so ausgereicht, um den Hinterreifen einer Harley notdürftig aufzupumpen. Hier sind 20 Gramm-Patronen besser!).

Update: wenn man einen schleichenden Plattfuß hat, nützen einem die Patronen nur wenig – hier muss es eine Pumpe sein, mit der man immer wieder nachfüllen kann. Ich habe mir unterwegs noch eine gekauft und würde auf die nächste Reise auch lieber eine Pumpe mitnehmen und das Kartuschen-System zu Hause lassen.

Verschleißteile

Es wurde nur ein einziges Mal knapp, und zwar mit den hinteren Bremsbelägen. Zum Glück konnte ich die jedoch sofort in der Nähe kaufen. Je nach Laufleistung, Motorrad und zu bereisenden Ländern würde ich vielleicht empfehlen, entweder einen Satz mitzunehmen, ihn sich rechtzeitig schicken oder vom Besuch mitbringen zu lassen. Gleiches gilt für den Luftfilter. Keinesfalls Ölfilter mitschleppen – irgendeinen passenden gibt's eigentlich überall. (Auch hier gibt's ein Update: einen passenden Ölfilter gibt es zwar auch in Südamerika, allerdings nur in den größeren Städten – wenn man Glück hat.) Zündkerzen für die XT1200Z gab es in Nordamerika äußerst günstig. In Südamerika gab es sie überhaupt nicht, sodass mein Besuch sie aus Deutschland mitgebracht hat. Ich würde sie trotzdem nicht mitnehmen, denn zur Not fährt man sie halt ein paar tausend Kilometer länger – das macht überhaupt nichts.

Ersatzteile

Keine. Das Motorrad war beim Start der Tour fast neu, hat im Dauertest der Zeitschrift MOTORRAD sehr gut abgeschnitten und ich bin der Meinung, dass es im Notfall immer irgendwie weiter geht. Sei es auch nur mit Zeit und Geld und nur bis zur nächsten Werkstatt oder in die nächste Stadt.

Kosten der Tour

Ganz ehrlich: ich weiß nicht exakt, was ich während der neun Monate ausgegeben habe. Einzelne Positionen kann ich jedoch relativ genau beziffern, etwa die Transporte, Flüge, Sprit, Reifen etc. In Summe werden es wohl ungefähr 15.000 Euro gewesen sein, wobei der weitaus größte Teil für Transporte, Reifen und Kraftstoff draufging. Die Lebenshaltungskosten sind überschaubar und wenn man nicht jeden Tag im Hotel übernachtet und im Restaurant essen geht, kommt man ziemlich günstig davon.

Motorrad-Transporte per Luftfracht sowie meine Flüge von: Frankfurt nach Anchorage, Panama nach Kolumbien, Chile nach Frankfurt: rund 4900 Euro.

Kraftstoff: Ich rechne mit einem Durchschnittsverbrauch von 5 Liter auf 100 Kilometer während der gesamten Tour. Das sollte einigermaßen realistisch sein, denn das Navi meldet nach 55.000 Kilometer eine Durchschnittsgeschwindigkeit in Bewegung von 71 km/h. Als Spritpreis setze ich 80 bis 90 Eurocent pro Liter an, teilweise war Benzin sehr günstig, in Chile ist es beispielsweise mit etwa 1,20 Euro pro Liter ziemlich teuer.

55.000 Kilometer – 5 Liter/100 km – 2750 Liter – 80 Cent = 2200 Euro (2475 Euro mit 90 Cent)

Reifen: in Summe etwa 600 bis 800 Euro. Dazu muss ich sagen, dass der erste Satz TKC80 von Conti gesponsert wurde und Heidenau mir für den K60 Scout ein gutes Angebot machte. Außerdem habe ich in Calgary einen gebrauchten Hinterreifen geschenkt bekommen, mit dem ich ein paar tausend zusätzliche Kilometer fahren konnte. Jetzt am Ende der Tour sind auch die derzeitigen Reifen am Ende – in Deutschland muss ein neuer Satz rauf. Letztendlich könnte man vielleicht 1000 Euro für Reifen ansetzen. Mein Reifentipp für die Tour: Der K60 Scout von Heidenau hält unglaublich lange, und das zu einem relativ günstigen Preis. 20.000 Kilometer mit dem Vorderreifen sind kein Problem. Gleichzeitig ist der Reifen geländegängig und auch macht auch auf Asphalt seine Sache gut. Der Continental TKC80 verschleißt viel zu schnell und ist verhältnismäßig teuer für die gebotene Laufleistung.

Für Wartung, Verschleißteile (Bremsbeläge, Luftfilter, Zündkerzen, Öl und Filter) sowie Reparaturen (Gabelsimmerring in Honduras) gingen bestimmt auch noch mal mehrere hundert Euro drauf, das kann ich aber wirklich nicht mehr genau beziffern. Grob überschlagen wären das bislang rund 8000 Euro für Transport, Reifen,

Kraftstoff und Wartung. Vielleicht auch etwas mehr. Dazu kommen Haftpflicht-Versicherungen für die jeweiligen Länder, die in Summe vielleicht ein paar hundert Euro ausmachen. Und natürlich eine Auslandskrankenversicherung, die im Monat ungefähr 40 Euro gekostet hat, das ist aber stark vom Alter abhängig.

Pauschal würde ich sagen, dass ich zwei Drittel der Gesamtkosten fürs Motorrad und ein Drittel für mich ausgegeben habe – etwa 10.000 zu 5.000 Euro.

Transport per Luftfracht, Flug, Motorrad-Transportkiste, Preise und Speditionen

Stand: Mai/Juni 2012

Als eine der wenigen Fluggesellschaften bietet Condor Nonstop-Flüge von Frankfurt nach Anchorage an. Diese sind zudem relativ preiswert: Je nach Datum kommt man in der Economy-Class schon für unter 800 Euro hin und zurück. Da die Einreise in die USA nur mit gültigem Rückflugticket möglich ist (wurde schon beim Einchecken in Frankfurt kontrolliert), muss man hier tricksen. Ich habe einfach den billigsten Flug zurück nach Deutschland gebucht, den ich finden konnte, ganz egal, von wo der ging. Hier sollte man noch darauf achten, dass der Rückflug innerhalb der erlaubten 90-tägigen Aufenthaltsdauer geht, die man mit dem Visa Waiver Program erhält.

Mein offizieller Rückflug wäre also nach fast 90 Tagen von Miami zurück nach Frankfurt gegangen. Ich habe den Flug natürlich verfallen lassen, da ich ja an der Westküste nach Mexiko ausgereist bin. Das ist zwar äußerst schade ums Geld, anders aber nicht zu machen (es sei denn, man beantragt ein reguläres B1/B2-Visum, was derzeit 160 US-Dollar kostet; außerdem muss man dafür persönlich vorsprechen, was einen Urlaubstag und die Anfahrt nach Frankfurt oder Berlin kostet, wenn man noch arbeitet).

Die Möglichkeit den Rückflug umzubuchen, während man sich in den USA befindet, halte ich für wenig praktikabel. Am Beginn einer so langen Reise kann man unmöglich exakt wissen, wann man von wo aus zurückfliegen will. Wer das kann, sollte versuchen, den Rückflug aus den USA umzubuchen auf den Rückflug aus Südamerika.

Transportkiste

Je nach Fluganbieter oder Spedition gibt es verschiedene Möglichkeiten, das Motorrad zu verpacken. Am einfachsten ist natürlich, das Motorrad direkt auf eine Palette zu stellen und zu verzurren, ohne irgendwelche Teile ab- oder Räder auszubauen. Da hier jedoch viel Volumen im Flugzeug "verschenkt" wird, ist diese Art des Transports je nach Zielflughafen relativ teuer.

Die meisten Speditionen verlangen für den Transport per Luftfracht eine geschlossene Kiste. Hier gilt in der Regel: Je kleiner die Kiste, desto günstiger der Transport. Ich habe mir von einem Motorradhändler ein robustes Metallgestell organisiert, in dem die neuen Motorräder geliefert werden. Diese Gestelle landen beim Händler normalerweise im Schrottcontainer – für wenig Geld lässt sich bestimmt eins abstauben. Entweder verkleidet man die Kiste mit Sperrholz oder Pappe. Ich habe mich für dicke Pappe entschieden, weil das der einfachere Weg ist und die Kiste dennoch geschlossen ist. (Die Yamaha kam ohne Schäden in Anchorage an.)

Die Yamaha XT1200Z Super Ténéré ist verhältnismäßig groß und passte nur ganz knapp in die Kiste. Wir haben die Seitenverkleidungen, Spiegel und die Scheibe abgebaut, zusätzlich das Vorderrad demontiert und den Lenker längs auf das Motorrad gedreht. Die abgeschraubten Einzelteile haben wir in Luftpolsterfolie verpackt und auf das Motorrad gelegt – insgesamt hat das Demontieren und Verpacken rund drei Stunden gedauert.

Mittels robusten Spanngurten wird das Bike im Gestell verzurrt. Zusätzliches Gepäck ist in der Regel nicht erlaubt, die Spedition hatte jedoch nichts dagegen, dass ich meinen Helm und die Stiefel mit in die Kiste packe. Die

Koffer müssen jedoch leer bleiben. Wird das Motorrad komplett auf eine Palette verladen und fliegt im gleichen Flugzeug wie der Passagier, können die Koffer oftmals voll sein – Auskunft gibt hier die Spedition.

Das Transportgestell, die Pappe und die Folie durfte ich einfach in Anchorage bei FedEx zurücklassen. Ich hatte mir schon Sorgen gemacht, ich müsste mich noch um die Entsorgung kümmern.

Speditionen und Preise

Ich habe mir Angebote von drei Speditionen eingeholt, und die Angebote waren deutlich günstiger als ich erwartet hatte. Die Spedition Kroll-International hätte die XT1200Z für 1.750 Euro von Frankfurt nach Anchorage gebracht. Leisure Cargo, das Frachtunternehmen der Air Berlin, kalkulierte mit 1250 Euro und erstellte damit das günstigste Angebot. Letztendlich habe ich mich für Yusen Logistics entschieden, die normalerweise die Transporte der Neufahrzeuge für Yamaha abwickeln. Mit 1550 Euro lag der Preis in der Mitte, allerdings war hier bereits der Vorlauf von Stuttgart nach Frankfurt mit eingerechnet. Die Super Ténéré wurde also direkt in Stuttgart bei mir abgeholt (es musste natürlich schon in der Kiste stecken). Zuverlässiger Ansprechpartner bei Yusen Logistics ist Herr Mehmet Hilmi Ünal. Wie überall gilt auch hier: Preise vergleichen lohnt sich.

Update November 2013: Nach wie vor ist es möglich, ein Motorrad per Luftfracht nach Anchorage zu fliegen, zum Preis von rund 1.500 Euro. Eine weitere Spedition, die zu diesem Preis transportiert, ist Kras-Logistics aus Kelsterbach.

Konkrete Angaben zu Preisen für Seefracht kann ich nicht machen, nur so viel: der Preisunterschied zur Luftfracht ist nicht so groß, wie man immer denkt – meist ist Luftfracht sogar günstiger! Das bestätigen mir anderen Reisende, die ich unterwegs getroffen habe und die ebenfalls mit Luftfracht transportiert haben. In der Regel sind die reinen Frachtpreise bei Seefracht zwar günstiger, die Hafengebühren können aber sehr schnell in die hunderte Euro gehen. Allein das Auslösen einer Kiste im Hamburger Hafen kostete Anfang 2013 rund 300 Euro. Dazu kommen ggf. die An- und Abfahrt nach Hamburg und ggf. ein Miettransporter, wenn man nicht auf Achse weiterfährt.

Transport über das Darien Gap – von Panama nach Kolumbien per Luftfracht

Da ja doch hin und wieder ein paar Leute die Panamericana fahren und nicht genau wissen, wie sie das Darien Gap zwischen Panama und Kolumbien überqueren sollen, hier meine Erfahrungen mit dem Luftfracht-Transport mit Girag Air Cargo.

Am populärsten ist wohl die Überfahrt mit dem Schiff „Stahlratte" von Panama nach Kolumbien (Cartagena). Der Transport kostet 900 Dollar für Mensch und Maschine. Für mich war das keine Option, da ich bis zum nächsten Termin fast zwei Wochen hätte warten müssen – und zwei Wochen Unterkunft und Essen in Panama kosten auch Geld, sodass es fast das gleiche gekostet hätte (Preise weiter unten).

Ich habe an einem Mittwoch eine Mail an Girag geschrieben, am Samstag habe ich die XT1200Z zum Flughafen gebracht und schon einen Tag später war es in Kolumbien. Von daher: sehr schnelle und unkomplizierte Abwicklung.

Man fährt zum Frachtterminal des Flughafens in Panama City und sucht/fragt nach dem unscheinbaren Girag-Büro. Die Mitarbeiter wussten Bescheid und wollten Pass und Fahrzeugschein haben, um davon Kopien zu machen. Innerhalb kurzer Zeit wurde der Luftfrachtbrief in Kopie ausgestellt und eine Rechnung geschrieben. Mit der Rechnung geht man zwei Eingänge weiter und bezahlt 902 Dollar all inclusive in bar (Kreditkartenzahlung ist nicht möglich, aber nur hundert Meter vom Girag-Büro ist eine Bank). Um die Zoll-Abwicklung muss man sich nicht kümmern, das macht Girag. Es wird nach gefährlichen Gütern in den Koffern gefragt, aber anscheinend wird das Motorrad/die Koffer nicht geröntgt, denn sonst hätten sie meine Gaskartusche für den Kocher gesehen. Die Koffer können voll sein, ich hatte meine Gepäckrolle aufgeschnallt und sogar Helm und Jacke ans Motorrad geschlossen – alles kein Problem. Das Motorrad muss nicht verpackt oder in eine Kiste geschoben werden, es wird einfach abgestellt und das war's. Der Tank sollte allerdings fast leer sein, die Batterie muss abgeklemmt werden. Ein Mitarbeiter macht noch Fotos vom Motorrad und eventuell bereits vorhandenen Beschädigungen. Innerhalb einer Stunde war alles erledigt und man kann sich ein Taxi zurück in die Stadt nehmen oder gleich am Passagier-Terminal ein Ticket für sich selbst kaufen. Vielleicht wird es etwas günstiger, wenn man länger im Voraus bucht, aber in der Regel liegen die Flüge von Panama City nach Bogota bei rund 450 Dollar. Macht in der Summe 1.350 Dollar.

Abwicklung in Bogota/Kolumbien

Auch hier keinerlei böse Überraschungen. Das Fracht-Terminal liegt gleich auf der anderen Straßenseite vom Passagier-Terminal. Nach der Landung geht man zu Fuß rüber, zum Girag-Büro und legt die Kopie vom

Luftfrachtbrief vor. Man bekommt das Original und noch einen Stapel Blätter und wird zum Zoll geschickt. Das Gebäude ist vielleicht 200 Meter entfernt, und in der entsprechenden Abteilung sieht es aus wie in einer deutschen Zulassungsstelle. Ein modernes Großraumbüro mit vielen Computern – überhaupt nicht zu vergleichen mit den Zoll-Bruchbuden, die man hier unten manchmal an den Landgrenzen sieht. Die Beamten machen das nicht zum ersten Mal und wissen, was man will. Zusammen wird ein Formular für die temporäre Einfuhr ausgefüllt, dann geht die Beamtin mit runter zum Motorrad, prüft die Fahrgestellnummer, und wenn alles ok ist hat man innerhalb einer Stunde (vielleicht etwas länger) sein Motorrad komplett aus dem Flughafen/Zoll.

Die XT1200Z kam genauso an, wie ich sie abgegeben habe. Keine Beschädigungen, alles war da und sah genauso aus wie vorher. Ich bin mit der Abwicklung mit Girag Air Cargo absolut zufrieden und kann es empfehlen.

Motorradtransport per Luftfracht von Südamerika (Chile) nach Deutschland

Wer mit dem eigenen Motorrad in Südamerika unterwegs ist, muss sich auch um den Rücktransport nach Europa kümmern. Mag Luftfracht vor einigen Jahren noch deutlich teurer als Seefracht gewesen sein, lohnt sich nun ein genauer Vergleich – denn oftmals ist Luftfracht sogar günstiger! Siehe oben.

Ich habe mich relativ früh für Santiago de Chile als Abflughafen entschieden. Viele Motorradreisende verschiffen ihr Motorrad per Seefracht nach Valparaiso zur Villa Kunterbunt, nur rund 100 Kilometer entfernt von Santiago. Die Transportkiste kann dort eingelagert werden, Martina und Enzo kümmern sich um die Organisation, den Papierkram und die Verpackung des

Bikes. Die Laufzeit der Kiste von Valparaiso nach Deutschland beträgt rund vier Wochen, die Gesamtkosten liegen je nach Größe des Motorrades bei rund 1800 $. (Die reinen Frachtkosten belaufen sich zwar nur auf rund 900 $, mit allen Zuschlägen und Hafengebühren in Hamburg liegt man letztendlich aber bei 1800 $). Dazu kommt noch, dass man das Motorrad aus Hamburg abholen muss. Je nachdem, wo man wohnt, muss man dafür durch die halbe Republik fahren, was mit einem eventuell gemieteten Transporter nicht billig ist. Auch ich habe überlegt, ob ich das Motorrad mit der Villa per Seefracht nach Deutschland schicke, mich dann aber dagegen entschieden, weil für mich die Vorteile der Luftfracht absolut überwiegen.

Ich habe noch bei anderen Anbietern in Deutschland angefragt, aber derart unqualifizierte Antworten und überzogene Preise angeboten bekommen, dass ich mich ziemlich schnell für Luftfracht entschieden habe. Ein Anbieter aus dem norddeutschen Raum hat sich eine Woche lang gar nicht gemeldet, dann meine Fragen nicht konkret beantwortet und schließlich gemeint, der Seefracht-Transport sei so teuer, weil man in Buenos Aires so viele Leute bestechen muss. Jeder möge sich dazu seine eigene Meinung bilden.

Lufthansa gilt als ziemlich teuer, zumindest was Personenflüge angeht. Fragen kostet aber nichts, also habe ich mich an LH-Cargo gewendet und um ein Angebot für den Motorradtransport gebeten. LH-Cargo in Deutschland gab mir den Kontakt von LH-Cargo/Ultramar in Santiago de Chile und nach ein paar Mails und einem Angebot war die Sache organisiert. Pedro und/oder Mauricio Acevedo können beide gut Englisch und haben sich um den Transport gekümmert. LH-Cargo fliegt fünfmal wöchentlich von Buenos Aires nach Frankfurt; der Zubringerflug von Santiago nach BA wurde mit Air Canada abgewickelt. Die Sache läuft ziemlich einfach ab: Kontaktaufnahme, Termin abmachen, Motorrad zum Flughafen bringen, Papierkram erledigen, zahlen – fertig.

Ein paar Stolpersteine gibt's aber, daher hier der Ablauf in Santiago.

Man fährt zum Cargo-Terminal des Flughafens und lässt sich vom Zoll am Eingangstor einen Stempel geben, mit dem man auf das Cargo-Gelände darf. Ein paar hundert Meter weiter befindet sich eine riesige Lagerhalle, in der viele Frachtfirmen residieren. Das Motorrad muss in einem „Import-Warehouse" abgegeben werden, LH-Cargo hat mir dafür die Firma Depocargo empfohlen. Für das Unterstellen wird eine Gebühr fällig, die sich nach dem Wert des Motorrades berechnet. Je weniger man angibt, desto günstiger wird es; ich habe für zwei Tage rund 80 US-$ bezahlt.

Im Büro von Ultramar/Lufthansa erledigt man dann zusammen mit Pedro/Mauricio Acevedo den Papierkram: Die Airwaybill wird erstellt, das Dangerous-Goods-Zertifikat (man muss unterschreiben, dass der Tank leer ist), und dann muss der Zoll das Temporary Import Permit canceln, damit das Motorrad ausgeführt werden darf. Die Sache mit dem Zoll war etwas umständlich, was aber an der Unwissenheit der Beamten lag. Zuerst lief ich mit Mauricio zu zwei oder drei Zollbüros, in denen keiner so richtig wusste, was zu tun war (obwohl das ganz einfach ist...) und wir immer zum nächsten Büro geschickt wurden. Mauricio war sich sicher, dass zum Ausführen eine Exportbescheinigung nötig wäre. Ich versicherte ihm, dass ich noch nie eine gebraucht habe während der vergangenen neun Monate und in den 14 Ländern, und auch nicht beim Luftfrachttransport von Panama nach Kolumbien – es reicht, wenn das Import Permit gecancelt wird. Er meinte, es sei ein Zoll-Agent nötig, der sich darum kümmert. Ich meinte, es geht garantiert auch ohne und bin in Eigeninitiative nochmal zum Zollbüro am Eingang des Cargo-Terminals gegangen. Dort habe ich endlich einen fähigen Beamten gefunden und ihn gebeten, doch mal zum LH-Cargo-Büro mitzukommen. Der Beamte hat dann Mauricio erklärt, dass tatsächlich keine Exportbescheinigung nötig ist und es reicht, das Permit zu canceln. Nachdem die Airwaybill ausgestellt war und das Motorrad bei Depocargo in der Halle stand, hat der Zollbeamte seinen Stempel auf das Permit gesetzt und die Sache war erledigt. Merke: es ist definitiv keine Exportbescheinigung nötig!

Wie schon in Panama muss auch hier die Frachtrate bar gezahlt werden. Dumm nur, dass mir das Mauricio nicht vorher per Mail schon mitgeteilt hatte. Natürlich hatte ich keine 1798 $ in der Tasche – so viel kostet der Transport all inclusive (1250 $ Fixkosten pro Palette/Kiste plus Gebühren je nach Gewicht – je leichter das Bike, desto billiger; ich habe 260 Kilogramm angegeben). Gleich gegenüber vom Cargo-Terminal befindet sich eine Filiale der Santander-Bank, in der es zwei Geldautomaten gibt. Leider liegt das Tageslimit pro Karte bei 200.000 chilenischen Pesos, rund 400 $. Mit zwei Karten bekam ich gerade mal etwas weniger als die Hälfte, und musste am nächsten Tag nochmal hin, um den Rest zu bezahlen. Merke: besorge das Geld schon ein paar Tage vorher!

Die Dokumente sind fertig, der Transport ist bezahlt, der Abflug-Termin bestätigt, dann kann es ja losgehen, oder? Nicht ganz. Das Motorrad muss natürlich auf eine hölzerne Palette gestellt werden und Mauricio ist davon ausgegangen, dass die Jungs von Depocargo das bereits erledigt haben. Haben sie aber nicht und der Security Officer hat den Transport logischerweise zunächst verweigert. Also mussten die Jungs das Bike jetzt doch noch auf eine Palette stellen, und dann ging alles glatt.

Das hat in Summe ein paar Stunden Verzögerung verursacht, war aber kein Problem. Für das Verpacken berechnete Depocargo 140 $, die von Lufthansa ausgelegt wurden (ich war ja nicht mehr da) und die ich in Frankfurt bezahlen musste, als ich das Bike abgeholt habe. In Summe wurden also 2020 $ fällig – ein fairer Preis, wenn man bedenkt, dass Seefracht je nach Anbieter fast genauso viel oder sogar mehr kostet, Luftfracht aber deutlich schneller ist.

Ich würde mich immer wieder für Luftfracht entscheiden, weil es schneller und bequemer ist und ich das Motorrad in Frankfurt abholen kann, nicht in Hamburg. Die komplette Abwicklung lässt sich bequem an einem Tag erledigen – wenn man die Kohle gleich in bar dabei hat. Meine Meinung teilen übrigens auch andere Motorrad-Reisende, die ich unterwegs getroffen habe und die vom Seefracht-Transport ebenfalls nicht sehr überzeugt waren.

Sponsoren

Folgende Sponsoren haben die Tour leichter, sicherer und bequemer gemacht. Allen gilt mein besonderer Dank!

Eigentlich brauche ich es nicht mehr erwähnen, aber mit der XT1200Z hat Yamaha ein wirklich tolles Reisemotorrad zur Verfügung gestellt.

Schuberth stellte seine damals neueste Helm-Entwicklung bereit, den S2. Dank Sonnenvisier, geringem Gewicht, Ratschenverschluss, guter Belüftung und bequemem Futter war er der optimale Helm für die Tour.

Mit der Rukka Armas hatte ich eine sehr robuste und sichere Kombi zur Verfügung. Für einen Großteil der Tour war die Kombi allerdings zu warm, hier empfiehlt sich ein dünneres Modell. Weitere Details habe ich bereits weiter oben beschrieben.

Daytona baut wahrscheinlich die besten Motorradstiefel, die es gibt. Ich war mit dem Travel Star GTX rundum zufrieden und kann diese Stiefel bedenkenlos empfehlen.

Ohne das Garmin Zumo 660 wäre ich unterwegs vermutlich mehr als einmal ausgerastet. Gerade in größeren Städten im Ausland ist es ohne Navi fast unmöglich, eine Adresse zu finden oder durch eine Gegend zu navigieren. Das Garmin-Kartenmaterial für Nord- und Südamerika ist durchaus gut, lediglich in Mittel- und Südamerika sind einige Länder nicht abgedeckt – hier helfen OpenStreetMaps-Karten, die sich auf das Navi spielen lassen.

SW-Motech stellte eine robuste Gepäckrolle, einen Quick-Lock Tankrucksack, Rok-Straps und kleine Seilschlösser mit Zahlenschloss zur Verfügung. Alle Teile haben sich bewährt und ich kann sie uneingeschränkt empfehlen. Der Verschlussmechanismus vom Tankrucksack musste unterwegs einmal demontiert und geölt werden. Kurz vor Ende der Tour ließ sich der Reißverschluss vom Tankrucksack nicht mehr schließen – immerhin hat er mehr als 50.000 Kilometer gehalten, eine beachtliche Leistung.

Continental stellte für den ersten schwierigen Abschnitt mit viel Schotter in Alaska den TKC80 zur Verfügung. Er überzeugt im schwierigen Gelände, die Laufleistung lässt jedoch zu wünschen übrig. Der Preis wäre meiner Meinung nach für die gebotene Laufleistung zu hoch.

Heidenau machte ein gutes Angebot für einen Satz K60 Scout. Diesen Reifen würde ich für die Tour empfehlen. Brauchbar im Gelände, gut auf der Straße, dazu eine sehr gute Laufleistung bei relativ niedrigem Preis.

Ortlieb stellte eine weitere wasserdichte Gepäckrolle, in der Zelt und Isomatte lagen. Diese Rolle lag zusammen mit dem Schlafsack in der größeren Rolle von SW-Motech und wurde daher nicht besonders beansprucht und sieht noch aus wie neu.

Die Zeltschmiede Wechsel aus Berlin hat mit dem Forum 4 2 ein tolles Zelt gebaut und mir ein Vorführexemplar zu einem guten Preis verkauft. Absolut robust, groß genug für Mensch und Motorrad-Gepäck, tolle Belüftung und viele durchdachte Details haben das Zelt unverzichtbar gemacht.

5547868R00221

Printed in Germany
by Amazon Distribution
GmbH, Leipzig